《公关语言学》（第五版）
编委会

主　编　黎运汉

编　者　（以姓氏笔画为序）

刘凤玲　李剑云　宗世海　孟建安

曹乃玲　曾毅平　黎运汉

主编：黎运汉

编者：刘凤玲 李剑云 宗世海

曹乃玲 曾毅平 黎运汉

公关语言学

第五版

Linguistics on Public Relations

暨南大學出版社
JINAN UNIVERSITY PRESS

中国·广州

图书在版编目（CIP）数据

公关语言学/黎运汉主编．—5 版．—广州：暨南大学出版社，2018.11（2025.7 重印）
ISBN 978-7-5668-0796-0

Ⅰ.①公…　Ⅱ.①黎…　Ⅲ.①公共关系学—语言艺术　Ⅳ.①C912.3

中国版本图书馆 CIP 数据核字（2018）第 251272 号

公关语言学（第五版）
GONGGUAN YUYANXUE（DI-WU BAN）
主　编：黎运汉

出 版 人：阳　翼
策划编辑：杜小陆
责任编辑：黄　颖
责任校对：黄晓佳
责任印制：周一丹　郑玉婷

出版发行：暨南大学出版社（511434）
电　　话：总编室（8620）31105261
营销部（8620）37331682　37331689
传　　真：（8620）31105289（办公室）　37331684（营销部）
网　　址：http://www.jnupress.com
排　　版：广州市新晨文化发展有限公司
印　　刷：广州方迪数字印刷有限公司
开　　本：787mm×1092mm　1/16
印　　张：26.25
字　　数：545 千
版　　次：1990 年 12 月第 1 版　2018 年 11 月第 5 版
印　　次：2025 年 7 月第 18 次
定　　价：68.00 元

初版序

张寿康

中共十一届三中全会以后，国家贯彻正确的基本路线，改革开放成为基本路线的重要内容。在改革开放的过程中，公共关系和公共关系实务日益重要。公共关系学、公关语言学、公关修辞学、公关文章学应运而生。公共关系实务离不开交往、交际和信息交流，而交往、交际和信息交流离不开语言（包括口语、书面语以及体态语）的表达和领会。要建立、维系、强化良好的公共关系，就离不开促进互相沟通、了解、合作的语言技艺的掌握。改革开放政策的逐步深入，要求公关人员不断提高素质，语言素质是公关人员素质的重要方面。公关的实践促使人们提高认识，要求进行理论的概括和研究，这就需要有较为全面论述公关语言，并能够做到理论联系实际的书。黎运汉等同志所著的《公关语言学》就堪当此任。

“公关语言学”是一个学术研究的新领域，黎运汉同志研究这一课题多年。我和运汉同志相识已久，1980 年以来，曾多次在中国修辞学会的学术讨论会和香港召开的研讨会上见面晤谈。运汉同志博学多闻，研精覃思，著有《现代汉语修辞学》（与张维耿合著，商务印书馆香港分馆版）、《现代汉语语体修辞学》（主编并参与撰写，广西教育出版社版）、《汉语风格探索》（商务印书馆版）、《秦牧作品语言艺术》（广西教育出版社版）等书。1990 年 10 月，中国修辞学会在郑州召开成立 10 周年学术讨论会，运汉同志向我介绍了《公关语言学》的著述情况。我阅读了书的细目、纲要和部分内容，觉得《公关语言学》具有引人注目的特点。

首先，它建立了一个比较完备的科学体系。目前已有几本研究公关语言艺术的书问世，但多限于对比较具体的语言技巧的归纳。而《公关语言学》一书运用公关学、语言学，尤其是言语学原理，系统地研究公关实务领域的语言运用问题，从原理到实践，从言语行为到言语成品，从表达到领会，从口语到书面语，既有对自然语言运用技巧的研究，又归纳、阐述了体态语的运用技巧以及公关专栏、公关出版物的编制技艺，从而构建了一个比较完备的公关语言学框架。

其次，它具有较高的理论水平。我国的公关学研究尚处于引进、探索阶段，语言学中的言语学研究，还没有完全独立出来，其中，领会领域的研究几乎是空白。本书对公关学和言语学都进行了比较深入的研究。它首先严格区分了公关与公关实务、典型公关实务与非典型公关实务；同时严格区分了语言与言语、言语活动与言语成品，从而确定了公关言语的范围以及公关语言学的研究对象、公关语言学的性质；什么是公关实务，什么不是公关实务；什么是典型公关言语，什么是非典型公关言语；什么是公关言语，什么不是公关言语，在本书中都得到了较好的理论上的区分，具有理论意义。它在研究公关言语表达的同时，又总结了公关言语领会的一些具体规律，从而使言语领会学的研究首先在公关语言运用领域里得到了尝试，也使公关学中的“双向沟通”观在公关语言研究中得到了落实，具有理论上的开拓性。它对公关言语风格的平实主调和多样化风貌的概括也具有较高的科学性。

再次，它进行了广泛而较为扎实的事实研究，富有指导公关语言实践的品格。本书作者提出“语言运用贯穿于公关实务的始终”“言语能力是公关实务人员的最基本的能力”，是语中肯綮的。从第九章起，它分别阐述了公关言语口头表述艺术、公关言语书面表达艺术、公关言语听解艺术、公关言语读解艺术，总结了非自然语言——体态语的运用规律（关于我对体态语的认识，见《实用体态语·序》，北京出版社 1991 年版）。书中对公关标语口号、楹联、命名以及公关专栏、出版物的研究，内容新颖，语例丰富，对公关口语、体态语的阐述，也较为具体深入。全书具有指导公关言语实践的突出实用性。

这是一部具有开拓性的教材与专著。当然，由于调查条件、写作时间的限制，书中也有不足之处，比如，个别公关语体还没有研究到，全书篇幅也略显过长等。希望在今后的实践中不断予以改进，并在再版时加以补充和修订。我是十分乐意给这本书写序并向读者推荐的。

1990 年 11 月于北京师院晓庑

增订版前言

本书自1990年12月出版以来，承蒙读者厚爱，至今已5次印刷。众多高等院校应用性较强的文科如管理、秘书、新闻、广告、公关、经贸、商业、旅游等专业，把它当作教材或重要读物；广大公关实务人员、对语言艺术感兴趣的青年朋友以及语言文字工作者也用它作为进修或科研参考。为了进一步适应改革开放的形势和公关实践，以及公关语言研究、教学的需要，现在加以修改增订。

本书的增订，力图在保持原作理论性、系统性和科学性的基础上，新设章节，增强实用性和针对性，努力吸收语言学界、公关学界近年来的研究成果，增加典型的新鲜公关语料，突出公关语言技艺，删除冗余文字。增订本还在章末设置“思考与练习”，以利于读者复习、巩固和提高。

此次增订在原第一章增写了第一节“公关、语言、言语和公关言语”，这些是本学科的核心术语，对其内涵的理解直接关系到本学科的研究对象、范围和任务的确定，因此，我们首先力图对它们作出比较科学的阐释与界定，作为下面各章论述的依据。

原第二章“公关、语言和公关语言运用”、第三章“公关语言含义、特点及其语用原则”作了较大压缩，部分内容并入了第一章，改为“公关实务与语言交际”“公关语言的特点与语用原则”。旨在消除原书第一、二、三章部分内容的重叠现象，以期论述内容集中，文字简洁。

第四章改动了一些词句，删减了一些文字。

随着“冷战”时代的结束，国际局势发生了新的变化，文化沟通越来越受到各国的重视；改革开放的不断深入发展，也使我国人民的对外交往日益频繁，涉外公关中的语言—文化问题受到公关界的广泛关注，为了适应跨文化公关语言交际的需要，此次修订特增设第五章“跨文化的公关语言”。该章对涉外公关语言的性质作了理论上的界定，其中“跨文化公关的语言策略”“公关语言与亚文化”“汉英交际语言文化差异举隅”“中日交际语言文化差异举隅”等节，对跨文化公关语言交际颇有实用价值。相信读者阅读本章，会觉得颇具新意。

口头语体是公关领域进行语言交际最重要、最基本的语言体式，因此公关语言口头表达艺术是本书的重点内容，这次增订也作了较大改动：原第五章和第六章改为第六章和第七章，前章原第一节“公关口头表达的一般要求”、第二节“交谈的语言艺术”和后章的第四节“旅游业服务人员的口头表达艺术”，分别改为“公关口头表达的特点和要求”“社交语言艺术”和“导游的口头表达艺术”，其余各节加强了理论阐述，更换了一些例子，增加了生动的实例，从而使内容更加丰富，也使公关语言口头表达的技能、技巧更加突出。

原第七章改为第八章，删去了第一节副语言中的“重音”；为了使体例保持一致，改写了第二节中的小标题，也改动了一些提法。

原第八章和第九章改为第九章和第十章，其中第二节“公关广告”易位于第一节，并加大了分量，突出了公关广告语言艺术；新写了“公关题词与赠言”和“名片”两节，原“公关组织、产品、商标的命名”一节，改写为“商店招牌的命名”和“产品、商标命名”两节，其余各节都换了一些例子，改了一些不够贴切的提法。这样，公关语言书面表达艺术的内容就更为丰富、全面，同时又增强了应用性和技巧性。

原第十、十一、十二章改为第十一、第十二、第十三章，其中“公关语言听解艺术”一章改动较大，内容更集中，提法更科学，实用性更强，其余两章删减了文字，压缩了篇幅。

本书各章节的执笔人和增订者是：

黎运汉　增订前言，第一章，第四章，第八章，第十章第一节、第三节和第四节，第十二章，大部分章节的开头语，初版后记，拟定大纲修改全书。

宗世海　第二章、第三章、第十一章、第十三章（宗世海执笔、黎运汉增订）。

曾毅平　第五章（执笔）、第十二章（增订）。

曹乃玲　第六章、第七章（曹乃玲执笔、黎运汉增订）。

刘凤玲　第九章第一节，第十章第三节、第四节（增订），第十二章第六节（执笔）。

李剑云　第九章第一节、第二节、第三节、第四节和第五节，第十章第二节和第五节（李剑云执笔、黎运汉增订）。

本书在增订前，以各种方式向专家和读者尤其是讲授公关语言学的同行请教，得到了很大的鼓励和帮助，在这里我们衷心地表示感谢。

限于水平，疏忽和欠妥之处在所难免，敬请读者批评指正。

黎运汉

1996年1月25日于暨南大学得道居

第四版前言

为了适应我国公关事业兴起与发展的需要，1990 年，我与几位学弟编著了《公关语言学》一书。此书至今已走过 20 个年头，这 20 年来，承蒙专家学者们的称赞、推荐和广大读者朋友的喜爱，出过初版、增订版、修订版，印刷了 12 次，发行了 8 万多册，是国内使用最广泛的公关语言学教材，近百所高等院校和中等专业学校中的应用性较强的文经类学科，如中文、语用、外交、新闻、传播、公关、广告、管理、法律、秘书、经贸、商业、财政、银行、税务、物流、旅游等专业将其用作提高大学生、中专生公关基本素质的实用教材或重要读物。广大公关人员、市场营销人员、商务人员、旅游服务人员、对语言艺术感兴趣的青年，以及语言学、公共关系学工作者也将其用作进修教材或教学科研参考书。

随着经济全球化、知识经济化、社会信息化的发展，公关活动已经出现全球化发展趋势。进入 21 世纪以来，随着改革开放的逐步深入和社会主义市场经济的迅猛发展，我国的公共关系已呈现出蓬勃发展的局面。公共关系实务已逐步专业化，公关实务的内容已覆盖政治公关、军事公关、外交公关、事业公关、企业公关、宗教公关、环境公关、文体公关、福利及慈善公关等各个领域；公关实务活动方式已扩展到公关调研、搜集信息、展示形象、关系评估、信息传播、新闻发布、报刊宣传、广告宣传、公关演讲、谈判辩说、社会庆典、娱乐联欢、公益赞助、产品展销、活动策划、接待公众、危机处理等，而这些活动的关键是语言。基于这种新的时代、新的社会现实，作为研究公关语言现象及其规律的《公关语言学》，必须与时俱进。为此，我们最近又在 2004 年修订版的基础上做了相当幅度的修订。

（1）调整了体系架构。全书分为四编：第一编公关语言学导论，主要阐释公关与公关语言的内涵、公关语言的特点和公关语言交际活动、交际模式与公关语言交际能力的培养，论述公关语言学的对象、任务、范围、性质和功用，探讨公关语言的语用原则和公关语言的心理机制；第二编公关语言现象综说，主要阐释公关语言的文化意蕴，论析公关语言的副语言和体态语，研究公关礼貌语言，概述公关语言表现风格；第三编公关语言表达艺术，主要探讨公关语言口头表达艺术，研究公关语言书面表达艺术；第四编公关语言领会艺术，主要论述公关语言的听解艺术，探讨公关语言的读解艺术。

（2）加深了理论分析。进一步运用现代语言学、社会语言学、语用学、言语交际学、修辞学、语体学、语言风格学的理论，并融入公共关系学、市场营销学、广告学、礼仪学、文化学、心理学的营养来论述公关语言学的基本原理，审视、分析公关语言现象和案例，使理论品位上升到更高的层次。

（3）进一步丰富了内容。增设了章节，充实了薄弱的环节，融进了新成果，增加了新语料，删除了老例子，增强了实用性和针对性，从而比修订版内容更丰富、全面，语料更新鲜、翔实，学术品位更高。

诚然，这次修改尽管花了不少精力，但不可能完美无缺。随着社会的前进，公关语言现象的丰富和发展，我们将来还会再做新的修订。

黎运汉

2009 年 12 月

第五版前言

——语言学著作和教材必须与时俱进

陈望道先生说："一切科学都不能不是时代的，至少也要受时代的要求所注重，及所鄙弃所忽视的影响。"（《修辞学发凡》）吕叔湘先生认为："一门课程教学的成功，在很大程度上决定于所用的教材，评价一种教材的优劣，主要看它的时代性和针对性。"（见程祥徽、田小琳《现代汉语》修订版前言）两位老前辈明确启示我们：一切科学和教材都是时代的，时代性是决定其价值和生命的主要因素，语言学著作和教材都是时代文化的产物，又是随着时代文化的发展而不断变化的，因而必然更富时代性。它必须不断突破时代的局限性，不断从时代文化中汲取新的营养，与时俱进，才能发展壮大，永葆青春。

我近六十年来或多或少地基于上述认识，进行语言教学和研究工作，编写主要教材或撰写论著都比较注意随着时代的发展而更新，力求与时俱进。20 世纪 60 年代初为顺应暨南大学中文系本科生、高等院校语言师资班、现代汉语助教（硕士课程）班和研究生的教学需要，我先后讲授了"修辞学""语体学""语言风格学"，并将讲义印发给学生，颇受欢迎，这使我深刻体会到这些学科的重大价值，于是立志终身从事这些学科教学和研究，并决心构建这些学科，力争使其具有自己的特色而屹立于语言学之林。

1986 年，我邀请同窗张维耿教授在我的"修辞学"讲义的基础上写成《现代汉语修辞学》，并由商务印书馆香港分馆出版，受到不少专家学者的称赞和青睐，被胡裕树教授誉为"饶有新意"，香港学者杨志强赞为"博采多师，后出转精"的修辞学著作。不久台湾三联书店买去版权，同时在台湾发行，中国港澳台地区和韩国、日本、新加坡等国家的一些高等院校纷纷将此书用作教材或教参，20 多年来香港和台湾已经重印 16 次。鉴于语言的发展变化和为顺应时代的变迁，于 2006 年与学弟盛永生邀请广东高校从事修辞教学和研究的张维耿教授、戴仲平博士等在《现代汉语修辞学》的基础上，借鉴修辞学界的新成果，融进修辞的新现象而拓新为 21 世纪高校文科教材《汉语修辞学》。该书自出版以来，获得了不少专家的好评，宗廷虎教授称之为"一部体现 21 世纪时代特征的、新意盎然的高校修辞学教材"（《暨南学报》2007 年第 5 期）；濮侃教授赞之为"求实、创新、实用的优秀教材"（《修辞学习》2007 年第 3 期），该书还被众多高校采用为教材或教参。为更好地适应大学修辞教学的需要，我们又在广泛征求用书教师教学意见和诸位参写者建议后，于2010年出了修订版，修订版对原稿作了相当幅度的修订：既对一些章节的架构作了适当的调整，也进一步统一了全书体例以及行文的规范；既增添了新的内容，充实了薄弱的环节，修正了错漏，也剔除了次要内容和重复多余的文字；既加深了理论阐释，也增加了鲜活的语例或更换了部分旧的语例。其目的是使教材更富时代性，更能反映学科新情况，更加易教易学。

1987年，我与学弟刘凤玲、刘才秀和宋世海等应广西教育出版社的邀约，在我的讲义的基础上编著了《现代汉语语体修辞学》，于1989年出版。该书编审李人凡说它是“语体学的始创之作”；郑颐寿教授赞它为“语体修辞的新开拓”，“是一本体系严谨、科学实用的好书”（《修辞学习》1991年第1期）；张维耿教授称它为“具有完整体系的语体学开创性著作，计40多万字，成为我国修辞学园地上的一朵绚丽的鲜花”（《语文月刊》1991年第3期）。该书1992年获中南地区优秀著作一等奖，十年后，广西教育出版社希望我们出《现代汉语语体修辞学》新版本或续编，但因忙于其他的课题一直未能如愿。2007年，暨大出版社约请我写一本语体、语言风格方面的著作，列入我主编的“语言研究新视角丛书”，遂与盛永生合写了《汉语语体修辞》，于2009年7月出版。

1988年，我在“语言风格学”讲义的基础上融入讲课经验和同行学者的语言风格学研究的新成果写成了《汉语风格探索》，1990年由商务印书馆出版，1994年获广东省优秀社会科学研究成果奖，1996年又获陈望道修辞学奖。中国大陆和香港、澳门、台湾地区，以及新加坡、韩国、日本等都有大学用作教材或教参。这给了我很大鼓舞，也是对我的极大鞭策，促使我不断地完善自我想法，于是便在“探索”的基础上，写成了《汉语风格学》，2000年由广东教育出版社出版，程祥徽教授在为该书写的序中说：“汉语风格学可望在即将到来的21世纪走向成熟，黎运汉的这部新著，就是风格学走向成熟的一声春雷。”丁金国教授在台湾《中国语文》上发表书评，说：“黎运汉教授的《汉语风格学》把我国的语言风格学研究推向了新的高峰。”张德明教授在《中国现代语言风格学史稿》中说：“从《汉语风格探索》到《汉语风格学》，是走了一条成功的探索路子，作者综合运用语言学、修辞学、美学、文艺学、文化学、语言交际学等多学科的理论，结合汉语实际构建这门新兴的学科，完成了几代人的夙愿，作出了独特的贡献，正如本书责任编辑曾大力在评论中说：‘《汉语风格学》以颇具说服力的理论观点、充实的内容、深入细致的论述，构建了完整的体系，使汉语风格学的探索进入了更高层次的领域。’”2001年在广州举行的中国修辞学会年会中，有位对修辞学、语体学、语言风格学都颇有研究的教授对我说：“我看过你的大作，看来语言风格研究只能到此为止了。”我没有问他是什么意思，但我认为“不能到此为止”，它必须不断开拓创新，才有活力。要开拓创新，就必须继承借鉴，捕捉到新的视角。基于此，我借鉴文化语言学的理论，承传《汉语风格学》中“风格与文化”的观点，从汉文化的角度全方面审视汉语风格现象，花了近20个春秋写成了《汉语言风格文化新视界》并将于近日交付出版，全书近40万字，涵盖了“汉语言风格文化审视的理据”“汉语言风格成因的文化机制”“汉语言风格手段的文化透视”“汉语言风格类型的文化窥探”“模糊语言风格的文化探析”“汉语言风格建构和解构的文化理据”等，其主要的课题大都写成过单篇论文在全国性、国际性的语用学、修辞学、语体学、风格学、模糊语言学的研讨会上交流过，也在《语言文字应用》《修辞学习》《语文月刊》《暨南学报》《烟台大学学报》《扬州大学学报》《渤海大学学报》《澳门日报》等刊物发表过。

为顺应我国公关事业的兴起与发展，培养和提高学生公关语用能力的需要，我从1988年开始为暨南大学中文、新闻、秘书、管理、经济等专业的学生以及中文系研究生讲授了“公关语言学”，还应邀到多所大学作过“公关语言学”专题演讲，收效颇好。教学实践使我认识到公关语言学的重要性，于是与学弟刘凤玲、李剑云、曹乃玲、宗世海等编写了《公关语言学》，1990年由暨南大学出版社出版，已故著名语言学家张寿康教授在为该书写的“序”中赞为：这是“富有指导公关语言实践的品格”，“具有开拓性的教材与专著”。已故著名语言交际学家刘焕辉教授评价该书：“就学科建设中一系列理论、原则等问题作了全面的系统深刻的阐述，它的问世标志着公关语言学这门语言应用研究的分支新学科已具备‘学’的规模，开始并列于广义应用语言学众分支学科之林。……可推向各类高校语言选修课讲坛。”（《修辞学习》1992年第6期）孙良止认为：“黎运汉主编，宗世海、刘凤玲等誊稿的《公关语言学》（暨南大学出版社），是到目前为止唯一的一部正式以‘学’命名的著作，表明了编写者们建立公关语言学的明确意识，该书运用公共关系学、语言学，特别是言语学原理，在借鉴现有成果和自己深入一系列研究大量公关语言现象基础上构建起了一个比较完备的公关语言学框架。对公关语言运用上的一系列问题，从原理到实践，从言语行为到言语成果，从表达到领会，从口语到书面语，从自然语言到体态语的运用技巧，以及公关专栏、公关出版物编制技术等都作了较为系统的论述。该书的一个突出特点，是对公关语言的基本理论问题作了系统论述，富有新意，具有较高的理论水平；而对公关实务各领域语言运用规律、技巧的探讨，则显得材料充实、内容详备，具有有效地指导公关语言实践的意义。”（《修辞学习》1992年第6期）该书还被近百所高等院校和中等专业学校中应用性较强的专业用作教材，众多与公共关系相关的工作者以及语言学、公关工作者也将此书用作教材或教学科研参考书。此书至今已走过27个年头，从初版到增订本再到修订版至2016年7月印刷了16次，发行了近10万册。鉴于该书的研究对象是公共关系领域中运用的语言即公关语言，它是时代文化的产物，并且无时无刻不处于运动状态，公关语言学教科书不可能一成不变。它必须随着公关事业的发展和公关语言的变化，适应时代的需要，不断进行修订、拓新，才有生命力。基于这样的认识，我们每隔一段时间就对《公关语言学》进行修订，每次修订对原书各部分都做了认真的推敲，在广泛征求各方面意见的基础上，调整了一些章节的内容，融进鲜活的公关语言材料和新的科研成果，这次是在第四版的基础上进行增订。此次增订主要是填空补缺，增加了本人撰写的第八章“公关模糊语言”、孟建安教授执笔的第十四章“公关语言网络表达艺术”，对原有的一些章节也进行了修改，或增强理论阐述，或改写欠周密的说法，或更换语料，或删去多余的文字，以求更富时代色彩，更便于教学和学习。

为适应商业迅速发展、商务活动日益频繁的需要，我与学弟李军博士合著了《商业语言》，于2001年5月由台湾商务印书馆股份有限公司出版。该书从社会、文化、心理、语言等方面系统细微地探讨了商业语言的特点、运用要求、使用规律及营销运用策略等，是拓荒之作，填补了我国商务语言研究的空白，广获好评。为适应我国深入改革开放和商业发展形势与商务语言实践及商务语言教学与研究的需要，我又写了《商务语言教程》。该书构建了新的格局，内容比《商业语言》更充实，理论性、系统性、科学性和实用性都有所增强。该书自2005年6月由暨南大学出版社出版以来，不少高等院校或中专的商业、贸易、酒店、旅游服务专业以之为商务语言教学用书，产生了较大的影响，取得了较好的社会效益。

我构建的“修辞学”“语体学”“语言风格学”“公关语言学”和“商务语言教程”都属应用语言学范畴，既有联系，又有区别，都体现出与时俱进、继承、借鉴、拓新的科学观，是我近60年来对它们进行教学和科研的经验总结，可以说从某一视角上展现了它们从构建到发展而不断提升科学品位的规律。

黎运汉

2018年8月于广州市花都区

碧桂园假日半岛鸟语花香苑得道居

目 录

第二编　公关语言现象综说

第四编　公关语言领会艺术

第一编　公关语言学导论

第一章　公关、公关实务、语言、公关语言和公关语言交际

公关、公关语言和公关语言交际的定义，是公关语言学研究中首先面临的问题。对其含义的理解直接影响到公关语言学的对象、范围和任务的确定以及一系列问题的解决。

第一节　公关和公关实务、语言和公关语言的定义

公关是公共关系的核心术语，公关派生出公关实务，公关实务关系着公关目标，公关实务的开展，离不开语言。因此，建立公关语言学的第一项工程是界定公关和公关实务、语言和公关语言的定义。

一、公关

公关是公共关系的简称。公共关系源于英文 Public Relations，简称 PR，也可释作公众关系。它是指一个社会组织与其相关的社会公众依靠传播沟通建立起来的互益性的社会关系。

公共关系是由社会组织、社会公众和传播沟通三个要素构成的。

社会组织是公共关系的主体，是公关实务工作的实施者。它是指人们按照一定的宗旨和系统建立的特定集体。社会组织门类很多，依据其目标和职能，大致可以分为四类：营业性组织、服务性组织、互益性组织和公益性组织。

社会公众是公共关系的客体，是公关实务工作的对象。它是指对一个社会组织及其发展具有现实或潜在利益关系影响力的所有个人、群体和组织。

传播沟通是指公关主体利用各种媒介将公关信息有计划地与公众进行交流的沟通活动，是主体与客体沟通，实现公关目标的桥梁或纽带。公关实务领域中的信息包括理念、宗旨、消息、意见、知识、资料、数据等；传播的方式，主要有大众传播和人际传播两种（对此，下面将有具体论述）。大众传播和人际传播公关信息最主要的物质载体都是语言。

二、公关实务

公关实务是公共关系实务的简称。它是指一定的社会组织用特定的方法，针对特定的客体所进行的旨在确认、建立、维系、强化或改善公共关系的种种努力。公关实务既包括专门性公关活动、日常公关工作，也包括具有公关目的和意义的管理及一般本行工作。公关实务是现代社会每个自主组织生存和发展必不可少的工作，其目的是为公关主体利益服务，因此，公关主体是公关实务的核心因素和直接责任者。

公关事务的开展，离不开信息的传递交流。信息传递交流的主要工具是语言。

三、语言

语言是人类社会特有的现象，它是声音与意义结合的符号系统，是文化的产物，是民族文化的一个特殊部分。语言的主要社会功能和价值，是充当人类认知的工具、思维的工具、交际的工具、实践的工具、创造的工具和文化的凝聚体与传播手段。语言发展变化的动因是社会需要和社会文化发展，社会需要和社会文化发展是语言的生命线，语言的生命只存在于人们对它的使用中，没有人的使用，语言就失去了存在的价值。语言既包括口头语言、书面语言及其物质载体——文字，也包括副语言、体态语和图表、公式符号等辅助性语言。

语言和言语的关系是十分密切、相辅相成的。两者既有联系，又有区别；既彼此制约，又互相依存。没有语言，就没有言语；没有言语，也就没有语言。语言是抽象的，言语是具体的；语言是全民的，言语是个人的。言语是对语言的具体运用及最终成品。说写表达、听读领会都是对语言的具体运用，都是言语活动，而说写出来供给别人听读的话语和文章都是言语活动的成品。

四、公关语言

公关语言不是指作为全民语言的声音与意义结合的符号系统，而是指全民语言在公共关系领域中的一种职业性、语用性变体，是社会组织、公关人员在公关实务中为实现公关目标而对全民语言的具体运用及其产生的言语成品。根据现代语言学区分语言和言语的原理，公关语言实际上是公关言语。由于人们平常对语言和言语两个概念的区分并不像语言学那样严格，经常把言语统称为“语言”。所以，依从习惯，我们把公关言语称为公关语言。

公关语言包括公关主体开展公关实务工作的言语活动，也包括开展公关实务工作的言语活动所产生的结果、成品。无疑，公关实务活动是由公关主体与它的内外公众双方构成的，公关言语活动必须在公关主体与它的特定的内外公众之间进行，但公关语言仅指公关主体的言语活动及其成品，不包括公众的言语活动及其成品。公关言语活动既包括表达，也包括领会。表达是公关主体的表达，领会是公关主体对公众的话语、文章的听解和读解。因此，公关语言主要指公关主体为特定公关目的而进行的言语活动及其成品，也兼及公众话语、文章的听解和读解。

第二节　公关语言的基本特点

公关语言是在公关语言交际中产生的言语现象。它具有一般言语的特点，但作为一种专门应用于公关实务领域的特殊的言语现象，由于自身性质与功用的特征，又使它具有若干不同于非公关语言的特点。其主要有功利性、调控性、礼貌性和情感性四个特点。

一、功利性

公关语言有别于日常交际语言和一般生活语言，它具有明确的功利性，这是由公共关系明确的目的性所决定的。公共关系的最终目的是树立组织的美好形象，建立组织与公众间的良好关系，求得组织的满意发展。为此，一切公关语言的运用都为实现这一目的而服务，不能像日常交际和一般生活语言那样天南地北、古今中外、漫无边际地闲扯或者随意发挥、偏离题旨，而应为特定功效和利益服务。朝日啤酒集团将经营理念概括为“以最高的质量和真诚的服务，来追求顾客的满意度，为世界人类的健康和实现富裕的社会作出贡献”，并公之于众，进行宣传，目的就是为了宣传该集团的服务宗旨，以求公众的理解和信赖，以及激励员工增强做朝日人的自豪感和干朝日事业的责任感，使朝日啤酒事业兴旺发达。“中华灵芝宝”的商业广告：“中华灵芝宝是大陆科研人员经过 30 余年苦心研究获得成功的科技结晶。上海绿谷集团亦因此成为最早以灵芝孢粉为主料产品的开发者之一。自 1996 年进入市场以来，经历了风风雨雨，历尽了艰辛，用辛勤的汗水令中华灵芝宝的足迹遍布中国大江南北。我们正通过全身心的努力令‘仙草’灵芝之祥瑞造福国人!”广告的目的是为了招徕顾客，推销“中华灵芝宝”，赢得经济利益。又如，暨南大学的“校长寄语”：“在‘挑战和机遇并存’的新世纪里，暨南大学将加大力度实施‘侨校＋名校’的发展战略，朝着国际化、现代化、综合化的方向，培养高素质的创新人才。学校历史悠久、面向世界办学、学科门类齐全、师资力量雄厚、校园风景怡人，已跻身于名校的行列。我们热烈欢迎海内外优秀学生报考我校。”这段话的目的是为了塑造暨南大学的美好形象，提高暨南大学的良好声誉，吸引众多海内外优秀学生报考暨南大学。政府与选民进行公关沟通，旨在树立“创新、务实、廉洁、高效”的政府形象；群众团体对外宣传是为了得到社会公众的理解、认可和赞赏，以树立良好的形象；福利团体进行救助宣传，意在更好地为社会服务。这些都体现出公关语言的功利性。

诚然，公关语言的功利不是私利，而是互利。因为公共关系是公关主体与其相关的公关客体依靠传播沟通建立起来的互利关系，公关实务只有在公关主体和公关客体互利互惠的前提下开展，才会有效。因此，公关主体在公关实务活动中运用语言，无论是表达还是领会，都要以双赢的意识作主导，而不要利己损人，凡是善于运用公关语言的人都谙熟这一道理。2005年4月，中国国民党主席连战到大陆访问，中国共产党总书记胡锦涛与连战主席就促进两岸关系改善和发展的重大问题及两党交往事宜进行了广泛深入的讨论，并达成了一致意见。请看：

两党共同体认到：

——坚持“九二共识”，反对“台独”，谋求台海和平稳定，促进两岸关系发展，维护两岸同胞利益，是两党的共同主张。

——促进两岸同胞的交流与往来，共同发扬中华文化，有助于消弭隔阂，增进互信，累积共识。

——和平与发展是21世纪的潮流，两岸关系和平发展符合两岸同胞的共同利益，也符合亚太地区和世界的利益。

两党基于上述体认，共同促进以下工作：

一、促进尽速恢复两岸谈判，共谋两岸人民福祉

促进两岸在“九二共识”的基础上尽速恢复平等协商，就双方共同关心和各自关心的问题进行讨论，推进两岸关系良性健康发展。

二、促进终止敌对状态，达成和平协议

促进正式结束两岸敌对状态，达成和平协议，建构两岸关系和平稳定发展的架构，包括建立军事互信机制，避免两岸军事冲突。

三、促进两岸经济全面交流，建立两岸经济合作机制

…………

四、促进协商台湾民众关心的参与国际活动的问题

…………

五、建立党对党定期沟通平台

…………

两党希望，这次访问及会谈的成果，有助于增进两岸同胞的福祉，开辟两岸关系新的前景，开创中华民族的未来。

胡总书记和连主席分别是两个社会组织——中国共产党和中国国民党的代表，这次会谈是公关性质的会谈，在会谈中互为主体和客体。会谈之所以会取得成功，达成以上共识，是因为他们的会谈语言中所蕴含的内容既符合自身组织的

利益，也符合对方组织的利益，其共同体认是互惠互利的双赢性结晶，是公关语言功利性本质属性的物质体现。如果会谈各唱各调，语言是利己损人的心声，则不可能有共同体认。

功利性反映了公关语言的本质特征，这个本质特征决定了它是一种实用性语言，实用才能实现目的，才能实现功利价值。因此，公关语言艺术技巧和策略的讲究、语言体式的选择、话语风格的创造都必须以解决实际问题、讲求实效、有利于实现特定的公关目的为准则。这个本质特征也决定了公关语言是简明性的语言，只有简洁、明确，才能迅速、高效、准确地传递信息，易于为客体所理解、领会，便于实施有利于主体公关目的的行动。

二、调控性

调控性是公关语言的第二个基本特点。调控性是指公关主体表达和领会的主动言语活动，即公关主体根据公关实务活动的目的、可利用的条件等因素主动控制言语交际进行的过程，使公关交际活动朝着自己所希望的方向发展，逐步达到公关交际目的的言语表达和话语领会的活动。

公共关系是一个社会组织与其相关的社会公众依靠传播沟通建立起来的互益性的社会关系。任何一种公关实务活动都具有明确的互益性目的。为了实现这一目的，必须进行有效的公关语言交际活动。公关语言交际活动是公关主体通过语言发送公关信息和公关客体通过语言接收信息，以互相沟通的一个动态过程。在这个过程中，公关主体始终占据着矛盾的主要方面。因而交际成败的关键在于公关主体能否依据公关交际目的和相关条件因素包括公关主客体各自的特点、心理状态以及语境成分等恰切地选择、组织和调整言语手段。选择什么、如何组织、怎样调整都是有意识的言语活动。这种有意识的言语活动所产生的成品是公关主体能动地控制和调整言语活动的结果，它必然具有调控特性，这种特性也就成了公关语言最重要的基本特征。

下面一则日本推销之神——原一平推销的例子，很能说明根据目的与语境因素进行言语交际调控的重要性，也能体现出公关语言调控性特点生成的过程及其修辞手段。

有一次，原一平向一位刚正而固执的退役军人 D 推销保险。这位军人做事方方正正、干脆利落，根据此种特点，原一平确定了单刀直入的推销策略。

> 我开门见山，直截了当地对他说："保险是必需品，人人不可缺少。"
>
> D 先生斩钉截铁地回答我："年轻人当然需要保险，可我不但老了，而且没有子女，所以不需要保险。"
>
> 我立即顶回去说："您的这种观念有偏差，就是因为您没有子女，我才热心地劝您投保。"

D先生愣住了。他沉吟一会儿说："道理何在呢？"

我停顿了一会儿。（这时候的"停顿"很重要，必须配合D先生原先的沉吟的节奏，使两人的节奏合二为一。）

"没有什么特别的理由。"

我的答复出乎D先生的意料，他露出诧异的神情。（换言之，我的一句意料之外的话，使D先生感兴趣了。）

"哼！要是你能说出一套令我信服的理由，我就投保。"

他此时的神态，一副击败敌人获得胜利的模样，真是标准的军人脾气。

我故意压低音调说："我常听说，为人妻者，没有儿女承欢膝下，乃人生最寂寞之事了。（举这种例子，必须说成是第三者的话，以免有强迫的味道。）可是，（我逐渐提高声音）单单责怪妻子不能生育，这是不公平的。既然是夫妻（我提高声音），理应由两个人一起负责。所以，当丈夫的，应当好好安慰妻子的寂寞才对。"

说到这里，我故意停顿一下，看看D先生的反应，他沉默不语。

我接着说："如果有儿女的话，即使丈夫去世，儿女还能安慰伤心的母亲，并负起扶养的责任。一个没有儿女的妇人（我降低声音），一旦丈夫去世，留给她的恐怕只有不安与忧愁吧！您刚刚说没有子女所以不用投保，如果您有个万一，请问尊夫人要怎样办呢！（说话速度加快）您赞成年轻人投保，其实年轻的寡妇还有再嫁的机会，（加强语气）您的情形就不同喽！"

我希望最后一段话能加深他的印象，所以故意又停顿了一会儿。

最后，我以平静的口吻说："到时候，尊夫人就只能靠抚恤金过活了。但是抚恤金够用吗？（说话速度加快）一旦搬出公家的宿舍，无论另购新屋或租房子，都需要一大笔钱呀！以您的身份，总不能让她住在陋巷里吧！我认为最起码应该为她准备一笔买房子的钱呀！（停顿了一会儿）这就是我热心劝您投保的理由。"

满怀热诚地把最后一段话一口气说完之后，我突然打住。有魅力的声音就是高低、快慢、停顿、神情、诚恳等方面密切配合的产物。

D先生默不作声，我也静静地等待着。

隔了有一会儿，D先生点头说："你讲得有道理。好！我投保。"[①]

推销之神原一平从最初策略的确定，到激发军人兴趣的反驳，再到对对方眼神、沉吟、保证等反馈信息的把握以及语气、停顿等的多次调节，已在不知不觉间控制了交际进程，推销任务由此得以圆满完成。

---

① 参见原一平著，胡栋梁、胡艳红译：《推销之神——原一平》，中国经济出版社1992年版，第111页。

三、礼貌性

文明礼貌是人类社会文明进步的标志，也是社会成员文化、道德情操、智慧、精神面貌的体现。俗话说："礼到人心暖，无礼讨人嫌""好言一句三冬暖"。文明礼貌的语言是人与人之间相互沟通的桥梁，是润滑人际关系的甘露，是建立良好人际关系的纽带。文明礼貌语言的使用在公关言语交际中比人际言语交际具有更为重要的意义和价值，这是由公关事业的性质所决定的。

公关实务是在明确的公关意识的指导下，为特定的工作目标而进行的种种努力。公关意识首先是公众利益意识，公关目标就是树立本组织的良好形象、声誉，争取内外公众的了解、理解、谅解和支持。为达此目标而采取的行为，不是权势，不是武力，不是倾轧欺诈，而主要是良好的自身行为与广大公众之间良好的交流沟通。因此，公关意识是现代社会的文明意识，公关实务本身就是开明之行、礼貌之举。

公共关系学认为，一个组织的任何言行都必须考虑到公众的愿望和利益，都必须考虑其社会影响。为此，公关主体首先应从自身做起，依照法律、道德、习俗等社会通行的准则来行事，因此，它的行动本身就具有合乎社会规约的文明礼貌性。

公关语言的文明礼貌性也与公众的自我需要有关。根据马斯洛的需要层次论原理，人类具有五个层次的需要：生理需要、安全需要、归属与爱的需要、尊重需要和自我实现的需要。其中生理需要、安全需要属于低级需要，归属与爱的需要、尊重需要和自我实现的需要是高级需要。为了争取公众的了解、理解、同情和支持，与之进行积极有效的合作，公关人员必须尊重公众、善待公众，在与公众交往时必须讲文明，有礼貌，言行举止要"温良恭俭让"。否则，就是对公众不尊重，公众就会对其不予理睬，因而，也就不能实现公关实务的特定目标。

公关语言的文明礼貌性表现在言语行为、言语内容和言语形式三个方面。言语行为的文明礼貌性包括积极交往，认真对待自己的说话和写作，认真听取公众的意见、建议和要求，举止文雅，谈吐谦和得体，不强词夺理，不蛮横无理。言语内容的文明礼貌性包括内容的真诚友善，不欺不诈，不粗不俗，不宣扬低级趣味，不散布有悖于法律、道德、社会习俗，尤其是特定公众、特定习俗的言论。言语形式的文明礼貌性主要指为文明礼貌的言语内容选择恰当有效的语言表达手段和表达方式，做到语言规范，利于对方听解、读解和记忆。为了体现文明的思想内容和礼貌的态度，公关语言经常使用以下语言表达手段和表达方式：

（1）亲切柔和的语调。例如：

老人、幼儿、孕妇、残疾人乘车是很不方便的，我们都应该关心和照顾他们，让个座位给他们是很应该的……前面就要到达终点站火车站了，请大家带好自己的行李物品，准备下车。感谢大家一路上对我们工作的支持和配合。欢迎您下次再来乘坐我们的车。再见！

（广州市33路公共汽车的兼带性公关广播，先后用普通话和广州话播出，语调亲切柔和）

（2）温和委婉的口气。例如：

请原谅，这种衣服颜色浅，容易弄脏，不宜试穿，您可以比一比大小。

（服务文明用语）

绿草青青踏之何忍
小草依依足下留情

（暨南大学教学大楼广场温馨提示）

（3）诚挚庄重文雅的措辞。

公关言语交际经常使用敬辞、谦辞、婉转词等，适当使用特定的文言词语，例如，敬辞有"贵、尊、阁下、先生、女士、您、奉达、屈驾、光临、俯察、华诞、大作"等；谦辞有"拙、愚、敝、鄙、贱、管见、薄礼、抛砖引玉、才疏学浅"等；婉转词有"仙逝、大故"等；文言词语有"欣悉、惊悉、顷奉、顷闻、顷接"等；表尊敬的有"请、承蒙、为盼、为感、惠予、厚爱、赐教"等。此外，还经常使用带有感情色彩的词语。

海协会会长汪道涵先生去世时，台湾有关党派负责人发的唁电：

马英九唁电全文如下："惊悉道涵先生逝世，令人痛悼！道涵先生长期致力两岸关系，以温和理性创意之风格，扮演关键的角色，对增进和平交流，贡献卓著。敬请先生亲属节哀顺变。"

宋楚瑜唁电全文如下："惊闻汪老先生于今晨辞世，不胜悼念，特电敬致哀忱。对汪老先生长期沟通两岸事务之付出和贡献，深表敬佩与肯定。今年五月间，个人及亲民党大陆访问团成员代表一行蒙汪老先生拨冗于上海会面，先生之精辟见解及对两岸和平之企盼，令人景仰。遽遭大故，伤痛逾恒，尚祈节哀珍重。特电专唁，敬颂礼安。"

（4）得体的体态语。例如：

【路透社新加坡6月12日电】美国总统特朗普与朝鲜领导人金正恩午餐后在举行峰会的酒店花园散步。特朗普表示，峰会"比任何人预期的都要好"。金正恩在一旁站着没说话。两人都走向特朗普绰号"野兽"的防弹豪华轿车，然后看向后排座位。特朗普明显是在向金正恩展示里面的什么东西。之后他们继续散步。

他们在最初抵达新加坡圣淘沙岛嘉佩乐酒店参加峰会时，看起来谨慎又严肃。

但在全球媒体的闪光灯下，他们在酒店露台见面时开始有了轻松的气氛。握手之后，他们很快微笑，然后特朗普将金正恩领入图书馆，进行了只有各自翻译在场的一对一会谈。

特朗普和金正恩坐在一起，背后是朝鲜和美国的国旗，特朗普向金正恩竖起大拇指，金正恩面带笑容。

（《美朝首脑会晤吸引世界目光》，《参考消息》，2018 年 6 月 13 日）

又如，广州一些商厦每天上午开门营业时，均组织身穿整齐工作服的部分员工，恭候在大厅正门两侧，面带微笑向第一批顾客热烈鼓掌。

公关语言的文明礼貌性广泛存在于公关言语行为及其成品之中，不管是双向交流的发言、讲话、致辞、演讲，还是进行问卷调查，编写简报、年报、新闻广告，致发信函、柬帖，拍发电报，都具有比较突出的文明礼貌性。

四、情感性

感情是对人或事物关切、喜爱的心情。感情世界是人类最为敏感而又至为重要的一个领域。列宁曾说过："没有人的感情，就从来没有也不能有人对于真理的追求。"白居易在《与元九书》中说："感人心者，莫先乎情。""通情"才能"达理"。感情是人类语言表达不可缺少的功能因素，这种功能因素在公关实务的语言交际中显得尤为突出和重要。公关实务的目的是解决公关主体与公众之间的利益关系，这种关系的解决，公关主体一方不能用强硬的措施或高压的手段去迫使公众就范，只能用良好的自身行为、诚信的形象和情深意笃的言语告之以事，晓之以理，动之以情，感化、引导他们理解和支持，以实现互利的公关目的。

融情动心，以情取胜是公关实务活动的重要语言策略。公众是理智的，同时又是富有情感的，情感与理智共存于一体。公众的行为取决于公众的态度，态度由情感和理智构成。在很多情况下，情感因素居于举足轻重的地位，它往往决定人们对客观事物的好恶倾向。国外有的学者认为人的理智与感情的比例是7：3，美国心理学家哈特曼通过实验研究理智和情感在选举时对选民行为态度的影响，结果证明情感的感召力比理智的说服力还要大。在现代商业公关实务活动中，融情动心、以情感人尤其重要。美国著名的商场营销学专家菲利普·科特勒指出，人们的消费经历了从量到质再到情感的阶段。随着生活节奏的加快和生活水平的提高，人们越来越强调情感交流，强调精神生活的愉悦。人们不仅从情理而且从感情上把握和体验市场。因而，顾客作为上帝，他们需要的已经不只是物质上的满足，而是精神上的体验和满足。他们与商业主体打交道，既有购物的需要，也渴望真诚的情感交流。管子说："善人者，人亦善之。"意思是人们最愿意与有感情、富爱心的人交往，当然也最愿意与他们合作、谈生意。商业主体与客体之间有了良好的感情作为前提，再难办的交易也会变得顺利。因此，当今具有先进公关意识的组织都深谙情感的重要作用，都把与内外公众的感情交流作为重要的公关实务手段。北京蓝岛大厦开始创业时就确定了“情意服务”的宗旨，并围绕这一宗旨制定了“千方百计便利顾客，真情实感打动顾客”“服务以情取胜”等柔性竞争策略，举办各种情意活动。例如，举办以“蓝岛风情引人醉，深情待客客忘归”为主题的文化购物节，推出“浪漫金秋色，款款送爱心”服务大联展，举行“让温暖与爱意拥抱您”羊毛制品荟萃展销活动，在总台设“春夏秋冬都是爱，留下真情在人间”的温馨卡和情意签等。微笑的服务、温馨的言语、缕缕的真情，使消费公众在和谐温馨的情感氛围中感受到蓝岛大厦的友谊与真诚。蓝岛大厦由此在社会公众中树立了良好的形象，赢得了较高的知名度和美誉度，成为首都人喜爱的购物中心之一。① 又如，温家宝总理出席了香港特区成立6周年的庆典，在离港前回答记者辛朝兴提问时，真诚地表达了自己对香港的感情，他说：“虽然我下午就要走了，但我爱香港，我祝福香港，我想念香港！”② 温总理代表中央政府出席香港特区成立6周年庆典后，临别时依依不舍，留言寄意，情真意切，体现了中央政府和祖国人民对香港的深厚情感和美好祝福，极大地激励了香港人民对祖国的热爱和努力建设美好香港的强烈感情。

公关语言的情感性体现在各类社会组织的各种公关实务活动的话语中。为了实现表情的目的，公关语言广泛运用自然语言和体态语的种种表情手段，通过巧用语音表情手段、运用具有感情色彩的语汇、善用亲切热情的语气、巧设含情的拟人手段和恰当选用微笑等体态语等，打动公众之心。

①感恩父亲节“金”狗谢亲恩

父爱如山，在父亲节即将到来之际，我们用宜宾五粮液股份有限公司出品的戊戌（狗）年纪念酒来感谢父亲对我们的无私付出。祝福他狗年身体旺、福运旺、家业旺、狗年旺旺旺。

（《参考消息》，2018年6月16日）

②风雨无情广百有爱　情满春运温暖人心

——广百支援春运抗灾救灾实录

（广百支援春运抗灾救灾专页，《广州日报》，2008年3月26日）

③五湖四海皆宾客

高山流水有知音

（某旅行社的门联）

例①用富于感情色彩和美好情意的“感恩”“谢亲恩”“感谢”“祝福”“身体旺”“福运旺”“家业旺”等词语构织话语，表达对父亲的美好祝愿之情；例②借助“无情”和“有爱”的鲜明对比，以及富有人情味的语句宣传广百抗灾

① 黎运汉、李军：《商业语言》，台湾商务印书馆股份有限公司2001年版，第26页。
② 《广州日报》，2003年7月2日。

救灾的爱心，具有打动人心的强烈宣传效果；例③是某旅行社的门联，上联化用唐代吕岩《绝句》："斗笠为帆扇作舟，五湖四海任遨游"，下联用了《列子·汤问》所载伯牙与钟子期鼓琴交友的典故，全联言简意不陋，意胜情亦深，盛赞友谊，不失高雅，使旅客到店便感到温暖如春，主客双方在无声无息中进行了情感交流。

公关语言的情感性是语言表达者内心真情实感的自然流露，而不是虚情假意或忸怩作态。同时，公关语言的情感是服从于公关实务的目的、针对特定的公众而产生、存在的，它不同于文艺作品等纯个人情感的主观宣泄。

第三节　公关语言交际

公关实务活动、工作的开展，离不开语言交际。语言交际是公关实务的基本手段，语言交际能力是公关实务人员的基本能力，公关实务人员必须努力培养、提高自己的语言交际能力。

一、公关语言交际活动

公关语言交际活动是公关人员在公关实务活动中使用语言进行交际的一种行为，亦即公关人员使用语言进行表达（说、写）和领会（听、读）的行为，表达和领会都是对语言系统各种要素的积极运用。

表达活动是公关主体的语言表达活动。公关主体语言表达活动的根本任务在于运用语言向特定的内部公众或社会公众传递公关信息，赢取他们的理解、支持和合作，以实现特定的公关目的。因此，它必然涉及五个要素：公关主体、公关客体、公关信息、信息载体和交际环境。其中，公关主体是第一要素，它制约公关信息、信息载体和公关客体，又为公关信息、公关客体和交际环境所制约。要取得理想的表达效果，公关主体必须辩证统一地处理好这五种要素之间的关系，注意根据表达的信息内容、公关客体的各种因素以及具体语言环境选择恰当的信息载体（包括语言材料、语言结构规则、语用原则和表达手法、语体与风格等），组织、构建恰切的话语，以便公关客体准确地理解和接受。

领会活动是公关主体根据公关客体说出的话或写出的文章了解公关客体的思想感情的逆向语言运用活动。公关主体的言语领会活动的根本任务在于了解内外公众的意愿、监测社会环境、获取可靠的公关信息，以便据以确定本组织的公关现状，制定或修改自己的行动方略。因此，它必然涉及公关客体的自身因素、公关客体的言语成品和具体的言语环境。要正确理解公关客体的言语成品所蕴含的思想感情，获取可靠的公关信息，公关主体的领会活动必须以公关客体的言语成品为依据，紧密联系公关客体说话或写作时的有关情况及其进行活动时的特定语境来分析和理解言语成品的物质形式和思想内容，不捕风捉影，不添加主观色彩，力求使理解、领会尽可能符合言语成品的原貌。

二、公关语言交际的模式

公关语言交际的模式多种多样，但大体可归纳为两种基本模式：人际交际模式和大众传媒交际模式。人际交际指的是公关主体一个人与公众中的一个人或一群人之间直接的信息传递、交流活动。其表现形式分为面对面交际和非面对面交际两种。前者一般通过自然语言、态势语言等直接沟通，例如，公关交谈、公关信息发布会讲话和答问、座谈会发言、演讲、致辞等；后者是通过打电话、发电报、发微信、写信等进行沟通。人际交际的特点是：信息发出、传递直接而快速，大都能立刻获得信息反馈；信息真实不易变形；使人感到真挚、亲切、容易建立感情；大都显得生动活泼，有利于印象的加深。它是公关实务活动广泛运用的交际模式，对于树立组织形象有特殊功效，但交流范围较小，有较大的时空限制。大众传媒交际是指公关主体借助大众传播手段所进行的信息传递、交流活动。大众传媒分为两大类：一类是电子类的，例如，广播、电视、电影、网络等；另一类是印刷类的，例如，报纸、刊物（杂志）、书籍、文件等。这种传媒交际的特点是：传播手段现代化、技术化；传播范围广泛，覆盖面广；可突破时空限制，迅速传递信息；能赋予被表达的信息某种特殊意义，为公众瞩目。大众传媒交际尽管信息反馈比较缓慢、间接，但很有助于提高组织在社会上的知名度，因而，善于语言交际的公关组织都非常重视这种语言交际模式。

人际交际模式与大众传媒交际模式，都有口头形式和书面形式。人际交际中，例如，谈话、对话、座谈、讨论、论辩、谈判、记者招待会、打电话、网络交谈等——双向交流，讲话、作报告、演讲、讲课——单向交流，都是口头形式；而互递纸条、书信函柬来往等——双向交流，通知、公文、产品目录、说明书、解说词、海报、招贴与户外广告、墙报、板报、橱窗、宣传册页、电报、电传等——单向交流，都是书面形式。大众传媒交际中，广播、电视、电影主要是口头形式，报纸、刊物、书籍是书面形式。总的来说，人际交际以自然语言、口头语言、双向交流为主，大众传媒交际以规范语言、书面语言、单向交流为主。

三、公关语言交际是公关实务的基本手段

公关实务的基本程序一般由四个步骤组成：公关现状的调查确定、公关实务计划的制订、公关实务计划的实施、公关实务效果的验收和评估。

公关语言交际是公关实务的基本手段，它贯穿于公关实务活动四个基本程序的方方面面，对公关实务工作具有重要意义。

（一）语言运用从公关现状的调查确定开始

公关现状的调查、确定主要是调查本组织在公众当中的形象和声誉，包括知名度、美誉度等，同时也监测客观社会环境的现状及其发展趋势，为制定有效的公关实务对策或调整已有的公关实务政策服务。公关现状的确定来自对已有文献的调查研究和对社会公众现时民意舆论的收集、采访和分析。文献研究主要是阅读，也包括对有声资料的听视、记录，这些都离不开语言的运用；公众民意舆论的采集、分析更离不开语言的运用：或留意听、记，或进行专门采访、座谈，或问卷调查（问卷的拟制、答卷的阅读分析）。社会环境现状的确定及其趋势预测离不开对已有文献和现行大众传媒的阅读、听视、研究和分析。公关现状的调查、确定也离不开语言的运用，多数情况下采取的是听解、读解的形式，也有一定数量的表达活动。

（二）语言运用贯穿于公关实务活动的始终

公关实务基本程序的第二个步骤即公关实务计划的制订属于务虚性的工作，第三个步骤公关实务计划的实施才是公关实务中最关键、最持久的工作。广义的公关实务包括这四个步骤，狭义的公关实务仅指第三个步骤。语言的运用贯穿于狭义公关实务的始终。

公关实务主要包括两个方面的内容，一个是做好本组织的工作，另一个是与内外公众开展广泛的交际和信息交流，其中交际和信息交流更具典型性，而交际和信息交流都离不开语言的运用。狭义的交际指人与人的直接接触、交往、沟通，这种交际可以采取各式各样的办法。例如，赠送礼品、纪念品、吉祥物，接待参观、设宴款待、举办展览，走出去、请进来、互相走访或者聚会联欢，电话、书信来往以建立关系和联络感情等。在这些交际中，语言的运用具有重要的意义，而且几乎是必不可少的。试想，赠送礼品而不能以恰当的语言辅助表白；开宴前默默等吃等喝而不会寒暄闲聊；祝酒语塞、答谢无辞；佳节喜庆中不会以得体的言辞助兴；吊丧问疾时不会以适当的话语安慰人，那将会多么令人难堪。至于电话、书信中的语言运用，其重要性更不待言。广义的交际除了这些内容以外，还包括一般性的信息交流，主要指向外发送本组织的信息。例如，举行信息发布会时，撰写发送新闻稿、发表演讲或作报告，制作新闻电影、告用户书、组织介绍、产品说明、广告、函柬以及举办展览等；向内回收内外公众以及社会环境与本组织有关的直接或间接信息。这些双向的信息交流主要是语言交际。不管是人际交际还是利用大众传媒交际，语言对于交际的作用都是至关重要、必不可少的。美国著名语言学家萨丕尔说：“沟通对于建立人际关系就好像呼吸对于维持生命一般。”①

从公关实务的专门性着眼，可以把公关实务区分为专门性公关活动、日常性公关工作和全员性公关工作三个方面。语言运用对于公关实务的作用在专职公关实务部门所从事的专门性公关活动和日常性公关工作当中表现得特别明显。专门性公关活动主要有公关调研、公关咨议、公关宣传、举行记者招待会、举办展览、举行商业洽谈会、开展大型庆典活动、提供社会赞助以及举行专题活动。例如，中国平安人寿保险股份有限公司广州分公司举行评优活动，并在《广州日报》上登出“第四届500强英雄榜”时说：“在中国平安人寿保险股份有限公司广州分公司第四届500强竞赛中涌现出一批优秀的保险代理人。他们用自己辛勤的劳动和诚挚的爱心，为全省人民送出了一份份沉甸甸的保障，同时也实现了自己的价值。他们是平安的骄傲！他们是平安的英雄”，“让每个家庭拥有平安”。平安保险公司的这些言辞有助于增强对内对外的交流，提高员工的荣誉感，增强凝聚力，扩大公司的影响和声誉。例如，《广州日报》与广州市公安局联合主办“一日义务警察”活动，激发市民维持治安的热情。又如，中国工商银行在2003年教师节举办“教师辛勤育学子，牡丹真情献园丁”的销售活动等。这些专门性公关活动样样离不开语言运用，而且有较高的语言技巧要求。日常性公关工作主要有日常接待（包括接待来访、安排参观、举行宴会等），组织会议，筹划、组织交往联谊活动，处理日常函件，收集、采集信息，传播信息（包括进行演讲，撰写新闻稿，创制广告，编写组织介绍、产品说明），编制面向内外公众的报纸、杂志、宣传册页、书籍画册，处理突发性事件等。显而易见，口语和书面语的运用在这些日常公关工作中不但必不可少，而且具有举足轻重的地位。

（三）语言的形象、表情功能与公关实务目标的实现

公关实务的具体目标不外乎树立形象、建立信誉、联络感情、改变态度几个方面，其中，语言在树立组织形象和联络公众感情方面的作用是十分明显且有效的。语言具有形象功能，一个组织的组织名称、产品名称、商标名称，包括它的语义和语音、文字形体以及具体制作中的色彩和图案效果，乃至于在不同语言译语中的语义、语音、文字形象，都是组织形象不可分割的一个部分。吉祥美好的含义、动听易记的声音、美丽鲜艳的字形和图案色泽，都能作为形象因素，在公众心中留下美好而深刻的印象。同时，不少象征性图案、徽标既有自然物、图形的形象作用，又直接利用文字形体构成图案，极大地发挥了语言在塑造组织形象、形成组织风格方面的积极作用。例如，白云山风油精广告：

① 萨丕尔：《如何接触》，转引自黄章恺：《言语交际的艺术》，广东高等教育出版社1989年版，第5页。

这些广告不仅产品名称含义美好、商标鲜明、广告语言富有诱惑力，而且字形图案色泽鲜艳美丽，能给人留下深刻的印象。

中国印·舞动的北京——2008 年北京举办的第 29 届奥林匹克运动会会徽：

它由印形、“Beijing 2008”字样和奥林匹克五环组成。以印章为主体表现形式，将中国传统的印章和书法等艺术形式与运动特征结合起来，经过艺术手法夸张变形，巧妙地幻化成一个向前奔跑舞动着双臂迎接胜利的运动人形。人的造型同时形似北京的“京”字，蕴含浓重的中国韵味，潇洒飘逸，充满张力，寓意北京正以开放的姿态，欢迎世界各地运动员和人民欢聚北京，生动地表达出北京张开双臂，欢迎八方宾客的热情与真诚，传递着奥林匹克的理念，体现了“更快、更高、更强”的奥林匹克精神，以及以运动员为核心的奥林匹克运动原则。

此外，党风、市风、厂风、校风，城市精神、企业精神，国歌、军歌、厂歌、校歌、校训、口号、标语以及社会风尚等的提炼，也常常离不开语言形象化艺术的魅力。这些文化精神产品用凝练优美的语言、悦耳动听的声音，表达组织心声，代表组织的精神面貌，发挥着巨大的公关宣传鼓动作用。例如《广州日报》于2018年7月9日刊出的社会主义核心价值观：

价值观
春
广东龙门　梁彩欢　作
施之以爱
报之以恩
富强　民主
文明　和谐
自由　平等
公正　法治
爱国　敬业
诚信　友善
中共广东省委宣传部　广东省文明办

语言还具有表情功能。语言作为交际工具，首先用于传递信息，同时也用来传达情感。语言系统中有许多专门用来表情的要素和手段，很多语言同义形式是为适应表意和表情的不同需要而存在的。例如，带有亲切、赞许、喜爱、尊敬等色彩的褒义词和带有嘲讽、厌恶、贬斥、鄙视等色彩的贬义词，如理想、爱护、团结、逝世、庇护、勾结、丧命等；带有礼貌色彩和非礼貌色彩的同义句，如“请勿践踏草地”“绿草青青，脚下留情”“不准践踏草地”“无可奉告”“不能告诉你”等。公关实务是处理组织与公众的关系的，联络感情，取悦公众，抑制、消除公众的不满情绪，都离不开语言表情手段的运用。除了形象功能、表情功能之外，语言还具有叙述说明功能、说服论辩功能、审美欣赏功能等，它们对于从事公关实务，实现告知公众、取悦公众、说服公众等目的都具有直接的和巨大的作用。

四、公关语言交际能力是公关人员的基本能力

公关语言交际艺术是公关实务工作的关键。公关人员，不管是公关专员还是组织领导，都是组织的代表和大使，都代表组织工作、行事。公关语言交际艺术只有为公关人员熟练地掌握和使用，才能完美地为实现公关目标服务。因而，具有较高的运用语言工具实现公关目标的能力是公关人员必须具备的基本能力。

国内外公关学著作认为公关人员必须具备的工作能力有社交能力、宣传能力、社会调查能力、演讲能力、写作能力、组织管理能力、应变创造能力、其他专门技能（如打字、编辑、印刷、摄影、摄像技能）等，其中，语言能力占了很大的比重和很重要的地位。美国公共关系学学者艾伦·H. 森特和弗兰克·E. 沃尔什在他们所著的《公共关系案例》一书中认为，公关部门或咨询公司主要有下列12项技术性工作：

（1）写作；
（2）编辑；
（3）向相应渠道输送有新闻价值的资料；
（4）为他人准备演讲稿，或亲自演讲；
（5）安排印刷品、幻灯片、录像带乃至电影片的制作；
（6）策划组织公关活动，并在必要时策划特殊活动；
（7）监督旨在树立企业形象的广告制作计划的执行；
（8）准备各类文件、报告、声明、公告；
（9）掌握各种会议的进程，并对会议的结论作出评价；
（10）培养演讲人才，充当企业发言人；
（11）制定预算，执行预算，并说明之；
（12）对于公众的意见、计划执行的结果、竞争对手的情报等进行分析

评价。

该书的作者还曾对某些企业家做过一次调查，请他们把公关人员应该具有的才干按重要程度先后排列，结果证明公关人员的写作能力（达到发表水平的写作能力）和口语表达能力分别居于第一位和第四位。[①] 美国亚历山大·汉米尔顿研究院出版的《企业公共关系》对一个公共关系主管人提出的条件中，也把“具有沟通思想的语言、文字技巧”[②] 列为头一条。这些都充分证明语言能力对于公关人员来说具有特别重要的意义。

公关语言能力首先是表达能力，即口头表达能力和书面写作能力。

公关活动的本质就是通过双向沟通，有效地达成组织与公众之间的信息交流，口头语言交流是其主要方式。众多的社会组织都要经常与公众进行公关交谈、公关对话、公关论辩、公关谈判、公关答问、公关演讲等，这些都要求公关人员具有较强的口头表达能力。一个公关人员如果缺少应有的口语修养，就容易造成表达上的错讹，影响公关信息的准确传递，进而影响公关目标的实现。优秀的公关工作者都有熟练驾驭口头语言的能力，讲话都很讲究语言的艺术性。具有语言魅力，说话流畅，出口成章，富有感染力，对于塑造个人形象乃至个人所代表的组织的形象，以及促进公关目标的实现，都起着十分重要的作用。口头表达能力，也包括对体态语的正确、积极运用的能力。有效地使用体态语，能使话语更具吸引力，更易打动人。讲究语言表达艺术的公关工作者都非常善于利用表情语言、手势语言和体态语，发挥它们辅助表情达意的作用和表演作用，使言谈举止自然得体，更富魅力，促进公关目标的圆满实现。

公关人员必须具有较强的文字能力，能够娴熟地把握与公关实务相关的各类文体的写作技巧，因为任何社会组织都有服务于公关实务工作的应用文和出版物。例如，公关调查问卷、公关调研报告、公关工作计划文书和公关工作总结的撰写；组织和商品的命名、公关对联的创作、公关介绍文和说明书的写作；公关公告和声明、公关广告的写作；公关交际和交往文书的写作，以及公关报刊、公关宣传品，如黑板报、墙报、简报、年报、报纸、杂志、画册、书籍的编写等，都要求公关人员具备很高的写作水平。优秀的公关工作者都有熟练地驾驭书面语言文字的能力，写作公关文书、文稿，编排出版公关报刊，不仅要求没有错别字，还要求文笔流畅，讲究文章的章法安排、形貌色彩及印刷版面的利用。

语言能力同时包括领会能力，即听话和阅读理解的能力。公关人员在公关实务语言运用中，既要善于表达，又要善于领会，才能取得最佳的效果。例如，在

---

① 艾伦·H. 森特、弗兰克·E. 沃尔什，熊源伟、相丽萍编译：《公共关系案例》，湖南文艺出版社1988年版，第5、6页。

② 廖为建：《公共关系学简明教程》，中山大学出版社1989年版，第49页。

人际交往尤其是口头直面交际中，听话是说话的参考和依据。如果是单向式地发表演讲，注意倾听听众的反映以便于及时调整自己的话语内容和形式，这是维持演讲顺利进行、取得理想表达效果的重要保证；如果是双向式的交谈、谈判、论辩，准确地听话，深刻地领悟对方话语的弦外之音、言外之意，是及时地进行有针对性的对答、还击、论辩的根本前提。听话能力也包括对体态语的识读破解能力。为了获取公关信息，公关实务工作者不得不进行大量的文献查阅工作，要在浩如烟海的印刷媒介中捕捉对自己组织有直接或间接作用的信息，还必须具有快速阅读理解和分析概括的能力。

公关语言能力，从总体上说，就是具有保证语言交际顺利而有效进行的各种能力。具体表现在表达方面，就是具有确切地、适情应景地达意传情的能力，使公众一方能够准确地、乐意地接收自己的意和情，轻松地理解、持久地记住自己的意和情，从而实现告知公众信息、改变公众认知和态度的公关实务目的。在领会方面，就是具有迅速而准确地理解对方话语和文章的能力，不但要领会其中的原意，而且要透过字面，借助公关体态语以及语言环境理解其所蕴含的隐含之意和言外之意，为自己语言交际的有效进行和公关信息的捕捉服务。此外，优秀的公关人员大都还具有较好地使用其他地区方言、历史方言和其他民族语言的能力。

五、公关语言交际能力的培养

公关语言交际能力是所有公关实务人员最基本、最重要的能力之一，公关实务人员必须努力培养、提高自己的语言交际能力。

语言是思想的直接表现，是传情达意的工具，是文化的载体。“言为心声”，“生活、思想感情是文字的养料”，[①] 一个人进行语言交际活动，说什么话、怎样说、如何理解别人的话语，不仅仅是语言技巧的操作问题，它既受说话人自身思想感情、文化素养的制约，也反映出其精神面貌、思想修养和文化品位。因此，公关实务人员要提高语言交际能力，就必须不断提高自身的政治思想水平和文化修养。

“语言这东西，不是随便可以学好的，非下苦功不可。”[②] 这话很有道理。公关实务语言能力的获得和提高必须从两个方面下苦功：一是努力学习，二是积极实践。通过系统的学习和专门的训练，掌握语言艺术与公共关系的各种对应关系，掌握其中的内在规律，熟悉语言知识，熟悉语言媒介，熟悉语用原则，并把

---

① 老舍：《谈简练》，《出口成章》，作家出版社 1964 年版。

② 毛泽东：《反对党八股》，中共中央毛泽东选集出版委员会编：《毛泽东选集》（第 3 卷），人民出版社 1953 年版。

学得的理论和知识运用于实践，进行反复练习，变成熟练掌握的技能、艺术。国内外公关专业教育一般都开设语言学、演讲学、写作学、传播学、逻辑学、心理学等专门性或辅助性的语言知识技能课程，未经过专门学习的人员可以通过参加专门训练的办法使自己的语言能力提高。对于组织内的全员，则应当根据本组织、本行工作的特点设计职业语言规范，进行岗位练兵（这一工作多由公关专员来做）。

公关语言能力的提高虽然要求表达能力和领会能力并重，但对口语能力和书面语能力尤其是口语表达能力的培养训练应当给予更多的重视。因为听解、读解能力比起讲话、写作能力相对容易，而口头交际在公关交际中占有很大的比重，口语能力的培养也具有更大的难度。口语表达多为现想现说，不允许仔细推敲琢磨，也不允许作较多较大的修改，时效性强、要求高，尤其是对话、答记者问、论辩、谈判和演讲等，对语言运用者具有很高的综合性要求。加之口语交际的语境复杂多变，交际的另一方甚至第三者随时随地都影响、干扰甚至左右着说话的进行，即使是单向独白式的演讲也有出现意外情况的可能性，也得照顾听众的反应，而公关实务过程中口语运用的机会又比书面语普遍。虽然公共关系是组织与集体公众或个别公众的关系，但公关实务的进行却常常是以个人与个人直接接触的方式进行的，组织主体一方是这样，公众也是这样，集体公众也常由其代表来与公关实务主体打交道。这种形式下的语言活动主要是口语活动，因而，公关实务语言能力的训练应特别重视口才的训练。

训练口才要特别注意胆量的训练。美国学者戴尔·卡耐基在他的《人性的弱点》等书中，以自己从事演讲教学、口才训练的实际经验证明，人们口语能力的低下常常是自卑、胆量不足造成的，而他很久以来一直就在进行这种克服自卑感、壮大胆量以提高口语表达能力的训练，并且取得了十分惊人的成就。为了克服在口头交际中的羞涩、怯场和由此造成的说不出话、思维短路等缺憾，他主张应当尽量说自己熟悉的事情、自己最受感动的事情以逐步壮大胆量，提高口语才能。日本前首相田中角荣曾经讲述过自己克服口吃，锻炼口才，最后成为出色演员的故事，这也很生动地说明了自信心对口才的重要性。

思考与练习

1. 什么是公关？什么是公关实务？怎样理解两者之间的关系？
2. 公关由哪些要素构成？
3. 什么是公关主体？什么是公关客体？
4. 语言与言语的关系是什么？两者有何区别？
5. 什么是公关语言？有人认为公关语言包括能起到承载和传递公关信息作用的实物，有人认为公关言语包括时空语言，你的看法是什么？

6. 公关语言有哪些特点？你认为哪个是最主要的特点？

7. 言语活动包括哪些内容？

8. 请简述语言交际的主要模式。

9. 为什么说语言交际是公关实务的基本手段？

10. 为什么说语言能力是公关实务人员的基本能力？

11. 公关实务人员如何培养公关语言能力？

第二章　公关语言学的建构

凡新生的学科，都不是从天上掉下来的，也不是个人意愿的产物，而是有其产生的科学背景。公关语言学的建立，既有广泛而丰富的公关语言事实作依据，又是现代语言学发展的必然，而且顺应公关人员提高语言能力的需要。因而，它具有旺盛的生命力和影响力。

第一节　公关语言学的研究对象和研究范围

一门学科的建立，必须要有明确的研究对象和研究范围。一门学科的发展也往往得力于对自己的研究对象的再认识与研究范围的再确定。因此，明确研究对象和范围，对公关语言学来说是至关重要的，它关系到公关语言学的研究方向、研究任务、研究内容的确定。

一、公关语言学的研究对象

公关语言学的研究对象是什么呢？是在公关实务领域中运用语言的现象，也就是存在于公关实务活动之中的言语现象。公关言语如上文所说，包括公关言语活动和公关言语成品。

公关言语活动从表达和领会的角度看分为表达活动和领会活动，从语言媒介形式上分为口头的说听和书面的写读，而无论是表达活动还是领会活动，无论是说听还是写读都要以人类自然语言为主要工具，其中说听活动要运用到非自然语言如体态语等辅助手段，写读活动要运用到非自然语言如字形、图画等伴随语言手段。

公关言语成品是指公关言语活动产生的成品，亦即公关主体所说出来的话语和写出来的文章。先看一个例子：据说，有一次，周恩来总理在北京召开记者招待会，他介绍了我国经济建设的情况和对外方针之后，谦和地请记者们提问。一西方记者站起来说："请问总理先生，中国人民银行有多少资金？"面对西方记者的提问，周总理当然听出其弦外之音，但他从容自若，面无一丝愠色地答道："这个问题嘛，有十八元八角八分。"说到这里，周总理故意停了下来，环视大家。场内鸦雀无声，记者们为之愕然，面面相觑。稍后，周总理才解释道："中国人民银行发行面额十元、五元、二元、一元、五角、二角、一角、五分、二分、一分共十种主辅货币，合计为十八元八角八分。中国人民银行是中国人民当家做主的金融机构，有全国人民作后盾，信誉卓著，实力雄厚，它所发行的货币是世界上最有信誉的一种，在国际上享有信誉。”周总理话音未落，全场爆发出雷鸣般的掌声。这是一次很典型的公关口头言语活动。周总理准确领会记者的话意，体会其弦外之音后，巧妙地运用适当的语言艺术作了准确的回答，获得了奇特的表达效果。在这里，周总理传递信息的言语手段是：①自然语言，包括音义结合的有声语言，如“这个问题……”“中国人民银行发行面额……”，以及伴随有声语言而出现的副语言，如文中着重号所示的强调重音和故意停下来的语音停顿；②非自然语言，即伴随有声语言而出现的体态语，如“谦和”“面无一丝愠色”的表情语和“环视大家”的目光语等，这两种语言表达手段相辅相成，相得益彰，获得了最佳的公关交际效果。这种在公关实务领域中的口头言语表达和领会活动及其话语便是公关语言学的研究对象。又如，上海医药公司有一幅推销东海牌鱼肝油的广告，广告中间镶缀着“东海”两个大字，画面是一股正在翻卷的巨浪，巨浪由大小渐次的45组“东海”字样构成，呈现汹涌澎湃之势，象征着东海牌鱼肝油的品种之多、产量之高。这幅广告的作者创造性地将自然语言因素与文字形状、色彩衬托等非自然语言因素有机地结合起来，创意独特，形式新颖优美，能引起人们的无限遐想。这种在公关实务领域的书面言语表达活动及其成品，也是公关语言学的研究对象。再如，上海电台“提醒刷牙”的一则广告：先听到一阵鸟儿的叫声，小溪水流声渐起，轻音乐混入。女声亲切甜美地提醒道：“早上好啊！听众们，起床以后，您刷牙了吗？”“用什么牙膏？”“我告诉您，‘中华牙膏’有果香的浪漫，用了以后会有清新的感受，您试试看！”这个电视广告有声语言、副语言与音乐都配合得非常协调，具有很强的艺术魅力，能给受众以特有的美的感受，从而留下极其难忘的印象。这种电子类的公关实务语言同样是公关语言学的研究对象。

在公关实务领域，有时也会使用实物作媒介进行信息传播。例如，香港《大公报》的一则消息：“英国一家造船厂为了宣传该厂制造的船只性能优良，特地将一艘快艇分割为两截，由该厂经理亲自驾驶其中一截在湖上行驶，只见船只在水面上飞驰而过，并未因只剩半截而沉没。这个广告一出，订单蜂拥而至。”这样的实物媒介与自然语言无关，它不是公关语言学的研究对象。下面以表格形式说明公关言语现象的内涵：

言语活动	语言工具			
	自然语言		非自然语言	
	口语	书面语	伴随口语	伴随书面语
表达	说话	写作	表情 手势 体态	字形 图画 图表 色彩
领会	听话	阅读	观表情 看手势 察体态	察释字形等
言语成品	话语	文章		

二、公关语言学的研究范围

学科的研究对象决定了它的研究范围。按照我们对公关语言学研究对象的以上理解，公关语言学的研究范围是相当广阔的。概言之，一切在公关实务活动中运用自然语言和伴随语言手段传递和回收公关信息的言语活动及其成品都属公关语言学研究的范围。

下面我们从不同的角度作具体的分析：

从公关言语的工具看，公关言语的主要工具是人类自然语言，包括口语和书面语；公关语言也大量运用自然语言的辅助工具，如口语的伴随语言手段——副语言和体态语，以及书面语的伴随语言手段，例如，字形、图表、商标等。

从典型性公关实务言语与非典型性公关实务言语来看，公关实务有专门的、典型的，也有一般的、渗透于日常管理营运之中的兼带性的。相应地，公关实务言语也有典型的与非典型的、兼带性的区分。典型性公关实务言语指专门性公关活动和日常公关实务中所运用、产生的公关言语。例如，记者招待会、谈判、演讲、大型庆典、赞助社会公益事业、专题活动（如上海公关协会组织的文艺演出活动以及广州中国大酒店设计拍摄由全体员工拼成的“中”字形照片并散发给内外公众）等活动中的言语等。这类典型性公关实务言语活动及其成品都属于公关语言学的研究范围。非典型性公关实务言语是指日常管理和本行营运过程中的半本职本行工作和半公关实务中的言语。例如，组织管理或日常本行业务中的言语，会议讲话和对话中的言语，收集、采集和传播信息的言语，广告的言语，函柬的言语，面向内外公众的报纸、杂志、员工手册、企业史志的言语，推销言语和柜台言语等。这种非典型公关实务言语活动及其成品对于实现公关目的具有不可估量的作用，因此，它们也属公关语言学的研究范围。

从公关从业人员的角度看，从事公关实务的人员既有公关专员，如公关经理、公关主任、公关先生、公关小姐等；也有公关兼员，如一个组织的领导人员、管理人员等；还有组织全员，如商店、旅馆、酒店、交通、邮电、银行、保险等部门的员工等。这些公关专员、公关兼员、组织全员在工作中的言语活动及其成品都属公关言语范畴，皆是公关语言学的研究对象。

从公关语言语体看，公关实务的言语表达活动经常用到的语体有口头语体和书面语体两大类：公关口头语体，这是在公关实务领域适应口头交际需要运用全民语言而形成的语言特点的综合体，其基本工具是自然语言的声音形式和体态语，公关语言口头语体的特点、语用要求、语用原则和表达技巧都属公关语言学的研究范围；公关书面语体，这是在公关实务领域适应书面交际需要运用全民语言而形成的语言特点的综合体，其基本工具是自然语言的文字形式（包括字形、符号形状、色彩、图画等辅助形式）等，公关语言书面语体的功用、语用要求、语用原则和表达艺术技巧也都属于公关语言学的研究范围。公关实务的言语表达也会用到电信语体，这是近现代产生的处于口头语体和书面语体之间的新语体，它在语言运用上有自己的特点和技巧，故而也属于公关语言学的研究范围。公关语言表达还会用到网络语体，这是利用新的科技成果而生成的语言现象，而且很常见，在语言运用上很有特性，所以公关语言学也应研究。

此外，公关语言风格也属公关语言学的研究范围。

公关语言领会以公众所说写的话语文章为对象，公众所说写的话语文章多种多样，对不同的公众具有不同的作用。公关主体经常听解读解的公众口头语体成品、书面语体成品也属公关语言学的研究范围。

公关语言的生成既有语言物质因素，也有非语言制导因素，公关语言现象大都蕴含着文化因素和心理因素，因此，公关语言的文化内蕴及其生成的心理机制，也属公关语言学的研究范围。

第二节　公关语言学的性质

学科的性质是指一门学科区别于其他学科的根本属性。研究公关语言学的根本属性是为了确定它属于什么科学范畴，以利于把握其研究角度以及确定研究任务。

一、语言学是公关语言学最本质的属性

一门学科的性质取决于它的研究对象及其基础理论。

公关语言学的研究对象是公关实务活动中存在的语言现象。这种语言现象隶属于作为人类必不可少的最重要的认知工具、交际工具和思维工具的语言。研究语言的科学是语言学，研究公关实务活动中的语言现象的科学——公关语言学也就必然属于语言学范畴。

公关语言学研究公关实务活动中的语言现象，其目的在于总结和揭示公关实务语言的规律，阐明运用的原则、规律，指导公关语言实践。为此，它必须以语言学理论作为指导思想。语言学理论对于公关语言学，无论是对其基本理论体系的建立，还是对其研究对象及规律的认识，乃至于对具体公关交际场合、具体语体语言运用技巧的探索、分析都至关重要。例如，根据语言学关于语言的本质和语言的社会功能的理论来认识公关语言的功能和作用，根据语言学关于语言是符号系统的理论来分析公关信息传递如何利用自然语言和非自然语言等都很有作用。语言学有许多分支，特别是其中的言语学理论对于公关语言的研究很有指导作用。例如，语言学研究人怎样运用语言符号进行交际，认为语言交际功能的实现与语言使用者在具体的环境中对语言的使用有关，强调使用语言要考虑到保证对方理解话语的环境条件以及语境对话语理解的影响方式，听读者要依赖语言环境从语用角度理解话语；修辞学强调语言运用要与题旨情境相适应，研究如何运用语文本身的各种材料；语体学从社会交际的角度来研究语言使用中不同的语体特点，特别注意特定交际环境对语言使用的制约性，强调不同类型的语体有不同的语言特点以及与之相适应的修辞要求和修辞方法等。这些理论对探讨公关语言的规律及其运用原则，对分析公关语言的特点、方式、作用、效果以及风格等都具有重要的指导作用。总而言之，公关语言学研究公关语言现象，总结其规律是处处离不开语言学，尤其是其中的言语学理论的，语言学理论是公关语言学的基础理论。公关语言学从根本性质来说属于语言学。

当然，这里说的语言学是从广义上理解的。自从著名的瑞士语言学家索绪尔把语言区分为语言和言语两类，主张建立“语言的语言学和言语的语言学”，认为“这两门学科都可以保留语言学这个名称”之后，[①] 语言学界一般都认为广义的语言学包括研究静态体系语言的语言学和研究动态语言运用的言语学。公关语言学是研究公关实务语言运用的科学，显然，它具有言语学的性质。因此，公关语言学是语言学里研究语言运用的言语学中的一个新的分科，语言学是它最本质的属性。

① 费尔迪南·德·索绪尔著，沙·巴利、阿·薛施蔼、阿·里德林格合作编印，高名凯译，岑麒祥、叶蜚声校注：《普通语言学教程》，商务印书馆1980年版，第40、42页。

二、公关语言学具有交叉性特点

公关语言学研究的是公关实务中的语言现象，这就决定了它除了要以语言学理论为指导思想之外，还必须从公共关系理论中汲取丰富的营养。公共关系学综合运用了管理学、社会学、传播学、人际关系学等现代科学知识，是应用性很强的边缘学科。它的基本理论不仅对公关语言学认识本学科的研究对象、范围和功用至关重要，而且对公关语言学探讨公关言语运用规律、阐述公关语言运用原则和分析公关语言效果也有重要作用。例如，公共关系学研究公关职能，认为公关实务的基本目标是为本组织树立形象、提高声誉，争取内外公众的了解、信任和支持，在建立互益关系的基础上求得组织自身的顺利发展。而公关语言作为公关实务活动中最为重要的交际手段，它的运用必然受公关目标的制约，服务于公关目标的实现，因此，公关语言学研究公关语言就不能不运用公关学原理，离开公关学原理就无法把握公关语言的范围，更无法深入揭示公关语用的规律，评判公关语用效果的优劣。公共关系学研究公关中的信息传播，认为信息传播是公关组织进行活动和行使职能的主要手段，强调社会组织必须采取一切有效的传播手段以求获得最佳的传播效果。这些理论对于公关语言学认识公关语言的功用以及把握公关信息传播的语言手段都很有作用。公关语言学探讨公关语言现象，离不开公共关系学的基本原理，因此，公关语言学具有语言学与公共关系学交叉的特点。

第三节　公关语言学的任务和功用

一个研究领域要形成一门独立的学科，除了必须有自己独特的研究对象和本质属性外，还必须有自己独特的任务和功用，这也是学科之间相互区别、各自独立的根本条件。

一、公关语言学的任务

公关语言学的任务概括起来主要有两项：

（一）系统总结公关语言运用规律

科学研究的基本任务是在被研究对象内部的繁杂现象中总结出规律，并对它作出系统的理论说明。公关语言学的研究对象是公关实务语言运用现象，那么，公关语言学的基本任务是揭示公关实务语言运用的规律，并建立学科的理论体系。

公关语言学总结公关语言运用规律，要从两个方面着眼。首先，从宏观上总结各个领域的公关实务语言运用的普遍规律。公关实务的涵盖面相当广泛，政治、经济、文化、教育、外交、医疗卫生、饮食、服务等领域都有公关实务。公关语言学应对各个领域的公关实务语言运用规律进行全面、深入的研究，使之系统化、理论化，并阐明运用语言的原则，指导公关人员从总体上了解公关语言的范围和属性，把握公关语言运用的普遍规律与基本原则，为公关语言运用提供整体上的指导。其次，从微观上总结各个行业各种具体场合的公关语言运用规律。不同行业、不同场合、不同交际方式的语言运用特点和技艺是不同的。例如，国与国之间的外交公关语言运用跟企业与企业之间的语言运用就很不一样，演讲的语言运用与答记者问的语言运用迥然有异，公关口头交际艺术与公关书面语交际艺术同样有别。公关语言学除了从总体着眼研究公关语言运用的普遍规律原则外，还要从具体公关活动着手总结各种类型的公关语言运用规律，指导具体的公关语言实践。

公关语言学总结公关语言运用规律，既要努力研究语言的表达规律，又要注意总结语言领会规律，还要探索形成语言风格的规律。

公关语言学总结公关语言运用规律，在取材上，不仅要把主要注意力放在优秀的公关语言技艺及其成品上，总结其基本规律，提供范例，以便于人们学习；也要适当兼及一般病谬公关语言成品的分析研究，剖析其表达不尽妥帖之处，从消极方面去探索某些规律，批评和纠正公关语言运用的病忌，启发人们有意识地避免乱用语言的倾向。

（二）深入研究公关语言学理论

一门学科的基础理论，就是一门学科的指导思想。理论研究工作跟不上，学科的建立与发展就缺乏指导，就没有明确的方向。公关语言学是一门新兴的学科，其基础理论的研究尤为重要。目前，已出版的公关语言艺术专著以及报刊上发表的公关语言研究论文所论述的公关语言问题有不少可取之处，但也有许多问题看法不一，很值得商榷。这表明公关语言学理论研究还相当薄弱，需要花费很大的气力。

公关语言学的基本理论问题很多，诸如公关语言的含义、公关语言生成的心理、文化机制和公关语言的语用原则，以及公关语言学的含义，公关语言学的研究对象、范围和体系，公关语言学的性质、任务和作用，公关语言学的方法论等，都需要给予系统的研究、科学的阐明，以便建立起一个科学的公关语言学理论体系来。

二、公关语言学的功用

公关语言学作为一门研究公关实务语言运用规律的学科，它在实践和理论上都有重要的意义和作用。

公关实务早在远古时代就已出现。在中国，有文字记载的公关活动在商周时代就已开始，将都城迁往殷地的商王盘庚、率领部族迁往豳地的周代始祖公刘，都曾在迁居前对其部族进行过宣讲动员；春秋战国时期的墨子就是一名公关家，而孔子率领众弟子周游列国，鼓吹儒家学说，也是一种公关活动。在外国，一些开明帝王、统治者早已懂得借助诱导宣传手段来营造有利于己的舆论，如古罗马的恺撒大帝面对即将来临的战争，便采取散发传单的方式展开宣传活动，以赢得民众的支持；古雅典的统治者曾在每年年初召开民众大会时，号召公民将自己认为有危害民主政治可能性的人的名字写在陶片或贝壳上，如某人所得票数过半，则被放逐国外。在现代，随着经济全球化、知识经济化、社会信息化的发展，公关活动已经出现全球化发展趋势①，仅是 2008 年，就有诸如《中国决心打赢“奥运公关战”》（《参考消息》，2008 年 2 月 22 日）、《俄斥巨资搞“国际公关”》（《参考消息》，2008 年 3 月 2 日）、《希拉里奥巴马大打竞选公关战》（《参考消息》，2008 年 3 月 5 日）、《少数民族代表搞“公关”》（《广州日报》，2008 年 3 月 6 日）、《一次成功的国际公关》（《参考消息》，2008 年 8 月 3 日）等随处可见的公关活动。

20 世纪 80 年代以来，随着我国改革开放的逐步深入和社会主义市场经济的迅猛发展，公共关系在我国已呈现出蓬勃发展的局面。公关实务已逐步专业化，公关实务的内容已涉及政治公关、军事公关、外交公关、事业公关、企业公关、宗教公关、环境公关、医疗卫生公关、文体公关、福利及慈善公关等各个领域；公关实务活动方式已扩展到公关调研、搜集信息、展示形象、关系评估、信息传播、新闻发布、报刊宣传、热线对话、接待公众、广告宣传、公关演讲、谈判辩说、社会庆典、娱乐联欢、公益赞助、产品展销、活动策划、危机处理等，而这些活动的关键是语言。“语言是人的力量的统帅。”（马雅可夫斯基语）它是无价之宝。一位年迈的埃及法老临终前并没嘱咐即将继位的儿子如何励精图治、统治臣民，而是谆谆告诫他的儿子：“要当一个雄辩的演说家，你才能成为一个坚强的人。舌头就是一把利剑，演说比打仗更有威力。”刘向说：“百行之本，一言也。一言而适，可以却敌；一言而得，可以保国。”（《说苑·谈丛》）语言是百行之本，美国一些商人把舌头、美元、电脑称为“三大战略武器”，“舌头”独冠三大武器之首。精湛的语言艺术在公关实务中的力量和价值是不可估量的。例如，墨子以博喻、类比的语言艺术，说服楚王停止攻宋②；子产寄语晋国大臣范宣子，减轻了诸侯纳贡的负担③；孙中山、毛泽东善于公关演讲和宣传而动员起

① 参看蒋春堂主编：《公共关系学教程》（新版），武汉大学出版社 2007 年版，第 72 页。
② 《战国策·宋卫策》。
③ 《左传·襄公二十四年》。

亿万群众参加革命，推翻了反动政权；周恩来、邓小平善用外交辞令而提高了中国的国际声望，增长了中国人民的志气。在距离2008年北京奥运会开幕还有一周时间之际，国家主席胡锦涛罕有地以中国领导人身份，单独与国际媒体对话，态度坦率开放，进行了一次成功的国际公关，不但再次强化其亲民、务实、开明的形象，同时也是向全世界展示中国经过改革开放30年，特别经受筹备奥运的重重考验，国家更趋成熟自信，敢于迎接挑战。胡锦涛不仅不讳言中国经济面临通货膨胀、灾害连连的困难，而且还与外国记者轻松分享关于其个人喜好及生活细节等方面的话题。胡锦涛的真情流露，让世人领略到新一代中国领导人有血有肉、个性鲜明的风范，也大大拉近了中国领导人与国际传媒的距离（《“一次成功的国际公关”港台媒体热评胡锦涛接受外媒采访》，《参考消息》，2008年8月3日）。外交部部长杨洁篪在我国十一届全国人大一次会议记者招待会上以针锋相对的话语反驳美国对中国人权记录的批评，揭露了美国抨击我国人权记录做法的实质是固守“冷战思维”，以意识形态画线，在人权问题上搞对抗，搞双重标准，利用人权问题干涉我国内政，从而澄清了大是大非，维护了我国良好的国际形象。在凸显公关语言的经济价值方面，其作用也是无与伦比的。1998年3月，国务院总理朱镕基在记者招待会上郑重承诺：“人民币不贬值。”仅仅这么一句话，就对深受金融风暴困扰一直动荡不定的亚洲经济形势起了很大的稳定作用，真是“一言九鼎”。

在商贸谈判中，中肯有力的言辞使对方妥协、让步，达成协议，或在推销商品中善用语言艺术使商品畅销，或在广告战中使用富于魅力的口号而救活一家工厂等。这些都说明无论是在政治、外交，还是在经济领域，善用公关语言技艺都能创造出无穷无尽的精神财富和物质财富。但是，过去和现在都有不少人不重视公关语言，或者不懂公关语言技艺，以致在公关实务语言运用上存在着不少不尽如人意的问题，给公关实务活动带来了消极影响，甚至有损组织形象或造成经济损失。下面来看一个涉外公关实务的语例：奥帆委的翻译专家邹卫宁教授告诉记者，青岛八大关风景区的某个木栈道景点，一面靠近大海，一面紧邻山崖，为了提醒游客注意山上的落石，景区设置了一个警示牌，上面用英文写着“Take Care of the Droppings”，但实际上，“droppings”在英文中是鸟粪的意思。另外，在中国一些酒店的床头柜上方，会贴着温馨提示“Go to Bed Early and Have a Nice Sleep”（意为早点休息，做个好梦），这本来是出于好意，但是在西方人看来，这样的话却是命令的语气。西方国家的酒店只是简单祝愿“Enjoy Your Stay”（享受您的住宿）。[①] 这样的语用错误不仅反映出公关实务人员的文化素质低下，而且严重损害了城市形象。公关语言学是以实践性和技巧性为显著特征

① 孔国贤：《语言文字标志关乎城市形象》，《广州日报》，2008年1月7日。

的，深入研究公关语言现象，对公关实务语言运用中的种种成功的和失败的语言现象作出解释，揭示公关语言规律和语言特点，并确定公关语言规范，有助于提高人们对公关语言的认识，并重视公关语言的学习和运用，从而提高公关语言的表达能力和领会能力。

公关语言是一般语言中一个十分重要的组成部分，但它有着不同于一般语言的特点和规律。公关语言学研究公关语言现象，深入揭示其特殊规律，对它作出系统的、理论的说明，无疑会更加丰富一般语言规律系统和一般语言学理论宝库。公关语言学是研究动态的语言运用规律的学科，是研究活的语言现实的重要部门，它同语言学的其他研究语言实际使用的分支学科，如社会语言学、语用学、修辞学、语体学、风格学、言语交际学、文化语言学等都有着非常密切的关系，它的研究成果对这些科学都有重要意义。

公关语言是公关实务活动中一个不可分割的有机组成部分。公共关系学如果无视公关语言现象，就无法全面揭示公关实务活动的规律，同时，也就失去了它应有的实践意义。因此，公关语言学的研究成果，对公共关系学的丰富完善具有积极的意义。

思考与练习

1. 公关语言学的研究对象是什么？它包括哪些内容？

2. 公关语言学的研究范围是什么？试从言语活动与言语成品、表达与领会、公关言语语体等角度加以分析。

3. 公关语言学的本质属性是什么？试分析说明。

4. 公关语言学与“纯”语言学如何区分？怎样理解公关语言学与言语交际学、修辞学的关系？

5. 公关语言学的功用是什么？请结合公关实践谈谈公关语言学的意义。

第三章　公关语言的语用原则

公关语言的语用原则指的是公关实务中运用语言的原则，包括表达原则和领会原则。

公关语言运用原则与语言交际原则有密切联系。语言交际原则是指导一切语言交际的原则，公关语言交际也是语言交际，因此语言交际的原则对于公关语言运用原则也具有指导作用。但是，语言交际原则不能代替公关语言运用原则。语言交际原则是指导所有语言交际的，包括公关实务和非公关实务的语言交际、公关主体和公众的语言交际。公关语言运用则仅指一个组织的代表或成员从事公关实务过程中语言的运用，并不包括非公关实务，也不包括公众的语言活动。公关语言活动是一种语言活动、语言行为，其根本任务在于运用自然语言并借助体态语向特定的内部公众或社会公众达意表情，并透过公众的语言成品确切领会公众所欲表达的意和情，从而实现与公众之间的双向交流。公关语言活动的目标是：追求理想的表达效果，使自己的话语文章在修辞上确切、规范、得体、经济、易听易读易记；追求理想的领会效果，使自己的领会迅速、准确、全面、透彻。公关语言运用原则就是为公关主体圆满完成公关语言交际任务、实现特定交际目标而制定的运用语言的根本准则。

第一节　公关语言表达原则

公关语言表达原则是公关语言表达主体向社会公众传递公关信息，以求公众理解领会的原则，其中最主要的是诚信原则、适切原则和规范原则。

一、诚信原则

（一）诚信是汉民族用语的基本原则

诚信是中华民族的传统美德，是汉民族修辞语用的一条基本原则。它的倡导源于先秦《周易·乾·文言》："子曰：君子进德修业。忠信，所以进德也；修辞立其诚，所以居业也。"此后，不少学者对其进行了诠释，如唐人孔颖达解释说："修辞立其诚，所以居业也，辞为文教，诚谓诚实也。"① 宋人文天祥诠释："修辞所以立其诚，诚即上面忠信字。'居'有守之义。盖一辞之诚固是忠信。"② 清代章学诚认为："修辞立其诚"，"大致可以概括为两个基本观点：一是持之有故，言之有物，即立论要有根据，文章要有实际内容；一是说写者要表现自己的真实意图，不可虚视浮文"。③ "修辞立其诚"以及后人对其所作的诠释都反映了"人言合一"的哲学观，也反映了中国传统文化的精华和汉语传统修辞学的核心。

现代学者继承和发扬了"修辞立其诚"的精华和核心，明确把它确立为修辞语用的一个基本原则。叶圣陶先生认为"修辞不是徒然的修饰"，说话写文章不能"将无作有"，"徒然说一番花言巧语"，而要"修辞立其诚"，并说："一个普通人，写一张便条，写一份报告，要'立诚'；一个著作家，撰一部论著，写一篇作品，也离不了'立诚'。"叶老还强调"立诚为最贵"。④ 许杰在《修辞与立诚》中说："修辞的功夫，并不等于花言巧语，这是切切实实诚诚恳恳高尚人格的体现。""因为有了诚，才能达到表里如一，不夸大，不隐瞒，不缩小的本然境界。所以不管写文章还是修辞研究，这个'立诚'功夫，是一点也不能轻视，不能忽略的。"⑤ 台湾知名学者黄庆萱认为："修辞最重要的原则是诚。"他还分析孔颖达的《周易正义》对"修辞立其诚"的解释说："修是方法，辞是内容，诚是原则，居业是效果。"⑥ 刘凤玲、戴仲平的《社会语用艺术》对中国古今学者关于"修辞立其诚"的论述，作了颇为深入的综合研究，认为概括起来其内涵有三个方面："一是指修辞的态度，只有修辞的态度是真诚的，情感是真挚的，所传递出来的信息才能动人；二是指修辞的内容和信息的真实，只有修辞的内容是真实可信的，才能实现内外沟通，才有'信'可言；三是指修辞者的品德修养，而修辞者的品德修养对修辞有着直接的制约作用。""'修辞立其诚'具有中国浓厚政治伦理色彩，是中国古今语言应用的一个重要原则。"⑦ 这一概括揭示了古今学者关于"修辞立其诚"说的核心内容，再加上巧美的语言表达技艺，就涵盖了汉民族古今相通的"诚信"这一用语原则的全部内容。

（二）诚信的公关用语原则是实现公关目标的需求

诚信是公共关系的基本原则，也是公关语用的基本原则。因为公共关系的根

---

① 阮元校刻：《十三经注疏》（影印版），中华书局1980年版，第15、16页。
② 文天祥《西涧书院释菜讲义》。
③ 朱茂汉：《读〈文史通义〉谈"修辞立诚"》，《修辞学习》，1995年第3期。
④ 中央教育科学研究所编：《叶圣陶语文教育论集》，教育科学出版社1980年版，第72、436页。
⑤ 许杰：《修辞与立诚》，《当代修辞学》，1990年第2期。
⑥ 黄庆萱：《修辞学》，三民书局2002年版，第20页。
⑦ 刘凤玲、戴仲平：《社会语用艺术》，暨南大学出版社2002年版，第51页。

本目标是为自身组织树立良好的形象，建立良好的声誉。要实现这一目标，公关人员在公关实务交往活动中的言行举止一定要态度真诚、情感真挚，传递的公关信息要真实可信，承载信息的语言形式要得当巧美，不能用虚情假意、虚伪的态度、欺诈的语言对待公众，只有这样，公众才会以礼相待，甚至视为知己。正如古人所说："精诚所至，金石为开""投之以桃，报之以李"。以诚信的语言与公众进行信息交流，增进相互间的了解、理解，赢得公众的信任和支持，这是社会组织树立良好形象、建立良好声誉的基础。

许多国际关系协会几乎都把真实可信地传递公关信息，作为协会准则的一项重要内容。例如，美国公关协会规定会员"不得参加任何意在败坏传播媒介诚实性的活动"，尼日利亚公关协会要求会员做到"促进公众信息的沟通，并保持传播渠道的诚实性"。① 可见，公共关系是非常重视公关信息传递的真实可信性的。

国外不少国家的政府和商人都非常重视诚信。美国从幼儿园和小学起就重视对孩子的诚信教育。美国波士顿大学教育学院使用的基础教材中，突出了"诚信"的内容。美国大学在录取和培养 MBA 的过程中，非常重视对诚信的要求。美国商人很重视诚信，有一位商人曾说过："一个人可以失去财富、失去工作，但万万不可失去信誉。"日本的诚信教育几乎贯穿人的一生，在家庭中父母经常教育孩子"不许撒谎"，到学校里耳濡目染的也是"诚实"二字。在日本"诚实"教育贯穿学生学校生活的始终，其中有一门伦理课，诚实、善良、向上、奉献、谦让、正义是其主要内容。很多学校如东京文京女子中学的校训是"诚实、勤勉、仁爱"，泰星中学的校训是"诚实、品位和刚毅"，横滨翠陵中学的教育方针是"自立、诚实、实行"。公司里"诚信"几乎是普遍的经营理念，日本公司有企业伦理教育，诚信教育已深入人心，日本人认为企业"诚则兴，不诚则衰"，弄虚作假被曝光即为社会所不齿，个人身败名裂，单位信誉扫地。②

在中国的传统文化中，诚信是一种美德，是立人之道、立政之本、立业之基，是一切道德的基础和根本。于个人，它是人之为人的最重要的品德；于社会，它是一个社会组织赖以生存和发展的基石；于政府，它是一项基本的政治道德；于公司，它是赢得信誉的保障。我国《公民道德建设实施纲要》将"诚实守信"列为职业道德建设的重要内容之一。诚信还是现代社会公关语用宣传的主要内容，如宣传用语"爱国敬业，诚实守信""诚实守信人之本，热心公益人上人""诚信是无价之宝，热心是快乐之源""诚信为本，依法理财"；广告用语

① 转引自李熙宗等：《公关语言教程》，陕西人民出版社 1998 年版，第 40 页。

② 张小军《美国信誉重于财富》与何德功《日本教育孩子"不许撒谎"》均发表于 2003 年 3 月 19 日《参考消息》中。

"欢迎您的光临，以价格赢顾客，以信誉为本钱，以公道求生存"（百货公司广告）、"诚容天下客，信交天下友"（珠海出租车口号）等。我国不少有现代公关意识的社会组织都非常重视诚信建设。例如，广州市市长张广宁2003年3月28日答记者问"要把广州市政府建设成什么样的政府"时说："要建设成诚信、责任、法治、学习型政府。"并解释说："诚信政府就是要取信于民、取信于社会，责任政府就是要廉洁高效、勤政务实……"① 又如，在2003年8月27日召开的广州市反假维权联合会零售业分会成立大会上，广州市广百股份有限公司、广州市胜佳超级商场等51家会员在工商局的见证下签署了《不经销不合格商品自律守则》，向社会郑重作出出售商品不合格、不安全给予退货或原价收回的五项诚信经营承诺。② 社会组织的诚信主要是靠着对语言这个中介物的运用而传递给公众的，而传递真诚可信公关信息的语言就是诚信的公关语言。诚信的公关语言表达原则，是公关组织的语用行为遵循社会道德规范和维护其公关职业道德以及实现其公关目标的重要需求。

（三）诚信的公关语言表达原则的内涵

诚是信的基础，信是诚的表现形式。在公关语言表达中，诚信的基本内涵是真诚信实。真诚是指表达主体的态度和用语诚恳热忱，真心实意，情感真挚，严肃认真，实事求是，信守诺言；信实是指表达主体的用语内容跟客观实际一致，不偏不倚，不夸大，不缩小，绝无虚假，真实可信。"诚于中而形于外"，情真意实形之于语言形式就表现为诚信的语言。诚信的语言即公关先驱艾维·李的"说真话"，说真话能收到理想的功效。例如，美国一家超级市场有一次当着众人的面把成桶的牛奶倒入污水沟里。当有人惋惜地询问原因时，对方回答："牛奶已经过期，为保障顾客健康必须这么做。"可是就在牛奶被倒入污水沟的时候，卫生部门送来了化验结果，告知牛奶并未过期，仍可继续销售。众人听闻，纷纷点头称赞。第二天，当地报刊对此事加以报道。如此一来，这家超级市场不仅牛奶销售量直线上升，而且还带动了其他商品的销售。可见正是诚实的经商品格赢得了公众好感，获得了好的收益。

诚信是公关语言的生命，无论是营业性社会组织还是服务性、互益性或公益性社会组织都是如此。就互益性组织的政党组织和公益性组织的政府部门的公关语言表达而言，中国共产党立党为公为民和实事求是政治思想路线在公关活动中具体表现为，政府是代表人民行使管理权力的机构，它与社会公众的根本利益相一致。因此，它不需要对公众隐瞒自己的主张、观点，不需要掩盖事实真相，它有义务向公众提供有价值的真实信息，有义务满足公众的知情权，它应对公众开

① 唐慧杰、黄楚慧、林洪浩：《建设诚信责任法治学习型政府》，《广州日报》，2003年3月30日。

② 《51商家签〈自律守则〉包退货》，《广州日报》，2003年8月28日。

诚布公讲真话，只有这样才能实现塑造良好形象、赢得良好声誉的公关目标。2003 年上半年党中央、国务院将我国内地发生“非典”疫情如实公之于众所取得的良好功效就有力地证明了这一点。从 2003 年 4 月 21 日起，国务院卫生部每天公布一次全国“非典”疫情。例如，4 月 22 日内地疫情公告：

地区	新报病例	治愈出院	死亡
内地总计	147	18	9
北京	105	9	7
广东	14	9	1
山西	16		
内蒙古	3		

…………

中共中央决定：对因工作不力，不能准确掌握疫情或有意隐瞒疫情的，要严肃追究地方和部门负责人的责任。……免去张文康卫生部党组书记，免去孟学农北京市委副书记。①

中央将全国“非典”疫情以及对因“非典”工作不力的负责人免职的情况如实公布，不仅有利于动员广大公众积极与“非典”作斗争，夺取防治“非典”的胜利，而且赢得了国内外公众的广泛称赞，进而凸显和提高了中央领导集体的良好形象和声誉。

二、适切原则

语言运用要讲究适切性，这是古今相通的论点，早在先秦时期，孔子就主张立言修辞一定要讲究语言运用的适切性。例如：

子曰：“邦有道，危言危行；邦无道，危行言孙。”

（《论语·宪问》）

孔子于乡党，恂恂如也，似不能言者。其在宗庙朝廷，便便言，唯谨尔。

朝，与下大夫言，侃侃如也；与上大夫言，訚訚如也。君在，踧踖如也，与与如也。

（《论语·乡党》）

孔子曰：“侍于君子有三愆：言未及之而言谓之躁，言及之而不言谓之隐，未见颜色而言谓之瞽。”

（《论语·季氏》）

① 《广州日报》，2003 年 4 月 22 日。

这里明确提出了语言运用要依据环境场合、交际对象作合乎情景的表达的原则。现代汉语修辞学、交际语言学、语用学的许多理论观点都是对古人关于语言运用适切性原则理论的继承与发展，例如，陈望道《修辞学发凡》① 的“修辞以适应题旨情境为第一义”的著名论点；张弓的“结合现实语境，注意交际效果”② 的修辞原则；倪宝元主编的《大学修辞》③ 提出的语言材料的规范和变异的适度性，信息的真实、切题、适量性，对语言环境的得体性等修辞原则；刘焕辉《言语交际学》④ 揭示的“言随旨遣”“有的放矢”“言为心声，文如其人”“心相照言相通”“到什么山上唱什么歌”“什么时代说什么话”等言语交际的规律；黎运汉主编的《公关语言学》⑤ 确立的“必须为确切传达组织信息，实现公关目的服务”“必须适应不同公众的不同特点”“必须适应特定的语言环境”等公关语言表达原则等。人们的语言表达都要受适切性原则制约，公关语言表达也不例外。适切就是要求语言表达与语言交际的五要素（表达主体、接受主体、表达对象、表达手段和交际环境）相适应、相切合。下面分开论述：

（一）语言表达必须切合表达主体的身份特征

表达主体即交际中构建话语的人，分为个体和群体，个体即表达主体个人，群体是指社会组织的代言人。表达主体构建话语无一不是以一定的角色进行的。角色包括社会角色和交际角色，前者是指由交际者的社会地位、职业、性别、年龄等相对固定的特征共同构成的成员类别；后者是指交际者在具体交际情境中实施语言表达时所选取的一种临时的社会身份。社会角色与交际角色是密不可分的，社会角色是交际角色的基础，交际角色是社会角色在语言交际领域中的具体表现。因此，一个交际者在语言表达中常具备双重角色，一个是相对稳定的社会角色，一个是随交际情境的变化而灵活多变的交际角色。在语言表达中这两种角色有时重合，有时以社会角色或交际角色出现。而何时以何种角色出现，取决于具体的交际情境和交际对象。下面看一个很有名的故事：

在位近 60 年的维多利亚女王曾把大英帝国的繁荣推向巅峰，但在家庭关系上也难免有些磕磕碰碰。

1840 年 12 月，女王和阿尔巴特结婚。

一天，两人为一件小事而拌嘴，阿尔巴特一气之下跑进私室，紧闭门户，于是，女王前去叩门。

“谁？”阿尔巴特在房间里问道。

---

① 陈望道：《修辞学发凡》，上海教育出版社 1979 年版，第 11 页。

② 张弓：《现代汉语修辞学》，天津人民出版社 1962 年版。

③ 倪宝元：《大学修辞》，上海教育出版社 1994 年版，第 21 页。

④ 刘焕辉：《言语交际学》，江西教育出版社 1988 年版，第 77 - 222 页。

⑤ 黎运汉主编：《公关语言学》，暨南大学出版社 1991 年版，第 60 - 66 页。

"英国女王。"

屋内寂静无声，房门紧闭如故。接着，女王又轻轻地在门上叩了几下。

"谁?"

"是您的妻子，阿尔巴特。"

女王的丈夫才把门打开。

"英国女王"是社会角色，"您的妻子"是交际角色。在家里，面对丈夫，以社会角色构建话语，结果女王吃了闭门羹，随后改以交际角色调整话语，才达到交际目的。再看一个公关实务的例子：

（长河市税务局把药批公司欠东湖药厂的药款追回300万元，并扣下200万元作税款。）

姚红（长河市税务局稽查科长）到东湖药厂，碰到姚兰（东湖药厂的厂长，姚红的姐姐）愣怔片刻，主动打招呼说："姚厂长，我是来通报情况的……"

"我都知道了，你能耐不小啊！这个厂长你来当吧！"姚兰的脸色阴沉得像个冰冻柿子，她做梦都想不到，在这种非常时期，自己的同胞妹妹竟然在背后搞这一套。

姚红吃惊地看着姐姐："姚厂长，我们是依法……"

姚兰恼火地打断她的话："别姚厂长，姚厂长的，少在我跟前说这个，依法，依法！难道我是非法吗？你们这样搞，把我们搞垮了你还收谁的税去？没有鸡你们收谁的蛋去？你们这叫杀鸡取卵！还有，姚红！你就是这样回报你姐姐的恩情吗?"

"你……"姚红顿时语塞，再也不知该说什么了。①

姚红的社会角色是稽查科长，姚兰的社会角色是厂长，两者都是社会组织的代言人，都为自身的组织"言事"。依据适切的表达原则，姚红和姚兰都应以社会角色来构建话语，进行交际。从称呼姚兰为"厂长"及话语中可以看出，姚红定位为"税务局工作人员"是对位，而姚兰选择了"姚红姐姐"这一交际角色，则是错位。两者语言表达的角色不对应使构建的话语不相应，导致交际发生冲突，无法实现交际目的。

在社会生活中，人的社会角色是复杂的，具有多重角色集于一身的特点。在语言交际中，每一表达主体都兼有若干社会角色。例如，同一个人可以是教授、博士、市长、男人、丈夫、儿子、父亲、哥哥、中年人、朋友、顾客、乘客等角色。在公关实务的交际活动中，表达主体只有根据交际活动的具体情境和对象选择适切的角色，构建话语才能得体。有一对夫妻同在一公司工作，丈夫是总经

① 刘侗：《血脉》，大众文艺出版社2000年版，第63页。

理，妻子是财务部主管。有一次，丈夫正在办公室与两位下属谈话，妻子走进办公室很有礼貌地说：“对不起！总经理，我打断一下，有个急件，请您审批。”有一次在家里，妻子接到找她丈夫的电话，她则直呼丈夫的名字：“××，你的电话。”这位身兼财务部主管和妻子角色的女子无论是在办公室还是家里“言事”，其角色定位与话语都很得体，体现出她具有善于根据具体的交际情境选择适切的角色和话语进行成功语言表达的能力。

每一个语言表达主体都有自己的社会身份、职业、思想性格、文化素养、心理和相应的言语等自我因素，这些因素都会有意无意地影响到他的话语建构，如果他是社会组织的代表，如代表国家、政府、事业、企业等，讲话或写文章还要受到其组织自身因素的制约。因此，公关实务活动的语言表达既要切合在语言表达活动中所处的身份地位，也要和自身及其组织的因素相符，体现出语言表达的“自我本色”，如下面这则新闻：

温总理赠四句话　作为献给全国教师的节日礼物

今天是第十九个“教师节”。昨日，中共中央政治局常委、国务院总理温家宝在人民大会堂会见了全国优秀教师代表，并以四句话作为今年教师节主题，也作为献给全国教师的节日礼物：第一，让孩子们都能上学；第二，让全社会形成尊师重教的风尚；第三，让为人师表成为每个教师的行为准则；第四，让教育成为政府一项最重要的工作。

新华社发①

温总理于教师节在人民大会堂接见全国优秀教师代表，向他们赠送节日礼物，是一项专门性公关实务活动。他赠四句话作为献给全国教师的节日礼物，既切合他作为中共中央政治局常委、国务院总理的政治地位，又是他所代表的群体的思想感情、心理特点、价值观念、时代精神、民族气节以及其个人自身因素在语言表达上的体现，而且与交际情境、交际对象等因素应合协调，呈现出朴实严谨的政论话语风格，十分得体，使人感到亲切自然，乐于接受。

（二）语言表达必须为确切传达组织信息、实现公关实务目的服务

语言表达的过程就是运用语言要素和语言表达手段对一定思想内容的包装、发送过程，也就是使一定的思想内容语码化、形式化的过程。内容决定形式，形式为内容服务。一切语言要素的选择、语言表达手段的运用都必须以准确完美地包装思想内容为前提，都必须为实现特定的表达目的服务。公关语言表达也不例外，无论是语言要素的选择、语言表达手段的运用还是交际方式、传播媒介的选择运用，都必须为准确传递组织信息、实现特定的公关实务目的服务，不能偏离特定的公关实务目的，也不能不顾表达内容的需要而片面地追求语言形式美。

① 《广州日报》，2003年10月9日。

公关信息有理性信息和情感信息之分，有的时候需要传递理性信息，有的时候需要传递情感信息，有的时候则需要兼而有之。为此，公关语言表达活动要对具有不同功能的语言要素、表达手段、体态语以及传播媒介进行适当选择，表达理性的思想内容，要尽量选用语言中具有理性色彩、中性色彩的词语和句式，对照、对偶、排比、层递、反复、设问等比较类和句式类修辞格，记叙、说明、议论等表达方式，运用适当的表情语、动作语和体态语，多选择印刷类的传播媒介；表达情感的思想内容，则宜多选用语言中具有感情色彩和形象色彩的词语、句式，比喻、比拟、借代、夸张、模拟、通感等描绘类修辞格和反语、双关、婉曲、回环等词语、句式类修辞格，描写、抒情等表达方式，丰富鲜明的表情语、动作语和体态语，多选择电子类的传播媒介。任何公关语言的运用，都应当不遗余力地为忠实确切地传达各种公关信息服务，不能有半点儿含糊，不能打一点儿折扣。

一切公关实务都围绕着一个总的目标，就是为本组织树立良好的形象，赢得良好的声誉，赢得内外公众的了解、理解和支持。在这个总目标下，不同的组织在不同的时期，面对不同的公众时，会有各不相同的具体公关实务目的。有的时候需要建立与（某些）公众的联系，有的时候需要维系与（某些）公众的联系，有的时候需要强化与（某些）公众的联系，有的时候又要改善与（某些）公众的不良公关状态。建立关系需要告知公众、扩大知名度；维系关系需要联络公众感情；强化关系既需要告知公众、扩大知名度，又需要联络公众感情，以及提高美誉度；改善关系需要说明情况、明辨是非。具体的公关目的不同，语言运用的要求也要随之而变化。但万变不离其宗，它们都在为准确传达公关组织的特定信息服务，为实现特定的公关实务目的服务。

例如，暨南大学文学院中文系于2007年12月举行建系80周年庆祝活动，门口贴着这样的楹联：“历春秋八秩铸就鸿庠大系，传国学薪火播扬华夏文明。”话语风格庄重典雅、精约，富含中华文化意蕴，既切合中文系本身的特点，又适应公众的文化水平，恰切准确地传达了中文系的公关信息，树立了自身的良好形象，赢得了内外公众的了解和支持。又如，谈判是常见的公关实务言语活动，谈判的目的是谈判双方通过协商合作来谋求各自组织的利益，在谈判过程的不同环节上又有不同的目的，谈判主体要根据不同的目的运用相应的语言策略，以便更有效地达到目的。例如，谈判过程中常常会提问，提问是谈判中双方沟通的一种基本手段和重要途径，是一种追踪对方实力、动机、意向、要求、策略，从而达到知己知彼、有的放矢、掌握主动权的重要策略手段。而各种提问的目的常常不同，提问主体就要根据不同的目的选用相应的语言手段来发问。例如，商业谈判中希望对方就有关议题畅所欲言时，可采用一般性提问，如问：“贵公司对我公司产品质量有什么看法？”“请问贵方需要我公司提供哪些售后服务？”如果是让对方在自己所列举的事项范围内作出选择性答复，可选用选择性提问，如问："贵方是愿意支付现金，享受优惠价格，还是乐于按现有价格成交而实行分期付款？"如果旨在要求对方在特定范围内作出肯定或否定的答案，就用是非性提问，如问："贵公司对这些商品款式有没有兴趣？"如果要求对方对问题与观点进一步作出具体说明解释，就可用澄清性提问，如问："您刚才说这宗交易可尽快取货，这是不是说可以在×月×日以前取货？"如果想暗中探明对方某些比较秘密的意向与动机，应用窥探性提问，如问："请问是哪些因素促使贵方放弃了与M公司的汽车技术转让合同？"等等。这些不同的提问技巧是随着不同的提问目的而运用的，如果随便换用，就难以达到特定的发问目的。

（三）语言表达必须适应不同公众的不同特点

在语言表达过程中，表达者对语言形式的选择既要注意其对特定思想内容的贴近、吻合，又要注意它是否能被特定的言语接受对象所准确理解，容易接受。因为言语接受对象不同，他们领会话语、文章思想内容的能力也就不同，同样的表达方式，甲可以听懂看懂，乙就不一定能听懂看懂；甲不会发生误解，乙就可能会发生误解。而言语接受、领会是表达活动的最终目的，言语表达效果的好坏，都体现在接受者的领会与否及其领会的数量与质量上。要使接受者接受、领会语言，语言手段的选择必须适应接受对象的特点，努力做到与之应合，否则，"话不投机半句多"，就难以达到交际目的。因此，公关主体运用公关语言必须有强烈的对象意识，根据不同公众而选用相应的语言交际模式，包括语调、语气、遣词、造句、设格、体态语以及谈话涉及的内容范围等，都要与社会公众的特点相应。

首先，公关语言表达应当根据不同公众予以区别对待。公众有内部公众与外部公众之分，由于内外公众与本组织的利益关系不同，因此，不但在公关策略上应予以区别对待，而且即使是告知同样的内容，也应采取各不相同的语言手段、语种以及传播媒介。例如，某组织的产品在全国质量评比中获得了金奖，要把这一信息及时告知内外公众，对内可以说："热烈祝贺我厂×××产品获得国家金奖"，对外则最好说："在我厂生产的×××获得国家金奖之际，特向各界关心和支持×××和本厂的朋友致意！"对内可以采用本厂所通用的方言、普通话，用标语、内部广播等形式表达传递，对外则应该采用普通话甚至外语，通过报刊、广播、电视广告等形式表达和播映。

公众还有现在、将在和潜在，首要、次要和边缘，顺意、逆意和敌对之别，对于不同类别的公众，也应采取不同的语言表达策略。例如，对于逆意公众，应当在不泄漏组织、国家机密的前提下以实相告，以求令其明白真相，获得对方的理解、谅解、合作和支持。同是逆意公众，又要根据具体的情况作不同的处理，例如，对于投诉者，应根据其具体性、临时性的特点，多听少辩，给予最大的理解和安慰；而对于敌对公众，则不能一味迁就，应义正词严，据理力争。

其次，公关语言表达应当适应具体公众的不同特点。内部和外部、顺意和逆意等都只是对公众所作的整体上的分类，如果着眼于个体的公众，我们便会区分出其更加细微的不同特点来。在大众传媒交际模式下，一般不可能照顾到所有公众的所有个性，但在人际交际尤其个体交际中，我们却可以而且应该充分注意听读对象的具体特点，例如，年龄，性别，职业、职务、身份地位，性格，心理，文化水平，风俗习惯等特点，对语言形式进行最佳选择。下面就五个主要特点进行论析。

1. 要适应公众的年龄特点

年龄不同，其知识水平、接受能力、接受特点、心理特点和语言喜好都不一样。大体说来，少年儿童在生理、心理上都未成熟，缺乏知识经验，对事物的认识能力、对语言的理解能力水平都很低。他们喜爱形象而动听的语言，追求话语的故事性和童趣性。因此，对儿童讲话或推销商品，语言宜通俗易懂、简洁明快、稚声稚气、生动有趣。而青年已趋成熟，注意力、理解力显著提高，兴趣广泛，求知欲强，思维敏捷、趋新好奇，易于接受创新的形式。因此，对青年讲话或推销商品，语言表达要注意激发感情，言辞新奇变化，忌呆板老套。老年人则阅历丰富，知识较深广，理解力较强，容易合作，但主观较强，对新事物往往持审慎态度。因此，对老年人宣传或推销商品，语言宜平实、庄重，忌离奇怪诞、油腔滑调，下面为用于不同年龄公众的语言实例：

①童：妈妈，你为什么老是让我喝小精灵啊？

妈：儿子，你不觉得喝了小精灵，你再也不喜欢睡懒觉啦？

童：是呀！妈妈，你瞧，我多精神啊！

妈：哈哈！你这小精灵。

（广东人民广播电台新闻台小精灵口服液广告）

②朋友，浑身本领何需东张西望，来这里展翅高飞吧！

（招聘广告标题）

③益寿延年长生集庆

兼收并蓄待用有全

（胡庆余堂制药厂营业大厅对联）

例①是用儿童口吻说的广告，体式活泼，语言生动形象，节奏明快，朗朗上口，易说易记，又富有童趣。例②的宣传语言对青年人就很有诱导力和鼓动性。例③的话语很适合老年公众的口味。

2. 要适应公众的性别特点

男女性别不同，气质性格、心理状态、审美情趣、智力活动和言语爱好等特点也不同。女性气质总的特征是“阴柔”，性格特征偏向于情绪型。她们感情丰富、细腻，擅长形象思维，富于想象力，喜欢柔声轻语、友好礼貌、情意绵绵的话语，喜欢委婉含蓄的表达方式，重视体味意蕴情感。因而对女性的语言表达，如推销商品，语言必须含有温馨、柔顺、和谐、静雅的意味。例如：

长夜如诗，衣裳如梦。

兰薇儿陪伴你，在夜的温柔里！

月色淡柔，灯影相偎。夜的绮思悄悄升起……在这属于你的季节里，兰薇儿轻飘飘的质感，高雅精致的刺绣，更见纤巧慧心，尤其清丽脱俗的设计，让你看一眼就会喜欢！

（兰薇儿睡衣广告）

犹如晨露般的清新滋润。

（“露美”系列化妆品广告）

露西亚，为您创造温柔、体贴、青春、潇洒。

（露西亚洗发水广告）

这些广告中，商品名字和宣传商品的语言都能迎合女性的心理体验和审美情趣，容易使她们产生认同感，并赢得其青睐。男性气质总的特征是“阳刚”，性格特征偏向于理智型。他们擅长逻辑思维，喜欢运用严密的逻辑方法，通过细致的分析和综合去认识事物。他们喜欢干净利落、明快、粗放、有力的言辞，重视捕捉实际信息。因此，对男性的语言表达，如推销商品，语言必须符合“阳刚”特征，含有一定的哲理性。例如：“男人身份的象征。”（金利来广告）“天地之气，男人品位，精品郎酒精彩演绎——精品郎酒必须在天宝洞中修炼四年方可成品，其酒香醇美、宽厚、不上头、不刮喉、不伤胃，确有胸怀天下之气度。”（四川郎酒广告）“‘华虎’爽！帅！”（华虎皮鞋广告）以上商品名字和广告语言都容易引起男性心理上的共鸣，产生心灵冲击力。

3. 适应公众的职业、职务和身份地位特点

职业、职务和身份地位是人的社会属性之一，这种属性决定着人们相互之间存在种种社会关系，如上下级关系、干群关系、师生关系、同事关系、长幼关系、亲朋关系等。这种种关系在语言交际中就成为表达主体和接受主体之间特定的角色关系。角色关系直接制约着语言的表达。刘熙载云：“文有仰视，有俯视，有平视。仰视者，其言恭；俯视者，其言慈；平视者，其言直。”（《艺概·文概》）语言表达必须明确角色关系，做到既切合表达主体的身份特征，也与接受主体的身份特点相应。

据说，20世纪50年代初，周恩来总理有一次外出乘公共汽车时，被邻近座位的女工发现了，女工惊喜地叫了一声“周总理！”便站起来给周恩来让座，周恩来连忙阻止了她。这时，车上的乘客都说：“您是总理，我们应该给您让座的，您就别推辞了！”周恩来说：“我现在只是一个普通乘客。要让座位，也应

该是我给女同志让座呀！”周恩来在这特定的语境中以普通乘客的身份向乘客讲话“应该是我给女同志让座”，既符合自己在特定交际活动中所处的地位，又顺应了接受公众的身份特征，十分得体。

商务交谈对象的身份地位是商务公关活动需要迎合的重要方面。商业交际对象对自己的地位非常看重，尤其是社会地位较高的人，如果表达主体忽视了交际对象的这种身份要求，就会伤害交际对象的感情，造成不良后果。例如，1989年布什总统访问我国前夕，美国某外交官夫人发现某葡萄酒厂生产的葡萄酒口感很好，适合欧美人的口味，因该外交官夫人有中国血统，故而很想帮助这家酒厂打出名气，于是她建议将该酒拿到布什总统访华的国宴上去，让各国使节、来宾品尝一下。该厂负责人虽答应，却提出要外交官夫人先付两千美元。外交官夫人只好说回去反映一下再定，最后国宴上的酒是另一家酒厂的“长城干白葡萄酒”，我们不知其反映的细节，但是对一位颇具身份的外交官夫人提此要求，显然是不妥的（参看熊源伟主编《公共关系案例》）。相反，不少成功的商业活动都能有效地利用商业交际对象的身份大做文章。例如，皇冠轿车、金利来的宣传，精品屋的标志，以及市场定位主要面向“大款”、新富阶层消费者的豪华轿车、豪华住宅、高级手表、高级服饰等商品的广告宣传都是有效的例子。

4. 要适应公众的心理特点

语言交际是一种社会心理活动，交际的参与双方——表达主体和接受主体都是具有一定心理机能的人，他们的心理因素影响和制约了语言表达和领会活动，因为任何一个表达者和领会者都是自觉或不自觉地根据自己心理的需求来理解话语的含义的。善于公关的商业主体对消费公众进行商品宣传或推销时都很注意针对消费者的需求和消费心理运用语言策略，促使其产生购买动机和购买行为。例如，“一个售货员在车站站台上向旅客兜售苹果时喊道：‘苹果，苹果，平安之果！出门旅行，安全第一！卖平安果喽，买一袋平安吧！’不少旅客纷纷解囊，似乎平常的苹果真的成了能保人平安的神果。”① 售货员针对旅客祈求“出入平安”的心理和旅途中的物质需求，运用谐音修辞手法，给平常的水果注入了“平安”的信息，取得了很好的语用效果。又如针对顾客希望所购商品物美价廉的心理，运用价格让利策略，宣传让利优惠，如“看在老顾客份上，再便宜十块钱”“换季大降价，清仓大甩卖”“国庆期间，所有商品一律七折”等以满足顾客的求利要求；运用附加优惠促销方式，如打出“购满1 000元，送运动衫一件”“前500名，有机会赢大奖”等促销标语，以刺激顾客积极购买。针对惜失心理，敦促顾客当机立断，达成交易，如利用市场行情的火爆和商品的抢手，提醒顾客，商品很快将脱销，应抓紧机会抢购。针对顾客讲求预兆、追求好运的心

① 引自瞿维奇：《晋南民俗文化中的吉祥语》，《山西师大学报》（社会科学版），2000年第3期。

理，巧用语言手段或象征手法等去满足顾客祈求吉利与利益的要求等。

5. 要适应公众的文化水平特点

社会公众对公关语言能否理解和领会，在很大程度上取决于他们的理解和领会能力，理解和领会能力的强弱与文化知识水平的高低密切相关。《深圳日报》一篇短文《叫声小姐，挨记耳光》中说了这样一件事：来深圳探亲的刘女士夫妇，有一天去某酒楼饮早茶，来到酒楼门口，服务小姐带着微笑上来问："小姐，几位?"谁知刘女士火冒三丈，一个巴掌打在服务小姐脸上，大声斥问："谁是小姐，我看你才是小姐!"服务小姐莫名其妙，委屈地哭了，众人觉得蹊跷。门卫将刘女士请到办公室一问才知道，刘女士来自四川马尔康，当地把出卖色相的风尘女子称为"小姐"。刘女士之所以因一声称呼而打人主要是缺乏文化知识。她只知道"小姐"在川西的文化内涵，而不知道现代社会崇尚文明，称呼"先生""小姐"已成时尚。《羊城晚报》一篇短文《洋文潮流》中讲道：一位小伙子走进广州北京路一家洋快餐店对服务小姐说："请俾杯中咖啡我!"服务小姐说："唔好意思！咖啡只有一个 size。"小伙子以为她没听清楚他的话，于是又重复了一次，服务小姐也照旧重复自己的答话。小伙子不懂"size"是何意，还以为此店没有咖啡卖，于是又问："请问有冇奶茶?"服务小姐则不耐烦地说："奶茶亦系只有一个 size。"小伙子只好扫兴而去。这样不看对象是外国人还是中国人，不考虑对方是否懂外文而胡乱使用，既达不到交际目的，更收不到经济效益，显然同公关语言表达要与接受对象的文化知识水平相适应的原则相左。善于运用公关语言的公关人员都谙熟公关语言表达要适应公众文化水平的道理。湖北黄石制药厂在中央电视台上登过一则广告，广告语为："……如果您嫌这个名字难记的话，它还有一个通俗的名字叫辛迪。"这则广告出于对公众文化知识水平的考虑，在介绍难记的药物名称时，同时打出两个名字，学名体现了该药的科学性，俗名则便于广大消费者记忆，收效良好。

（四）语言表达必须适应特定的语言环境

语言环境主要指语言活动赖以进行的时间和场合、地点等因素，也包括表达、领会的前言后语和上下文。语言环境是语言表达和领会的重要背景因素，公关语言表达应当适应特定的语言环境。

公关实务语言表达必须考虑时间因素，适应特定的时间要求。交际的时间有长有短，几分钟、一小时、半天、一天的情况都有。任何公关语言交际都要在一定的时间进行，必须受到时间因素的影响与制约。例如，顾客到商场买东西，有的有从容选择的时间和兴致，有的则可能急着上班、做饭、带孩子、赶火车、看护患者等，时间很紧迫。售货员向他们介绍商品的话语长短、繁简必须适当。

公关实务语言表达必须考虑场合、地点因素，适应特定的场合、地点要求。场合有公开与非公开、正式与非正式、庄重与随便、喜庆欢乐与悲哀肃穆、单个接受对象与多个接受对象、有第三者与无第三者等区分。地点有家庭、马路、车间、办公室、礼堂、会场、主体所在地（本地、本土）、客体所在地（外地、外国）等区分。俗语说："到什么山唱什么歌。"公关语言表达一定要认知语用地点，并顺应和利用空间因素来更好地表达公关信息。例如，在商店门口张贴"欢迎您再来"的标语，是友好的表示，而在医院门口也张贴这样的标语则很不妥当。语用的空间是复杂多变的，语言表达尤其口头表达一定要随着场合、地点的变化而变化。现实交际中有时在某种地点要"长话短说"，有时在某种场合要反复说个不停，有时在某种地点又要"有话不说"，有时在某种场合要庄重典雅，有时在某种地点要幽默风趣，这由特定的地点、场合所决定，一定要注意随时调整与场合、地点变化不相适应的预定语言策略。例如，在喜庆、欢快的场合尽量谈论愉快和祝颂的事情；在本来准备进行单独访问交谈却遇到还有其他人在场的情况时，要及时调整谈话技巧，甚至改变谈话计划，改日再谈。

公关实务活动既有地区性，也有国际性，很多公关语言特别是商业领域的公关语言跨越了区域和国家的界限，可以通用，但有些尤其含有同族亚文化或异族文化意蕴的商业用语则有地区性或民族性限制，在本地可以用，在外地则不可以用。因此，公关语言运用必须"入境而问禁，入国而问俗，入门而问讳"（《礼记·曲礼上》）。做到与地域环境相应，才能取得正面效应。例如，中国南方及港澳台地区生意人喜欢别人给他送桃花，因为它含有红火之意，如果给他送梅花和茉莉则会使他感到不吉利，因为"梅"与"霉"、"茉莉"与"没利"谐音。

美国和日本的商品进入中国市场，其广告宣传都很注意"场效应"，力求与中国公众所处的环境相应。例如，一家美国保险公司针对中国公众的广告语是："在美国也有一座看不见的长城……"以长城为喻既在商业保险上贴近了中国公众，又符合中国人趋吉避凶的心理定式，委婉含蓄的表达也迎合了中国人对含蓄美的追求，因而赢得了中国公众的认同。又如，日本在中国的商业广告："日立高科技为中国新型城市锦上添花!""古有千里马，今有日产车。""东芝永远和为现代化而奋斗的中国人民共同前进!"这些广告语言符合中国国情，迎合人民心理，很快就赢得了中国公众对其企业形象的认同及对其产品的接受。

自改革开放以来，我国领导人频繁出国参加公关活动，很注意顺应或者借助时空环境因素讲话。例如：

> 1999年4月6日，朱镕基总理访问美国。在白宫的草坪上，克林顿总统为朱镕基来访举行欢迎仪式。朱总理致辞：
>
> "春天，是播种的季节，是希望的季节，当我们到达你们的日光之城洛杉矶的时候，是春雨连绵；当我们离开的时候，是雨过天晴；当我们到达华盛顿的时候，是阳光灿烂!"
>
> （转引自《公共关系》，2001年第3期）

这里朱总理巧妙地把访问地点和天气好转有机结合构建话语，表达中美人民友谊的转化和递进式发展的过程，十分得当，博得了在场人员的喝彩。

公关语言表达还必须注意特定的上语下文。书面表达及口头单向表达时特定的句段都处于特定的上下句段之中，口头双向语言交际时不但自己的话语有上下句段、前言后语，而且对方的话语也是自己每一轮表达的前言后语。这些特定的上下句段、前言后语构成了语言表达的一系列语文环境，并随着说话和写作的进行而不断发展演进。单向表达的写作、演讲可以而且应该充分注意自己的前言后语，上面讲过的，下面就承前而略；下面还要详讲的，此时此刻只作简单交代。轮番讲话、致辞时，可以而且应该照应前后的讲话、致辞，以便自然而顺理成章地表达自己的情感，阐述自己的理由。交谈、对话、谈判、论辩时，不但自己的每次表达都应当而且必须照应对方刚才表达的观点、意见、问题，以达到基本的合作，而且在表述时还要估计到随后对方可能有的回答、辩解、岔题，以便主动控制自己的话语以及双方的整个交际。

三、规范原则

语言是全民的交际工具。为了使交际顺利有效地进行，每一个使用语言的人都要遵守公认的语言规范。遵守语言规范与表达和领会都有关系，但表达应负更为重要的责任。因为，一方面，表达者是交际的主动者、责任者，为了保证他的表达被准确领会，他首先要注意自己编码的准确、合乎公认的规范；另一方面，语言表达既是对现成语言要素、表达手段的运用，又是对它们的改造、发展——当已有的要素、手段不合自己特时特地表达特意特情的需要时，他必须对之作一定的改造；当现有语言系统中缺乏自己需要的语言要素和表达手段时，他必须设法创造发明。改造与发展都直接与现有语言规范发生联系，并影响着现有语言系统今后的规范。因此，表达更应该注意使语言这个全民交际工具，沿着不违背原有语言规范的正确道路健康发展。公关实务语言运用是全民语言运用的一个具体侧面，它的表达也毫不例外地需要坚持“遵守公认的语言规范”这一原则。

公认的语言规范包括两方面的内容：一是指国内外公认或法定的语言及其具体语音、文字、词汇、语法规范。我国政府采用汉民族共同语为国家通用语言，并推行以北京语音为标准音，北方话为基础方言，以典范的现代白话文著作为语法规范的普通话，公关语言运用应当以普通话为公认规范。

遵守普通话语言规范包括两个方面的含义。首先，应当使用纯正普通话，不应当将普通话与方言、外语混杂。普通话在我国人民中具有深厚的基础和广泛的适应性。因此，公关主体应当尽量使用为全民族大多数人所使用的普通话，以求取得良好的表达效果。同时，语言问题本身也是一种组织形象、作风、风格要素，公关主体应当带头响应、执行国家语言政策，不仅把普通话作为对外、对内公关活动的交际用语，而且应当努力把它变成用于本行营运、管理的工作语言。在一些面对地方性公众的公关交往中，使用方言、文言书面语或者外语是可以的，但如果把这作为一种持久不变的策略，则不宜提倡。使用普通话应力求规范，不能混杂方言、文言、外语。

其次，应当严格遵守现代汉语本身的语音、文字、词汇、语法规范，不读错音，不写错字，不用错词语、句式，不出现语病。普通话是以北京语音为标准音的，它不同于北方方言中的其他地方话，如济南话、西安话、昆明话的语音，更不同于非北方方言的其他方言语音。口头表达中，标准普通话使用的困难在很大程度上是语音问题，应当花气力学习、校准。

普通话在用字上也有一套规范，这套规范集中体现在国家正式公布的《简化字总表》《第一批异形词整理表》和《印刷通用汉字字形表》上。公关书面表达应当坚持写规范的简体字、正体字，不写繁体字、异体字和错别字。

写错别字也是书写不规范的表现，如中德合资武汉长江啤酒有限公司酿造包装的“中德特级啤”竟然将“德”字写丢了一横，深圳“锦绣中华”微缩景区的宣传册页将“坐落”写成了“座落”，就是典型的两个例子。

书写规范也包括汉语拼音的书写规范。为了给汉字注音、便于外国公众拼读转写和美观，公关书面语言中常常同时书写或单独书写汉语拼音，在产品名称、商标、组织徽标等方面尤其多见。但这方面的拼写错误也屡屡出现。最容易出错的是大小写不一致，或 ü 这个字母被遗漏上面两点，如广州生物化学制药厂药盒上“喉痛灵”几个字的拼音是 Houtong LING，大小写不一致；延安卷烟厂烟盒上“过滤嘴香烟”几个字的拼音写作 guo lu zui xiang yan；陕西铜川市有个商店叫“龙凤商店”，它的店名下偌大的拼音是 LHOG FENG SNANG DTAN，显然是制作工人既写错字母又排错位次所致。

普通话在词语、句式上也有比较严格的规范，公关语言表达应当自觉遵守。目前公关语言中用词造句不合规范的例子很多。例如，某百货大楼有一处柜台标语把“依法经商”写成了“以法经商”；某神奇药笔的“使用说明”中第一句说：“神奇药笔具有高效、低毒、安全，对蟑螂、蚂蚁有特效杀灭作用。”（谓语“具有”缺乏宾语中心词）某公司招工启事中有这样一句：“不会说话，不懂业务者，恕不录用。”“不会说话”是指“说话欠技巧”“不善交际”，还是指“没有语言能力”？语意含混不清。

二是指全民族成员所认知的约定俗成的语体和语体风格规范。语体是在长期的语言使用过程中，因交际领域、交际目的、交际对象和交际方式的不同而逐渐形成的具有相对稳定的一系列语言特点的综合体。一般分为谈话语体、公文语体、科技语体、政论语体、文学语体、新闻语体、演讲语体和广告语体等基本类型。语体风格是语体的表现风格，是各种语体运用风格手段所形成的言语特点综合呈现出来的气氛和格调。各种类型的语体都有自己的风格基调，大体说来，谈话语体的风格基调是通俗、简洁和疏放，公文语体是简洁、朴实和庄重，科技语体是平实、严谨和简洁，政论语体是严谨、雄健和庄重，新闻语体是朴实和明快，文学语体是豪放、柔婉、简约、繁丰、蕴藉、明快、藻丽和朴实，演讲语体是明净、优美和文雅，广告语体最常见的是平实明快、简约凝练、委婉含蓄、藻丽繁丰和庄重文雅。

语体和语体风格发生和发展变化都有特定的文化制导因素，都是在民族文化的导引下运用民族语言的历时性积淀，都具有相对稳定性、客观存在性和社会约定性，是全民族成员的语用范式，对人们的语言交际都具有一种潜在的无形规约。人们无论在哪种领域进行言语交际，都必须遵从特定语体和语体风格规范要求，任意背离语体和语体风格规约的情况都会造成交际的障碍或表达的混乱。因而，运用语言"须先辨体"。[①]"因情定体""语不离体""言之得体""明体定势""即体成势"。[②] 否则"失其体制，虽浮声切响，抽黄对白，极其精工，不可谓之文矣"[③]。语言运用的核心是语体意识[④]，"语体风格是共性风格，它在整个系统中处于核心地位，是各种风格的基础，各种风格都会受它制约"[⑤]。基于这一道理，在公共关系领域无论是开展何种公关实务活动，运用语言都离不开特定的语体和语体风格，都必须应合其规范要求，否则就不得体。

以上我们从三个方面论述了公关语言的表达原则。三者之间有密切的联系，诚信是基础，没有诚信谈不上适切和规范，但要发挥诚信的功效，还必须要适切和规范。因此，在诚信的基础上必须追求话语与表达主体、接受主体和语言环境特点的适切吻合，讲求语言规范正确，这样才能使公关语言表达收到理想的表达效果。

第二节　公关语言领会原则

公关语言领会原则是公关表达主体对社会公众的话语、文章的听解、读解的原则，其中最主要的是下面三条。

---

① 吴纳著，于北山校点：《文章辨体序说》，人民文学出版社 1962 年版。
② 刘勰《文心雕龙·定势》。
③ 吴纳著，于北山校点：《文章辨体序说》，人民文学出版社 1962 年版。
④ 丁金国：《语体风格分析纲要》，暨南大学出版社 2009 年版。
⑤ 黎运汉：《汉语风格学》，广东教育出版社 2000 年版。

一、以具体的言语成品为依据

公关语言领会应当以具体的言语成品为依据，即以公众所说出的话语、所写下的文章为依据。因为言语成品是包装公众思想感情的最基本形式，是联系公关主体与公众的最主要纽带；公众所欲表达的思想感情，绝大多数都包装在话语文章当中，不管是表层意义还是深层意义，不管是言内之意还是言外之意。虽然语言环境对于语言理解具有重要参考价值，但语言形式本身所负载的意义始终居于首位。

以具体的言语成品为依据，就是要准确地感受话语文章的物质形式：语音或文字，首先做到不误听、不误看；其次，要紧扣语言形式索解语言意义，不捕风捉影，不凭空虚构，不先入为主、固执己见，以保证接受、理解不走样。

邓立斌在小说《一场误会》中写了这样一个小故事：

> 一个湖南人在北京的商店里买高压锅的皮垫圈，湖南方言里皮垫圈叫作“皮箍”；他用湖南话开了腔：“喂，细妹子，有皮箍卖吗？”小辫子把“皮箍”听成了“屁股”，眼珠一瞪，用北京话搭腔：“买屁股？流氓！”老乡以为在告诉他皮垫圈的价钱，把“流氓”听成了“六毛”，便笑嘻嘻地说：“管它六毛七毛哩，反正是我老婆……”还没等他说完“是我老婆叫买的”，小辫子更火上浇油：“还嬉皮笑脸的，畜生！”这下子可惹怒了老乡，质问道：“么子，出身？买个皮箍还要查出身？还想搞‘文化大革命’？我贫下中农出身！”①

从公关从业人员方面来看，这里之所以产生误会，首先是“小辫子”误听了顾客所说的“皮箍”，没有准确感受“pigu”这个物质形式所指高压锅的皮垫圈这一含义；其次是“小辫子”听话缺乏耐性，如果她耐心认真地听顾客说完“是我老婆叫买的”这句话，就不会再有后面那些火上浇油的话了，当然，顾客用方言说话，“小辫子”不懂也是造成误会的原因。因而，为了按着公众的具体言语作品理解话语文章，公关从业人员应该懂得尽量多的语言和方言。

以具体言语成品为依据，还要准确地理解话语文章的真正含义。公关语言表达较多的是直陈其事，直陈其事的话语使直接表露的信息较易接收。但有时出于各种原因，不愿或不能直说，便会采取婉转迂回、曲径通幽的修辞手段构成含有暗示义或言外之意的话语，这样的话语则不容易把握。领会者要注意紧扣语言形式，并结合语境，去揣摩体味对方的言语形式所蕴含的意义和交际意图，才能取得理想的领会效果。

据说在抗美援朝期间，周恩来总理接受记者采访。当时，周总理的办公桌上

① 黎运汉、李军：《商业语言》，台湾商务印书馆股份有限公司2001年版，第91页。

放着一支批阅文件的美国派克钢笔。一位美国记者率先发问："请问总理阁下，你们堂堂中国人为什么要用我们美国生产的钢笔呢？"周总理根据问话人身份、国籍、口吻听出了其弦外之音。他软中带硬、灵活机智地回答："提起这支笔呀，是一个朝鲜战友抗美的战利品，作为礼物送给我的。我无功不受禄，原想拒绝，哪知朋友说，留下做个纪念吧！我于是收下了贵国的钢笔。"这是根据美国记者的自身因素和当时的语境领会了其问语的深层信息，于是以抗美援朝获得胜利的事例来传递深层语意，回敬别有用心的发问，从而挫败了其傲气。①

表达话语的深层意义，也包括文化意义。许嘉璐先生说："语言理解包含着文化理解，同时语言理解需要文化理解；语言理解的层次越高，文化理解也就越高，需要的文化理解也越高。"② 因而，领会者理解语言还要紧扣语言形式索解言语的文化意义，否则就无法理解话语的真正含义。据说李鸿章当年出访美国，有一次宴请当地官吏，宴前说了一段客套话："我们略备粗馔，没有什么可口的东西，聊表寸心，不成敬意，请大家包涵……"结果承办宴席的美国老板却理解为李鸿章故意败坏他饭馆的名誉，提出控告，要求李鸿章赔礼道歉。美国老板之所以误解李鸿章的原意，一个很重要的原因就是他没有考虑到说话人的国家、民族文化背景及其话语的文化内涵。李鸿章说的是谦辞，谦辞是汉民族礼仪文化的体现，身为中国高官的李鸿章在宴请出访国官吏的宴会上说谦辞是得体的，而该餐馆老板不了解其导因于地域文化所生成的深层意涵，结果既影响了两国政治关系，也损坏了自己饭馆的名誉。

以具体言语成品为依据，还要准确地理解话语文章中的辅助性语言——副语言和体态语。善于领会者，都很注意从对方的语调、口气和神态中听读出对方的言外之意。有一房地产公司推销员向顾客介绍某幢房子的出售价格时，顾客说："哪怕是琼楼玉宇也没什么了不起！"但是，口气有些犹豫，笑容亦勉强，善听读的推销员意识到对方嫌贵了，立即转口说："在您决定之前，不妨多看几幢。"经过对比、协商，生意成交了。

法国语义学派的创始人保罗·科利认为："表达式包括面部表情、手势、声音、文字以及文献和文物等。在这些表达式中，面部表情、手势、声音等以直接的方式传递着别人的经验。"③ 这就是说，在言语交际中，表达主体可以利用面部表情、手势、声音等直接向接受主体传递信息。声音、文字即是话语，面部表情和手势则属于体态语。体态语是用表情、动作或体姿来交流思想的辅助工具，是一种伴随语言，它在口语交际中起着重要的辅助作用，接受主体必须深入体味

---

① 参看黎运汉、盛永生主编：《汉语修辞学》，广东教育出版社2010年版。

② 许嘉璐：《语言与文化》，《中国教育报》，2000年10月17日。

③ 涂纪亮主编：《现代欧洲大陆语言哲学》，中国社会科学出版社1994年版，第173页。

表达主体的体态语，才能准确、全面地理解表达话语的含义。例如：

[交际背景：省委副书记顾友才暗中授意九天集团的总经理冯祥龙将其下属单位价值五千万元的国有资产橡树湾，以五百万元的价格卖给一个假港商。这件事被曝光后，中纪委给省纪委下达了硬性命令要重新调查橡树湾问题。]

“他们重新组织一个专案组进驻橡树湾，到底想搞谁呢？”顾三军急急地问。

“甭管搞谁，你别掺和！”

顾三军不满地提醒道：“我看他们这么搞，矛头是直指着您哩！”

顾副书记拿起遥控器，调小了音量，说道：“不要说这种不着边际的话。我正要找你哩。你跟冯祥龙的关系怎么样？”

顾三军说：“没怎么样。这个人特别够朋友，帮了我不少的忙。做事也大气，是一把好手。”

顾副书记向宽厚的沙发背上躺去，不作声了。

顾三军迟疑了一下，问：“您……您问这，什么意思？”

顾副书记端起茶杯，向卧室走去，只说了一句：“随便问问。”

顾三军想了想，忙跟进卧室里，追问：“您的意思，是要我给老冯透一点儿消息？让他有点儿思想准备？”

顾副书记又不作声。

顾三军又问了一句：“您真觉得有这必要吗？”

顾副书记非常不满意地斜了他一眼，但让顾三军纳闷的是，父亲还是没说一句话。回到自己的房里，在电话机前犹豫了好大一会儿，才下了决心，拿起电话。

（陆天明《大雪无痕》）

这里表达主体的身份是省委副书记，受自身身份的影响，他无法向接受主体提供足够、直白的话语提示信息。话语提示信息的不足及隐晦使顾三军对最佳关联信息推理错误，接受信息与表达信息不符，出现信息差，致使顾三军没有领会到顾副书记的真实意图，大谈冯祥龙的好处。这时，顾副书记就“向宽厚的沙发背上躺去，不作声了”，这一动作和沉默看似不经意，实则告诉顾三军自己对他的回答不感兴趣。顾三军也从这一动作中发现自己没有理解顾副书记的真实意图，于是对自己的话语进行了调整；当顾三军的理解和表达再次偏离顾副书记的意图时，顾副书记就“非常不满意地斜了他一眼”，通过不满意的斜视，再次告知顾三军的理解又出现了错误。在这种言语交际场合中，体态语是话语提示信息的补充，同时也向接受主体暗示了他们的言语交际中出现了信息差。接受主体顾三军对表达主体的体态语反应非常灵敏，也正是由于他对体态语的这种灵敏性以及准确把握，才推导出表达主体的真实意图——顾副书记害怕“拔出萝卜带出泥”，到时候冯祥龙会将自己抖搂出来，想通过顾三军给冯祥龙透漏些消息，好让他做好准备，以免牵连到自己。

二、紧密结合和充分利用语言环境

前文说过，语言表达受语境的制约，语言理解作为语言表达的逆向活动也必定受到语境制约。语境是理解言语意义的重要因素。“语境对于语义的影响，主要应解释为下面两种作用：解释词外义和解释情境义。”① 言语在具体的语境中，其意义往往不是只有语言义，它可能会产生词外义和情境义，而这种意义才是表达的焦点，这种意义必须依赖语境来理解，脱离了语境，就无法理解言语的真正意蕴。

语言环境是使用语言的场地，它包括表达主体、领会主体的身份以及表领双方的角色关系和语言活动赖以存在的时间、场合、地点与表达、领会的前言后语、上下文等因素。公关语言领会应当注意与语言环境紧密结合，并积极利用这些因素，以助听读。如果无视这些环境因素，不善于利用这些环境因素来帮助听读，就会出错，会带来不良后果，下面分开论述。

首先，公关语言领会必须根据具体语境，确定接受主体自身的交际角色。前面讲过，角色包括社会角色和交际角色，前者是指由交际者的社会地位、职业、性别、年龄等相对固定的特征共同构成的成员类别，后者是指交际者在具体交际情境中实施言语活动时所选取的一种临时的社会身份，两者密不可分。在语言交际中，无论是表达主体还是接受主体都是以一定的角色进行的。而何时以何种角色出现，取决于具体的交际语境。角色应合语境，交际就能顺利进行，否则，交际就会失败。语言表达如前面所说是这样，语言理解也是如此。下面看电视连续剧《忠诚》中的一个语例：

[背景介绍：省委秘书长高长河的儿子高强成绩很差，而且非常顽皮。期中考试他有四门功课不及格，且瞒着家长盗用外公老省长的私章在成绩单上盖印。这事惊动校办，学校点名要其家长高长河来学校协助教育其儿子。]

班主任（对高强）：手上拿的什么东西啊？

高强（将灭火器藏于身后）：没什么。

班主任：没什么？这灭火器能随便乱拿吗？

王老师：小高同志，我知道你工作很忙，但是再忙你也不能不管孩子的学习吧？

高长河（连忙点头）：是，是，王老师。我一定配合学校教育。

① ［日］西槙光正编：《语境研究论文集》，北京语言学院出版社1992年版，第33页。

王老师：这件事很严重的，已经惊动校办了，所以校长点名叫你们家长来，关键问题是，高强同学的“作案”方式每次都花样翻新，无可预测啊。

（走廊上高强用灭火器喷班主任和同学，一片嘈杂声）

王老师（站起）：坏了！

班主任（惊叫）：哎呀，我的眼镜啊！高强，你快停下！你快停下，别喷了，我的眼睛什么也看不到了。

（王老师和高长河急忙从办公室跑出）

高长河：哎呀，高强。（冲上前，制止，用手上的公文包打高强）高强，你干什么你。（对班主任）老师，对不起，我是高强的家长，我给您道歉了。（再打高强）你这孩子，你看，快把这东西放下。

王老师（拍打高强，气愤地）：怎么搞的？小高，你看你这宝贝儿子。

高长河（拉过儿子，训斥）：你这孩子，快来给老师道歉，赔礼道歉啊！（将其头按下）

（电视连续剧《忠诚》第一集）

高长河是省委秘书长，而且即将上任明阳市委书记，这是其社会角色，但是，他因为儿子违反学校纪律而被请到学校办公室。此时，他面对的是学校领导及其儿子高强的老师，因而，他以学生家长的角色参加这次言语交际活动。他虚心地聆听王老师的训导，对她的话诚恳地表示接受。他所说的“是，是，王老师。我一定配合学校教育”等话语，俨然是一位负责的学生家长。后来，他儿子在走廊闹事，他立即上前训斥，并强令其向老师认错：“你这孩子，快来给老师道歉，赔礼道歉啊！”高长河在这次言语交际过程中，一直将自己的角色定位在“学生家长”上，使老师能够接受。

同样是因儿子高强闹事而被学校领导请到校长办公室的高长河的妻子，她在学校与领导进行语言交际时，因角色定位不当而导致交际失败。请看下面的例子：

[背景介绍：省委秘书长高长河的儿子高强屡教不改，又在学校闹事了。校方忍无可忍，只好又把高强的家长请来。这次是高长河的妻子来了。]

校长：（倒出一堆“作案”工具，气愤地）你来得正好，看看这些东西，全是你家小秘书长的。请你把它们拿走吧。我这里办公条件有限，已经装不下这些东西了。

梁丽：那好，回头我让省委办公厅派个车把这些东西搬走。

校长：省委办公厅派个车？我告诉你，就是中央办公厅派个车，以后也不许进我们这个学校。赶快把这些东西拿走，马上给我拿走。

梁丽：你这什么态度啊！

校长：你要什么态度啊，我要是态度不好，你和你儿子可以不要再来嘛！

（电视连续剧《忠诚》第二集）

两例刚好形成鲜明的对比，同是被校方召去学校，高长河的定位应合语境，因而收到好的效果，而其妻子却相反，引起校方跟家长关系的紧张。在这个言语交际中，校长首先说："……请你把它们拿走吧。我这里办公条件有限，已经装不下这些东西了。"面对校长的发话，梁丽不是虚心接受，而是别有用意地回答："那好，回头我让省委办公厅派个车把这些东西搬走。"这句话表面看起来是拿走东西，但实际上，梁丽是故意给校长传递一个信息，以期施加压力。她话语的潜台词是："我们是有权有势的家庭，省委办公厅都要听我的话，我要他们派车，他们就得派车，何况你这样一个小小的学校呢"，这话明显有盛气凌人之嫌。校长从梁丽的话语中听出了弦外之音，她无法接受梁丽的傲气与狂妄，于是气愤地回敬了她，其话语意思是："不要说省委办公厅，就是中央办公厅，我也不怕。"这时梁丽不但听不进去，反而批评对方："你这什么态度啊！"这是教训式的话语，校长当然无法接受。最后双方关系闹僵，不欢而散。这是个典型的因接受主体角色定位不当而导致的言语交际失败的例子。梁丽从社会角色上说，是省委秘书长的妻子，但是，来到校长办公室，面对的是校长，不管社会角色是什么，此时，在校长的面前都是学生家长。梁丽不进行角色转换，还是以原来的社会角色听话和发话，必然让校长无法接受，导致交际失败。

其次，公关语言领会必须充分利用表达时间、地点和场合等语言环境因素。时间、地点等语言环境因素对于表达、领会都有重要作用。对于表达来说，语言环境越具体，表达越可以简略；对于领会来说，语言环境越具体，领会越轻松容易，判断越可靠。不熟悉具体的时间地点，就会发生误解。电影《黑炮事件》讲的是一个棋迷工程师，一次在旅馆与别人下完棋后，发现少了一个黑炮。但由于有公务在身必须马上走，所以，离开旅馆后，他打电报给那位对弈者说："失黑炮 301 找。""301"是他们住宿时同住房间的号码，棋友熟知语言环境，理解电报内容不成问题，但邮局发报员和公安人员由于不明白具体的语言环境，产生了误解，认为"黑炮"和走私犯人的黑货一样，"301"是个暗号。于是，公安部门立案侦查，工程师所在单位不让他参与接待外国专家的工作，使国家损失数十万元。

地点、场合也是影响语言理解的重要因素。如校名，同是"南大"，对于天津人来说，一般是指南开大学，但对于南京人来说，一般是指南京大学；同是"华师"，武汉人用来指称华中师范大学，广州人用来指称华南师范大学，上海人用来指称华东师范大学；同是"中大"，内地用以指称中山大学，香港人却用以指称香港中文大学。又如地名、河名，一般的人说"河南"，指的是地处中原的河南省，而广州人说河南，常常指的是珠江南岸的市区等。对于类似情况，在领会索解中不能不细加分辨。

公关人员理解公众的话语，要特别注意同一语言词汇由于地域不同而内涵不同的情况。1983 年，湖北酒阳县某区多种经营办公室派了一名工作人员，到福建省某单位签订了 3 份价值 27 万元的定购"黄花苗"的合同。可是，黄花苗运回后，种了 67 公顷，但长出来的却是一种不能食用，开红花，且与本地黄花苗截然不同的"黄花菜"。当时，货款已付出 24 万元，剩下的 3 万元只好拒付。对方提出申诉，工商部门在处理这起纠纷时了解到这种开红花的植物，在福建当地叫"黄花"，是一种供人观赏的花，因此，福建某单位发来的货与合同标的物是一致的。在这里，主要是需求方的工作人员不熟悉业务，没有准确地理解"黄花苗"这个概念的内涵与外延，误把当地"黄花种苗"当作"黄花苗"。同一语言表达手段，很可能会因疆域或文化背景因素不同而信息内涵不同，理解公众的言语应该考虑这一因素造成的语义差异，如果只按自身因素索解这类言语，就会发生误解；同一种非语言表达手段同样会因地域或文化背景不同而语义不同。据说，一位德国工程师到日本去谈判，在日本期间，他受到热情接待，当他提出自己的意见时，日本人微笑着频频点头。他回国后满怀希望地等待了 3 个星期后，却得到了完全出乎意料的回答：他所提的意见，半数以上遭到否决。他其实不知道，日本人的点头和微笑绝不是同意的表示，那不过是一种礼貌。

再次，公关语言领会必须充分利用语境补足表达话语的缺省信息。公关主体在公关语言交际中，一般都在自觉或不自觉地遵守经济原则，用最少的言辞表达最多的信息内容，有时还会因某种社会文化原因的影响，使得有些话语不能直接说出，因而采用省略、跳跃式话语，接受主体必须善于利用语境来补足这些话语中的缺省意义。例如：

[交际背景：时任台湾国民党主席连战作大陆之行，中央电视台事后进行了专题报道。]

主持人：今天上午连战偕夫人从寓所里一走出来，门口就有多家媒体的记者围拢过来。

记者甲：这次旅行会很辛苦，你有没有准备什么样的东西？

连战：希望能够"未晚先投宿，鸡鸣早看天"。

主持人：从连战的回答中可以看出连战为赴大陆所作的准备还是非常充分的。

（中央电视台"连战大陆行"专题节目，2005 年 4 月 26 日）

"未晚先投宿，鸡鸣早看天"是出自《增广贤文》的一句谚语，它提醒出门旅行者要提早投宿，以免在荒郊野岭露宿；出行前，要看看天气，以免遭遇风吹雨淋。连战使用这句谚语，象征两岸关系突破要掌握时机，及时进行，不拖泥带水，不瞻前顾后，同时又要注意台湾局势和世界形势的变化。这表明他为出访大陆已做好充分的思想和心理准备。虽然因为其时台湾统独矛盾激烈，这些话语连战无法完整说出，只能使用这种隐晦省略的方式，而接受主体凭借自己的文化素养和政治常识，并通过语境便可推导出这些象征意义。

公关语言领会还必须充分利用上语下文。

语言学原理告诉我们，语言要素、单位都有抽象、多义、多功能的特点，而一进入语言运用就变得具体、单义，只实施着某一种特定的功能。“词义”不等于“意义”，前者是语言意义，指的是词在与语言词汇中其他词所构成的系列关系中所占的位置，也即词所具有的表意的可能性；后者是言语意义，指的是词与具体的客观世界之间的联系。语言意义是抽象的，言语意义是具体的。例如，“狗”这个词的词义是“哺乳动物”，一种家畜，它可以用来指称所有种类的狗；而在“我喜欢这只狗”这样的句子中，“狗”的意义却很具体，只指说话人所指称的那只特定的狗。语言意义是多义的，言语意义是单义的，在言语成品中，言语单位越大，其中语言单位的意义就越具体。一般来说，在一个句子、一段话语或一篇文章中，一个词、一个句子只表示一种意义（双关或有隐喻义的另当别论）；一个词的含义、强度、细微差别只有同它所在的具体上下文联系在一起时才能被把握，一个句子的含义也只有同它所在的更大的上下文整体联系在一起时才能被准确理解。如果离开上下文，断章取义，就可能不明白那个句子的意义，例如：

> 我们交了钱，查了妇科后，又来到B超室外。那个之前对我们凶巴巴的人依然凶凶地对另一个人说：“憋尿了吗？”那人说：“没有。”凶巴巴的人说：“没有怎么查？憋尿去。”在看到我们交了单子直接进去后，那人不甘地问：“她们怎么就进去了？”凶巴巴的人更凶凶地说：“她们不用憋尿。”那人接着问：“什么人需要憋尿，什么人不需要憋尿？”凶巴巴的人说：“三十五憋尿，五十五不憋尿。”那人仍不甘地问：“那我四十一，需要憋尿吗？”
>
> （千黛：《见凶不凶》，《三联生活周刊》，2006年7月4日）

只看这一段，是无法明白“三十五憋尿，五十五不憋尿”是什么意思的。其实，前文有交代，按照医院规定，查35元的B超需要憋尿，查55元的B超不需要憋尿，因为后者是要进入体内照的。“那人”不知道前文说过的这一点，所以不懂凶巴巴的人的意思。

根据上下文索解言语意义的原则，具有重要的指导意义。明白了这一道理，可以消除歧义，避免误解，使语言理解更加有效，甚至能够纠正表达错误或者书面传抄印刷错误，准确获知说写者所要表达的真正意思。例如：

> 你看，港商陈裕辉原来投资7 000万港元办染织厂，及后看到“珠海人实在，见官如见友”，便增加投资16 000万港元，之后，又再投资3亿港元兴建前山纺织厂。
>
> （《羊城晚报》，1990年11月24日）

《万张“牛肉干”无回音》

（《羊城晚报》中的新闻标题）

前例中的“珠海人实在，见官如见友”这句话说的似乎是“珠海人”“见官如见友”（语法上有这种可能），但根据这里所引的上下文以及原文文首可知，珠海为解决外商办事难的问题，专门成立了一个外商投资服务中心。因此，这句话应当理解为：珠海人实在，外商见珠海的官员像见朋友一样容易、轻松。而后例中的“牛肉干”是什么意思？文中自注说：“‘牛肉干’者，那是香港人对一纸交通罚款单的戏称。”如不借助自注，就很难准确理解其真正含义。

三、按照公众语言的具体规范理解话语文章

公关听解和读解的目的在于获得来自公众和社会外界的信息，为我所用。但是公众和社会外界的信息并非是专门为本组织提供的，而是散存的，公关听解和读解存在着普遍的非对象性。非对象性的言语成品可能是用汉语说写的，也可能是用某种外语说写的；可能是用现代汉语说写的，也可能是用古代汉语说写的；可能是用标准普通话说写的，也可能是用方言或者很不标准的“醋熘普通话”说写的。为了准确理解听读对象的话语的思想内容，获取对本组织有用的确切信息，公关主体应当按照公众所使用的语言的具体规范来进行听解读解，而不是一律按现代汉语标准普通话的语言规范来听解读解，否则就会出现差错。

听读外民族言语成品时一般不会出现以本民族语言规范索解的问题，但本民族语言的语音、词汇、语法、修辞方法却会时时干扰对外语的理解。例如，我们常常会将一个与汉语某词意思用法大体相同的外语词当成与该汉语词完全一样的词来索解，从而产生误解（如英语的“dog”和汉语的“狗”）。例如，我们有时会不自觉地受母语语法影响而对外语或少数民族语言的文章理解出错或根本无法理解（如德语的主要动词和否定词要到句末才能见到，而这种句子有时又特别长；如在四川阿坝地区不同民族间所通行的“土汉语”中，“头发剃没有”的意思是“没有理发”）。

听解读解不怕语言间的“大异”，最怕语言间的“殊微”，即形式大体相同或相近却具有细微的差别。例如，《尹文子·大道下》讲了一个寓言：“郑人谓玉未理者‘璞’，周人谓鼠未腊者‘璞’。周人怀璞谓郑贾曰：‘欲买璞乎？’郑贾曰：‘欲之。’出其璞视之，乃鼠也。因谢不取。”同一语词，郑人指未经处理过的玉，周人指的是没腊干的老鼠，因而买卖时出现误解。又如，日语文字中有不少汉字，但它们无论在读音还是用法上都与汉语中的汉字有很大差别，因而也很容易导致误解。例如，古汉语书面语——文言文与现代汉语有很多相同之处，但如果在检索古代文献时以今律古，就会出错（如《论语·微子》：“杀鸡为黍而食之，见其二子焉。”食：使吃，给吃；见：使见）。又如，中国大陆所谓

“质量滑坡”是“品质下降”的意思，称“滑坡”形象性很强，此处的质量相当于台湾所谓的“品质”。在台湾“质量”则兼指物品的品质和数量。“爱人”在台湾指情人而不指配偶，“献花圈”在海外华人中指“给别人脖子上挂花环”，而不指向死者敬献花圈，若阅读台湾地区或海外华文报刊时不按当地规范理解，就会出错。又例如，有的方言区人说写的虽是普通话，但还残留着方言的词语或句法（如粤方言区的人说写普通话时用的“好像”，实际上是个方言词，意为“比如”），如果不按照其特定的用法理解，就不能圆满地完成领会的任务。

思考与练习

1. 公关语言表达原则的内容是什么？运用有关表达原则分析下列实例的优劣：

①广州动物园的英文译名是 Kwangchow Zoo，广州火车站的字标写作“廣州站”；广州有的餐馆将“腊鸭”写作“立甲”，把“鸡翼”写作“鸡亦”，把“鸡臂（腿）”写作“鸡比”，广州某校将“招生启事”写作“招生启示”。

②某大学中文系同学与部队军人联欢，其间节目主持人向一位女大学生提出了一个问题：“你会不会爱上一位军人？”该女大学生接过话筒说：“我从小就很热爱人民解放军。”

2. 什么是语言环境？语言环境由哪些要素组成？语言环境对公关语言的表达与领会的制约体现在哪些方面？

3. 公关语言领会原则的内容是什么？“按照公众语言的具体规范理解话语文章”这条公关语言领会原则与“必须遵守公认的语言规范”这条公关语言表达原则有没有矛盾？理由是什么？

第四章　公关语言的心理机制①

人的任何活动都有心理现象。心理是一种人的头脑能动地反映客观现实的功能。感知与记忆、思维与联想、判断与推理、情感与意志、气质与性格的表现都是人的心理现象。公关语言活动包括表达活动和领会活动，表达活动和领会活动的过程，都是感觉、知觉、记忆、联想、情绪等心理活动的过程，是心理现象。心理现象是支配语言交际活动的一个最基本的因素，而语言是心理活动的工具，它能表达和调节心理状态。语言交际活动与心理活动是息息相关的，它们存在着密切的互动关系，两者互相影响、互相作用。本章不打算全面论述两者的互动关系，只着眼于心理因素对公关交际语言的影响和制约，探讨其规律，以利于提高公关语言交际的效果。

第一节　公关语言交际的心理因素

一、公关活动是一个心理活动的过程

公关活动是公关方面的实务活动，公关实务活动是公关主体和客体双方共同参与的活动，参与这一活动的主体和客体都有一定的目的。为了达到一定的目的而自觉采取的行动，是一种意志行为。“意志就是人自觉地确定目的并支配其行动以实现预定目的的心理过程。”②

从公关主体的角度看，公关主体开展公关实务活动的范围很广，其中任何一项活动都是有特定目的的。如商务谈判的目的是获得经济利益，而在这个前提下，双方参加谈判的主要目的往往又有区别。例如，发展中国家与发达国家谈判建立一个合资企业，由发展中国家提供生产场地，发达国家提供先进技术。合办这样一个企业，发达国家方面的目的可能是：利用技术上的优势，通过创办合资企业的形式，绕过直接贸易的障碍，开拓发展中国家广阔的市场，以期获得长期丰厚的利润。而发展中国家方面的目的可能是：利用先进技术。利用广告进行宣

① 参考黎运汉：《商务语言教程》，暨南大学出版社 2005 年版，第 36－47 页。

② 曹日昌主编：《普通心理学》（下册），人民教育出版社 1980 年版，第 74 页。

传也是公关实务的一种重要活动，而公关广告一般有非营利性广告和营利性广告。这两种广告都有明确的目的性，但又有区别。前者的主要目的是获得社会效益，后者的主要目的是获取经济效益。公关活动的目的是按需要形成的（物质的和精神的需要）。目的需要都不是凭空产生，而是在认知心理活动中产生的。没有认知心理活动，就不可能产生意志行动；没有认知心理活动，就不可能产生公关活动。认知活动、心理活动是产生公关活动的基础。

公关主体“在实现每一个具体的意志行动的时候，为了确立目的和选择手段，通常要审度客观的情势，分析现实的条件，回顾以往的经验，设想未来的后果，拟订种种方案，编制行动的计划，并对这一切进行反复权衡和斟酌；这就必须依赖感知、记忆、想象、思维的过程，这些过程实际上构成意志活动的理智成分。因此，离开了认知过程，就不会有意志行动”①。公关主体在实施每一个具体的公关活动的时候，通常都要根据活动的需要和目的，审视公关客体的情况和客观情境，拟订活动方案，选定策略和手段，方可付诸行动，在行动过程中要随时根据新出现的情况，合理调整自己的对策；而且自始至终都要体现出诚心、耐心和信心，才有可能取得好的效果。这其中一切活动都要依靠认知活动、心理活动过程。没有心理活动过程，没有认知活动，就不可能有公关实务活动，公关实务活动是一个心理过程。

从公关客体的角度看，公关客体参加公关实务活动，例如，购买商品也是一种心理过程。

消费者购买商品都是出于某种需要，如购买食品是为了充饥，购买服装是为了满足其对舒适、风度和美感的需求，购买电子游戏机是为了娱乐和训练灵敏反应能力等。需要是人类活动的原动力，购买商品的需要是产生购买冲动的心理动机。动机是推动人们产生行为的念头；有了购买念头，就会驱使人们产生购买行为；有了购买行为，就可能产生交易的结果。因此，消费者购买商品从需要开始到交易结果的全过程都发生着一系列的心理活动。

由上可见，公关主体进行公关实务活动如销售商品和公关客体如消费者购买商品的过程都是一个极其复杂、极其微妙的心理活动过程，并且总是以自己的心理活动为基础，去进行销售和购买活动的。“心有灵犀一点通”，共同的认识、共同的心理基础，是买卖得以顺利进行的必要条件。公关主体在销售商品时必须仔细观察消费者在购买商品过程中各种各样的心理表现，抓住其心理特点，采取适当的攻心策略，消除购物者的心理障碍，力求做到与购物者心灵相通，促使买卖活动顺利开展。公关主体不仅销售商品需如此，开展其他公关实务活动也要应合公众的心理需要，这是由公关语言的基本特点决定的。公关语言的功利性、礼

① 曹日昌主编：《普通心理学》（下册），人民教育出版社1980年版，第77页。

貌性和调控性都要求公关实务活动必须体现出对公众需要的尊重和理解。公关主体与公众心相通、情相融，这是公关实务活动取得成功的前提条件。正确认识这一点，对公关活动及其语言运用都有重要意义。

二、公关语言交际的心理因素

心理学告诉我们："言语的交际活动乃是人的大脑两半球在语言的词的刺激作用下，所进行的一种极其复杂的信号活动。言语的交际乃是人们以某种通用的语言的词作为条件刺激物，来相互激发一系列的第二信号系统的条件反射，从而彼此交流思想或意见的过程。"① 这是根据巴甫洛夫学说所作的解释，巴甫洛夫认为：言语是人脑第二信号系统所特有的功能。言语活动是一种大脑反射，没有大脑的反射活动，就不可能有人的心理活动发生；没有人的心理活动，也就不会有人的语言交际活动。因此，人的心理活动是语言交际活动的基础。

心理学还把人的语言交际活动分为说写和听读两个方面。说写"是言语的表达过程，称为表达性言语，它主要是通过言语运动分析器的活动实现的"；听读"是言语的感受过程，称为印入性言语，它主要是通过言语听觉分析器和言语视觉分析器的活动实现的"。②

语言交际是开展公关活动非常重要的手段，公关语言交际如前所说，包括语言表达和话语领会。表达和领会都受心理因素制约。公关主体要在语言交际中取得理想的交际效果，除了遵循话语表达和领会规律之外，还必须重视自身和公关客体的心理因素，努力使自己的表达尽量切合公关客体的心理活动，充分调动其心理活动，使之产生共鸣；努力使自己认知理解公关客体话语的心理活动与公关客体构建和表达话语的心理活动相应合，正确理解其话语的真正意义。如果双方心理不相通，不能形成共鸣，语言交际就会失败。有一则相声，说一个顾客到商店买鞋，而卖鞋的售货员正在津津有味地观看电视上的足球比赛，于是有了这样的一段对话：

顾客：师傅，我买双25号的鞋。

店员：（随手扔过来一双，顾客试鞋。）

店员：臭脚，臭脚，真臭！

顾客：（大吃一惊，怒，看店员正在看球，没有发作）这鞋怎么两只不一样啊？

店员：一边意大利，一边阿根廷。

顾客：嗬，这鞋还是联营的。

① 杨清：《心理学概论》，吉林人民出版社1981年版，第382页。

② 曹日昌主编：《普通心理学》（下册），人民教育出版社1980年版，第7页。

这是一则笑话，对话形式看似衔接，但话题毫不相关。顾客说的是鞋，店员所关注和谈论的是足球，各唱各的调，致使双方所谈的内容风马牛不相及，思想无法沟通，结果交际效果为零。

人们心理现象是复杂的、多层次的，大体说来，有社会心理、民族心理、个人心理，这些心理形态都包含着若干具体因素，它们都是语言交际的心理机制，对语言表达和领会都起着制约作用。

社会心理是群体心理，是指生活在同一社会中的人们的心理共同现象。例如，社会政治思潮、社会价值观念、社会道德观念、社会审美观念等。社会心理是处于人们心理形态的最高层面的现象，它影响着同一社会的人们的一切社会行为，公关语言交际行为属人们的社会行为，当然也受到社会心理影响。公关主体说什么，如何说，如何写，对公关客体的话语如何理解，都离不开在整个社会中占主导地位的社会思潮、社会观念。例如，在“文化大革命”时期，商店的招牌一律改为“工农兵”“革命”“文革”“红旗”“红卫”“东方红”等有政治含义字样的新招牌，诸如“斗私酒楼”“反修粮所”“永红供销社”“东方红商场”“红武百货商店”“红星文具商店”等；产品品牌也按政治意义取名，如“东方红”“红旗”“东风”“胜利”“建设”“丰收”等，这些商业用语都是在极“左”的政治思潮影响下产生的。改革开放后，我国实行对外开放、对内搞活的经济政策，市场经济发展很快，商业、服务业有了很大发展，商务工作人员的素质有了很大提高，商业语言日益丰富多彩，“顾客至上”“货真价实”“诚信经商”“童叟无欺”“微笑服务”“优质服务”“讲礼仪”“质量第一、信誉第一、用户第一”等已成商业服务业的主流，这是社会商业道德观念主导下的产物。

随着社会主义建设事业的蓬勃发展，我国人民的社会主义荣辱观、社会道德观念、社会审美观念有了很大提高，以热爱祖国、服务人民、崇尚科学、团结互助、诚实守信、遵纪守法为荣，以言行举止文明礼貌为美，已成为我国当代人们的共同心理状态，在这种心理状态的影响和引导下，文明礼貌语言广泛运用于各种公关实务活动之中。公关礼貌语言丰富多彩，上面谈过的礼貌性特点，就是现代社会心理制导的产物。

社会心理不仅影响制约着公关主体的话语表达，同时也影响制约着公关主体对公关客体话语的认知理解。王德春、陈晨的《现代修辞学》① 中有这样的一个语例：

在新华书店。

学生：同志，我想买一本好一点的《英汉辞典》，你给介绍一种版本，行吗？

① 王德春、陈晨：《现代修辞学》，江西教育出版社1989年版，第492页。

服务员：这我还不太清楚，你自己进来看吧。

农民：同志，我想买一本书（送上条子：《英汉辞典》），就这上面写的，要好的。麻烦你了。

服务员：谁让你买的？

农民：我儿子。

服务员：叫他自己来买！

这是发生在20世纪80年代仍吃“大锅饭”的国营书店里的一个商业语言交际语例。其中两位买书者的话语都传递了向服务员询问购买好的《英汉辞典》的信息，以及对服务员尊重和友好、礼貌的信息，但在当时的社会意识中，国营商店售货员的地位高于顾客，学生的价值大于农民。这些都直接影响了服务员的交际心理，他只认知和重视学生对他的尊重和友好，而对农民却不屑一顾，因而让学生自己进去挑选一本理想的《英汉辞典》，却让农民叫他儿子自己来买。

民族心理是社会心理扩展到国度、民族层面的一种群体心理，是同一民族的人们共同的心理现象，这包括民族情感、民族思维方式、民族价值观念和义利观念、民族的道德观念和法纪观念、民族审美心理、民族性格、民族气质以及宗教信仰等，它也对语言的表达和理解起影响、制约作用。例如，趋求好口彩、好兆头是汉民族一种普遍的用语倾向。我国传统的求利意识比较浓厚，其口彩讲究也比较盛行，趋吉求利成了话语关注的重要内容，有的口彩内容带有旧时的迷信色彩，有的则是表达一种美好健康的祝愿。公关用语普遍存在着讲求口彩的现象，具体表现为，在商贸方面，有的直接采用能兆示富贵、财运发旺和吉泰安祥或祝福身心健康的字眼命名。例如，“金利来领带”“吉万利朱古力”“红运扇”“大富贵绣衣”“易发家私”“如意商贸城”“茂盛广告公司”“骏发有限公司”“发财就手”“连年好运”“喜临门枕巾”“脑乐泰”等。有的利用双关，赋予话语以吉利富发的意兆内容。例如，“三九企业集团”取“三九”为名，其含义正如该企业的宣传词所言：“三九送你真诚的祝福：健康长久、财运恒久、天长地久！999!”8与“发”音近，故8几乎成了人人追求的数字。例如，“温州出现‘888888888’手机号叫价298万”（《广州日报》，2008年7月17日）。又如，英国《每日电讯报》网站8月8日报道：“中国公众一直对奥运会给予强大的支持，许多人将奥运会视为他们一生中最激动人心的大事。开幕式的时间也许正是这个千年中最幸运的时刻。中国把8视为幸运数字，2008年8月8日的晚8点也就成为再吉祥不过的时刻。”（《奥运盖头揭起　中国惊艳世界》，《参考消息》，2008年8月9日）。许多商家的电话和送礼，以及价格标示也喜欢用“9”和“8”。例如，第三金碧·森林居的售楼部电话是84062888、84062999，其2004年酬宾大优惠广告：“春节期间购房送888元合家欢酒席。”此外，如广州市东山的厨大班顺德私房菜的菜名：步步高升（珍珠咸水角、香煎马蹄糕）、天长地久（脆皮鲜虾肠、香茜牛肉肠）、精华荟萃（水蒸云吞面、牛腩猪肠粉）、心满意足（状元及第粥、荔湾艇仔粥）、精彩绝伦（酱香蒸凤爪、蒜香煎排骨）、甜言蜜语（传统双皮奶）、独领风骚（农家鸡蛋糕、酥皮红豆包）等，以及“说起菜单上的九道菜，真是个个好口彩：情同手足（乳猪与鳝片）、龙族一脉（乳酪龙虾）、琵琶琴瑟（琵琶雪蛤膏）、喜庆团圆（董宫鲍翅）、万寿无疆（宫燕炖双皮奶）、三元及第（海鲜鱼圆汤）、兄弟之谊（木瓜素菜）、燕语华堂（荷叶饭）、前程似锦（水果拼盘）。两岸‘情同手足’，同是‘龙族一脉’，今夕共鸣‘琵琶琴瑟’，谁都不要见外。乐见‘喜庆团圆’，历史浩浩汤汤，千年文明，东方智慧，中华‘万寿无疆’。面对历史考验，答好民族答卷。你我同胞‘兄弟之谊’，考个‘三元及第’。今宵‘燕语华堂’，两岸一家情长。未来光明‘前程似锦’，使命共同担当”（《广州文摘报》，2018 年 6 月 18 日）。又如“迎春接福”“五福临门”“花开富贵”“万鼠胜意”“鼠鼠如意”“鼠来运到”“狗年旺财”“狗年大吉”“胜景年年添万福，家和日日进千金”“紫气临门兴万业，春风满面乐千家”“镜海迎春春似锦，神猴赐福福如山”等都是植根于民族传统心理的话语，大都为广大汉民族人民所喜爱。

民族心理对话语的理解也具有影响、制约作用。指称同一事物的话语在不同民族、不同国家的人看来，其内涵往往有差别，特别是话语的附加意义。例如，“孔雀”在汉民族审美心理中被视为一种美丽的鸟，也是喜庆吉祥的标志，女性服装以“孔雀”作为品牌能使人联想到一种阴柔之美、秀丽之美，是女性形象的常规表现，深为商业主体和公众所喜爱。但在英国人的心目中，“孔雀”则是祸鸟和淫鸟，连孔雀开屏这种本能行为也被赋予反面意义，说它是在自我炫耀和吹嘘，因此英语中有“as proud as a peacock”（像孔雀一样骄傲）的句子。我国与日本都喜欢以“仙鹤”给商品命名，认为它是吉祥之鸟，是长寿的象征，而在法国人的心目中，“仙鹤”却是蠢汉和淫妇的代称。因此，以仙鹤定名的产品在法国绝不会有好销路。民族心理因素对体态语的理解同样起着制约作用。例如，一位中国作家赴保加利亚访问，在餐馆里，服务员为他介绍了菜单上“汤类”的三道菜，作家摇了三次头，表示不要，而服务员却端来了三碗汤，闹了大笑话。原来保加利亚人摇头表示的不是不要，而是要。

个人心理是在社会心理、民族心理的主导下，因个人因素的不同而呈现出来的社会个体自身的心理现象。例如，个性价值观念、个性道德观念、个性审美观念，以及个人的性格、气质、意志、需要、情感、态度以至于职务、受教育程度、年龄、性别等都属于个人心理范畴。公关语言交际中，公关主体说什么、写什么，为什么说、为什么写，如何说、如何写以及对公关客体的话语如何理解，不仅受到社会心理、民族心理的影响制约，而且与个人的心理因素密切相关。例如，有的公关主体具有强烈民族感情和民族自尊，以及对民族文化传统的尊崇，其公关语用行为总以弘扬民族气节、民族精神和激发人们爱国热情为导向。例如，《中外管理》（1996年第4期）上登载了题为“中国企业家要有‘双星’人的气魄”一文，介绍了青岛双星集团总经理汪海以充满着强烈的爱国情感的言谈举止维护民族尊严的过程：

汪海有一次去美国考察，在新闻发布会上被许多记者提问。一位意大利记者问：“你们生产的运动鞋为什么叫‘双星’？是不是代表你们常讲的物质文明和精神文明？”汪海微笑地点了点头，说：“还可以这样理解：一颗星代表东半球，一颗星代表西半球，我们要让‘双星’牌运动鞋潇洒走世界。”对这番豪言壮语，一位美国记者却不以为然，问道：“请问先生您脚上穿的是什么鞋？”这一句问话用意非常明了：如果你穿的是“双星”牌，那自然没话说，但如果穿的是别的牌子，那就意味着连自己都不愿穿“双星”牌，还谈什么潇洒走世界。不料，汪海十分沉着自信地答道：“在贵国这种场合脱鞋是不礼貌的，但是这位先生既然问起，我就破例了。”说着他把自己的鞋脱了，高高举起，指着商标处，大声说道：“Double Star（双星）！”这时，场上响起了热烈的掌声，不少记者争相拍下这一镜头。第二天，美国纽约各大报纸在主要版面上纷纷刊登出这张照片。《纽约时报》一位记者评述道：“在美国脱鞋的共产党人有两个，一个是苏联的领导人赫鲁晓夫，他脱鞋敲桌子表明了一个共产党大国的傲慢无礼；一个是来自中国大陆的双星集团总经理，他脱鞋表明了中国的商品要征服美国市场的雄心！”汪海维护自身尊严的言行，不仅表明了“双星”人奋发图强，勇于开拓，走向世界的雄心壮志，而且也表现了一个中国人可贵的民族气节，当然也赢得了外国人对“双星”人、对双星集团的极高赞誉。①

又如，惠州王牌彩电的宣传词是“完全在市场中摸爬滚打成长起来的民族工业”，提出以“振兴民族工业”“创中国名牌，扬国人之威”为追求。熊猫公司拒绝外国公司合资换洋名的要求，提出“要立民族志气，创国际名牌”“振兴民族工业，树立国产精品形象”，这些都有弘扬民族气节的效果。相反，有的公关主体的公关语用行为却有损公众的民族情感，产生了不良的负面效应。例如，广东人民广播电台曾热线讨论的深圳某工厂生产的“大和”“武藏”号玩具军舰，上书“第二次世界大战中不可战胜的战舰”，命名与宣传都充满了日本军国主义色彩，有损民族感情。以上两种效用完全相反的语用行为，正是两种不同的公关主体的个性心理使然。

① 转引自张岩松编著：《公关交际艺术》（第二版），中国社会科学出版社2006年版，第301页。

第二节　公关语言交际中公关主体心理的自我调控

一、公关主体心理自我调控的必要性

公关语言交际是公关主体和公关客体的双向互动活动，在这一活动中双方都有一定的交际目标，都是在各自的心理支配下进行的。为了达成双方都满意的交际目标，双方都必须具有一定的、适宜于该目标的言语行为和心理状态。心理状态制约言语行为，心理上互相适应、互相包容、互相认同，是保证实现共同的交际目标的心理基础。人的心理都有能动性，在交际过程中，常常随着交际目标、交际对象、交际环境的变化而变化。因此，交际者必须发挥主观能动性，根据需要对心理状态加以控制和调整。

公关主体和公关客体在公关语言交际中是矛盾着的两个方面。唯物辩证法告诉我们："矛盾着的两个方面中，必有一方面是主要的，另一方面是次要的。其主要的方面，即所谓矛盾起主导作用的方面。事物的性质，主要是由取得支配地位的矛盾的主要方面所决定的。"① 公关主体起主导作用，是决定事物性质的主要方面。在公关语言交际的过程中，公关主体既要善于调控自己的心理，又要巧于迎合公关客体的心理，并通过调控自身的心理和迎合对方心理而调控自己的语言行为和影响对方的语言行为，才能保证实现双方一致的交际目标。如果不能调控自己的心理，又不能迎合对方的心理，不但不能实现实际目标，甚至不能构成正常的公关语言交际活动。下面看两个实例：

①一位卖枇杷的果农，见两位女顾客将一束中不太成熟的、较小的枇杷一一摘下，他没有粗声制止，而是平和地说："大嫂、大姐，请你们小心点，别把颗粒绊落了，我不好卖。"两位女顾客赶紧打住。这时，一位称好了枇杷的老年女顾客趁人多拥挤，未付钱就挤出了人群。果农也没有粗声嚷嚷，依旧平和地说："这位婆婆，您老是不是忘记给我钱了？"老年女顾客脸一红，回头道："哎哟，真是呐！"

②有一家生产糖果的企业，起初的广告宣传只是单纯地突出企业糖果的优良品质，可是广告宣传并没有取得预期的效果，该企业生产的糖果很少有人问津。后经调查了解到造成这种状况的主要原因是顾客普遍认为糖果的价格太高。于是这家企业改变了广告的定位，修改了广告词，大力宣传这种高

① 毛泽东：《毛泽东选集》（第一卷），人民出版社1952年版，第310页。

品质的糖果是馈赠亲友的最佳礼品，激发并强化顾客的精神需要。结果，糖果销量大增。

例①中果农卖枇杷的动机是获取经济效益，而三位女顾客的行为显然有损果农的经济效益，按一般情理来说，果农会因此而不高兴，但他能自觉地控制自己的情绪，包容顾客的不适当行为，不但没有粗声制止和嚷嚷，而且能迎合她们的自尊心理需要，给她们留面子，以礼貌、谦和的话语委婉含蓄地加以提示，从而取得了双方都可以接受的交际效果。例②中广告主体善于根据受众的心理状况及时调整自己的心理定式，改用迎合受众心理的广告语言，从而取得了良好的经济效益。可见，在公关语言交际活动中公关主体心理自我调控的重要性，这是公关主体适应公关语言交际的基本条件，是公关主体应该而且必须具备的言语能力。

二、公关主体心理自我调控的内容和方法

公关主体在公关语言交际中的心理自我调控是指在整个交际活动中自觉、灵活地调控自己的心理，约束自己的语言行为，包括语言表达行为和理解行为。

调控心理和约束语言行为是语言交际者心理素质的表现。素质是人固有的性质和特点。从语言交际的角度看，心理素质指的是语言交际者的性格、气质、毅力、意志、情绪、审美心理、价值观念等因素。心理素质与语言表达效果的关系很大，心理素质良好，既是顺利表达的前提，也是获得预期效果的保证。心理素质不佳，或者在交际中怯场，紧张害怕，诚惶诚恐，不敢说话，担心说错；或者在交际中半途而废，不能坚持到底；或者在交际中应对失策，甚至言辞失误。据心理学分析，人的心理类型主要有四种：①冲动型。这是一种情感特别强烈，理性控制很薄弱的心理现象。其表现是遇事不够冷静，易动肝火，急于表达，喜说好话，轻易决策。其表达言辞大都脱口而出，不求周密、不讲策略、不计后果。这种言辞易于激怒接受者，使接受者奋而对其反攻。②理性型。这是一种从理智上控制行为的能力表现。这种心理类型的表达者善于控制感情。其表现是遇事不急不躁，冷静处理，不轻易作出肯定或否定的表态，其表达言辞常常是深思熟虑之后才出口，因此较为周密和讲策略。这种言辞易为接受者接受，即使不接受，也不致产生很大抵触。③居高型。这是一种凭借某种条件，在语言交际活动中处于优势地位的表达者的心理类型。其表现是旁若无人、唯我独尊、自负固执，常常流露出非同于一般人的居高言辞，我怎么说，你就怎么听。这种言辞会给接受者带来一种由上而下的压力，导致他无从理会，只得任由你去说。④平正型。这是一种既不无谓冲动，又不着意抑制，不亢不卑的综合性心理状态。其言辞温和平易，实实在在，不偏不倚，是一就说一，是二则说二。这种言辞很受接受者欢

迎。① 公关实务人员应该加强自我修养，努力培养良好的心理素质，在公关语言交际中控制冲动型、居高型心态，以理性型和平正型心态来表达较为周密、温和平易、实实在在的言辞，从而获得最理想的交际效果。

公关主体在公关活动中，语言表达最主要的是情绪控制和言辞技巧控制。18世纪的法国启蒙运动思想家、作家狄德罗说过："没有感情这个品质，任何笔调都不能打动人心。"而鲁迅先生则认为："感情正强烈的时候，不宜作诗，否则锋芒大露，能将'诗美'杀掉。"公关语用更是如此。公关主体的公关言辞必须饱含感情，才能打动公关客体的心，无感情的语言是枯燥无味的，并且难以生效。但感情过于强烈、情绪激动时，头脑就难以清醒，说话常不顾事实，不考虑影响及效果。在公关交际活动中，公关主体常会遇到诸多容易引发情绪激动的因素，例如，面对无理取闹的公众时，在公关谈判中发生争执时，在签订合同受骗上当或陷入圈套时等。因此，公关实务人员运用语言既要有感情，又不能随心所欲，任意抒发，而要自觉地自我控制，要像例①中卖枇杷的果农那样以平和的情绪，用礼貌、谦和的话语去提示顾客停止损人利己的行为，也要像例②那样根据公众的心理需要及时调整心理定式，改变语用内容。控制情绪的最好方法就是运用理智和意志的力量使自己的情绪处于冷静状态。情绪冷静，才有利于审慎措辞，构建恰当的话语表达信息，实现预期的交际目的。

公关主体在公关语言交际中，有时还会有因主观因素造成影响交际的情绪障碍。例如，自卑、羞怯、恐惧、焦急、挫折、忧郁、悲伤等心理现象，这些是不健康的、会影响交际顺利进行的心理障碍。公关主体应努力加强心理修养，培养健康的、良好的交际心理，学会善于运用自我调节的各种心理技巧，克服交际过程中的种种心理障碍，调整自己的不适应公关语言交际要求的心理状态，以利于成功交际。

公关语言交际既要表达，也要领会，表达和领会都受心理的影响和制约。因此，公关主体在整个语言交际的过程中，也要注意领会时的心理因素和语言技巧。

领会最重要的是要有良好的心态和精确的听读技巧。无论是对公众所说出的话语，还是写下的文章，都要有意识地注意、专心致志地听、全神贯注地读，不要心不在焉、开小差；要用大脑去思考，用心灵去感受，分清所指，体会其言辞究竟指的是什么，琢磨深意，揣摩言外之意；要全面理解语意，不要片面曲解或摘取所爱，但也要积极思索，边听读、边筛糟粕选精华；要积极参与，如果是聆听对方讲话就要注意与说话人交流目光，让你的眼神表示出你在专心听，你的态度是认真的，但也不要自始至终死盯着对方的眼睛。倾听时要适当地发出有礼貌

---

① 参见莫非：《实用口才学》，暨南大学出版社2002年版，第196－200页。

的语言反应，例如，"哦""嗯"之类，表示自己在很认真地倾听。

听读理解领会也要自觉地清除心理障碍，排除影响精神集中的一切干扰。例如自身精神烦躁、心绪不宁，或者情绪激动，或者身心疲惫，或者周围环境嘈杂等因素，都会扰乱听读时的正常思维，导致精神分散，影响听读效果，因而要注意排除和忘却这些干扰因素，以保持始终聚精会神的听读状态。

第三节　公关语言交际中公关客体的个性心理

一、公关客体的个性心理决定其参与公关活动的言行

公关客体是与公关主体有利害关系的某一社会群体或某一社会群体的代表。同一社会群体具有共同的社会心理和民族心理，这共同的心理形态会影响和制约同一社会群体的人们参与公关活动的言行。但是群体是由个体构成的，群体的成员参与公关活动是通过个体来体现的。个体除了共性的社会心理和民族心理形态外，还有个人自身的心理现象。个人心理现象对其参与公关实务活动的言行往往起着决定性的作用。例如，公关客体在物质和精神两个领域内都有共同的心理需求。但不同的客体往往各有不同的心理需要，这各自的心理需要常常决定其参与公关实务活动需要取得什么，不需要什么。例如，消费者到商店购买商品会有很多想法，主要包括：求名心理，追求商品的实际使用价值，优质和可靠，经久耐用；求新心理，追求商品的新奇、独特，与众不同；求美心理，追求商品的美观，具有欣赏价值和艺术价值；求实心理，追求名牌商品、特色商品，以显示自身的地位和威望；求廉心理，追求商品经济实惠、价廉物美；自尊心理，在购买商品时，既追求商品的使用价值，又追求精神方面的高雅，还希望商业主体对其购买行为表现出欢迎，并予以热情友好的接待；从众心理，购买商品跟着潮流走，多数人买什么，就跟着买什么，多数人不购买的东西，也就不去买；疑虑心理，购买商品时思前想后，怕受骗上当，对商品的质量、性能、功效有诸多怀疑。此外，还有逆反心理、爱好心理、隐私心理、求吉心理、崇洋心理、好奇心理、求信心理、求乐心理、求荣心理、安全心理等。

上述各种购买商品心理之间是彼此交错的，而且其中有的是顾客普遍的心理倾向，例如，求实心理、求美心理、求廉心理等；有的是不普遍的心理动机，例如，求名心理、崇洋心理、好奇心理等。顾客的购买商品心理有的比较简单，其购买行动为一种居主导地位的心理动机所支配，往往会很快作出是否购买的决定；有的比较复杂，其购买行动受多种心理倾向所左右，往往要经过较长的时间反复比较、认同，才作出是否购买的决定。不同的购买商品心理驱使顾客采取不

同的态度。虽然商品的性能、用途、价格等因素对顾客是否购买起着决定性的作用，但在成交时，顾客的心理条件是关键性因素，它可以决定交易的成败。有一对年长的夫妻去购买羽绒服，两人认为拟购的羽绒服在性能、价格上都无问题，但丈夫认为色彩过于平实，样式又欠高雅，故未购买，而妻子认为羽绒服质优耐用，且色彩样式都合心意，故即时成交。又有一位中年男教师去购买绒中褛，其中一件无论质料还是外观都很合心意，他试穿了一下也合身，但一看标价3 888元，而且是明码实价，便放回原处，接着问："小姐，有别的吗?"售货小姐不冷不热地说："这些都是高档名牌产品，高雅潇洒，你穿挺合适，买一件吧。"他说"谢谢"就走开了。他随后来到楼下，售货小姐微笑着点头说："欢迎光临！您想看点什么?"他进去后，看到一件衣服质料、款式都跟刚才看过的一样，只是品牌不同，标价2 088元。他试穿了一下，挺合适，便微笑着对售货小姐说："我要这一件。"前后对比，明显可见，是价廉物美和自尊心理决定了他的语言和购买行为。

二、诱导和利用公关客体个性心理的语言策略

中国修辞学史上早就有"知所说之心"的修辞心理论："凡说之难，非吾知之有以说之难也，又非吾辩之能明吾意之难也，又非吾敢横失而能尽之难也。凡说之难，在知所说之心，可以吾说当之。所说出于为名高者也，而说之以厚利，则见下节而遇卑贱，必弃远矣。所说出于厚利者也，而说之以名高，则见无心而远事情，必不收矣。所说阴为厚利而显为名高者也，而说之以名高，则阳收其身而实疏之；说之以厚利，则阴用其言显弃其身矣，此不可不察也。"（《韩非子·说难》）这种必须根据被说者的心理需要来选用语言手段的修辞观，对于公关主体必须应合公关客体的心理状态来制定和运用语言策略是很有启发的。现代广告界的名言"科学的广告术是依照心理学的法则进行的"也启示公关主体进行言语交际必须应合公关客体的心理需要，从内容到形式都必须迎合公关客体的兴趣。否则，公众对你的言辞就会"心不在焉，视而不见，听而不闻，食而不知其味"（《礼记·大学》）。因此，公关主体进行语言交际要取得成功，既要应合公众的心理状态，也要针对其心理特点，运用适当的话语诱导，促其采取合作行动。下面看两个语例：

> 美国费城电气公司的威伯到一个乡村去推销电。他来到一个富有的农家门前，叫开了门。户主是个老太太，她一见是电气公司的代表，砰地把门关上。威伯再次叫门，门勉强开了一条缝。威伯说："很抱歉打扰了您。我们知道你们对用电不感兴趣，所以，我这次并不是来推销电的，而是来买几个鸡蛋。"老太太消除了一些戒心，把门开大了一点，探出怀疑的头来望着威伯。威伯继续说："我看见你喂的明尼克鸡种很漂亮，想买一打新鲜的鸡蛋

带回城。”听到他这样说，老太太把门开得更大一些，并问道：“你为什么不用你自家的鸡蛋?”“因为，”威伯充满诚意地说，“我的力行鸡下的蛋是白色的，做起蛋糕不好看，我的太太就要我来买些棕色的蛋。”这时候，老太太走出门口，态度温和了许多，和威伯聊起了鸡蛋的事。威伯指着院子里的牛棚说：“太太，我敢打赌，你丈夫养的牛赶不上你养的鸡赚钱多。”老太太被说得心花怒放。长期以来，她丈夫总不承认这个事实。于是，她把威伯视为知己，并带他到鸡场参观。威伯边参观边称赞老太太的养鸡经验，并说，如果能用电灯照射，鸡产蛋的数量会更多。老太太似乎不那么反感了，反而问威伯用电是否合算。“当然。”她得到完满的解答。两个星期后，威伯在公司收到了老太太交来的用电申请书。

某先生去钟表商店为妻子选买手表，看中一只漂亮的女士手表。这位先生对营业员说：“这只手表不错，只是价格太贵了些。”营业员连忙说：“这个价格非常合理，因为这表精确到一个月只差几秒钟。”买表的先生立即说：“对我来说精确与否并不很重要，我妻子戴20多元一只的蹩脚表已有7年了。”听到这话，营业员立即加以诱导：“您看，她已戴了7年蹩脚表了，是应该让她戴上名贵表，好好高兴高兴了。”营业员的这番话使买表的先生想到自己妻子一直戴蹩脚表，是该换只名贵表了，于是高高兴兴地买下了那只表。

这是善于运用攻心的语言策略，导致心应合、语相通，最终交易成功的例子。其成功的攻心语言策略主要有下面四点：

（1）有的放矢地消除顾客的心理障碍。前例的老太太由于对电无知并抱有成见，一开始就让威伯吃了闭门羹，后经一再叫门，她才勉强开了一条缝，但仍存戒意和疑心，无法继续正面交谈。威伯后来改用了迂回的语言策略，打消她的戒备和怀疑心理，在博得她的好感与合作之后，情况就发生了根本的改变。后例针对顾客嫌手表贵的求廉心态，营业员从手表的精确品质上劝说，也取得了理想的效果。

（2）站在顾客的立场着想，用合情合理的言辞去启迪顾客的心灵。前例在老太太把威伯视为知己之后，威伯为老太太着想，劝说她用电灯照射，鸡产蛋的数量会更多，并消除她对用电是否合算的疑虑，使老太太完全改变了初衷。后例那位买表先生之所以会高高兴兴地买走了那只表，关键在于营业员着意于对方认为自己妻子长期戴蹩脚表，已委屈了7年，这次一定要买只好的给予补偿这种微妙心理，成功地诱导那位先生买了那只表。

（3）真诚地给顾客以适度的赞扬，以满足其自尊与自信心理。前例中威伯赞美老太太“喂的明尼克鸡种很漂亮”，“称赞老太太的养鸡经验”，断定老太太丈夫养的牛赶不上老太太养的鸡赚钱多，不仅使老太太心花怒放，而且博得了老太太的好感、获得了友谊，最终获得老太太的信任和支持。

(4) 用文明礼貌的言辞、热切柔和的语调、带感情色彩的词语打动顾客。前例的“很抱歉打扰了您”；后例的“您看，她已戴了7年蹩脚表了，是应该让她戴上名贵表，好好高兴高兴了”等都能使顾客感到温暖，从而缩短了心理上的距离，有助于交易成功。

运用语言策略诱导和利用公众的心理促销商品，最为重要的是要诚心为顾客着想，如果稍有蒙骗或不负责任的诱导往往都会造成顾客经济上的损失和精神上的不愉快。例如，一位女青年看到一件漂亮的衬衫挂在那儿，便不由自主地停下脚步细细欣赏。营业员立即对她说：“您可真有眼力，一眼就看中了这个款式，这是最流行的，只剩最后一件了，您要不要试试?”女青年被说动了，请营业员拿下来细看，因为没有试衣室，女青年只能将衬衫在身上比了比，她问营业员：“你看合身不?”营业员不假思索便迭声说：“合适，太合适了，就像为您定做的。”于是女青年高兴地买了下来，可回家一穿有点紧，第二天拿回去退。营业员却回答：“我们这儿不能退，实在不合适可以换，但必须是价格相同的。”最后女青年只能换一件自己不太喜欢的款式。这种诱导销售即使不说是存心欺骗，起码也是不负责任的行为，商业工作者必须避免。

商业实务是公关实务的重要内容，从上述攻心语言策略大体可感悟到公关攻心语言的基本策略。

思考与练习

1. 为什么说公关实务活动是一个心理活动的过程?
2. 用公关实务语例论述人们的心理因素对公关语言运用的制约作用。
3. 谈谈公关主体心理自我调控的必要性以及自我调控的内容和方法。
4. 概述诱导和利用公关客体个性心理的语言策略。
5. 有一次，一家晚报刊载了一条消息，说一个大型药业有限公司有一种新药在没有经过药检，正在报批批量生产之时，其下属药厂就已经开始生产了，并将药品投入了市场。但实际上，这种新药已被批准生产，并且手续齐全。这家公司负责生产的副总因此很恼火，到报社骂了报社的社长。请你分析，这位副总的公关心理如何？请简述理由。

第二编　公关语言现象综说

第五章　跨文化的公关语言

当今世界是一个多极世界，当今社会也是一个多元社会。那种动辄将本国、本民族或者本阶层的价值观凌驾于他国、他民族、他人之上的做法越来越引起人们的反感。如何心平气和地认识并处理不同民族、不同阶层的不同文化，消除彼此之间因文化背景不同而产生的信任、理解障碍，亦即如何实现跨文化的沟通，业已成为世界性的话题。

公共关系是一个社会组织与其相关的社会公众依靠传播沟通建立起来的互益性的社会关系。信息沟通是组织与公众联系的基本方式，公关主体的工作对象——公关客体遍布于世界各个角落，因而公关事业与跨文化的传通有着极为密切的联系。在人类诸多的传播手段中，语言作为最重要的达意传情的工具有着不可替代的地位；在公共关系领域，语言也理所当然地成为最重要的信息媒介。而文化语言学又昭示我们，语言是文化的组成部分，语言是文化最重要的载体和表征，语言与文化同生共长。文化有民族性和地域性，文化制约语言运用，语言运用融入文化能产生良好的效应。由此不难得出这样的结论：跨文化公关实务的核心问题是语言文化问题，认识跨文化公关语言的性质，讲究跨文化公关的语言艺术，是实现跨文化公关目的必不可少的条件。

第一节　语言与文化

公关语言艺术无疑应该着眼于语言的运用。语言在结构本质上是音义结合的符号系统，然而，语言绝不是一堆僵硬的抽象物，它与社会生活息息相关，饱浸着人类的沧桑血泪，充满着灵性。语言与人类生存状态的种种密切关系早已为社会语言学、文化语言学所广泛关注，其研究成果为我们建立“跨文化公关语言”的观念提供了前提。

一、文化的内涵

“文化”一词在现代口语中经常提及，如“学文化”“文化水平”“文化生活”“文化厅”“文化市场”“文化素养”等。这些日常概念中的“文化”，或指初级的书本知识（包括语文知识），或指娱乐性的精神生活，或指个人的涵养。

而作为人文科学中的术语时，“文化”则有其特定的内涵和外延。早在1871年，英国人类学家泰勒就将“文化”定义为“包括知识、信仰、艺术、伦理道德、法律、风俗以及作为社会成员的人可以获得的其一切能力和习惯”①。20世纪30年代，美国著名人类学家R. 本尼迪克特提出“文化”是一种思考和行动的范型，它贯穿于某一民族的活动之中，并使得这一民族与其他民族区别开来。② 时至今日，由于人们的研究角度及认识水平不同，对“文化”的界定仍不尽相同。据统计，中外有关文化的定义已有260多种。尽管其说法五花八门，概而言之，文化的含义可作广、狭两方面理解。广义的文化指人类在认识、改造自然和社会与自身的实践过程中所创造的物质文明和精神文明的总和；狭义的文化则是指物质生活以外的人类精神生活形式的总和。本章所涉及的“文化”概念是取其广义。其外延可划分为四个部分：一是物质文化：指人类创造的种种物质文明；二是制度文化：指生活制度、家庭制度、社会制度以及有关这些制度的各种理论体系和行为方式、礼仪习俗等；三是心理文化：包括思维方式、价值观念、审美情趣、宗教信仰、道德情操；四是语言文化：文化的一个特殊的重要部分，是制度文化和精神文化作用于物质文化的产物等。

二、文化的民族性和地域性

斯大林说：“每个民族，不论其大小，都有它自己本质上的特点，都有只属于该民族而为其他民族所没有的特殊性。”③ 民族特点是多元的，而民族人民所创造的物质文明、政治文明、精神文明和语言文明成果则是其核心因素。物质文明、政治文明、精神文明和语言文明成果的总和是民族文化，它是一个民族在长期的历史发展过程中形成的共同地域、共同经济、共同生活、共同语言以及共同心理素质等因素的积淀物。这些因素都有本民族的特性，因而由这些因素积淀而成的民族文化必定具有民族性。梁漱溟先生在著名的《东西文化及其哲学》中，把世界文化概括为三大体系：①西方文化是以意欲向前要求为其根本精神的；②中国文化是以意欲自为调和持中为其根本精神的；③印度文化是以意欲反身向后要求为其根本精神的。

这三大文化体系各有不同的个性：西方文化强调个人的奋进、朦胧探索、冒险；中国文化注重伦理道德；印度文化则以佛教为其精华。④ 这些文化的不同个性就体现为不同的民族性。

---

① 转引自黄育馥：《人与社会——社会化问题在美国》，辽宁人民出版社1986年版，第57页。

② 转引自黄育馥：《人与社会——社会化问题在美国》，辽宁人民出版社1986年版，第58页。

③ 斯大林：《欢迎芬兰政府代表团午宴上的讲话》，《斯大林文选》（上册），人民出版社1962年版，第507页。

④ 余明阳：《辉煌的创造：名牌战略》，海天出版社1997年版，第86页。

文化是一种复杂的社会现象，一个历史悠久、人口众多、幅员辽阔的民族，除了有全民族的主文化之外，还会因社会结构、政治历史、地理风光和民情习俗等因素的不同，而有各种互有差异的亚文化。亚文化具有地域性，是民族文化的重要组成部分，同时又受着民族文化的支配和统摄，于是在民族文化的大范围内常有地域文化并存。不同的地域文化各有其特殊本质，如城市文化、乡村文化、厂矿文化、山区文化、水乡文化、草原文化；又如，岭南文化、齐鲁文化、幽燕文化、巴蜀文化，以及大陆文化、台湾文化、香港文化、澳门文化等都各有特色，各自的特色都会在各自的语言运用中体现不同的风姿。

三、语言与文化的关系

语言是人类最重要的认知工具、思维工具和交际工具，它与文化有着千丝万缕的联系，这种联系主要表现在四个方面。第一，语言是人类在进化过程中创造出来的一套达意传情的符号体系，它本身就是人类文明的一项重要成果，因而语言也是文化的一个组成部分。第二，语言不仅是构成文化的一个因素，同时它又反映文化的其他内容，语言结构要素中隐含着丰富的社会文化信息，一定程度上，语言成为文化的载体，是文化重要的保存和传播手段。第三，文化构成语言的环境，语言的运用要受到文化的制约与影响。第四，语言与文化互动、共生共存共长。

四、语言结构要素中的文化信息

语言的构成要素是语音、语汇、语法。作为人类最重要的交际工具的语言，它一方面以显性的语义记录和表述着人类物质、政治、精神文明的成果；另一方面又为文化的信息所附着，透过语言的表层，可以挖掘出特定文化的某些具体内容。这些附着于语言要素中的文化因素是隐含信息，具有原生态性质，它比显性的语义表述更为客观、深刻，因而更具人类学价值。

（一）语音

语音是语言的物质外壳。一种语言或方言当中的音位体系隐含的文化信息是多方面的，诸如文化的接触、社会的分化统一、人口的迁徙等，都可能在语音体系中得到反映，甚至从某个词的具体读音中，人们就可窥见文化交往的某些史实。例如，汉语中的“茶”，借入外语后有两类读音。一类以塞音［t‘-］开头，如英语中的［t‘i：］，一类以塞擦音［tʃ‘-］开头，如俄语中的［tʃ‘aj］。语言学家考证，这两类发音正与我国南北方言中“茶”的发音相吻合。英、法、荷、德等国读塞音［t‘-］，乃借自福建沿海闽南话的［t‘-］，俄罗斯、波兰、土耳其等国的塞擦音则来源于中国北方方言的［tʂ‘］或［ts‘］。读音的不同，提示了我国茶叶和饮茶习惯输出的不同路径，从中也可看出中华茶文化对世界的广泛影响。

（二）语汇

语汇反映了言语者对其生存环境的感知结果。一般而言，那些实用的、重要的事物，人们倾向于作精细地划分，给予不同的命名，语汇当中便形成独特的语义场。例如，靠打鱼过活的萨摩亚群岛上的居民，其语言中有极丰富的词汇来传达有关打鱼和划船的信息。日本的自然富于变化，日本人对自然抱有强烈的关心，因而日语中有关自然现象的词汇就特别多。以"雨"为例，日语中就有"春雨""五月雨""时雨""菜种梅雨""集中豪雨""秋雨前线"等繁多说法。长期生活于冰天雪地中的因纽特人对"雪"的感知十分精细，他们的语言中有关雪的分类的词就有20多个。相反，我国广东地处亚热带，大部分地区终年无雪，以致粤语中"冰""雪"不分，"冷""冻"无别。北方话中的"冰箱"在广州成了"雪柜"，"冰棒"成了"雪条"，"冰场"也成了"雪场"，"冷水"则被唤作"冻水"，令北方人哑然失笑。不同语言或同一语言的不同方言对同一事物有相异的分类语汇，正反映出特定文化背景下人与环境的关系。

词义的核心意义是理性意义。许多词语在其核心意义之外又附着有一定的文化语义。例如，汉语中的"花"相当于英语中的"flower"，但汉语中附加于"花"上的文化意义却比"flower"要丰富得多。由"花"组合的语汇文化色彩更为浓厚。如"拈花惹草""花街柳巷""花柳病""花心""家花""野花"等。黎运汉讲过这样的事："2004年5月，我们夫妇应邀到台湾参加学术研讨会，会后，到中华语文研习所给留学生讲学。过后，东道主与两位美国学生请我们到圆山饭店吃饭。餐厅中圆苑入口处摆放的镜框中写着'花与茶'，我觉得很有趣，便抄了下来：'饮花茶，喝花酒，走花街，心花开。说花语，要花招，闹花边，谈花事，看花眼。坐花丛，花天酒地，野花害家花。'美国学生看到后，问我是什么意思。我讲了很多，他们才笑眯眯地说：'很有趣！'后来，我在日本听导游说了一个真实的笑话：中国某公司总经理到日本与某公司洽谈生意之后，到该公司总经理家里做客。他看到客厅很豪华，便赞美说：'金玉满堂，太美了！'女主人听了哈哈大笑，原来，日语中的'金玉'是指男性生殖器中的睾丸。"

构成语词的线性序列中，各要素的前后项安排，往往反映出特定文化背景下人们的思维习惯、尊卑观念。例如，表述时空的短语，汉语中表达时间的顺序是年—月—日，地点是由大到小，英语中却是日—月—年，地点则由小到大，这说明中国人和英美人思维习惯的差别。前者以整体优先为原则，后者则先着眼于局部。汉语中"男女""夫妇""父母""子女"等语汇前后项的定位，则又给我们提示了传统中国社会中两性的尊卑地位。

（三）语法

语法是有关语言的结构规则。语言结构反映文化的主题比起语音、语汇来要隐晦一些，同时又要深刻得多。语法单位的线性铺排受到语言使用者的思维习惯、价值观念乃至哲学观念的深刻制约。将汉语与英语进行比较即可见一斑。汉语语词缺少形态，句子的铺排追求意合神似。根据表意的需要，往往可以突破严格的形式制约，给人以灵动之感。如马致远的小令《天净沙·秋思》：“枯藤，老树，昏鸦/小桥，流水，人家/古道，西风，瘦马……”几个名词或名词性短语的并列，便烘托起丰富的意象。再如，汉语的语法规则明确指出：名词不能受副词修饰，如不能说“很人”“很桌子”，但在信息时代报刊语言中却常常出现“副词+名词”这样的格式。例如：

北京奥运的开幕式一直被外界认为很“张艺谋”，昨天正式上演，果然名不虚传，包括了中国地方戏曲和中国文明与华丽的表演风格，这正如张艺谋的电影，时而呈现中国地方的风土民情，时而展现瑰丽的气派，令人目不暇接。

（《奥运开幕式很“张艺谋”》，《参考消息》，2008年8月10日）

这样的国际化很俄罗斯。

（《广州日报》，2018年7月4日）

越性感越羊城。

（《新闻晚报》，2002年9月26日）

这些句子中“副词+名词”的用法表意十分恰切，比起正儿八经的叙述来要简洁传神得多。当然，这一表达格式源于修辞，但其使用频率之高却令人吃惊，大有转化为规则之势。由此可见汉语语法“意含”的本质。相反，英语句子却十分强调单词各司其职，同一词表达不同的语法意义也有清楚的形式标志。组词成句则十分强调成分齐全，句型完整，连意念上并无显性主语的句子也要用个“It is…”式的形式主语。汉英句子这种重意与重形的语法差异，反映了东西方民族不同的思维定式和学术传统，前者习惯于形象思维，后者则追求逻辑精密化，擅长于抽象思维。

五、修辞方式中的文化信息

修辞方式又称修辞格，它是人们在修辞上习用的比较固定的格式。这种格式与民族文化的关系也十分密切，民族文化的特征和精神靠修辞方式来表现，修辞方式的产生、形成、发展变化与使用受民族文化的影响与制约。

汉语中有诸多修辞方式，它们都蕴含着丰富的文化信息。例如，汉语中以和谐、均衡、对仗的语言形式构成的对偶、顶针、回环等修辞方式都是在汉民族和谐、平衡的文化心态和审美意识的土壤里孕育、生长起来的。汉民族传统观念心态之一是求“和”，“以和为贵”。《庄子·山水》曰：“一上一下，以和为贵，浮游乎万物之祖。”《礼记·中庸》云：“致中和，天地位焉，万物育焉。”董仲舒说："中和者，天地之大美也。"这种讲求中庸和平的观念渗透着中华民族的情感心理和审美情趣，影响着文艺创作和语言运用的美学追求，反映和表现在语言艺术上，便是讲求形式的和谐美、对仗美、均衡美和整齐美。又如，汉语中的双关、反语、借喻、比拟、婉曲、拆字、析词等"兴发于此而意归于彼"的修辞方式的产生和存在，也有深厚而坚实的传统文化根基。中国传统哲学的思维形态很注重对立事物的矛盾统一与相互转化、相互生发、引同协异、相映成趣。这种言在此而意在彼的修辞方式中的言与意是矛盾的，但又统一于特定的语境之中，辩证哲学思想便是其得以产生的基础。其修辞作用是使语言风格含蓄隽永，情趣盎然。它们的产生与存在也与传统的修辞美学思想有密切关系。汉民族运用语言来推崇含蓄美。《孟子·尽心下》说"言近而旨远，善言也"；陆机在《文赋》中说，创作要"文外曲致""曲尽其妙"；刘勰在《文心雕龙》中赞赏"深文隐蔚，余味曲色"；姜夔在《白石道人诗说》中说"语贵含蓄"；刘大櫆的《论文偶记》认为"文贵远，远必含蓄"。这些前贤都赞美语言的含蓄，把含蓄看作至高的审美要求。而创造含蓄之美的方法，沈祥龙的《论词随笔》认为"不外寄言"，所谓"寄言"，就是"言见于此而起意在彼"。上面这些修辞方式都属"寄言"法。中国传统修辞意识追求含蓄美与整个民族心理气质有关，中国封建社会延续时间较长，千百年来汉族人民在宗法政治和礼教意识一体化结构的禁锢之下，慢慢形成了一种偏于内向、沉静的心理气质。这种心理气质影响着人们的艺术思维，影响着全民族的审美情趣，使人们在语言表达上更加积极地追求与推崇曲和柔。①

汉语中有些修辞方式，如比喻、夸张等，有些外语也有，但由于各自的文化背景不同，其文化内涵也就不同。例如，汉语中常以"桃花"比喻女子相貌娇美、"水仙花"比喻女子纯洁素雅、"牡丹"比喻女子雍容华贵、"百合花"比喻女子美丽清纯、"狗尾巴花"比喻女子丑陋和卑贱。而日语中常用"堇菜""玫瑰"比喻女子的美丽，用"站如芍药，坐如牡丹，行如百合"比喻女子的端庄文雅。韩语中比喻女子丑陋则用"南瓜花"。英语中形容女子美丽就说："She is as beautiful as rose."（她像玫瑰一样美丽。）如果形容女子高贵纯洁，就说："She is like a lily in the valley."（她像山谷中的百合花。）同样是用比喻"言事"，但选用的喻体不同，这与各自的地理环境、社会文化背景以及不同国家、不同民族的社会心理和价值观念是密不可分的。又如夸张的使用，由于使用者的文化背景以及自然环境的差异，也表现出不同的民族特点。如汉语中形容所占的比重小，常用"九牛一毛"，韩语中形容量少时，则说"就像麻雀的眼泪"。汉

① 黎运汉：《修辞学研究对象文化透视》，载刘焕辉主编：《修辞学新探》，香港文化教育出版社有限公司1995年版，第6页。

语中形容一个人个子高用“像座铁塔”，日语则说“他个子高入云”。汉语中形容雨下得大说“倾盆大雨”“瓢泼大雨”，英语则说“rain cats and dogs”（天上下猫和狗）。形容一个人的脚大，汉语说“鞋子像只船”，韩语则说“像一艘航空母舰”。[①] 这些不同的夸张说法，都蕴含着不同的文化信息。

六、言语行为背后的文化信息

语言的运用——言语行为本身也受文化传统的制约并反映文化，例如中国人和英美人的言谈习惯就不一样。中国人不习惯直奔主题，总喜欢先创造一种友好亲切的氛围，然后欲说还休，让对方领会自已的意图，云来雾去，试探性的话语较多。遇上意见对立，也尽量避免正面冲突，而是左推右挡如打太极拳。语言风格上推崇含蓄蕴藉，避免过于直露而致对方难堪。这反映出中国人的道德人本主义传统，即中国人理解的“人”是社会的“人”，强调人与人之间建立一种和谐的亲善关系。而英美人则强调个性，语言交际中处处注意显示自我。他们把言谈看成是一种思想交流、信息传递的方式，对对方脸面和人际关系的顾忌是次要的，因而交谈时话题广泛，并且强调问话直截了当，也期望答语直接明了。

总之，语音、语汇、语法等语言结构要素以及修辞方式和人的言语行为本身都凝结着丰富的文化信息。语言作为人类最重要的信息传递工具，与人的主体性有着血肉的联系。联系文化考察语言为我们认识语言提供了新的视角，也为语言艺术的运用特别是公关语言的运用提供了理论参照和实践依据。

第二节　公关语言文化的功用

公关语言是物质文明、政治文明、精神文明和语言文明的综合体，公关语言交际活动是一种文化活动。公关语言产生于文化土壤，其运用受文化影响和制约，在特定语境中融进文化内涵，能提高文化品位，产生良好的精神和物质效应。

一、文化是公关语言运用的机制

公关语言运用包括语言表达和话语领会，表达和领会的主体都是人。人既是文化创造的担当者，又是文化的积淀物。文化都是民族的文化，人都是民族文化的人。每一个民族文化的人都必然受到自身民族文化的浸染和熏陶，其思想感情、思维方式、心理特点、价值观念、审美情趣、习俗信仰以及自我表达的方式、行为方式等因素都会带有民族文化的烙印。这些带有民族文化烙印的因素构

---

① 陈汝东：《对外汉语修辞学》，广西教育出版社 2000 年版，第 181 页。

成文化背景，文化背景会对人们认识事物、理解事物和接受事物的观念模式以及语言表达、话语理解等起作用。赵一凡在《美国文化批评集》中讲述了哈佛校园独具一格的“大象研究”。说的是某教授开研究班专论大象，各种文化背景的研究生踊跃报名。此公放完几幅表现大象形貌和生活习性的幻灯片后，便拂袖挟包扬长而去，由学生自去读书调研，数月后交卷。好勇斗狠的英国公子挥笔即就，以《如何猎象》的报告抢得头彩。生性活泼的法国少女发挥浪漫情趣，作成《象的恋爱》，博得老夫子开怀大笑。勤勉严谨的德国秀才花费两个月完成一部皇皇巨著——《象类百科》，惊倒全班。轮到倔头犟脑的俄国书呆子，却抛出了一篇怀疑主义大作《论象之存在与否》。最后完稿的是精明过人的中国学生，他一声不吭地献上一册《象肉烹调法》，居然大悦师心，判得最高分。① 这里五位不同国家的研究生同是以大象为论题，但由于各自的文化背景因素不同，因而对大象的认识、感受不同，论文的题旨、内容，以及选用的语体和措辞都有区别，这是由他们各自不同的民族性格、精神面貌、思维习惯、生活情趣等文化因素所决定的。

语言表达不但为表达主体的文化背景因素所左右，而且也为接受主体的文化背景因素所影响和制约。语言表达的最终目的是使所表达的话语被接受主体正确理解和接受。影响接受主体理解话语的因素很多，文化背景因素是起主要制约作用的因素。加达默尔说：“在一个特定的语言和文化传统中成长起来的人看世界，跟一个在其他传统影响下成长起来的人看世界，其方法是不同的。”② 看世界是如此，在语言交际中作为接受主体理解表达主体的话语时也是如此。因而，同一句话，不同文化背景的人往往会有不同的理解。例如，流沙河先生曾说：“‘这件事还要研究研究’，这话是啥意思？至少有三种不同的意思。用德语说，意思是这件事确实需要研究，请你少安毋躁。用日语说，意思是拒绝了你的要求，你就不要再来问了。用汉语说，或许是接受了你的要求，但是你必须送些礼品来。”③ 这是不同文化背景因素影响和制约话语理解的结果。曾毅平曾指出：“从动态的交际过程看，在特定的交际环境里，表达者在表达自己的意愿时，下意识地根据原有的文化观念组织话语，发出信息。接受者则以表达者的话语为依据，以自己原有的文化观念去再现表达者的话语信息，即领会对方的意思。由于言语双方文化观念相异，若没有认识并迁就对方依据的文化观念，接受者就不一定能正确再现表达者的意思。”④ 因此，表达主体在话语建构时，要着力考虑接

① 转引自庄培章：《现代企业文化新论——迈向成功企业之路》，厦门大学出版社 2001 年版，第 7 页。
② 转引自王希杰：《修辞学通论》，南京大学出版社 1996 年版，第 101 页。
③ 吴茂华编：《流沙河短文·詹詹草》，四川文艺出版社 2001 年版。
④ 曾毅平：《略论跨文化的公关言语》，《语言文字应用》，1996 年第 2 期，第 108 页。

受主体处于不同的文化背景，以此为依据。

下面看一个异文化公关语言交际的语例：

一群商人在一艘船上谈生意，船在航行中出了故障，必须让一部分人先跳下去，才能保证船不下沉。船长熟于世故，知道这些商人文化背景不同，必须采用不同的方式去说服他们。他对英国商人说："跳水是一种体育运动。"英国人崇尚体育，听罢即跳。他对法国商人说："跳水是一种时髦，你没看见已经有人在跳了吗?"法国人爱赶时髦，遂跟着跳下。他对德国商人说："我是船长，现在跳水，这是命令!"德国人严于律纪，服从了命令。他对意大利商人说："乘坐别的船遇险可以跳水，但在我船上不准许!"意大利人多有逆反心理，说不让跳他偏要跳，旋即跳下。对非常现实的美国人，船长就说："跳吧，反正有人寿保险的，不亏!"对中国商人则说："你不是家有80岁的老母亲吗，你不逃命对得起她老人家吗?"于是，观念不同、想法各异的人全都按船长的要求做了。①

很显然，由于表达主体善于根据话语信息接收主体的意愿和文化观念建构话语，而话语信息接收主体又能根据表达主体的话语和自己的意愿及文化观念去理解对方的意思，因而实现了跨文化沟通，达到了语言交际的理想目的。

在公关语言交际活动中，公关主体除了语言表达，还要领会交际公众的话语。领会公众的话语切勿囿于自身的文化因素，而要结合公众建构话语的文化背景。因为公众的话语是在一定的文化背景下生成的，带有文化烙印，如果忽视了他们的文化背景因素，或者缺乏文化背景知识，则难以理解其深层内涵。用文化因素观照，往往有助于把握公众话语的真实意图。前面讲到周恩来总理回答美国记者提问的例子就很能说明这个问题。

二、文化融进公关语言能提高精神和物质效应

张德江任中共广东省委书记时曾在全省文化大省建设工作会议上指出："文化要素是产品竞争力的核心要素，文化资源是企业发展和竞争的重要资源，文化素质是领导者和劳动者的首要素质，文化优势是地区经济发展日益重要的环境优势。"② 这里高度概括了文化在现代社会的产品竞争、企业发展和竞争、领导者和劳动者个人素质的提高，以及地区经济发展中的重要作用。毫无疑问，文化在公关实务活动中起着十分突出的主导作用。文化因素是公关实务活动的核心要素，语言是公关实务活动的主要手段，公关语言运用融进文化内涵，便能产生良好的社会和经济效应，具体表现为以下三个方面：

---

① 转引自郭纪金：《企业文化》，中山大学出版社1991年版，第182页。

② 《做好文化经济这篇大文章》，《广州日报》，2003年9月24日。

（一）能提高社会组织形象的文化品位

社会组织形象是指社会公众对社会组织的基本印象与总体评价的全面反映。它来自社会公众对社会组织的领导和成员在公关实务工作运行中所显示的言行举止特征、精神面貌和管理水平等各个方面的具体观察。良好的组织形象是组织开展各项公关实务的必要条件，也是实现其公关目标的基本保证。现代社会公关实务活动的具体目标主要是树立社会组织的自身形象，建立信誉，联络感情，取得社会公众的理解、信任和支持，使组织得到发展。要实现这样的公关目标，公关主体必须与公众进行信息交流、沟通，信息交流、沟通最主要的物质载体是语言，语言融进文化内涵对于树立组织形象和联络公众感情具有重要的意义。例如，组织精神、公约、歌曲（国歌、校歌、厂歌、店歌）、标语、口号等是精神文化产品，是组织精神文明形象的体现。如果能体现热爱祖国、自强不息的民族精神、民族自尊心、民族自豪感以及奋发图强、为国家富强立业的思想，就能体现文化品位高的美好形象。社会组织领导、组织成员都是组织的代表，都是代表组织而工作、行事的，他们的形象也是组织形象的一部分，他们的衣着、气质、仪表、言行举止等外在因素以及奉献意识、敬业精神、价值观念、行为取向等内在因素，如果能体现民族文化的美好特质，也能体现出组织形象的高品位。在诸多形象构成因素中，语言素养尤为重要。一个公关人员说话流畅、出口成章，或侃侃而谈，洋洋洒洒；或只言片语，适时而发；或谈笑风生，神采飞扬；或温文尔雅，含而不露；或轻声慢语，彬彬有礼，自然得体，具有艺术魅力，都是自身形象文化品位高的体现。例如：

暨南大学安全文明公约

爱国爱校，团结奋进。忠信笃敬，暨南精神。
关心集体，服务人民。艰苦奋斗，务实创新。
遵纪守法，维护安全。自尊自爱，公德遵行。
崇尚科学，破除迷信。团结互助，敦睦为邻。
美化环境，健康身心。同居一地，安全文明。

话语形式对仗整齐，话语内容丰富美好，话语风格庄重、严谨、简洁，体现出传统优秀文化与现代先进文化的融合，反映了暨南大学全体师生员工的思想境界、敬业精神、价值观念和行为取向，体现出暨南大学的高文化品位。又如，

致广大网民朋友们的新春贺信

衷心祝愿网民朋友们在新的一年里，身体健康，事业进步，家庭幸福，万事如意！

中共广州市委书记　任学锋
广州市人民政府市长　温国辉
2017年1月28日

其中祝愿语富含中华文化的美好特质，能体现出组织形象的高品位。

据说，曾有一个日本厂家组团来华，与我国的一家企业洽谈合作事宜，双方存在着某些分歧，谈不拢。中国人讲究“买卖不成仁义在”，在日本人打道回府之前，宴请了他们。在宴会开始时，中方厂长发表了热情洋溢的祝酒词，其中引用两句唐诗“劝君更尽一杯酒，西出阳关无故人”，令日本人大为感动。宴会结束后，日本人主动找中方继续谈下去，合作最终成功了。这是一个公关实务成功的典型事例，以“买卖不成仁义在”的行为、热情洋溢的祝酒词融进富含传统文化意蕴的唐诗，铸就了厂长高文化品位的语言魅力和良好的自身形象，令日本人大为感动，合作最终成功。

（二）能增强组织的凝聚力

任何一个社会组织都是由若干成员组成的，组织内部成员是否团结、相互之间关系是否和谐，关系到一个组织的健康与发展，要团结、要和谐，必须努力增强组织的凝聚力。日本新力集团董事长威田昭夫说过：“对于日本最成功的企业来说，根本就不存在什么诀窍和保密的公式。没有一个理论计划或者政府的政策会使一个企业成功，但是人本身却可以做到这一点，一个日本公司最重要的使命是培养它同雇员之间的良好关系，在公司中培养一种家庭式的情感，即经理人员和所有雇员同甘共苦、同呼吸、共命运的感情。在日本，最成功的公司是那些通过努力在所有雇员中建立一种共同命运的公司。”① 重视员工，理解员工，尊重员工，培养经理同员工之间同甘共苦、同呼吸、共命运的感情，同心同德、齐心协力为企业奋斗，这是企业的成功之道。企业内部的这种凝聚力和向心力是由企业文化的氛围所营造出的。每天早晨 8 点，日本松下电器公司遍布日本各地的 8 700 名员工同时诵念公司信条：“唯有全部员工和睦相处，共同努力，才有进步和可期发展，全体员工应本着至诚、团结一致，为社务尽力。”咏唱公司社歌：“不断地努力生产/我们为世人提供的商品/犹如涌泉一般/振兴户业/振兴产业/亲爱精诚的松下电器。”此时，正如松下公司一位高级成员所说：“好像我们已经融为一体了。”② 松下公司将能给员工带来快乐、温馨、和谐、力量、美感的文化内涵融进公司信条和社歌，让全体员工同时诵念和咏唱，对内有利于增强企业的向心力和凝聚力，对外又能塑造良好的企业形象，为公司的企业文化增添了独特的神韵，使公众逐渐形成一种认同的情感定式，真不失为企业赢得成功的一着妙棋。

中国传统文化的核心是人。古代军事家孙膑曾指出：“间于天地之间，莫贵于人。”《尚书·泰誓》认为：“惟人万物之灵。”许慎《说文解字》曰：“人，

① 转引自余明阳：《辉煌的创造：名牌战略》，海天出版社 1997 年版，第 86 页。
② 转引自庄培章：《现代企业文化新论——迈向成功企业之路》，厦门大学出版社 2001 年版，第 7 页。

天地之性最贵者也。"《荀子·五制》解释人何以为贵："人有气，有生，有知，亦且有义，故最为天下贵也。"中国传统文化还非常强调群体，注重群体的和谐，即所谓"天时不如地利，地利不如人和"。这种注重人、强调群体的文化观念主导组织内部的语言运用，就有助于使人在社会组织中形成中心地位，激发人的积极性，也有利于协调组织内部各部门的关系，以及培养人的群体意识，增强组织内部的向心力和凝聚力。毛泽东主席在开国大典时的壮语"中国人民从此站起来了"，几十年来一直激励着国人和海外华侨的民族自豪感以及为祖国的富强而团结奋斗的精神。2017 年 1 月 26 日上午在人民大会堂举行的春节团拜会上，习近平重要讲话中提到："中华民族历来重真情、尚大义。真情，需要用社会主义核心价值观来引领，需要用中华民族传统美德来滋养。真情，是不虚、不私、不妄之情。真情不虚就是要忠诚老实、诚恳待人，真情不私就是要砥砺品德、刚正无私，真情不妄就是要光明磊落、坦坦荡荡。唯有如此，亲情、友情、爱情、同志之情才能高尚恒久，才能有益于自己，有益于亲人、友人、所爱之人、同志之人，也才能铸就守望相助、天下同心的人间大爱。我们要让真情大义像春风一样吹遍神州大地，吹进千家万户，给每一个中华儿女带来温暖。"这些都是继承和发展我国重视人和群体的优秀文化传统的语言物质体现，它凝聚了海内外中国人的心，必将继续增强我国内部的向心力，激发全体中国人民为祖国更美好的明天而团结拼搏。

（三）能增进组织的经济效益

营业性组织如工业、商业、饮食业、邮电业、交通运输业、旅游业以及旅店业、保险业、修理业等都讲求经济效益。想取得好的经济效益，有的要靠商品质量和营销策略，如工业和商业等；有的要靠服务质量和服务推销艺术，如旅游业和旅店业等。当今时代是市场与文化联姻的时代，是文化制胜的时代，"文化是明天的经济"。商品和服务的竞争既是商品品质和服务品质的竞争，又是文化品位的竞争，因为人们购买商品和服务消费除了对商品物质效用和服务优质认同外，更注重于商品和服务活动的文化内涵和文化品位，注重于商品和服务活动所展示的民族文化传统和现代文化风尚、文化个性。放眼市场，任何一种有价值而又赢得顾客青睐的商品，无一不凝聚着一定的文化内涵。例如商品命名，俗话说"招牌好，招财又进宝""名字起得好，生意自然好"。日本学者山上定曾说过，在当代经济环境中，决定产品是否畅销的第一个因素就是名称。商品名称文化含量、品位高，情浓意也浓，就能对消费者产生一种不可言喻的吸引力，引起消费公众心灵的震撼。松下电器公司将生产出来的一种自动洗衣机取名为"爱妻号"，这一命名顿时使原本冷冰冰的洗衣机充满了丈夫对妻子的脉脉深情。这种饱含人类美好情感的商品名激发了丈夫的购买欲望，也吸引着妻子们先用为快。这个商品名字充满了文化韵味和浪漫情调，使消费者产生了愉快的联想，表达了夫妻之间互敬互爱的感情，体现了东方文化的特点和商品的文化个性，所以产品一上市就出现了购买热潮。①

据《广州日报》一篇题为“小糊涂仙酒品位非凡，酒名独具文化内涵”的“购买指南”称，产自贵州的小糊涂仙酒之所以能突破地域观念，热销北京、广州、武汉、兰州、长沙等多地市场，就是因为其独具文化内涵的品牌形象，引起了广大消费者的浓厚兴趣。许多消费者认为购买小糊涂仙酒，不仅仅是因为其上乘的酒质和独具的口味，更是因其能令人感到一种文化的熏陶和哲理的启迪。的确，郑板桥的名言“难得糊涂”讲的就是“小糊涂，大智慧”“小事糊涂，大事不糊涂”，这样才能健康长寿，家庭幸福，事业有成。

不少富有经济文化意识的外资企业，为了在中国市场赢得新的商机，也常常开展迎合当地消费者文化心理的促销活动。例如：

可口可乐中国有限公司在春节来临之时推出一款具有乡土气息的“泥娃娃阿福贺新年”广告，这也是可口可乐继“大风车”“舞龙”广告之后的第三部专为中国市场推出的“新年贺岁”广告。

另外，在可口可乐包装上也出现了金童玉女，正是大家熟悉的泥娃娃阿福形象，怀抱可口可乐瓶，笑容可掬，在新年热闹的市场上显得十分亲切醒目……

调查结果显示，喜气洋洋的泥娃娃“阿福”形象深受中国消费者的喜爱和推崇，可口可乐此次推出阿福新年特别包装，正是取其“年年庆有余，岁岁添欢乐”的寓意，把可口可乐的传统文化与中国文化相结合，希望以崭新吉祥的本土形象与消费者达到进一步的沟通。

（《广州日报》，2001 年 2 月 25 日）

可口可乐是境外知名企业，它采取入乡随俗的促销策略，在促销创意中顺应消费者的心理和情感诉求，恰当地融入中国传统文化，激发起消费者对商品的情感共鸣，缩短消费者与商品之间的距离，激发消费者的消费欲望，从而为其带来增进经济效益的商机。

第三节　跨文化公关与跨文化公关语言的性质

跨文化公关是指存在于具有不同文化背景的主客体之间的公共关系。

在跨文化公关实务中，公关主体要在异文化公众中传播本组织信息，建立、维系本组织的良好形象和信誉，关键在于消除因彼此文化背景相异而引起的交际

① 参看熊经浴主编：《现代商务礼仪》，金盾出版社 1997 年版，第 125 页。

障碍。只有打通文化壁垒，才谈得上信息的顺畅交换，实现相互理解。所以跨文化公关的核心是文化沟通。

一、跨文化公关与涉外公关

跨文化公关与涉外公关的概念内涵有交叉，但着眼点不同，不完全重合。涉外公关是目前公关分类中比较流行的说法。它指的是跨国别的公共关系，着眼于国家、疆域的范围。公共关系延伸到国门之外的，或者公关主客体分属不同国籍的，都可称之为涉外公关。跨文化的公关则着眼于主客体的文化差异。文化的界限不完全等同于国家或疆域上的界限。分属不同国籍的公关主客体，其文化背景大多相异，但也可能相同。只有文化背景相异情况下的涉外公关才属跨文化公关。此外，一国之内也存在不同的地域文化类型，同一社会中不同阶层、不同社群也有其亚文化，地域、社群等亚文化之间的公共关系也属跨文化公关。

二、跨文化公关语言的性质

（一）跨文化的语言交际

语言是信息交流最重要的工具，语言又是文化的载体，因而跨文化的语言交际，浸润着丰富的文化色彩，其表达和领会以话语为中介，话语背后潜藏着文化的接触。图示如下：①

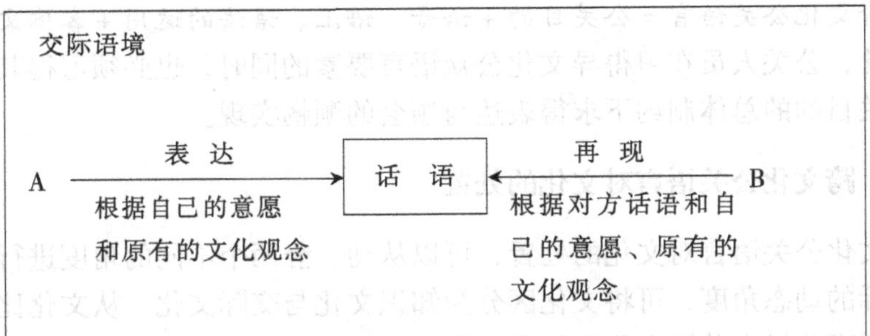

图中A是信息的发出者，在言语中充当表达的角色。B是信息的接受者，担当领会的角色。跨文化交际中，交际双方既是表达者又是领会者，互为说话人和听话人，可以轮流充当A和B的角色。

从动态的交际过程看，在特定的交际语境里，A根据自己的意愿和原有的文化观念组织话语，发出信息；B则根据A的话语和自己的意愿及原有的文化观念

① J. B. 格赖斯：《语言交际图式改制》，1990年。

再现A的话语信息，即领会对方的意思。由于言语双方文化观念相异，若一方没有认识并迁就对方依据的文化观念，B就不一定能正确再现A的意思。例如，一位女研究生向一位公关小姐介绍自己的导师：“这位是我的先生。”公关小姐应声夸赞道：“难得难得，你俩真是情深意笃啊！”“先生”的称谓在研究生群体中，习惯用来尊称指导老师，而当今社会时尚则用来指称“丈夫”。女研究生根据其亚文化群体习惯使用这个词，而公关小姐依社会时尚去理解并组织赞语，文化语义的碰撞弄得交际双方十分尴尬。

（二）跨文化的公关语言

对于缺少跨文化意识的交际者而言，在跨语言的交际（包括跨地域方言和社会方言）中，他们往往以为只要习得对方语言的语音、语汇、语法即可圆满地实现交际。然而，语言与文化总是存在着千丝万缕的联系，跨文化的语言模式表明，交际双方的表达和领会都受着各自原有文化观念的深刻制约，建立彼此之间的文化共识是实现跨文化沟通的必要条件。

跨文化的公关语言是跨文化公关活动中的语言，它一方面要受公关职能的制约，另一方面又以实现沟通为直接目的，因而必须无条件地建立文化共识。文化共识的建立或是公关主体接受公众的原有文化，或是公众理解公关主体的文化。一般而言，公众作为一种客观存在，是公关实务的轴心，大多数情况下，总是以公关主体理解、迁就公众文化为常，因而在跨文化公关中，公关主体的语言性质应该是：

跨文化公关语言＝公关目的＋语音、语汇、语法的运用＋客体文化

因此，公关人员在习得异文化公众语言要素的同时，也必须习得其文化，以期在公关目的的总体制约下求得表达与领会的顺畅实现。

三、跨文化公关语言对文化的处置

跨文化公关语言对文化的处置，可以从动、静两个不同的角度进行。从文化影响交际的动态角度，可将文化区分为知识文化与交际文化；从文化比较的静态角度，则可分辨出共识文化和差异文化。

（一）区分知识文化和交际文化

广义的文化可谓包罗万象，公关人员不可能也没有必要精通异文化的所有方面，而立足于实现沟通，考察各文化因素在多大程度上影响公关，区分轻重缓急，从而有选择地建立文化共识乃是当务之急。基于文化因素是否直接影响语言交际的分别，可以将广义文化划分为知识文化和交际文化两种类型。

知识文化指的是与交际对象有关的物质、人文环境的历史和现状，是不直接影响信息准确传递的文化因素。交际文化则是指隐含于语言结构要素及言语行为

当中，直接参与交际并影响准确传递信息的文化因素。① 两者与跨文化公关的信息传递有着不同程度的联系，其作用有间接、直接之分。知识文化是对一个国家、一个民族乃至一个社群的总体了解，它有助于理解异文化公众的思想、情感、行为，创造亲善的交际气氛。而交际文化则对现实的言语产生直接的影响。对于公关人员而言，这两方面的知识都应具备，从直接实现“表达—领会”的双向沟通角度来看，交际文化的掌握更是不可或缺。例如，与美国公众打交道，公关人员有必要熟悉地理环境、历史、价值观、社会构成等美国概况方面的知识，以求与美国公众建立认同感。至于寒暄、称谓、敬语、谦辞、约请等方面的语言习惯和态度则属交际文化的内容，理解这方面的异同，则可直接避免陷入言语误区，做到话语得体。

（二）分辨共识文化和差异文化

知识文化和交际文化是从影响信息准确传递的动态角度对文化内容进行的划分，目的在于使公关人员在跨文化的公关实务中分清轻重缓急，有选择地把握有关文化因素。此外，为了更清晰地认识文化内容中干扰交际的潜在因素，还可以从静态角度，运用比较的方法将文化区分为共识文化和差异文化两部分。②

具有不同文化背景的人或因对客观事物认识的一致性，或因相似的生活经历或者业已形成的文化接触，总会有一些相同的文化积累，这一部分共性文化即为共识文化。共识文化反映在语言中便凝结为共同的文化语义。例如，英语成语“burn one's boat”和汉语的“破釜沉舟”由于出典的相似性，其意义和构词喻象就具有一致性。“burn one's boat”源自古罗马恺撒大帝：公元前49年，他率兵渡过庐比根河时下令焚舟，表示不获胜即宁死的决心。而“破釜沉舟”则典出西楚霸王项羽，他“引兵渡河，皆沉船，破釜甑，烧庐舍，持三日粮，以示士卒必死，无一还心”（《史记·项羽本纪》）。这两个成语形似、意似、神似，实是一种文化重合现象。再如，walls have ears/隔墙有耳；a rat crossing the street is chased by all/老鼠过街，人人喊打；to learn by heart/铭记在心；heart - breaking/心碎；to praise to the skies/捧上了天；armed to the teeth/武装到牙齿；to lose one's face/丢面子；to save one's face/保面子。这些短语，英汉之间存在着从语形到语义的对应关系，这是共识文化的反映。

差异文化则是两种文化中的异质部分，如果说共识文化是一种同形同构体，差异文化则是一种同形异构体。例如，婚礼上点白蜡烛，对于英美人来说意味着

---

① 参看张占一：《汉语个别教学及其教材》，《语言教学与研究》，1984年第3期；赵贤洲：《文化差异与文化导入论略》，《语言教学与研究》，1989年第1期。

② 参看蒲志鸿：《共识文化、差异文化与外语学习》，《中山大学学报》（社会科学版），1994年第1期。

纯洁美好，中国人则联想到不吉利，因为点白蜡烛在中国的习俗中是为了纪念亡灵，红蜡烛才代表喜庆。差异文化反映在语言中，便可导致语义的位移——发出的信息和接受的信息在质和量上不对等。例如，中国是礼仪之邦，重要的事情如婚、丧、嫁、娶，较小的事情如托人帮忙、远行归来，都要请人吃顿饭，方能显出情谊。渐渐地，请客成了一种义务。在过去计划经济的年代，大家收入都不高，谁请客谁买单，天经地义。有一个流传甚广的笑话：改革开放之初，一位美籍华人来到上海，约一当地人吃饭。上海人接到邀请后很高兴，穿戴整齐地去了。饭店很豪华，两个人吃得也很高兴，谁知吃完之后，美籍华人递上账单，各自买单。上海人觉得不像话，你请我来吃饭，怎么能让我付一半钱呢？可美籍华人觉得虽然是我请你出来吃饭，但大家只是见面聊天而已，应该各付各的账。结果上海人憋了一肚子气，几天都闷闷不乐。① 又如，一位日本公关小姐第一次与一位年长的中国公司经理见面，说："请多多关照！"中国经理笑答："没问题！"日本小姐听后并未像中国经理期待的那样报以高兴的表情，反而局促不安。这是因为在日本的交际文化中，当地位高的人听到地位低的人说"请多多关照"时，一般应表示鼓励或者寄予厚望，例如说"好好干！""加倍努力，早日成功！"这样才符合彼此的角色关系，中国经理不了解这一文化规约，没能报以对方期待的答话（这种期待已经发展为一种集体无意识），公关小姐自然就要局促不安了。

第四节　跨文化公关的语言策略

跨文化公关语言的性质告诉我们，实现与异文化公众的语言沟通，远非习得对方语言的结构知识那么简单，也不是拜托翻译作"传声筒"就可一劳永逸。公关人员应该从跨文化公关的实质——文化沟通的角度发展自己的沟通能力，其语言策略可考虑以下四个方面。

一、克服文化优越感，以平等的心态参与交际

视自己的文化传统为正宗并抱有优越感，而对异文化从心理上排斥或者以一种欣赏奇风异俗的态度去对待，这是跨文化交际中常有的表现，是本土文化中心主义造就的心理定式的一种下意识的流露。这种心态不足为怪，但在跨文化公关中实不足取，因为它导致的直接结果是用自身的文化标准去衡量公众。文化本身并无高下优劣之分，不同文化类型反映的是人类不同的生存状态。以自身的文化标准去对异文化评头论足不是一种客观的态度，很可能导致公关主客体的文化冲

① 参看任朝亮、许珍：《今天吃饭谁买单》，《广州日报》，2008 年 6 月 20 日。

突，这是公关实务的大忌。所以，在跨文化的公关语言交际中，公关人员应该时时注意调节自己的心态，以免因下意识地流露出优越感而伤害对方。

二、发展移情，实施文化融入

移情就是设身处地体味别人的苦乐和际遇，将自己“代入”对方的心境，以引起情感上的共鸣。在与异文化公众的语言交际中，公关人员为了实现目的，必须将自己的思想感情融入对方的文化之中，直至把自己放在对方的位置上来观察问题。这种设身处地为他人着想，努力理解对方的文化以选择话语实现公关目的的能力就是跨文化的公关语言能力。

跨文化公关语言的上乘之作，大都注意实施移情和文化融入。例如，古代中国人素来以“天朝上国”自居，对“番”“夷”之异族多有蔑视；近代史上由于备受列强欺凌，民族心理上对“洋人”又多有戒备，“抵制洋货”成为一种独特的爱国行为。当今对外开放，欧美、日本的产品进入中国市场时，其公关广告就深得中国人心理之要领，以平等、谦逊、真诚、利他为定位的广告词，很快就赢得了中国老百姓对其企业形象的认同。例如，“日立高精科技，为中国新型城市锦上添花!”“麦道飞机与中国共创明天!”“东芝永远和为现代化而奋斗的中国人民共同前进!”这些来华广告巧妙地满足了中国人的民族自尊心，消除了抵触情绪，最终使中国老百姓从感情到理智上都接受了企业形象，接受了品牌。又如，美国通用汽车公司1993年把第一批雪佛莱“子弹头”汽车送入中国时，特意在汽车上打上“感谢你，中国”的横幅，既赚了钱，又赢得了中国人的好感，与上述公关广告有异曲同工之妙。

在表达方式上套用中国人喜闻乐见的成语，以建立文化认同感，这也是文化融入的常见策略，如日本三家汽车公司的来华广告：“车到山前必有路，有路必有丰田车”“有朋远方来，喜乘三菱牌”“古有千里马，今有日产车”。这些广告巧妙地嵌入了中国人耳熟能详的三句古诗文，增强了广告的感染力和穿透力，也大大提高了产品知名度。

外国商品进入中国市场时，其品牌译名实施文化融入则以遵循汉语吸收外来词的规律、尊重中国人接受的习惯为常。如一种有机磷杀虫剂“Dipterex”，译为“敌百虫”；一种滋补口服液“Robust”，译为“乐百氏”；一种麦乳精“Locovo”，译为“乐口福”。诸如此类的品名，采用音义兼容的办法译出，充分“讨好”了中国人“望文生义”的接受习惯，很适合中国人的口味，称得上是上乘的译作。美国儿童室内玩具公司推出一种叫Trans－former（变形或变化的人或物）的儿童玩具，曾风靡中国大陆及港澳台市场，译成汉语时，将－er转译成属于华夏文化的“金刚”，在儿童心目中树起了一个强大、变幻、必胜，类似孙悟空的形象，“变形金刚”品牌形象的树立及其创造的巨额商业利润，也是得益于文化融入的公关语言策略。

发展移情，实行文化融入易于赢得异文化公众认同；忽视文化差异，想当然地以本文化好恶强加于人则容易产生文化摩擦，国内的许多事实也充分证明了这一点。例如，我国西南某些旅游景点的译名就颇具匠心。西南地区有着大面积的喀斯特熔岩地貌，岩洞中钟乳石千姿百态。人们根据景点形象特征命名，其中有一处叫作“火树银花”，在制作对外公关资料时，在翻译上颇费了一番苦心，几易其稿，最后译为“圣诞树”，可谓极为传神，外国人很易接受。忽视文化差异，其言语效果就可能令人尴尬。南方某市一位领导在一次会见奥地利客人时，兴味盎然地同外宾们聊起了烹调经。他说：“我马上就要请你们品尝此地名菜‘活杀鱼’，那烧好的鱼端上来时，眼珠还一眨一眨的。它可是此地一绝呀！”外宾一听非但不领情，还提出抗议，结果宾主不欢而散。而出口商品的译名若与进口国的文化冲突，小则商品滞销，大则影响产品、企业形象。我国某“白象牌”商品，其英文译名在英语中的联想义是“庞大无用之物”，难怪外国消费者觉得莫名其妙而不愿问津，这种有违国际惯例的做法就多少要影响到商品出口国的外贸形象了。

三、充分利用共识文化

如前所述，任何异文化的公关主客体都不同程度地拥有一定的共识文化。含有共识文化的语言材料是跨文化公关当中不可多得的宝贵资源，应该有意识地加以发掘利用。例如，我国的汉字历史上曾为朝鲜、越南等国所用。在这些国家当中，汉字不仅仅被看作记录语言的一种符号，往往还象征着一种文化根基，因而在公关宣传材料的制作中，可以利用汉字古朴、典雅的书面造型，烘托一种文化氛围。中国古典文学在周边国家中传播深广，古典诗词的审美意象，时至今日仍能唤起人们深刻的审美体验。这种共同的美感体验如心之灵犀，一点即通，其言语效应在跨文化公关中十分明显。如王维的诗句“红豆生南国，春来发几枝。愿君多采撷，此物最相思”，不仅在我国脍炙人口，在日本、朝鲜、东南亚及海外华人圈内也广为传诵。“红豆”因王维的诗而带上了“相思”的文化意蕴，这种文化意蕴也在周边国家形成了浓厚的情感积淀，就连英语也接纳了它的象征义，译之为“爱的种子”，由此在世界范围内形成了“红豆寄相思”的共识文化。江苏一家乡镇企业以其参与世界经济大循环的气魄和高度的跨文化公关的言语敏感性，选定“红豆”为品名注册商标。“红豆”产品刚一问世，即以其品牌富含的文化内涵吸引了海内外广大消费者。一时间“红豆”产品在国内外销势火爆，有日本客商竟愿意提价 20% 订货，产品供不应求。原来靠租用旧祠堂、由 8 台棉纺车起家的一个乡镇企业迅速发展为声名赫赫的企业集团。红豆企业集团的成功正如其总经理所言，很大程度上得益于“红豆”商标文化。

四、识别差异文化，避免语用失误

在外语教学中，专家们通常将外语学习过程中的错误区分为语言错误和文化错误，并认为后者的性质更为严重。沃尔夫森指出："在与外族人交谈时，本族人对于他们在语音和语法方面的错误往往比较宽容。与此相反，违反说话规则则被认为是不够礼貌的……"① 在跨文化公关语言的交际中也是如此，因而识别交际文化中的差异文化，避免语用失误就显得尤为重要。

就一般的跨文化交际而言，交际文化的差异可体现在语言要素和语用的各个层面上。除了这些差异之外，从公关方面分析，立足于公关语言的性质，应特别注重以下三个方面的交际文化差异。

（一）由价值判断差异引起的语言形象差

公共关系的核心是树立良好的组织形象。组织形象不是抽象的，它往往具体化为公关人员的个人形象。而个人形象中语言形象留给人的印象最为深刻。不同文化价值观的差异会影响对语言形象的评判。例如，中国传统文化自先秦以来就反对"巧言令色"。孔子说"巧言令色，鲜矣仁""巧言乱德""刚毅、木讷，近仁"；墨子提出"言无务为多"；老子甚至认为"信言不美，美言不信""善言不辩，辩言不善""知者不言，言者不知"。受这种传统观念影响，中国人往往视滔滔不绝为夸夸其谈，将言辞伶俐看作浮华不信，而寡言口讷者多被视为"老实""可信"，领导乐于重用，群众对之放心。相反，西方自亚里士多德时代起就有重演讲术的传统，对言辞技巧的关注甚于表达的思想内容，因而敢言、能言、善言、词锋锐利往往能博得人们的好感，语势如潮、能言善辩被看作是对个性的张扬。中西方这种价值判断上的差异，必然导致对公关语言形象褒贬不同的评判。公关人员寡言口讷在美国公众心目中很可能被认为平庸无能，而言辞尖锐、词锋锐利的美国公关人士也未必为中国老百姓所接受。在跨文化的公关语言中，公关人员应该重视这种价值判断上的差异，调整自己的语言形象。

（二）由文化背景不同导致的交际用语的信息传递差

这是属于语义层面上的差异。大致包括：

1. 因社会文化的特殊性产生的词汇空缺，即 A→φ

例如"及时雨""贱内""红娘""吃床板""冲喜""跑龙套""走后门""大锅饭"等，此类词直译时，应加以适当的诠释，以帮助异文化公众理解。如成语"班门弄斧"在社交场合中经常用到，可直译为"Show off one's proficiency with the axe before Lu Ban the master carpenter"。这里的同位语"the master carpenter"是对"鲁班"（Lu Ban）的注释，起到了画龙点睛的作用。

---

① N WOLFSON. Rules of speaking. Language and communication, 1983 (62).

2. 信息传递中的语义增值

即接受的信息大于传递的信息：$A \to A^+$。如汉语中“农民”与英语的“peasant”基本意义相同，当公关人员使用“peasant”一词与外国人谈论中国农村的变化时，老外百思不得其解：既然中国农民受到尊敬，又为什么用“peasant”称呼他们呢？这是因为“peasant”一词在英语用语习惯上有贬义色彩，指“教养不好的粗鲁的人”，“peasant”在由中国人说出到老外接受的过程中，出现了语义增值。

3. 信息传递中的语义减损

与增值相反，这是一种 $A \to A^-$ 的语义偏差现象。如中国人特别重视家庭和宗族关系，与同姓人的交往中，喜欢用“五百年前是一家”来套近乎，并带有诙谐意味，欧美人士的家族观念则淡化得多，因而理解不到这一交际习语的特殊意蕴，这是言语交际中信息的减损。

4. 信息传递中的误释误读

即信息的错位：$A \to B$。例如，红色在中国文化中象征繁荣、喜庆、受欢迎，而在法国传统文化中，红色则象征暴力、激动、愤怒等。中国人对法国公众说“Mao Amin est une chanteuse rouge”（毛阿敏是个红歌星）时，法国公众就可能误解为“毛阿敏是个偏激的歌星”。又如，公关语言中常用的表示自谦的客套话“抛砖引玉”，其中的“砖”“玉”各有不同的文化价值。汉语中“砖”喻指粗劣之物，“玉”以其坚硬晶莹象征“纯洁美好”，具有高贵的气质。但在美国文化中“jade”（玉）却用来比喻“荡妇”或“轻佻的女子”，而“brick”（砖）则喻指“好汉”或“令人钦敬的人”。美国公众以其文化义理解汉语的“玉体”“小家碧玉”“亭亭玉立”等词时，就容易产生褒贬色彩的错位。“白玉牌”牙膏出口美国，“White Jade”（白玉）在美语中就成了“轻佻的白人女子”，这与汉语中的联想义“牙齿洁白如玉”大相径庭。

跨文化交际中语言的信息偏差大多与词语的义项、褒贬色彩、联想义有关，此乃差异文化在词义中的反映。

（三）由社会规约不同导致的交际套语使用上的差异

社交领域中的语言功能可分以下细目：招呼、问候、介绍、攀谈、告别、挽留、邀请、致谢、道歉、示善、祝愿、恭维、表白、劝告、建议、担忧、求助、应诺、拒绝等。这些功能项目往往由一些交际套语来表达，如称呼称谓、敬语谦辞、礼貌用语、寒暄客套、吉祥语、祝颂语、禁忌语、委婉语、恭维话等。交际套语的使用和理解受到社会规约的深刻制约，以“访友做客”为例，汉英两种语言由于社会规约不同，就有不同的会话结构。卢伟先生对其中的“会话套语”进行了比较研究：

“一般来说，汉语、英语的‘开头序列’（opening sequence）都是问候。接下来是若干次的话轮转换（turn - taking），内容可能包括介绍、询问、提供帮助、请求、恭维、谦让、劝食、祝愿、致谢等言语功能及其反馈语。其中的‘询问’在汉语中常涉及对方的年龄、婚姻、家庭等‘隐私’，而在英语中则为工作、度假、爱好、文体活动等非禁忌性话题。对‘提供帮助’的应答，汉语常为委婉地推辞，体现出再三谢绝方愿从命的礼俗；而英语为直接明确地答复，反映出直率外露的民族性格。关于‘恭维’和‘致谢’答语，汉语多用自贬以表谦虚，婉拒以示礼貌；而英语以迎合和接受表示尊重对方。‘劝食’在汉语中常多次出现，需要几个话轮，并强调数量（如‘多吃点儿’）和方式（如‘慢慢儿吃’），而在英语里它一般只出现一至两次，强调尊重客人的自主，主随客便。汉语、英语的‘结束前序列’（pre - closing sequence）也不尽相同。汉语除‘致谢’和‘答谢’外，常伴有‘道歉’（因为浪费了主人的时间或‘打扰’了主人）和‘挽留’；英语则以致谢为主，强调愉快的时光、可口的饭菜、结识新朋友等。汉语、英语的‘结束序列’（closing sequence）都是‘辞别’或‘送行’，但在汉语中‘送行’常以‘拉锯式’出现，表示礼貌、好客和诚恳，因而需要数个话轮转换；英语则直截了当，一般只需两个话轮构成一个邻接对（adjacency pair）即可告终。”①

“访友做客”是处理人际关系中常见的交际行为。公共关系与人际关系有着本质区别，但在交往行为上却存在种种密切的联系。公关实务在形式上常表现为人际接触，只不过接触目的受公关职能制约而已。因而“访友做客”一类的交际行为，在公关目的的实现中也经常用到，从中可看出社会文化差异对跨文化公关语言的制约。

第五节　公关语言与亚文化

提起跨文化公关，人们往往将注意力集中于不同文化类型之间的沟通，而未能意识到同一文化类型中的亚文化群体之间也存在沟通障碍。事实上，亚文化群体也有自己的语言代码，隐含于其中的亚文化信息同样应该引起公关人员的关注。

一、亚文化

一个民族的主流文化可以从不同角度划分出若干亚文化类型。例如，海峡两

① 卢伟：《英美学生汉语学习过程中的文化负迁移》，《厦门大学学报》（哲学社会科学版），1993年第3期，第97页。

岸传统上所使用的都是中华民族共同语，共享中华文化。中国大陆地区现在通行的普通话与中国台湾地区现在通行的语言来源相同，都植根于同一文化，但中华文化是个多元的文化簇，除了主导文化，还有各种亚文化，具有地域差异性。海峡两岸地域分隔，又实行完全不同的社会制度，加上多年来人为的不交往，语言使用者的文化意识观念和心态等都存在差异，就使得原来相同的语言在不同的亚文化环境中各自发展，产生了差异。例如，《两岸文化差异将是下一步考验》一文说："接待过许多大陆贵宾团的花莲美仑饭店总经理陈铁官说，……据美仑饭店的接待经验，大部分大陆客看繁体字不成问题，更大的问题是两岸的习惯用语不同。他举例说，有一次，一名大陆朋友拿了一份报纸，标题写着'午后车祸'，这位朋友怎么看都觉得是下午发生了一场车祸，搞了半天才知道，'午后'是'舞后'，在台湾话中就是'舞女'。陈铁官说，尽管那位大陆朋友认识标题中的每一个字，也不能准确理解标题的真实意思。又如，'大陆踩线团来了'，当新闻媒体写日记般报道大陆踩线团在台的一举一动时，台湾很多民众却满脑子的问号，什么是'踩线团'？踩什么线？经常与大陆接触的旅游业者解释，换成台湾的常用语，'踩线团'就是'考察团'或'体验团'。再如，台湾说'搭计程车'，大陆叫'打的'；台湾说'大众运输工具'，大陆称'公交'。用语差异只是两岸文化差异中的一种，未来两岸还有很多观念差异需要时间沟通。"（《参考消息》，2008 年 7 月 8 日）不仅两岸存在着亚文化差异，大陆地区在中华主流文化之下，也有各种不同的亚文化。例如，20 世纪 30 年代有所谓"京派""海派"文化。改革开放之后，广东迅速成长为"经济巨人"，带有"港派"色彩的岭南文化脱颖而出，由此构成当代中国京、沪、粤三足鼎立的亚文化格局。有人说，要看中国的近八百年，请到北京；要看中国的近百年，请到上海；要看中国的近十年，请到广东。黄河、长江、珠江三条大河所孕育的这三种亚文化，清晰地勾勒出古老中华迈向现代化的历史轨迹。如果打破地域的界限，按不同的社会阶层划分，又可看到工人、农民、知识分子等职业群体形成的不同亚文化。老年、中年、青少年等不同的年龄群体也存在着文化差异，形成许多亚文化群。

萨姆瓦指出："每一个亚文化或亚群体，尽管是主流文化的一部分，其本身就是一个社会实体，具有其独特性，并为其成员提供一系列在主流文化中所不具备的经验、背景、社会价值观和人生期望。所以，尽管人与人之间外表都相似，但要进行传通却未必容易，因为，实际上他们可以来自差异很大的亚文化或亚群体，他们的经验背景相去甚远，以至不能够在交往中结成相互正确理解的关系。"① 由此可见，公关人员在与不同的亚文化公众交往中，文化沟通也是一个

① 萨姆瓦等著，陈南、龚光明译：《跨文化传通》，生活·读书·新知三联书店 1988 年版，第 41 页。

不容忽视的问题。发生在一国之内不同亚文化群体之间的公共关系也具有跨文化公共关系的性质。

二、亚文化群体的语言代码

亚文化群体外在的文化表现是多方面的，其中拥有特定的语言代码是一项重要的标识。它们往往赋予全民语言的词汇以某种特殊含义，在亚文化群体内作为一种对内具有一致性，对外具有排他性的交际工具来使用。这种亚文化语言有的甚至发展为一种行话、隐语或黑话，如泥水匠行话把“梯子”叫“步步高”，盛石灰的家什叫“聚宝盆”；理发行把耳朵叫“井”，把“面盆”叫“月亮”；皮匠行管钳子叫“虎口”，鞋子叫“踢土”，修鞋头叫“承前”，修鞋跟叫“继后”；当代广州“的士”行业将“赶客下车”叫“放白鸽”。例如：

你们广龙公司前些日子不是整顿过纪律吗？我想你应知道“拒载”和“放白鸽”(赶客下车)都是违反客运规定的。

（《广州日报》，1993年10月13日）

又如，当代犯罪团伙的隐语“踩点”，“踩点”指的是事先侦察作案环境。

他买了一支苏制手枪和60发子弹，踩点后便实施了沈阳“10·8”持枪抢劫案。

（《广州日报》，1993年10月14日）

亚文化群体的语言运用也可能表现出总体风格上的差异。如北京是一座高度政治化的城市，北京市民一方面表现出超乎一般的政治热情，另一方面也十分流行“官本位”思想，十分注意礼教。与京派语言比较，广州人的语言风格则呈现另一番风貌，与岭南文化惯有的生活方式、思维方式相适应，广州话具有粗俗生动、夸张新奇、富含刺激的特色。广州人的日常言语没有北京人的那套官派味，倒有相当的野性。例如，逢人叫“佬”：大佬、细佬、肥佬、傻佬；甚至人物不分，凡小者皆称“仔”：刁仔、妹仔、靓仔、歌仔（歌儿）、烟仔（香烟）。广州人这种对正统文化的冷淡，还使其语言的表达方式极为夸张，十分够“劲”，像“爆棚”（客满）、“懒到出骨”和“衰到贴地”之类极富意象的词。这种富含刺激性的表达方式用到广告上，就有诸如“劲歌金曲”“天王巨星”“跳楼大减价”“出血大甩卖”之类极富表现力的话语。显而易见，广州话理性提炼较少，充满了都市人民生动的感知方式。

三、亚文化沟通中的公关语言

从某种意义上说，公关主客体总是从属于某种亚文化群体。在亚文化公众中开展公关实务具有相当的广泛性。公关人员树立亚文化沟通的观念，对于实现公关目标具有特别的意义。以亚文化沟通的观念指导公关语言，应注意做到以下四点。

（一）透过语言，对公众作出正确定位

公关调查是公关四步工作法中一个前提性步骤。洞悉公众态度、情感及其他主客观因素是公关调查的一项核心内容，也是开展公关工作的起点。亚群体的语言代码为我们提供了洞察亚文化公众的重要视角。透过他们的言语，可以了解他们对待主流文化的态度，了解他们对特定的人和事作怎样的评价，甚至可以了解他们的日常生活状况，从而作出准确定位，有针对性地进行公关策划。

北京恩波公关事务所所长王力曾为亚都加湿器打入长春市场进行过一次成功的公关策划，其创意即导源于语言分析：

1991 年 9 月的《晚报文萃》杂志在封三刊登了一组照片，介绍长春人扭秧歌扭出了时尚。照片下有一行文字说明："时下人们说，大秧歌打败了迪斯科！"在处理这一资料时，王力下意识地感觉到这句话来路不凡。他分析说：这里所言谁"打败"了谁，出言者可能是中年人，也可能是民族意识较强的人，还可能是政府官员。道理很明白——数十万秧歌大军先头部队肯定是中老年人；传统意识及民族意识强，对于迪斯科这种流行的娱乐形式有自己的见地；具有热衷开辟更具中国特色文化活动的使命感。进一步分析，他断定此言很可能出自省市某位官员，而且还应该是位负责意识形态宣传的官员之口。王力本能地感觉到加湿器北上的机会出现了。亚都若能适时裹住长春秧歌大军，应该会引发长驱直入的后续行为。机不可失，时不我待，经周密的设计，亚都公司联合长春几家大单位推出了大型公关活动："亚都杯——我为什么喜欢中国大秧歌"征文活动。著名作家张笑天全力支持这次活动，长春日报社、长春电视台以主办单位身份介入活动，尤为重要的是长春市委宣传部得悉亚都意图后，大有相见恨晚之感，他们充分肯定了亚都人弘扬民族文化的可贵精神。在颁奖大会上，长春市委副书记刑志发表了热情洋溢的讲话……亚都在长春的成功之举，促发了良好的公关效益，同时也带来了令人振奋的经济效益。在与市委宣传部的接触中，一个悬念也终于有了明确的结果——"大秧歌打败了迪斯科"，此话正是长春市委副书记刑志所言！①

分析这一案例，我们不能不为王力的亚文化意识及敏锐的语言分析能力所折服，从中更可见到亚文化语言代码的公关定位价值。

（二）识别并运用亚文化语言代码，求得公众认同

亚文化语言代码的一项重要功能是起标识和确认群体成员身份的作用。如欧美等国的律师在法律文件中有意使用古代英语词汇，其目的主要不在于使表述精确，而是为了显示律师的专业知识和特殊地位，为了表明只有他们才有资格解释

① 王力：《亚都公关 AA 级绝密》，北京出版社 1993 年版。

这些法律条文。同样，医务人员长期以来偏爱用晦涩的拉丁文来描写完全有合适英文名称的常见病也是一个道理。在这里，懂得行业语言显示了这个专业群体的专门知识和价值。

正因为亚文化语言代码具有标识和确认的功能，“圈内人”往往利用它来显露自己的某种心态、身份、地位、阅历乃至小小的优越感。例如，当别人问及工作单位时，某电视台的工作人员总是故意用一种含混不清的发音轻声而飞快地滑出“电儿视儿台”几个音，其中的“视儿”还吞了下去，听起来就成了“垫儿台”。当你再次追问弄明白是“电视台”时，问话者无形中就显得“土”了半截。有些在最高人民检察院工作的朋友，有意用“高检”代替全称，既为简便，也不无炫耀的意味。另外，懂圈内话、会圈内话往往能给人良好的第一印象，易于为特定的亚文化群体所接纳。如上文提到的王力，当他第一次以用户的身份向亚都公司打电话投诉时，对方客客气气地问道：“先生在哪儿办公？我们马上去人！”王先生故意不说赛特大厦，告诉了对方一个当时只有圈内人才知晓的“赛特”曾用名：“卢堡！”没想到“卢堡”并未唬住人家。亚都的销售经理王亚兴迅即赶到他的办公室，一边寒暄一边摆弄，一番歉意的话没说完，加湿器居然就喷出了雾气。此时的王先生不但没了脾气，反倒对这位彬彬有礼、精明干练的小伙子有了一份喜爱。双方攀谈起来，顿有相见恨晚之感，从此王力与亚都公司便结下了不解之缘。① 这一事例表明，识别并运用亚文化语言代码，是获取公众认同的一种有效手段。

（三）“入乡问俗”

建立在不同文化背景下的交际语言反映了不同的社交规则，亚文化也不例外。亚文化规则在交际用语的各个功能变项当中都可能有所反映，公关人员应该“入乡问俗”，针对不同的公众调控自己的语言，减少摩擦，求得心理认同。以称谓为例，广州话对陌生女子的称呼，经调查有小姐、大姐、姐姐、靓姐、靓女等。这些称谓的选择又因交际场所和交际对象而异，称呼机关干部沿用带政治色彩的通称“同志”多一些，也有称“大姐”的，因为“大姐”多少带有尊称的意味。在不同档次的服务场所，称谓选择也有区别：“小姐”在高中低三个档次的服务场所都能用，且档次越高，使用频率越高；“大姐”只在中档次的场所使用，且档次越低，使用频率越高；“姐姐”是一个由亲属称谓转化来的社交称谓，它在粤语区流行本身就体现了粤语区重人情味的亚文化特色，这个称谓也可用于中低档服务场所，但在中档次服务场所比“大姐”用得多，在低档次场所

---

① 王力：《亚都公关 AA 级绝密》，北京出版社 1993 年版。

比“大姐”用得少。[1] 就全国范围看，地域性的社交称谓词可谓五花八门。例如，上海男青年之间流行以“朋友”相称；济南公共汽车上称售票员为“老师”；山东铁路上列车员对旅客统以“老师”称呼；北京青年人称男子为“大哥”“哥们儿”“老哥”，称女子为“大嫂”“大姐”“大妈”，偶尔也用“小姐”相称。多样化的称谓，是多样化的地域文化的反映。

（四）“入乡问禁”

禁忌语也是交际用语的一个变项。交际用语“犯忌”特别容易恶化公众关系，因而有必要独立出来，提请公关人员特别注意。

禁忌语有一般的全民性禁忌语，也有由特定的亚文化因素形成的禁忌语，并且亚文化公众对后一种禁忌语尤为敏感，公关人员应特别注意，避免语用失误。例如称谓上的禁忌，山东一带忌称“老大”“大哥”，原因是其使人联想到《水浒传》中的武大郎。武大郎乃山东清河人氏，他不但外貌丑陋，而且是个戴“绿帽子”的不幸角色，人们忌讳这个称谓，甚至连“老二”也成为忌讳，因为武松是武二（武松的哥哥是武大郎），所以对人要称“老三”，对生人称呼“三哥”（另有一说可称“二哥”，忌“大哥”）。在北方另有一些方言区，有忌称男士为“老二”的，因为在这些地区“老二”是男性性器官的委婉语。四川一些方言区，婉称土匪为“老二”“棒二爷”，故也忌称“老二”。旧时北京妓院则称嫖客为“二爷”。

不同行业往往也有行内禁忌语，例如，做买卖的忌说“蛋”（意味着亏空），戏班子里忌说“散”（意味着散伙），船上人家忌讳“翻”“沉”，上山的忌说“蛇”（怕遭蛇咬）。其他诸如数字禁忌、色彩词禁忌、动植物词禁忌等，都是带有浓重的亚文化性质的禁忌语，公关人员必须十分留意。

第六节　汉英交际语言文化差异举隅

汉英两种语言背后蕴含的交际文化存在不少对立性差异，反映了东西方不同的社交准则。本节略举一二，对英美公众开展公关实务活动时可资参考。

一、年龄

年龄对于英美人来说，是一个十分敏感的话题。在英美等国“人们千方百计地保持青春，殚精竭虑地抑制衰老，至少要在外表上不显出衰老来；人们对于

---

① 周小兵：《广州市内对陌生女青年的称谓》，载陈恩泉主编：《双语双方言（二）》，香港彩虹出版社 1992 年版。

年龄是守口如瓶的，穿着‘时髦’，为一条皱纹和一丝白发而牵动神经，不惜耗资数百万元来消除衰老的痕迹”①。

英美人对于年龄敏感，似乎全民族都得了“恐老症”，因而在与英美人士的交往中，打听对方的年龄，说对方年老，都属很不礼貌的行为。中国的传统对于年龄向来比较随意，不仅如此，社会交往中还习惯于拔高对方的辈分，以示敬重。例如，年轻男子相聚，彼此之间总喜欢以“老熊”“老张”“老陈”相称。在与英美人士的交往中，照搬我国的传统习惯，就可能使对方十分难堪。

有位从事外事工作的小姐曾经接待过一位82岁高龄来华旅游并参加短期汉语学习班的美国加州老太太，见面时她对老太太说：“您这么大年纪了，还到外国旅游、学习，可真不容易啊！”这话要是让同样高龄的中国老太太听来，准会眉开眼笑，自乐一番。可是那位美国老妪一听，脸色即刻晴转多云，冷冷地应了一句：“噢，是吗？你认为老人出国旅游是奇怪的事情吗？”弄得中国姑娘十分尴尬。姑娘本意是表礼貌尊重，效果却事与愿违，原因就在不明西方国家老年人对“老”的忌讳。

二、问候

中国人表达对他人的关心，推崇“嘘寒问暖”“无微不至”。“上哪儿去呀？”“从哪儿来呀？”“一个月挣多少钱？”“家里几个孩子呀？”这一类的问候语，对方听了还特别受用。放在英美人身上，对方准闹个不愉快：“我从哪儿来上哪儿去关你什么事，是不是要跟踪我啊？”“干吗问我的工资呀？”“这人真没教养，老把鼻子伸到人家院子里。”留学生在我国学习，学校有关部门派老师探望，老师也喜欢用关心孩子的语气同他们交谈：“广州这地方热，中午最好不要外出，当心中暑啊！”“想家吗？常给妈妈打电话吧？”“你头疼，看过医生了吗？”“学习越是紧张，就越要注意锻炼身体啊！”这些话，中国学生听了心里热乎乎的，可欧美学生就容易产生抵触情绪：“怎么，我又不是小孩，难道我不知道该怎么生活吗！”其言语效果可想而知。

三、邀请

出于传统的礼貌，中国人在接受邀请时总是半推半就地应承，倘若满口答应则被认为不懂礼让，缺少教养，而英美人没有这种含蓄，对于邀请要么以“Yes, I will”作答，要么答以“No, thank you”。接受与否的态度十分明确。在北京的一家外资企业，美国籍总经理詹姆斯对其聘用的中国籍公关部主任李先生的工作业绩十分赞赏，特意约请他共进晚餐：“李先生，今晚我想请您吃晚饭，

① 萨姆瓦等著，陈南、龚光明译：《跨文化传递》，生活·读书·新知三联书店1988年版，第56页。

您想吃烤鸭还是涮羊肉?”李先生听了挺高兴，但又不好意思说爱吃烤鸭：“哎呀，詹姆斯先生您太客气了。您是企业之主，够忙的了，怎么好意思让您请客。以后有空请赏光到我家吃饺子。”詹姆斯先生听后觉得李先生不愿意接受邀请，于是作罢，专等着李先生约定时间吃饺子。而李先生呢，因为有约在身，放弃了家里的晚餐，等着同美国老板上“全聚德”，等来等去不见人影，有点莫名其妙：这“山姆大叔”真有点不像话，怎么说好请我吃饭，说完就不见下文了，这不是拿我寻开心吗？按照中国人的习俗，接受邀请客气一番，或者先表示谢绝，看看对方是否真心实意是情理中事，像李先生那样的客气是有涵养的表现，而詹姆斯先生却误以为对方不愿接受邀请。同样，中国人邀请别人时，也要一再坚持，以示真心，随口发出的邀请往往是一种客套。李先生邀请詹姆斯先生去他家吃饺子，也不过是表示礼尚往来的一种客套而已。由于双方不了解彼此行为习俗上的这种差异，结果都误解了对方。

四、道歉与致谢

公关实务中难免有冒犯公众的时候，公关人员少不了向客人赔礼道歉。中国人表示歉意是否诚恳似乎取决于道歉话说多少；可英美人，尤其是美国人性格粗犷开朗，办事干净利索，“对不起”听多了，反而觉得道歉者不诚恳。有位公关小姐在给美国客人斟茶时，不慎溅了些茶水到茶几上，她赶紧说“对不起”，美国客人回答“没关系”，可那位公关小姐又加了一句：“对不起，实在对不起，都怪我不小心。”这时客人反倒局促不安起来。同样，“谢谢”说得太多，英美人也会认为你空话连篇而感到不胜其烦。最令人难堪的是，中国人的感激之词有时在英美人听起来像是赔礼道歉。下面是一位领导参观美国某工厂后对美方公关人员的谢词：

谢谢。谢谢爱丽斯小姐！你在百忙中带我们参观了这么多地方，实在感谢不尽。浪费你这么多宝贵的时间。真过意不去。

中国人说“浪费你这么多宝贵的时间”一般是表达一种谢意，但话进入英美人耳朵里却成了一句诚意十足的赔礼道歉的话：因为时间就是金钱，时间就是生命，你既然认为会浪费我许多宝贵的时间，那你一开始就不该到我们工厂来。

由此可见，道歉和致谢言不在多，关键是适可而止，充满歉意地致谢也不合英美礼俗。

五、称赞与被称赞

对于英美人来说，当面赞扬女性美丽是很自然的事，女性听了也觉得美滋滋的，中国人却不一样。中国人的传统是男女授受不亲，旧时当面说某女子漂亮，往往被看成挑逗行为，甚至在今天人们也不习惯当面赞美女性容貌。在苏州，一位美国客人当着中国主人的面赞扬其妻子美丽性感，并送给她一尊精美的维纳斯裸像，最后以亲吻作别，结果中国主人恼羞成怒，大骂洋鬼子不正经，双方的来往就此结束。

中国人见面，爱说“好久不见，您发福了”，把发胖看作是有福分。这大概源于“民以食为天”“有食便是福”的传统观念。英美人不一样，你赞他长得胖，他只会认为是在警告他节食，官员大腹便便更是大忌——连自己的体型都控制不了，何谈管理一个国家呢？

中国人对赞美总要谦虚一番，或贬低自己，或归功于集体，如一位大姐赞美同伴买了件漂亮的上衣，对方即使心里高兴，嘴上还是说：“哪里，凑合着穿吧！”一般人际交往如此，公众场合也不例外。颁奖会上，受奖人致答谢词必“归功于领导、同事，我个人是微不足道的”。一位外宾赞扬某公司公关部主任：“Your English is excellent!”（你的英语真棒！）该主任答道：“No，No，No！My English is very poor.”（不，不，不！我的英语说得很差。）诸如此类，英美人则没有这种自谦，对于赞扬，一概“thank you”，毫无保留地接受。

六、某些动物词的文化象征

在中国，狗是低贱的动物，有关狗的词语多属贬义。例如“狗改不了吃屎”“狗急跳墙”“狐群狗党”“狗嘴里吐不出象牙”。在英美人心目中，狗却是“Man's best friend”（人之良友）。称你为“lucky dog”（直译“幸运狗”）、“old dog”（老狗），是抬举你，即说你是“幸运儿”“老练”。

在中国，“龙”是吉祥的图腾，是力量的象征。中华儿女是“龙的传人”，皇帝是“天龙之子”，而英语中“dragon”（龙）却是喷烟吐火的凶残怪物。

在中国，“蛋”是骂人话。北京话把鸡蛋叫“鸡子儿”，炒鸡蛋叫“摊黄花”。一位留学生骂专欺侮亚洲人的约翰是“坏蛋”，约翰知道汉语中“坏蛋”是指“心眼坏的人”后，很认真地说：“我是好蛋。”但他不知道好蛋也是“蛋”。

在中国，“猫头鹰”与前兆、迷信有关，被认为是不祥之鸟。由于它在夜间活动，鸣声凄厉，所以人们把它的叫声与死人相联系，说猫头鹰叫孝，谁如果在树林中听到了它的叫声，就预示着家里可能有人会死；但在英语中“owl”表示智慧的鸟，说某人像“owl”其实是在夸他聪明。

第七节　中日交际语言文化异同举隅

中日两国地缘关系密切，文化交往源远流长，两国传统文化与国民性存在许多相似点，这些相似点是业已形成的共识文化，为中日之间的公关实务提供了便利。然而，虽然日本文化基本上属于以中国传统文化为代表的东方文化，但由于受地理环境、独特的社会结构和急速发展的生产方式的制约，其文化和国民性与中国传统文化以及中华民族的特性相比，又存在很大的区别。“他们独特的多维式价值体系的混合文化，使日本人身处东方，心向西方”①，形成其独特的民族性格，因而在对日本公众的公关实务中同样应该对彼此的差异文化给予足够的重视，甚至需要公关人员具备更高的跨文化敏感性，否则在相似性掩盖下的差异，比起两种泾渭分明的文化之间的差异来，更易误导交际双方。

一、共识文化

就宏观而言，日本公众的伦理观、道德观是以中国传统的伦常道德为模本的，彼此所推崇的都是儒家的克己主义。例如，在精神生活方面，中日两国都重感情、重义理、重道德，提倡与人为善、和为贵；在物质生活方面不作过分追求而安分知足；在社会生活方面重视人伦调和、讲整体、重权威，互以对方为重，不过多要求个人权利，而重在尽个人义务等。这种儒家伦理道德观在日本企业的内外公关实务中还发展成为一种管理思想。例如，“中庸之道”是三菱综合研究所奉行的最高道德标准；“和”“诚”“言行一致”被列入日立集团社训之中；立足电机公司主张“和为贵”，建立“相爱”和“相互依赖”的夫妻式劳资关系；日立化成工业公司也强调企业内工会要以“和为贵”，同职工的关系应是“爱人者人恒爱之”“敬人者人恒敬之”。② 这种以“求善”为目标的“道德型”文化必然表现为对自我的约束以及对他人的礼让，并在公关语言中得到反映。以“邀请和被邀请”的社交套语为例，若被邀请吃饭，日本人即使肚子饿得咕咕叫，也要说“已经吃过了”表示谢绝，否则便不知对方是不是真心实意地邀请；而发出邀请的一方，若不是一再坚持，也不知谢绝者的真心。并且主人对饭食持一种贬抑的自谦，本是山珍海味的准备，发出邀请时也必称粗茶淡饭。这种交际套语中反映的礼俗与中国传统礼俗颇为相似，在中日之间的公关实务中，应该注重这种文化上的相似性，于公关语言中寻求彼此对东方文化的认同。

二、民族性格差异的语言反映

中日两国传统文化及其国民性有相似的一面，也有存在较大差异的一面，民

---

① 杨潮光：《中日两国的文化和国民性的比较》，《国际商务（对外经济贸易大学学报）》，1993 年第 3 期。

② 杨潮光：《中日两国的文化和国民性的比较》，《国际商务（对外经济贸易大学学报）》，1993 年第 3 期。

族特性上的差异会在语言中得到反映。例如，在地理环境上，由于日本是个群岛国家，四面临海，资源有限，随着生产力的急速膨胀，日本人不得不逐渐向外拓展，其文化心理也必然有别于大陆文化，转向外向型的系统而处于比较开放的状态，反映在语言中便是日语吸收了大量的外来词。据统计，一个普通日本人的语汇中起码有3%的外来词。日语大肆“拿来”外来词的特点与汉语对于外来词近乎本能的排斥形成鲜明的对比。

与西方的“个人本位”相比，中日两国都重视整体，都强调个人从属于社会，但是日本人高度的团队意识却非中国人可比。他们非常注意维护集体荣誉，把自己的单位或公司看作与自己命运息息相关的东西，个人离不开企业这个小集体，企业又离不开国家这个大集体。所以西欧人说整个日本就像一家官民合办的股份公司，整个社会都推崇一种“协调”精神，是一个互相体谅的同质社会。这种高度的整合精神反映在语言中就是尽量减少语言摩擦，言谈中要考虑给对方留面子，不使其当众出丑，更不能让对方下不了台。日本人的日常对话也是一种“共话型”的对话，他们不是一个人说完之后另一个人再说，而是交际双方共同参与完成一个表述，彼此互相衔接，给人浑然一体之感。因此，在听日本人开座谈会的发言时，虽然与会者人数不少，但听起来好似一个人发言。据说日本人与外国人一起开座谈会时，日本人特别容易感到疲劳，原因就是外国人只顾自己高谈阔论，不给日本人插话的机会，有悖于他们“共话”的习惯。①

中日两国古来都是“礼仪之邦”，传统上都十分讲究语言礼仪，但当代中国社会由于“文革”对社会风气和传统文化的践踏，“语言美”成了一种需要大力倡导的东西，“礼貌语言”也成了强化普及的对象。而日本国民的语言美却似溶化在血液之中，使用礼貌语言是一种高度自觉化的行为。“谢谢”几乎成了日本人的口头禅。据统计，一个在百货公司工作的日本职员，一天平均要说571次“谢谢”，否则就不算一个好职员。另外，在中国，亲朋好友之间是不说“谢谢”的，一说反而生分别扭；而在日本，至爱亲朋之间互赠礼物也要说“谢谢”，这一点又颇有些“西化”的味道。辅助语言的礼节性体态语“鞠躬”也用得十分频繁。日本人不但在和熟人打招呼或者告别时要鞠躬，而且在向对方表示感谢、致歉和提出要求时也要鞠躬。《现代周刊》说，长途列车上的列车员，每检查一张车票就要鞠躬一次，而一家百货公司开电梯的姑娘，每天竟要鞠躬2 500余次。由于历史的原因，中国老百姓形成了比较普遍的民族自尊自大心理。但国门打开之后，随着西方物质文明、社会思潮的涌入，“崇洋媚外”的心理又在一部分人尤其是年青一代中膨胀起来，并由此形成一种否定传统文化的倾向，言谈中以调侃传统文化为时髦。而日本人一向对其传统文化相当珍视与自豪，日本商人

① 姚俊元：《日语与日本文化》，《日语学习与研究》，1989年第4期。

更喜欢与“有文化”的人谈生意，如果他们发现一个外国人比较了解且认真探索日本文化，一定会刮目相看。这一话题选择上的倾向性心理，从一个侧面反映了日本人高度的团队意识，公关人员与日本公众攀谈时，在话题的选择上，可以将此作为考虑的一个因素。

三、交际用语中的家族观念和等级观念

中国的传统社会是家国同构，家族内长幼有别，尊卑有序。在中国人的社会交往中，以亲属称谓充当社交称谓十分普遍，并能体现一种别样的亲近感。而在日本传统社会中天皇神圣不可侵犯，国民效忠的对象是君主，家族内的联系几乎被削弱到了西方的水平，因而日语中的亲属称谓没有汉语那么发达。日本人在不需要严格区别兄弟顺序时，一般当面称呼“某某哥”。称呼在异地的兄弟，常用“住在大阪的哥哥”“住在奈良的叔叔”“住在东京的叔叔”，弄不清两个叔叔哪个大哪个小。因为日本人家族观念淡薄，自然就不会像汉语一样，喜欢拿亲属称谓作社交称谓。相反，日本传统社会的等级观念却远比家族观念强烈，日语中区分自己与对方身份、上下级差别的词汇异常发达。仅以“你”这一称呼来说就有“贵公”“君”“阁下”“殿下”等20多种。在社会交往中，日本人对职务有严格的区分，是副职就一定要称呼副职，而不是像中国人一样把“副校长”“副经理”“副厂长”的“副”有意抹掉。中国人遇上以亲戚相待的“大哥”做“书记”时，觉得称“大哥”比称官衔更有分量，更显得亲近；而日本人碰到同样情况，即使在喝醉酒时也要称呼对方官衔。

四、交际用语的“和为贵”

与欧美照法律办事、按合同执行的“法律社会”“合同社会”相比，日本社会是重视人际关系的以和为贵的社会，这一点与中国相比也是有过之而无不及的。日本社会有一定的伸缩性，人与人之间如同有缓冲器或润滑油，减少了直接的摩擦和冲突。有人据此称日本社会为“软体动物”，这个社会使用的语言像块“豆腐”，与欧美社会使用的见棱见角硬得像块“方砖”的语言形成鲜明对比。以“谢绝”的社交套语为例，对于请求，日本人从来不直接表示拒绝，或将对方顶回去，而是先表示感谢，然后再说明自己的情况，语言风格相当委婉。如广州一公司经理邀请日本一公司代表去白云山兜风，该代表不便前往，但不马上表示不去，而是首先赞扬白云山的风景实在美丽，是兜风的好去处，接着他又热情地表示大家一起在白云山听林涛、拍照、烧烤一定很有意思，此时广州经理以为他已接受了邀请，但他话题一转，表示遗憾的是有约在身，最后才表露出谢绝的口吻。可见，日本人在对方提出要求时，即使内心不同意，也会先表示出似乎同意的态度，这么说的目的在于保持双方协调与融洽的关系。

五、电话用语

电话的特点之一在于"未见其人先闻其声"，因此，在电话中使用的语言及其声音便成了判断好恶、决定取舍的唯一依据。日本人很介意对方讲话时的措辞及语言表达艺术，即使是打电话也时而点头哈腰，时而笑容可掬，仿佛面前活生生站着一位客人，双方正在面谈一般。

通过电话，在对方心目中树立严肃、认真、亲切、可信的良好形象，是日本人使用电话时特别强调的宗旨。因而日本人的电话用语特别强调两点：一是敬中有亲、亲而不藐。严肃、认真是通过规范的敬语来体现的；亲切、热情则是通过语气使对方感受出来的，而不是通过过分亲昵的语句来表达的。因为亲昵的语句一旦使用不当，便有可能产生藐视对方的语言效果。二是发音清楚、词句丰富。不同民族对声音的评价不尽相同。中国人大多认为低沉缓慢是稳重、老成的表现，容易博得对方的信任与尊重。而日本人恰恰相反，对低沉的语音感到不快，只有清脆的语音才受人喜爱，这种差异中国公关人员应该特别留意。

在挂电话时的语言习惯上，中国人常常把礼节话与道别话分开使用，在说过礼节话之后往往还要说一声"再见"，紧接着便挂上电话。日本人则不同，他们以越来越小的声音，不停地轮番叨念一些礼节话，迟迟不放下话筒，等到对方挂上电话后自己才轻轻地挂电话。而且，日本人挂电话前的礼节话即是道别话，道别话即是礼节话，很少分开。①

六、日文中的汉字

中日两国语言文字的使用有着很深的渊源，日语吸收了大量古汉语词汇，并曾以汉字作为书写符号。时至今日，日本还使用着近 2 000 个"当用汉字"，其中部分汉字形、音、义与现代汉语相同或相近，因而中国人学日语有时通过"看词猜义"，也可能八九不离十。然而现代日文假名当中夹杂的一些汉字，若想当然地套用现代汉语的音义去理解，就难免闹出"望文生义"的笑话来。事实上日语中的许多汉字与汉语中同一字表达的意思已大相径庭。例如，日语中的"野菜"相当于汉语中的"蔬菜"，"汽车"相当于"火车"，"下流"相当于"下游"；日语中的"留守"是"出门""不在家"的意思，与汉语表达的意思不同。有位中国经理在日本街头看到一则用汉字书写的标语"油断一秒 怪我一生"，便望文生义，将其理解为"中断供油一秒，怪罪自己一辈子"。其实这里的"油断"是"疏忽大意"之义，"怪我"是"受伤或过失"之义。这条标

---

① 王瑞林：《浅谈日语的电话用语》，《日语学习与研究》，1990 年第 5 期。本节广引其说，谨此致谢。

语意为“疏忽一时，悔恨终生”，旨在提醒司机和行人都要遵守交通规则，集中注意力，以免一时疏忽，造成终生悔恨。有位访日归来的学者谈到这样一件事：有一次写信给一位日本朋友，知道他的母亲高龄，但身体尚健，所以落笔时特请代为问候他“娘”好，没想到引起很大误会。那位朋友回信说他“娘”目前正在大学专攻西班牙语，将来打算出国深造云云。学者愈读愈不对劲，拿出日语字典一查，原来“娘”在日语中是女儿的意思。文字上的这种形同义殊虽是一种表层的文化差异，公关人员也应留意，以免闹出“望文生义”的笑话来。

七、数字禁忌和数字崇拜

日本人忌讳的数字是4和9，因为“4”的读音与日语中“死”的发音相近，而“9”的发音近似于“苦”。有位留日学生为此特地查看了爱知县丰桥市佐藤病院的病室，从一层到五层，果然没有发现编号为4和9的。在日本的监狱里，却有9号牢房而无4号牢房，大概因为犯人也是人，虽然是罪人却也不得随意伤害，但让其吃点苦却是罪有应得。电话号码放号时，8342和4297两个号码谁也不愿要，因为前者与“破产死亡”同音，后者也容易听成“死而哭泣”，电话局只好把这样的号码用于公用或作临时号码。

日本人喜欢的数字是奇数，请客送礼大都乐意送3、5、7等奇数礼物。“3”的谐音是“生”，表示吉祥。在日本，每年的3月3日是传统的女儿节，许多少女特地挑选与“3”字相连的日子，登上高度恰为333米的东京电视塔，以示庆祝。

数字禁忌和数字崇拜带有很强的民族色彩，公关人员要留意其褒贬差异，以免给对方带来不悦。

思考与练习

1. 什么是文化？文化为什么有民族性和地域性？
2. 简述语言与文化的关系，并举例说明语言要素修辞方式和言语行为中蕴含的文化信息。
3. 跨文化公关与涉外公关有何异同？
4. 你认为跨文化的公关语言与本文化交际用语有何不同？
5. 区别知识文化和交际文化、共识文化和差异文化对于跨文化公关语言有何意义？
6. 什么是移情？什么是文化融入？
7. 精选一则案例，作“文化融入”的案例分析。
8. 你认为跨文化的公关语言策略还有哪些？请举例说明。
9. 什么是亚文化？为什么说亚文化主、客体之间的公共关系也属跨文化的公共关系？

10. 试比较工人—农民、上级—下级、大学生—社会青年、男性—女性等社会角色之间的语言差异。

11. 试比较你所说的方言与普通话交际用语的文化差异。

12. 试比较中国人与印度人、阿拉伯人交际语言中的文化差异。

第六章　公关副语言和体态语

在公关言语口头交际中，常常如第二章第一节谈到的周恩来总理回答记者提问那样，同时运用音义结合的有声语言、副语言和体态语来表达。其中，有声语言是最重要的交际工具，副语言和体态语是辅助性的交际工具，但是，副语言和体态语的作用是不容忽视的。美国一位心理学家曾经通过许多实验，总结出了这样一个公式：

信息的总效果 =7% 的有声语言 +38% 的语音 +55% 的面部表情

这个公式中列出的百分比是否精确暂可不管，但它大致告诉我们：信息传递的总效果与语音和表情是密不可分的，副语言和体态语是公关信息传播中不可缺少的因素，是公关口头表达中很有挖掘潜力的艺术手段。

第一节　副语言

副语言，又称“类语言”，是一种特殊的语音现象。这种语音现象有两种类型：一种是伴随有声语言出现的语音特征，如个人的音域、音速以及特殊的语音停歇；另一种是表意的功能性发声，如笑声、叹息声、呻吟声以及因惊恐而发出的叫喊声等。在公关口头交际中运用的副语言是指伴随有声语言而出现的特殊语音现象。它的常用形式有语调、语顿、语速以及笑声等。对这些副语言形式的巧妙运用，能收到非凡的表达效果。

一、语调

语调即句调，是整个句子声音的高低曲折变化。语调有平直调、弯曲调、降抑调和高升调四种类型，每种语调都有自己的基本职能。口头交际中，正确使用这些语调以准确无误地传递信息，属于语调的常规运用，不在副语言的讨论之列。副语言中的语调，是指语调的超常规运用，即指本该用甲语调而巧用乙语调来增添话语表达效果的语音技巧。例如，在一次演讲中，演讲者讲到法国次声武器实验所一次实验中的伤亡事故时说：“1968 年——4 月——28 日——黄——昏↓……”叙述这个历史事件时，演讲者本可用高低平稳的平直调向大家介绍事件的经过，但他巧妙运用了降抑调，配合着有声语言一字一顿，语调严肃低沉，悲哀的气氛一下子笼罩了整个会场，吸引着公众屏息静听，收到了较好的表达效果。

俗话说："锣鼓听声，听话听音"，口头表达中有些弦外之音往往也是通过妙用语调表现出来的。如在宴会上，一位先生被要求给大家讲几句，大家鼓掌表示欢迎，而从宴会厅的左角传来了一句细语："他是谁↓？"说话者运用短降调，巧妙地传递了他对发言人的轻蔑、鄙视的弦外之音。

在口头表达中"请别人帮忙的时候，句末加上'好吗'，千万不要用命令的语气说话，加上'好吗'两个字，就变成商量的语气，对方会觉得更被尊重。一个朋友是上市公司总裁，他每次让我做什么事，都会加'可以吗''你方便吗''好吗'——尤其是对待世俗意义上比自己地位低的人，用商量的语气，显得你更有教养"①。

语调的超常规运用不仅能配合有声语言更有效地传情达意，而且有时可以代替有声语言独立传递各种情感。美国有两位专家曾让八位实验对象（四男四女）通过朗诵若干英文字母，表达出了愤怒、害怕、高兴、嫉妒、喜爱、紧张、骄傲、悲伤、满足和同情等十种不同的情感。公关活动中还有这样一个真实的小故事：

> 意大利的一位悲剧明星罗西应邀参加一个欢迎外宾的宴会。席间，许多客人要求他表演一段悲剧。于是，他用意大利语念了一段"台词"，尽管外宾们听不懂，却被他那悲惨凄凉的语调和悲悲切切的表情所感动，在座的许多听众都不由得流下了同情的眼泪。可是罗西的一位朋友却忍俊不禁，跑出厅外大笑不止。原来，这位悲剧明星朗诵的并不是什么悲剧中的"台词"，而是宴席上的菜谱。

二、语顿

语音的间歇叫语音停顿，简称语顿。语顿也分常规语顿和超常语顿。常规语顿即语法停顿，指词语、句子、段落间的正常停顿。一般情况下，词语间的语顿最短，句子间的语顿稍长，段落间的语顿最长。这种常规语顿也不属副语言研究的范畴。副语言中的语顿，是指超常语顿。超常语顿是构成语句意义的重要因素。但停顿只能凭听觉去分辨，转为标点符号才可以凭视觉去分辨，因此，用语顿要特别注意。超常语顿也是公关人际传播中一种重要的口语表达技巧，正如马克·吐温所说："恰如其分的停顿经常产生非凡的效果，这是语言本身难以达到的。"

超常语顿的运用，能给表达造成悬念，引发联想。例如，毛泽东主席在延安

① 咪蒙：《所谓情商高，就是懂得好好说话》，《广州日报》，2016年12月5日。

时，有一次给抗大学生演讲。当时各地青年历尽艰辛到了延安，中央却又动员他们离开，不少人想不通。于是毛主席作了下面一段演讲：

"最近有不少同志给中央写信，说我们好不容易到了党中央身边，怎么一到又叫离开呀？我说对呀，中央许多同志也同情这些同志的想法。但，就有那么一个人不同意，整天叽里咕噜的，这个人是谁呢？"讲到这里，毛主席故意作了一个长停顿，下面听众面面相觑，互相猜测，这时毛主席才幽默地接下去说："这个人就是'肚先生'，也就是我们的肚子啰！"

例子中毛主席提出问题，不是马上回答，而是巧设停顿，造成悬念，紧紧吸引着听众去联想，然后再用有声语言作答，这样，幽默而又风趣，大大增强了语言的生动性。

超常语顿的运用，还可以使话语隽永、深刻，富有新意。例如：

有一次，周总理与国民党代表辩论，他机敏的话语，犀利的言辞，驳得对方理屈词穷。于是，国民党代表恼羞成怒，说同我方谈判是"对牛弹琴"！这时，周总理灵机一动，接过话题，当即顶了回去："对，牛弹琴！"

"对牛弹琴"是个成语，比喻对不懂道理的人讲道理，对外行人说内行话，也用来讥笑说话的人不看对象，含有不敬的感情色彩。在国共这次严肃尖锐而激烈的谈判论战中，国民党代表在面对周总理对其谬论义正词严地进行一一驳斥之后，暴跳如雷，竟说和周总理的争论好比"对牛弹琴"，污蔑辱骂周总理像牛一样不懂事理。而周总理在对方用来攻击自己的"对牛弹琴"这个成语中巧设语顿，使其语义幡然更新，回击对方，指斥他们在胡诌，像牛在弹琴。"牛"不是自己，而是他们。这真可谓是一个在论战中巧用语顿进行针锋相对的斗争，收到了奇妙的表达效果的修辞范例。

副语言中的超常语顿是口头表达中停顿技巧的娴熟运用。它建立在熟练驾驭常规语顿的基础之上。每一个公关人员，都必须懂得运用常规语顿。倘若常规语顿都掌握不好，该停不停，该连不连，就不能完成基本的表达任务。例如，有这样一则笑话：

一位厂长在会上宣读文件，文中有这样一句："已经取得大专学历的和尚/未取得大专学历的和尚/未取得大专学历的干部……"听众大笑，厂长不以为然，还说："笑什么？时代不同了，当和尚也要大专学历嘛。"于是引来一阵大笑。

像例子中的厂长那样，连常规语顿都掌握不好，还要巧妙运用超常语顿来增添话语的表现力，无疑是空中楼阁了。

公关语言活动中语顿的运用是为了高效地表意传情，为实现公关目的服务，而不是作毫无意义的语音游戏，更不能作用愚弄公众的手段，否则，就会使公众反感。例如，在动乱年代，某县武装部一个干部视察农村的民兵训练，发表了以下即席演讲：

民兵同志们：

我是首长——（较长停顿，民兵报以热烈的掌声）派来的。我，是来抓民兵——（又一个较长停顿，听众情绪紧张）工作的！（听众这才嘘了一口气，紧张情绪也随之松弛了下来）是来给大家发枪的！（稍停，听众报以热烈的掌声）一个人一支——（停顿，听众高兴，热烈的掌声）是不可想象的。（听众失望）两个人一支——（停顿，听众又高兴起来）也是不可能的。（听众又失望）一个班一支——（停顿，听众在犹豫中又鼓起了掌）也是希望不大的。（听众大为失望）那么，在座的全体同志发一支怎么样——我认为是没有必要的。（停顿，听众开始骚动）……

这位干部抓住民兵爱枪、想枪的急切心情，运用超常语顿故弄玄虚，愚弄公众，致使公众多次产生误会，弄巧成拙，使双方的心理距离越来越远。用超常语顿来愚弄公众是公关语言之大忌。

三、语速

语速，就是语流的速度，即单位时间里吐词的多少。语速也可以直接影响交际的效果，是一种不可忽视的口语表达技巧。语速可分快速、中速、慢速三种。一般情况下，在平静的语境中，常常使用中速说话；处理紧急公务时，常常是快速表达；而在哀悼等场合，说话则应该是慢速。这些都是语速的常规用法，仍属于有声语言的范畴。副语言中的语速，是指对语速的特殊处理，也就是说，为了增强表达效果，该用中速的地方，却用快速或慢速，该用慢速的地方却又用快速等。这种超常规的语速现象，即属于副语言的范畴。例如，中央电视台播放了这样一则商品广告：荧屏上，一辆小货车载着一台崭新的威力牌洗衣机沿着乡间林荫大道行驶，然后在村边的屋前停了下来。一群村民围观，一位老奶奶笑容满面，看着洗衣机。而配合这组画面的有声语言是：

　　m→
妈妈，我梦见了村边的小溪，梦见了您，梦见了奶奶。

　　m→　　　　　　　　　　mm→
妈妈，我给你们捎去了一件好东西——威力牌洗衣机，献给母亲的爱。

在通常情况下，为了节省时间，电视商品广告运用的语速是中速或快速，而上例却采用慢速（例中“m→”表慢速，“mm→”表特慢速），亲切地回忆了妈妈和奶奶到村边小溪洗衣服的辛劳情景，表达了为减轻老人们劳动强度而献上威力牌洗衣机的爱心。广告人巧用慢速，不仅利于抒发对长辈的敬爱之情，更使听众一字一句都听得清楚，告诉大家威力牌洗衣机是件“好东西”，从而更好地取得了广而告之的效果。

在演讲中，巧妙运用语速，亦能为演讲增色。例如：

……所以，我说文学这个东西，确实是有用的。我就宣传把我们的文学作用于德育。马、恩、列、斯他们的著作中都

k→

有托尔斯泰、拜伦、雪莱、古希腊罗马神话故事；毛泽东同志

kk→

他的作品中，古代神话故事、古代寓言、《三国演义》《水浒传》

m→

《红楼梦》《儒林外史》《西游记》、唐诗宋词都有……所以，

m→

我们说，善歌者使人继其声，善教者使人继其志。其言也，欲

mm→

而达。善于唱歌的人使别人通过他的艺术表达，学到他的声音；善于教育别人的人，使别人通过他的文学艺术的表达，以继其志，把这个“志”在演讲中体现出来，使别人听得进去。我想，我们的德育能够有那么一点文学意味，这样的话，很多青年就爱听了。

（李燕杰的演讲，根据录音整理）

这是李燕杰面向广东省政工人员的演讲。他强调让文学艺术为德育服务。在举例时，本可用慢速或中速，可是李燕杰用了快速和特快速（文中“k→”表快速，“kk→”表特快速）；总结性话语可用中速，他又故意使用慢速，以加深听众的印象。快，似奔腾的激流；慢，似潺潺的小溪，这样快慢相间，给人以音乐美的享受。

四、笑声

笑声，是通过发出声音的笑传递信息的手段，它常常是人们内心情感的外部展露。笑声和微笑都是人们面部肌肉模式化的反应，它们的表达方式和功能有相同之处，因此，笑声也可看作一种体态语。不过笑声和微笑也有不同之处，微笑是无声的笑，它是一种无声语言；发出声音的笑则能够承载交际信息的功能性的语音现象，因此，更有理由把它看作一种“伴随语言现象”，即副语言。下面看曹雪芹描写刘姥姥吃鸽子蛋时惹得湘云、黛玉等哈哈大笑的场面：

上菜了，凤姐拣了一碗鸽子蛋放在刘姥姥桌上。贾母这边说声“请”，姥姥那边就站起身来，大声说：“老刘，老刘，食量大如牛，吃个老母猪，不抬头！”说完，鼓起腮帮子，两眼直视，一声不语。大家先是一愣，不明白怎么回事儿，转而一想，明白了：这不是扮了个猪相么？就都哈哈大笑起来。湘云撑不住，一口茶喷得老远。黛玉笑岔了气，伏在桌上直叫“嗳

哟”。宝玉滚到贾母怀里，贾母笑得搂着他直唤“心肝”。王夫人笑得用手指着凤姐，却说不出话来。薛姨妈嘴里的茶喷了探春一裙子，探春手里的茶碗合在了迎春身上。惜春离开座位，拉着奶妈，叫她“揉揉肠子”……

（《红楼梦·史太君两宴大观园》）

作者抓住那群人笑得最剧烈时的动作、最有特征性的神情，以极度精练的白描手法加副语言组成了一曲“笑的交响乐”，给读者以美的艺术享受，真可谓是天才地运用副语言笑声的艺术典范。

发出声音的笑千姿百态：哈哈大笑、捧腹大笑、开怀大笑、纵声大笑、捂着嘴笑、狂笑、傲笑、奸笑、狞笑、冷笑、嘲笑等。这些笑声不仅有程度上的差异，而且有表意功能的区别。其中大都是多义的，如哈哈大笑既可表示高兴、满意、赞同，又可表示诧异、藐视；捂着嘴笑既可表示不好意思，又可表示惧怕某人威严而不敢放声大笑。多义的笑声只有进入具体的语境中表义才明确。

公关活动中，笑声不是说话，却能辅助说话，有时胜似说话。例如：

①中华人民共和国成立初期，西方一国家元首率团访问我国，周恩来总理在中南海设宴为他们洗尘。当宴会进行到最后一个程序时，服务员端上来一碗“万福汤”，汤中漂有一个刻成“卐”状的莲藕。众所周知，“卐”是我国古代民间特有的装饰字，表示吉祥之义。可是在来宾眼里，这个形状代表的却是德国法西斯的党徽。宾客一见，脸色顿变。原来这个国家在第二次世界大战时深受德国法西斯之害，对其恨之入骨。现在看到“卐”形状的菜，脸色顿变，惊疑之情油然而生。这时周总理马上明白发生了什么，只见他神态自若，先是哈哈一笑，接着拿起筷子，夹起汤中的藕片，对客人们说：“来，我们一起消灭法西斯。”总理话音刚落，笑声再起。

②有客登门，向张处长提出要求，请他帮忙弄一个招工指标。换句话说，客人是想走走后门。张处长虽是个原则性较强的干部，但是处理这类问题时，从不让对方难堪。于是，只听他哈哈大笑起来，笑声使客人困惑不解，渐渐似乎又有所领悟。这时，张处长才巧妙转移了话题，与客人谈了开来。

例①中周总理面对宴会上外宾因民族文化背景不同而产生的误会，感到不便解释而又难于解释，于是干脆来个顺水推舟，他那巧妙的“哈哈一笑”犹如一阵凉风，辅助有声语言缓和了僵局，消除了紧张气氛，使宾主顿觉轻松，继而笑声四起，宾主又沉浸在欢乐的气氛之中。例②中张处长用笑声来委婉拒绝客人提出的要求，比用有声语言效果要好。

公关言语活动中的笑声运用要自然得体。笑声是人们内心情感的自然流露，而不是无笑装笑的矫揉造作。运用笑声还要注意其感情色彩，冷笑、嘲笑等均不适用于公关交际。

第二节　体态语

体态语，又叫“人体语言”“动作语言”“态势语”或“行为语”，它用表情、动作和体姿来交流思想，是表露内心、寄予感情的辅助工具，它具有表意性和交际性，是一种具有一定语义的伴随语言。

一、体态语的重要性及其功能

（一）体态语的重要性

咪蒙说：“看《奇葩说》，觉得蔡康永简直太厉害了。不管辩论题目多没节操，他都可以讲得很高尚。他用词永远柔软，姿态永远轻盈，让人惊叹他的情商真高。有人说，所谓情商高，就是懂得好好说话。”① 优美得体的有声语言“用词柔软”和体态语“姿态轻盈”都是好好说话，体现情商高的语言文化因素。

公关活动中，体态语与有声语言一样重要。一个无心的眼神，一个不经意的微笑，一个细微的动作，就可能决定了你的成败——即使这是一次千万元级别的商务谈判。② 至于那些政治家的体态语，则更具有超凡的魅力，有时甚至会造成深远影响。撒切尔夫人能够三次连任英国首相，除了内在的能力等因素外，还与她那端庄干练的举止、温文尔雅的风度分不开。周恩来总理的仪表风度，更为中外政治家们所景仰。尼克松在他的回忆录中曾这样描写过周总理的交谈姿势：“他经常靠在椅背上，用富有表现力的手势来增强谈话效果。当要扩大谈话范围，或是从中得出一般性结论时，他经常用手在面前一挥；在搁浅的争论有了结论时，他又会把两手放在一起，十指相对。在正式会议中，他对一些俏皮话暗自发笑；在闲聊时，他又变得轻松自如，有时对善意的玩笑还发出朗朗的笑声。”可见，周总理那富有表现力的各种得体的手势、笑语，给尼克松留下了十分深刻的印象。确实，周总理坚毅的目光、沉着的举止、儒雅的风度是他高度的马克思主义理论水平和高度的民族文化修养的集中体现。原外交部部长钱其琛对我国的外交工作作出了举世瞩目的重大贡献，赢得了国内人民的爱戴，被西方传媒誉为“外交芭蕾的明星”“高超的外交艺术家”。他之所以取得如此辉煌的成就，除了我国正确的外交政策与他的素质能力等因素之外，还在很大程度上源于他是卓越的“微笑”外交高手。他脸上频频泛起的得体而适度的微笑，使得我国的外交

---

① 咪蒙：《所谓情商高，就是懂得好好说话》，《广州日报》，2016年12月5日。

② 参看亚伦·皮斯、芭芭拉·皮斯著，王甜甜、黄佼译：《身体语言密码》，中国城市出版社2007年版。

主张产生了外柔内刚的功效。

反之，在公关交际中，忽略了体态语，就会给公众留下不良印象，有损自己和自己所代表的组织的形象，赫鲁晓夫就是一个例子。1960 年 9 月，赫鲁晓夫出席联合国大会时，经常违反大会规定，随意站起来打断别人的发言。人们评论他的举止“就像一个粗鲁而不懂规矩的乡下人”。更有甚者，当西班牙代表发言时，他竟脱下漂亮的黄皮鞋，敲打桌子，还与部分代表一起起哄……他的这种行为在联合国受到了谴责，苏联代表团也因破坏会议程序而被罚款1 万美元。赫鲁晓夫的体态语大大损害了苏联在国际上的形象。

体态语对于表达思想感情、塑造自我形象有很大的作用，公关人员的一举一动都与组织的形象联系在一起，因此，体态语的运用更具重要意义。著名的人类学家霍尔教授告诫我们：“一个成功的交际者不但需要理解他人的有声语言，更重要的是能够观察他人的无声信号，并且能在不同场合正确使用这种信号。”广东雷明企业顾问有限公司负责人刘建军在该公司和科龙集团联合举办的“科龙集团冰箱有限公司促销员竞争力训练营”上说：“本训练营之所以将职业礼仪作为一门课程请名家来讲授，是因为今日企业的竞争，已由产品质量竞争转移到营销服务竞争，每一个员工都是企业的形象，员工的言语举止，也已成了竞争力的构成部分。”真可谓一颦一笑皆商机。

体态语运用得好，还可体现文明礼貌，展示热情友好。据《京华时报》报道，2008 年 6 月 4 日，中央文明办、北京奥组委等单位联合推出了统一的奥运赛场文明加油手势和相应的口号，观众可通过该手势为自己喜爱的运动员助威……设计专家阐释了手势的设计理念和动作要领。赛场文明手势体现了“更快、更高、更强”的奥运精神。整个手势以“鼓掌、双手竖大拇指、双手握拳振臂”为主要元素，动作简单，易学易记易推广，并以中国特有的词汇“加油”为主体口号，动作和呐喊声合二为一，协调流畅。整个手势分四步进行（见下面的系列图），在手势统一的前提下，口号可灵活多变，既可以是“奥运加油、中国加油”，也可以是“中国加油、姚明加油”“巴西加油、小罗加油”等，适合给每一个参赛方、每一个参赛运动员助威加油。

手势第一步：鼓掌两次，代表着“迎五洲宾客，交四海朋友”。

手势第二步：两手握拳、大拇指向上竖起，双臂向前上方伸展，代表“我们相聚在五环旗下”。

手势第三步：鼓掌两次，代表着“展健儿风采，扬奥运精神”。

手势第四步：两手握拳，向上伸展双臂，代表着“我们为奥运精神更快、更高、更强而喝彩”。

北京奥组委新闻宣传部部长王惠表示，体育无国界，文明手势的推出可以更好地为各国体育健儿喝彩、助威，“手势虽然只有几个简单的动作，但是缩短了广大民众和北京奥运会的距离，也为我们展示东道主的热情提供了非常好的方式”①。

（二）体态语的功能

1. 辅助功能

体态语能有效地配合有声语言传递信息。例如，当讲到事物的数量或罗列其种类时，可用手指的动作来比画；当抒发胸中的激情时，用手掌或手臂的动作来辅助抒情，能起到补充和强化有声语言的作用，运用得好，可以大大增强有声语言的表达效果。例如：

①英国首相丘吉尔在一次演讲中说：“我们现在的生活水平比历史上任何时期都高，我们现在吃的很多。”讲到这里，他故意停了下来，看着听众好一会儿，然后，他盯着自己的大肚皮说：“这是最有力的实证。”

②（温家宝）总理胸有成竹、淡定自如地直抒胸怀。当说到“我和我

① 郭爱娣、翟烜：《北京奥运推出统一加油手势》，《广州日报》，2008年6月6日。

在座的同事们都懂得一个道理：只有把人民放在心上，人民才能让你坐在台上”时，总理抬起手腕并伸出一只手指有力地往上一举，此时主席台上的张德江副总理紧闭双唇，轻轻地点头。

（刘旦：《聆听总理温情满厅——总理记者招待会侧记》，《广州日报》，2008 年 3 月 19 日）

例①中丘吉尔在演讲时首先妙用语顿，当把听众的注意力吸引到他身上时，再巧妙地运用“盯着自己的大肚皮”的体态语辅助有声语言进行论证，实在是妙趣横生，令人捧腹。例②中温家宝总理在讲到“……懂得一个道理：……”时得体地伴以手势语，更坚定有力地展示出全心全意为人民的意愿和信心。

2. 替代功能

体态语可以暂时离开有声语言，仅用表情、手势、体姿来传递信息、交流情感。例如，公关交际中的握手、点头、微笑、躬身等体态语都可以直接而明显地代替礼貌语言传情达意；又如，在演讲即将开始时，台下仍在喧哗，与其声嘶力竭地用有声语言请大家安静，倒不如用亲切、和蔼的环视来替代。这样，听众反而会很快安静下来。这些体态语的运用，都有代替有声语言的作用。

公关活动中，在不便说、不必说、不愿说的情况下，巧妙运用体态语，能收到无声胜有声的表达效果。例如：

一位记者采访阿基诺夫人，当问到她体重增加的具体数量时，阿基诺夫人用“淡淡一笑”予以回答。

例子中阿基诺夫人对于记者提出的问题不愿直接回答，以“淡淡一笑”的体态语予以委婉回绝。

二、体态语的特点与分类

（一）体态语的特点

1. 广泛性

有声语言以外的辅助性交际工具有许多种，例如，旗语、烽火、红绿灯、信号弹等。旗语、烽火等会受到场地、天气等各种条件的限制，体态语的使用则简便快捷，只要人们开口说话，都会有意或无意地运用体态语来辅助有声语言传情达意，甚至有时在不开口说话的情况下，也能运用体态语传递一定的信息。体态语从古至今世界各民族都在广泛使用，它使用的频率之高，范围之广，是其他任何一种辅助性的交际工具所不及的，因此，它具有广泛性的特点。

2. 直观性

有人做过这样的估计，在人们的各种感官中，听觉和视觉的作用占 90% 以上，其中视觉的作用又特别显著，有 87% 的感觉印象来自眼睛。

有声语言诉诸人们的听觉，不具有视觉的可感性。而体态语以其立体、动态的表情、动作、姿态构成一定的人体图像来传递信息，直接作用于人们的视觉器官，因而，它具有直观性的特点。如演讲中，当讲到事物的形状大小时，不用比喻一类有声语言去描绘，仅用手势来比画，事物的形状大小就鲜明可感。这样，不仅比运用比喻之类表义便捷，而且能给人以直观感。

3. 依附性

体态语和有声语言一样，具有多义性。一种表情、一个动作，往往不止一个义项。例如瞪眼的动作，就有以下几个义项：①表示愤怒；②表示好奇；③表示诧异；④表示仇恨等。又如点头的动作，可表达以下 11 种意义：①表示致意；②表示同意；③表示肯定；④表示承认；⑤表示赞同；⑥表示感谢；⑦表示应允；⑧表示满意；⑨表示认可；⑩表示理解；⑪表示顺从。体态语的这种多义性决定了其对语境及有声语言的依附性，离开一定的语境，孤立地分析某个体态语，其语义就不明确。有时，即使在一定的语境中，若较长时间离开有声语言的配合，体态语的含义也不一定明确。例如，某公司总经理在一次全体干部大会上批评其下属 K 君因工作失误，致使公司损失数十万元，而坐在听众席上的 K 君始终低着头，并不时地摇摇头。这里 K 君的低首语表示何意，是难为情还是在沉思？他不时地“摇摇头”又表示何意？是忏悔、委屈还是否定？尽管其语境是明确的，但由于没有动作者本人的有声语言配合，孤立地分析其“低头”和“摇头”两个体态动作，语意难以确定。可见，不少的体态语不仅要依附一定的语境，更要依附有声语言，才能明确有效地传递信息。

4. 民族性

体态语有鲜明的民族性。一方面，表示同一语意运用的体态语会因文化和环境的差异而应用不一。例如，见面时打招呼的体态语，不同民族就有不同的表示法：中国人见面打招呼是双方握手或点头以示问好，欧美人常以拥抱和接吻的方式表示，日本人盛行鞠躬，萨摩亚人互相嗅闻对方，瑞典的拉普人互擦鼻子，太平洋群岛上的伯利亚人见面时边拥抱、边抚摸对方的后背，而拉丁美洲有些地方是以拍背为礼。又如，大多数民族都以摇头表示反对、不同意，以点头表示赞成、同意，但是保加利亚人、尼泊尔人以及我国的独龙族人却相反，摇头表示同意，点头表示反对。

另一方面，同一体态语，有时也会因民族文化的不同而具有不同的含义。例如，竖起大拇指的手势语，在中国表示赞扬；在日本表示“老爷子”；在希腊表示叫对方“滚蛋”；在英国、澳大利亚、新西兰等地不仅有“搭车”之意，还是一种侮辱人的信号。又如，用大拇指和食指构成“O”形手势，在讲英语的国家里是众所周知的，表示“好”“是”“行”“对”之意，这与他们的文字有关，因为“OK”的第一个字母是“O”，而“OK”代表“oll korrect”（即 all correct 的误写）。可是“O”形手势在法国表示“没有”或“微不足道”之意；在日本表示“金钱”；在中国表示“大零蛋”；而在一些地中海国家或其他地区却是一个粗俗下流的动作。

从事公关实务活动的人员，使用体态语必须注意它的民族差异，否则会出现信息误差，影响交际。例如，西方某国领导人到巴西访问，一下飞机，便做了个“OK”的手势，自认为这是友好的表示，岂料却使巴西人哑然。又如，中国人在交谈时，常常自然地跷起二郎腿，而在东南亚国家，这一动作会被认为是极不礼貌、极不友好的表示。与东南亚人交谈时，跷起二郎腿，使鞋底朝向对方，或者哪怕是无意中稍微碰了对方一下，也会被认为是不可忍受的无礼之举。

5. 时代性

体态语会随着时代的变化而演变。例如，在我国封建社会时期，下级见上级，晚辈见长辈，需要跪拜；男子平辈之间用拱手或作揖表示礼节或欢迎；女子见面施礼是双手襟前合拜，口称“万福”，表示对对方的祝颂。这些体态语都是受封建社会的文化习俗影响形成的，深深地打上了封建社会的时代烙印。

古代的波斯人平辈之间的礼节是互吻对方的嘴唇，上下辈之间则吻面颊，如果二人身份相差悬殊，则一方要拜在另一方面前，而现在这些体态语也都成为历史了。又如，脱帽礼源于中世纪的欧洲，脱去头盔表示是“自己人”。辛亥革命后，脱帽礼在我国比较流行，而现在人们见面时，不再使用这种礼节，只在丧葬场合用以表示向死者致哀。

（二）体态语的分类

从体态语的部位和表现力着眼，可以把体态语区分为表情语、手势语和体姿语三类。

表情语是通过面部表情来交流情感，传递信息的体态语。表情语是体态语中的重要成员，在70万种人体语言中，表情语就有25万种，占人体语言的35.7%，其中表现力较强而又与公关实务关系较密切的是目光语和微笑语。

手势语是通过人体上肢的动作来传递交际信息的体态语。它包括手指、手掌、手臂及双手发出的能够承载交际信息的各种动作，其中尤以手指语、握手语、鼓掌语及挥手语的交际功能最强。

体姿语是以人的各种身姿来传情达意的体态语。例如坐姿语、立姿语、步姿语等。

综上所述，体态语分类如下所示：

- 体态语
  - 表情语
    - 目光语
    - 微笑语
  - 手势语
    - 手指语
    - 握手语
    - 鼓掌语
    - 挥手语
  - 体姿语
    - 坐姿语
    - 立姿语
    - 步姿语

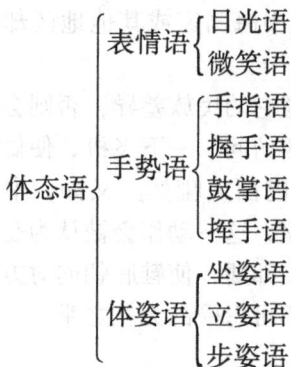

三、公关体态语的运用

（一）表情语的运用

人们脸上有眉、目、鼻、嘴这几个部件，它们在面部构成了一个三角区，这个三角区是表情语最丰富、最集中的“地区”。例如，眉毛的动作就有 20 多种：皱眉表示为难，横眉表示轻蔑，挤眉表示戏谑，展眉表示宽慰，扬眉表示畅快，低眉表示顺从，锁眉表示忧愁，喜眉表示愉悦，飞眉表示兴奋，竖眉表示愤怒等；又如嘴的开合，也可以显示出多种语意：努嘴表示愿意，撇嘴表示不愿意，噘嘴表示不快，抿嘴表示害臊，舒嘴表示放松，咧嘴表示高兴，歪嘴表示不服等。此外，人们的脸色、脸上的肌肉等也都是表情语的成员，它们都可以表露人们的心态，传递许多复杂的情感。

1. 目光语

目光语是运用眼神、目光来传递信息、表达情感、参与交际的语言。心理学家认为眼睛是“心灵的窗口”，它似秋水，若明月，是美的结晶，是人的生命之光。人们心灵深处的东西都可以通过这个“窗口”折射出来。因而，目光语较之其他体态语，是一种更复杂、更深刻、更微妙、更富有表现力的语言。正如苏联作家费定在《初欢》中描写的那样：“……眼睛会放光，会发火花，会变得像雾一样暗淡，会变成模糊的乳状，会展开无底的深渊，会像火花和枪弹一样投射，会质问，会拒绝，会取，会予，会表示恋恋之意……啊！眼睛的表情，远比人类微不足道的语言来得丰富。”汉语中仅是用来描述眉眼表情的成语就有几十个，如“眉飞色舞”“眉目传情”“愁眉不展”“暗送秋波”“眉开眼笑”“瞠目结舌”“眉来眼去”……这些成语都是通过目光语来反映人们喜怒哀乐等情感的。民谚说：“一个目光表达 31 000 多句话。”透过目光语可以知道是含情脉脉还是无动于衷，是从容镇定还是紧张慌乱，是欣喜愉快还是悲哀沮丧，是精神振奋还是萎靡不振，是轻松愉快还是拘谨尴尬。总之，一切尽在不语中。①

运用不同的目光，传递的信息就不同。一般来说，明澈、坦荡、执着的目光，是为人正直、心胸宽阔、奋发向上的表现，用这种眼神和目光与人交谈或谈判，易获得对方的信任或促进谈判的成功；相反，目光麻木呆滞，眼睛晦暗无神，是不求上进、无能为力或自毁自堕的表现，用这种眼神和目光与人交谈或谈判，易使对方感觉到你无能为力，难于开拓；而目光漂浮游移，眼神狡黠阴诈，是为人轻浮浅薄或不诚实的表现，用这种眼神和目光与人交谈或谈判，会使人觉得你心神不宁，心不在焉，从而拉大双方心理距离，使交谈或谈判失败。

目光语主要通过“看”的动作来体现。“看”蕴含着丰富的美学信息和情味。例如，有的“看”显得极雅致、悠然，如李白看山时写道“相看两不厌，唯有敬亭山”——人看山而不厌，这极正常，山看人也悠然，那山便一下子有了灵气；有的“看”显得极活泼、淘气，如“我见青山多妩媚，料青山见我应如是”；有的“看”则极不礼貌，如八戒看嫦娥就作色迷迷状，当然不美。至于男女之间的“看”更是意味深长，有时只消一眼即可造成一个或悲或喜的故事，如《西厢记》中有句台词：“怎禁她临去秋波那一转也。”这是张生的话，是说崔莺莺秋波流转。作品正是由这脉脉含情的“一眼”写起，生发出一个极迷人的爱情故事。又如古代写美人的名句“一顾倾人城，再顾倾人国”，更是惊心动魄。美人回头才看了一眼，城就“倒”了，再看一眼，国也“倒”了。“看”的功能是多么神奇！总之，看有多种：既有庄重严肃地看，也有玩世不恭地看；既有醉眼蒙眬地看，也有清醒理智地看；既有心往神飞地看，也有心不在焉地看。只要认真观察看者在看什么和怎么看，就能猜到他在想什么。②

在公关实务中，恰当地运用目光语，能增添话语的表达效果。例如：

> 1952 年，尼克松被美国共和党推选为副总统的候选人。在竞选期间，报纸揭发他曾接受 1.8 万美元的贿赂。这条新闻在投票期临近的时候爆发，犹如晴天霹雳，不仅可能葬送尼克松本人的政治前途，而且也有损共和党的形象。为了挽回不良影响，尼克松发表了电视演说。尼克松说他一生只接受过一次馈赠，就是别人送给他女儿的一只花格子狗。除此之外，没有接受过不义之财。演讲时，他对观众表现出一片忠诚，眼里还闪着泪花。他的演说感动了千百万选民，同情他的电报如雪片般地飞来。

尼克松在演说中不仅以真挚动人的语言，还以忠诚、恳切甚至“闪着泪花”的目光语，道出了自己的无辜，因而博得公众的同情和信赖。

反之，目光语运用不当，就会伤害公众，收到相反的效果。例如：

---

① 庄继禹：《动作语言学》，湖南文艺出版社 1988 年版。

② 张玉庭：《“看的学问”和“看的美学”》，《广州日报》，2008 年 7 月 11 日。

北京某编辑部的一位编辑，在接待来投稿的韩永贤时，向这位名不见经传的小人物投去的是一种鄙夷的目光。那目光像两把利剑，戳着韩永贤的心，使他揣起《对河图洛书的探索》的书稿，愤然离去。

编辑在接待韩永贤的时候，并未出言不逊，但他的目光语已代替了有声语言，传递了轻视、鄙夷的信息，伤害了韩永贤，因而，使公关关系大受影响，不仅给组织带来了经济上的损失，还有损于组织的形象。

可见，目光语对于每一个公关人员来说，都是很重要的。在公关交往中运用目光语传情达意，应注意以下三点：

第一，注意目光注视的部位。目光注视的部位分三种：

(1) 近亲密注视。视线停留在对方的双眼和胸部之间的三角部位。

(2) 远亲密注视。视线停留在双眼与腹部之间的部位。

(3) 社交注视。视线停留在双眼与嘴部之间的部位（见图1）。

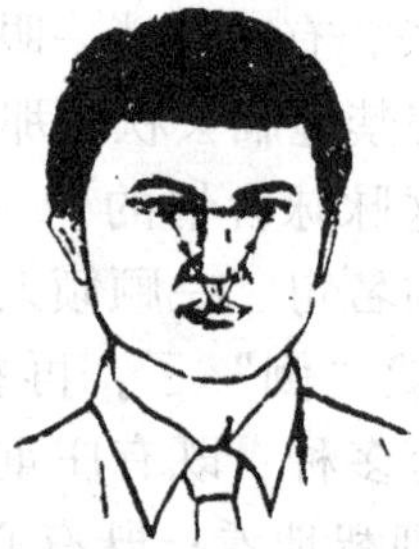

图1

显然，前两种注视部位适用于亲人（如长辈对晚辈）和恋人，而公关交际中注视的部位，宜用后一种，即社交注视。这种部位的注视，利于传递礼貌、友好的信息。

第二，注意目光注视的时间长短。与人交谈或谈判时，视线接触对方面部的时间应占全部谈话时间的20%~60%，超过这一平均值者，“可认为对谈话本人比谈话内容更感兴趣”①，如果，更长时间地盯着别人，还可认为是一种失礼或挑衅的行为；低于这一平均值者，“则表示对谈话内容及谈话本人不怎么感兴趣”②。如果长时间地不看对方，还可认为是回避视线行为，是不愿被对方看见的“心理投射”，即意味着隐藏有不愿让对方知道的事的可能性。

第三，注意目光注视的方式。目光注视的方式有多种，如斜视、扫视、窥

---

① 孔德元、张岩松、吕少平：《政府与公关》，青岛出版社1996年版，第21页。

② 孔德元、张岩松、吕少平：《政府与公关》，青岛出版社1996年版，第21页。

视、正视和环视等。斜视表示轻蔑，扫视显得不尊重，窥视表示鄙夷。公关活动中的目光注视方式以正视和环视为宜。当个别交谈时，用正视才能表示尊重和庄重；当与广大公众交谈时，既要用正视，又要结合环视的方式，这样，可使坐在每个位置上的公众不至于产生冷落之感，利于造就和谐友好的气氛，促进公关目标的圆满实现。

2. 微笑语

微笑语是通过略带笑容，不出声的笑来传递信息的体态语。微笑语是一种世界通用语，它除了表示友好、愉悦、乐意、欢迎、欣赏、请求、领略之外，有时，还可表示歉意、拒绝、否定。在日本，微笑有时还表示哀悼。

微笑是友好的使者，成功的桥梁。在公关活动中，当你走进某个办公室联系公务的时候，当你坐到谈判桌前的时候，当你登上演讲台的时候，当你接待顾客的时候……假如你能首先给公众一个微笑，那么，公众会感到你的友好或期待，从而也以微笑作出反馈，那就意味着"领略"或"乐意合作"之意了。因此，微笑作为交际双方的一种基本姿态，它是开拓的先驱，是礼貌的表示，传递着友好的信息。尤其对于初次见面的公众，微笑能大大缩短双方的心理距离，使彼此获得好感与信任，促进公关目标的实现。

微笑是一种使经营兴旺的公关艺术。一个企业在社会上能开拓局面，获取巨大利润，除产品质量、信誉等因素之外，微笑服务是获得、维持和改善自己同公众关系的诀窍。因此，在一定条件下，微笑是一种具有神奇魅力的经营艺术，甚至可以说是一种发家之"宝"。希尔顿旅馆业的发家史就是一个有力证明。

希尔顿是美国新墨西哥州人。其父去世时，只给年轻的希尔顿留下了2 000美元的遗产，加上他自己身上的3 000美元，他只身去到得克萨斯州，买下了他的第一家旅馆。当他的资产发展到5 100万美元，欣喜地向母亲禀报的时候，他从母亲那里得到了启发：必须想出使每一个住进希尔顿旅馆的人还想来住的办法，这个办法应是既简单、容易，不花本钱而又行之可久的。希尔顿思索了很久，终于找到了这个办法，那就是微笑。于是他在制定经营信条时，特别向员工强调"无论如何辛苦也必须对旅客保持微笑"。希尔顿每天到一家自己的旅馆视察业务，他向各级人员问得最多的一句话就是："你今天对客人微笑了没有？"1930年是美国经济萧条最厉害的一年，美国旅馆业倒闭了80%，希尔顿旅馆业也一家接一家地亏损不堪，一度负债50万美元。但希尔顿并不灰心，他请各位员工记住："万万不可把我们心里的愁云摆到脸上，无论旅馆本身遭受的困难如何，希尔顿旅馆服务员脸上的笑永远是属于旅客的阳光。"事实上，在那纷纷倒闭只剩20%的旅馆中，只有希尔顿旅馆率先进入了新的繁荣期，跨入了经营的黄金时代。57年来，希尔顿的资产从5 100万美元发展到数十亿美元，从一家扩展到70

家，遍布五大洲的各大都市，其旅馆规模居于全球之首。

希尔顿旅馆的生意之好，财产增长之快，其成功的秘诀之一，就在于服务人员“微笑的影响力”。美国的杂货分销商威尔腾成为十亿富翁，他的成功秘诀，也是微笑服务。在日本，售货员是否笑脸待客，是能否保住饭碗的关键一环。日本东海大学教授铃木先生在中国讲学时曾强调指出：“日本的经济之所以能高速持续增长，日本售货员的笑脸功不可没。中国经济要想腾飞，也取决于中国售货员的笑脸。”这话颇有道理。

微笑还可以美化形象。微笑不仅可以美化人们的外形，而且可以陶冶人们的心灵，发自内心的微笑是人们美好心灵的外现。外国有一位著名的政治家说过：“一个人的微笑价值百万美元。”据说，这位政治家的成功，不仅因为他有出众的才华，更重要的是他那颇具魅力的微笑。公关人员的微笑既塑造自己的个人形象，也塑造自己所代表的组织形象。例如，1990 年 8 月 14 日《报刊文摘》刊登了这样一个小故事：

> 两个金发碧眼的外国女郎一登上上海至广州的班机，就横挑鼻子竖挑眼，一会儿说机舱空气不好，一会儿说座位太脏，一会儿又说饮料有怪味，还口出粗言，甚至将饮料故意洒在空姐的身上。面对她们的无稽之谈、无礼之举，空姐不予计较，时而微笑着递过香水，时而微笑着换过坐垫，甚至微笑着换过饮料，始终坚持微笑服务。两个异国女郎终于被感动了，临别时，她们留下了一封信，承认自己太苛刻、太过分，大力赞扬中国空姐的微笑服务是世界第一流的。

（根据《空中小姐的微笑》整理）

中国空姐能始终坚持微笑待人，正是她们善良的心地、热情的性格、高度的涵养和必胜的信念等高尚心灵的外部展现，不仅为她们自己树立了良好的形象，更重要的是为中国民航的服务树立了光辉的形象。

在物质文明高度发达的社会里，许多城市都试图通过微笑来建设自己的精神文明。例如，法国巴黎被称为“微笑的城市”，法国的商店、饭馆、医院、机场、车站乃至居民的住宅区，处处可见贴着一首名为“微笑”的诗；美国爱荷达州在塑造自己的形象时，十分注重市民的微笑，被誉为“微笑之都”；在中国，随着改革开放政策的实施，很多公关主体也逐渐注重用微笑来塑造自己的形象，如上海的“向世界微笑”活动以及广州的“微笑在广州”和“微笑在车厢”等。更值得称道的是，1990 年在北京举办十一届亚运会时，亚运村服务员们的“微笑服务”给各国朋友留下了良好的印象，为中国赢得了荣誉。

总之，微笑的魅力是多方面的。正如巴黎人们传诵的那首小诗所写的那样：

> 微微一笑并不费力，
> 但她带来的好处却无法算计。

得到一个笑脸会觉得是个福气，
给予一个笑脸也不会损失分厘。
微微一笑虽然只需几秒，
她留下的记忆却不会轻易逝去。
没有谁富有得连笑脸也拒绝看到，
也没有谁会贫穷得连笑脸也担当不起。
微笑为您的家庭带来和顺美满，
微笑支持您在工作中百事如意，
微笑还能帮助传递友谊。
对于疲劳者她犹如休息，
对于失意者她仿佛鼓励，
对于伤心者她恰似安慰，
"解语之花""忘忧之草"的美名她当之无愧，
她买不来、借不到、偷也偷不去，
因为她只能在给人后才变得珍贵。

（《中国青年报》，1986年4月7日）

微笑是一种心理的放松和坦然，它来源于心地的善良、宽容和无私，表现的是一种坦荡和大度；微笑是成功者的一种自尊、自爱和自信，是失败者的紧张；微笑是对别人的尊重，也是对爱心和诚心的一种礼赞。因此，在运用微笑语传情达意时，要亲切、和蔼、自然、得体。笑要发自内心，笑要甜美，笑要有技巧。不能无笑装笑，不能讥笑，让人恐慌；不能傻笑，让人尴尬；不能皮笑肉不笑，让人无所适从。

（二）手势语的运用

手势语也是一种表现力很强的体态语。它常用来补有声语言之不足。关于这一点，《礼记·乐记》记载孔子有相关论述："说之，故言之；言之不足，故长言之；长言之不足，故嗟叹之；嗟叹之不足，故不知手之舞之，足之蹈之也。"两千多年前，古罗马的政治家西塞罗更明确地指出："一切心理活动都伴有指手画脚等动作，手势恰如人体的一种语言，这种语言甚至连最野蛮的人都能够理解。"可见，手势语作为一种伴随语言，早已为人们所认识。

在人们的日常交际活动中，手势语的运用范围很广，使用频率也很高。人们常以招手表示呼唤，摇手表示反对，举手表示赞成，搓手表示为难，叉手表示自信，摊手表示坦诚，拱手表示礼节等。一般来说，明显的、有意图的手势语传递的信息量较大。例如，向远方挥手、双手比画长度、竖起大拇指称赞某人等，既是感情的流露，也是个人特征的外观。手势语种类繁多，这里仅举几种主要的略作分析。

1. 手指语

手指语是通过手指的各种动作传递信息的体态语。这种体态语在公关交际中经常运用，无论是交谈、谈判或演讲，公关人员都会有意无意地使用手指的各种动作来辅助或代替有声语言传情达意。手指语又可细分为陈述、指示、抒情、象征、模拟等小类。例如：

①闻一多先生在最后一次演讲中，怒火满腔，义愤填膺，当讲到“今天，这里有没有特务，你站出来，是好汉的话，你出来讲”这几句话时，他横眉冷对，食指直伸，其余手指内屈。似乎在直指混杂在人群中的特务。

②《羊城晚报》一位记者向广州某大学全体教师介绍亚运会的成就时说：“……中国真了不起！183 枚金牌的取得是第一个了不起，这次亚运会的成功主办是第二个了不起！”说这些话时，他两次竖起了大拇指。

③科拉松·阿基诺夫人在菲律宾马尼拉当选为菲律宾第七任总统之际，她神采奕奕、风度翩翩地走上主席台，迅速敏捷地用两个手指打了一个“V”字形手势。

例①中的闻一多先生直伸的食指，似匕首、投枪，配合着有声语言直刺敌人，抒发了他的愤怒之情，致使那些理亏心虚的家伙溜出了会场，这是一种指示性手指语；例②中的记者两次竖起的大拇指抒发了心中的赞美之情，这是一种抒情性手指语；例③的“V”字形手势象征胜利，配合着有声语言抒发其无比喜悦的心情，这是一种象征性手指语。

由此可见，人们的手指动作能传递丰富的信息。它既可以传情表意，又可以用来指示人或事物，还有模拟象征的交际功能。

手指语的运用要看语境。例如，在庄重和谐的场合，直伸食指指向对方，就会显得对别人不尊重。此外，手指语使用的频率、摆动的幅度以及手指的姿态等都要讲究，应使其优美和谐地配合有声语言传递信息，过多、过杂而不注意姿势的手指动作，会给人以张牙舞爪之感。

2. 握手语

握手语是交际双方互伸右手彼此相握以传递信息的体态语。握手，起源于刀耕火种的原始社会。在狩猎和部族冲突中，倘若遇见陌生人，有友好愿望便丢掉武器，伸出手让对方抚摸手心，表示没有敌意，因此有了现今的握手礼。握手除了在见面问好、临走道别时用来表情达意，以及与人签署合同或协议时作出承诺的象征之外，还有其他用法和含义。例如，与成功者握手，表祝贺；与失败者握手，表理解；与欢送者握手，表告别；与同盟者握手，表期待；与对立者握手，表和解……总之，握手是一种承载着较丰富的交际信息的体态语。在各种公关活动场合，握手是常用的手势语，有经验的公关人员往往在握手的一瞬间，就能揣摩出对方的性格特点以及对方对自己的态度。例如，大体上说，习惯用双手握着别人手的人，大多是热情开朗的人；习惯伸出两三个指头让人握手的人，大多是蔑视别人，目空一切的人，也可能是缺乏教养的人；击掌式的握手，大多表示自己是干脆利落的人，或是向对方表明自己的决心；完全伸开手掌握手的人，表示自己是乐于交往、注重感情的人。又如，对方握手力量适度是善意的表示，力度均匀，说明他情绪稳定；手握得很紧，表明彼此熟悉，感情很深；如果交往不深，却把你的手握得很紧，可能是有求于你；如果随便拉一下就放开，或一边干其他事一边同你握手，则表示不太欢迎你，冷落你的意思。可见，如何领会对方的握手语是大有讲究的。

在公关活动中，能否握手，如何握手也是大有讲究的。一般来说，长辈与晚辈之间，上级与下级之间，女士与男士之间，主人与宾客之间，应由长辈、上级、女士、主人先伸出手，晚辈、下级、男士、宾客才能伸出右手与之相握。在公关实务中也一样，公关人员应视公众的具体情况和自己的身份决定是否主动相握以及先与谁握手等问题。

握手时，还应配合其他体态语。如头微低，眼睛注视对方，面带微笑，身份低者还应稍稍欠身。

握手用力的轻重也有讲究。握手用力太轻，会被认为是冷淡不热情；用力太重，又会显得粗鲁无礼；力度均匀适中，是礼貌、热情、诚恳的表示。

握手的时间长短也要注意，一触手即松开，是冷淡和疏远的表示；紧握不放也会引起对方反感。一般认为，握手时间应保持1~3秒钟为宜。

握手的部位也有讲究。相握时只轻轻地抓住对方的几个手指尖（见图2），会给人一种十分冷淡或不愿意合作的感觉；如果用拇指和食指紧紧地攥住对方的四指关节处（见图3），双指就像一把老虎钳子一样紧紧地夹住对方，会令人厌恶。正确的握手方式是手指微微内曲，掌心凹陷（见图4），这种握手方式是友好、亲切的表示。

图2

图3

图4

图5

握手时，双方均伸出一只手相握，是一般的礼貌表示；假如两只手握住对方的一只手（见图5），或者右手相握时，左手又握住对方的胳膊肘、小臂甚至肩膀（如图6、图7、图8），都比用一只手相握更显得真挚热情。

图6

图7

图8

总之，握手语的运用是很有讲究的，它们都是握手人不同情感的表达和流露。当然，在一定的语境中，握手语的运用还有较大的灵活性。请看下面几个实例：

①1954 年4 月至7 月，讨论和平解决朝鲜问题和印度支那问题的会议在日内瓦召开，周恩来率领中国代表团出席会议。这次会议是中美两国在朝鲜战争后第一次在国际会议上坐在一起。当时美国国务卿杜勒斯担任美国代表团团长，他推行的仍是敌视和不承认中国的政策。会议开始后不久，杜勒斯离开日内瓦回国，由史密斯担任代理团长。会议后期，史密斯曾主动找过周总理寒暄聊天。有一次，周总理在休息室时看见史密斯正在倒咖啡，便走了过去，向他伸出了手。史密斯当时左手夹着雪茄烟，一见周总理过来，慌忙用右手端起咖啡杯，有意让两手不空，表示无法再握手了。但他仍然和周总理交谈，大力称赞周总理的外交才华和中国的高度文明。日内瓦会议的最

后一天，周总理正在同旁人谈话，史密斯突然走到周总理前面，向他问好，又说了一番赞扬话后，便将双手握住周总理的胳膊用力地摇了摇，才向周总理告辞离去。

（根据《周恩来的一生》《毛泽东、尼克松在1972》整理）

②招待会在不断延时之后顺利结束。温家宝总理从主席台东侧快步走到记者中间，与在场的记者一一握手。大家蜂拥而上，照相机、摄像机、话筒迅速聚拢在总理身边，“总理好！”不断有人高声喊道。“温总！温总！”温总理已经走出中央大厅西门，仍有香港记者不停地高喊……

（刘旦：《聆听总理温情满厅——总理记者招待会侧记》，《广州日报》，2008年3月19日）

③9时04分左右，金正恩和特朗普相向而行，几乎同时踏上红地毯，向对方伸出手，在朝美两国国旗前握手、合影，简单互致问候。两人在握手时都面带微笑。与金正恩握手时，特朗普还拍了拍他的手臂和后背。金正恩用英语说，很高兴见到你，总统先生（Nice to meet you，Mr. president）。两人进行了长达十几秒的握手之后，进入室内。在走向室内时，金正恩说，很多人不会相信正在新加坡发生的事情。他们“会认为这是一部科幻电影中的狂想”。

［《金正恩特朗普历史性握手开谈》，《广州文摘报》，2018年6月14日］

上面公关交际中的几种典型握手语无一不在传递着丰富的、微妙的、深刻的、有深远影响的信息。例①中周恩来总理主动向史密斯伸出手，意欲与之相握，正是大国领袖博大胸怀的体现，而史密斯立即双手拿住东西，这实际是委婉拒绝了与周总理握手。史密斯为什么不与周总理握手，却又多次与周总理攀谈，并大力赞扬周总理呢？原来杜勒斯在回国前，曾严禁美国代表团成员同中国代表团成员握手。但杜勒斯的这种做法，在美国代表团内部是有不同看法的。史密斯就是一个突出的例子，他可以不直接与周总理握手，但他以热情洋溢的言辞、以用力地摇了摇周总理胳膊的手势语来代替握手，巧妙地表达了他对周总理和中国的态度，传递了友好的信息。例②中温总理与记者一一握手，既表示诚挚的谢意，也蕴含依依惜别的深情。例③金正恩和特朗普会晤前都面带微笑，在朝美两国国旗前握手长达十几秒，握手时特朗普还拍了拍金正恩的手臂和后背，这是极不平凡的，它意味着长期中断的朝美关系开始握起手来，打开了友好的大门，而且都有真情诚意。

3. 鼓掌语

鼓掌语是通过双手相拍发出声响以传递交际信息的体态语。

鼓掌语一般表示欢迎、鼓励、感谢、支持和回敬致意等语意，运用鼓掌语要根据情况的需要。例如，商业组织早上开门营业，列队向来宾鼓掌是表示欢迎，举行庆典列队向来宾鼓掌也是表示欢迎；来宾参观企业，致辞赞扬，员工鼓掌是表示感谢，来宾致贺词后，员工鼓掌也是表示感谢；请专家学者给员工作报告演讲，演讲开始之前鼓掌表示欢迎，中间讲到精彩之处，鼓掌是表示赞赏或鼓励，结束时鼓掌是表示感谢。鼓掌要适时适量，应鼓掌而不鼓掌是失礼，而鼓掌过多、过频则会令人感到厌烦。

随着社会的不断发展，人类文明的不断进步，人们越来越懂得运用掌声来传递信息。例如：

暨南大学中文系有一次组织全系教师赴深圳参观锦绣中华微缩景区，车子开动后，系总支书记站起来说了几句有关组织工作方面的事情，然后向大家介绍说："这次送我们去深圳的是车队的邱师傅，大家给他一些掌声！"随即，车厢内爆发出响亮的掌声。

1994 年 12 月 9 日，全国人事厅局长工作会议在北京召开。胡锦涛等领导同志会见全体厅局长。在厅局长的一片掌声中，胡锦涛等领导同志也高举着双手鼓掌。

上面两例中的掌声，表义各不相同：前例中的总支书记带领公众向司机报以热烈的掌声，十分恰切。因为汽车已经开动，说欢迎，有点迟；说感谢，又为时太早，在汽车开动后的轰轰行车声中，以掌声表达欢迎兼感谢的双重含义，最简洁得体。后例中的鼓掌表示回敬致意。

此外，鼓掌语也常常用来表示喝彩或喝倒彩等。喝彩时能令对方受到鼓舞，喝倒彩时，也比扔果皮、食物，吹口哨的拒绝方式文明委婉，容易使对方接受。

4. 挥手语

手臂向上方或斜上方高高举起，并频频挥动来传情达意，称为挥手语。挥手语常常辅助有声语言来表达树立理想、展望光明、弘扬精神等语意。例如，前面讲过的一个语例，科拉松·阿基诺夫人在当选总统之际，神采奕奕地走上主席台，首先打了个"V"字形手势，接着，发表了简短而又热烈的讲话，随后，她右手捧着人们献上来的鲜花，左手高高举起并频频挥动向公众致意，从而补充和代替了她用言辞还不足以表达和抒发的情感。又如，"在一片掌声中温家宝总理率四位副总理健步朝大厅走来，并不断向人群挥手致意"是用挥手语来传达向群众致敬的情意。

挥手语除了表达上述含义外，还可表达告别之义。方纪的《挥手之间》一文记载了一次具有深远意义的挥手。1945 年 8 月 28 日，毛泽东主席不顾个人安危，赴重庆与国民党谈判。延安人民纷纷赶赴机场，拼命地挥手与毛主席告别，"主席也举起手来，举起他那深灰色的盔式帽，举得很慢很慢，像是在举一件十分沉重的东西，一点一点地，一点一点地，等到举过头顶，忽然用力一挥"。这里，毛主席的挥手似千言万语，除了"似乎表达着他由思索到毅然决定赴重庆谈判的全过程”外，还饱含着他与延安人民难舍难分、依依惜别的深情。

运用挥手语，还能塑造一种奋发向上的形象，能催人振奋，尤其是在演讲中。高明的演讲家在鼓动听众时，除了运用慷慨激昂的言辞之外，还常常配合挥手的动作，两者珠联璧合，相得益彰，完美地完成表情达意的任务。例如，列宁在演讲时，身子微微前倾，并习惯用左手的大拇指插于坎肩，右手坚定有力地挥向前方，构成了一种独特的姿态。这形象简直像一幅珍贵的艺术品，深深地刻印在世界人民的心中，给人以鼓舞和力量。

（三）体姿语的运用

体姿语是通过身体在某一情境中的姿势来传递信息的体态语。身体各种不同的姿势都能传递一定的信息，无论是坐姿、立姿、步姿，还是蹲姿、俯姿、卧姿都能表达人的内心情感并体现人的文化修养。俗话说：“站有站相，坐有坐样”，“坐如钟，站如松，行如风”，体现了日常生活中人们对交际体姿语的基本要求。与公关活动关系最密切的是坐姿、立姿和步姿，公关人员基本的坐、立、行的体姿动作都应走向规范。

1. 坐姿语

坐姿语是通过各种坐势传递信息的语言。不同的坐姿传递的信息不同。如男性微微张开双腿而坐，是“稳重豁达”的表示；将一条腿搭在另一条腿上，即跷起二郎腿的坐姿，是“轻松、自信”的表示；女性并拢双膝而坐，是“庄重、矜持”的表示；双脚交叉而又配合交臂的坐姿，是一种“自卫、防范”的表示。坐的姿势的变更也体现语意的变化。例如，面对对方挺腰笔直坐，是对对方谈话感兴趣的表现，也是一种对对方尊敬的表示；侧身坐则不仅表示不感兴趣，而且表示对方不值得敬重；本是面对面端坐，后改斜坐，则表示对对方话语内容慢慢失去兴趣；本是斜坐，后改端正面对，则表示对对方谈话逐渐感兴趣；趴伏下来，表示不听；仰起身来表示蔑视；斜转身躯，表示不满。

坐姿有三种类型：第一种叫严肃坐姿，又叫正襟坐姿。如身体挺直、双脚并拢或略为分开的坐姿（见图9）。女性为并拢双膝或脚踝交叉并略斜向一侧的坐姿（见图10）。

图 9

图 10

第二种叫随意坐姿。即较随便的坐姿，如图 11、图 12、图 13 所示的皆为随意坐姿。

图 11

图 12

图 13

第三种叫半随意坐姿，即介于严肃坐姿和随意坐姿之间的一种坐姿。例如，头部微微后仰，身子斜靠着椅背，一条腿搭在另一条腿上的坐姿等（见图 14）。

图 14

在公关活动中，选用什么样的坐姿是受语境制约的。例如，在演讲、外事谈判、会议上的讲话等时间较为短暂的隆重场合，一般采用严肃坐姿，这样显得庄重和尊重公众；又如，在交谈、接待、庆典、联谊会等场合，一般宜采用半随意坐姿，这样易于造就和谐融洽的气氛，缩短交际双方的心理距离；随意坐姿一般只适用于非公关场合，除非交际双方十分熟悉和了解，才可采用随意坐姿。公关活动中，严肃坐姿和半随意坐姿使用范围广，而且这两种坐姿常常结合起来运用，它们之间并无不可逾越的界限。

一个人的坐姿也是其气质、素养和个性的显现。在公关活动中，坐姿是不可忽略的。优雅得体的坐姿可塑造公关人员的良好形象，反之则会使人反感。例如，宴请时的坐姿，要端坐且不显得僵硬，双臂紧贴两侧，在进餐过程中，是端起食物送到嘴边，而不是紧贴桌边用嘴去接食物，这种坐姿显得文雅有礼；反之，有的人将上身紧贴桌边，甚至还将双手臂肘撑在桌上，这种坐姿是无视邻座的无礼之举，是要注意纠正的。又如，在交谈中，有的人摇摇晃晃，或者是跷着二郎腿且不断抖动，这些动作都会传递“粗俗、无礼”的信息，使对方产生反感。

2. 立姿语

立姿语是通过站立的姿态传递信息的语言。不同的立姿，传递的信息不同，如站立时脊背直立、胸部挺起、双目平视，是愉悦、自信的表示；弯腰曲背的立姿是精神不振或意志消沉的表现；两脚挺立，男性两脚中间呈一线，两足并拢成60度夹角，自然透露出干练刚劲的气质；女性两足呈前后斜线，站稳，重心在后，便有庄重含蓄、矜持的风韵。

有的立姿语还是多义语。如图15所示的四种人体立姿都可以发出多种信息。根据萨宾和哈迪克的研究，图A可以表示“漠不关心”“屈从”“疑惑”或“无可奈何”等不同态度，这是西方人常常用的耸肩姿势。图B是“厌烦”“气愤”“漫不经心”的表示，也可看作是一种“自满”心理的流露。图C多为女性的站立姿势，它可以用来表示“忸怩”“害羞”“谦恭”或“悲哀”的心理状态。图D首先给人一种“傲慢”感，除此之外，这种立姿还可表示“惊奇”“犹豫”“冷淡”等信息。① 在公关活动中，最后一种立姿应当尽量避免。

① 汪福祥编译：《奥妙的人体语言》，中国青年出版社1988年版，第7页。

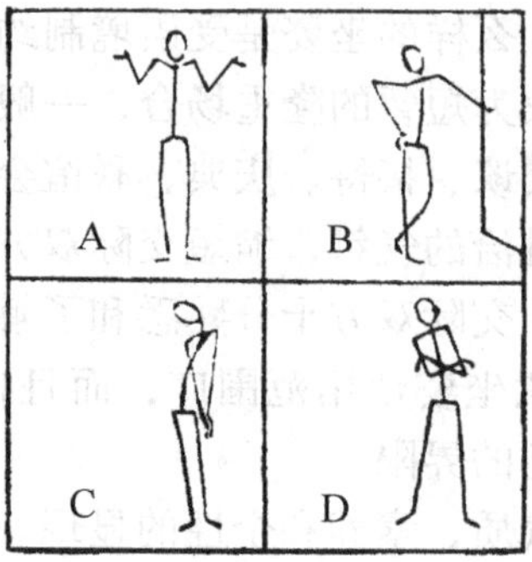

图 15

公关交际中，优美的立姿配合有声语言能收到良好的表达效果。如某些著名演讲家在演讲时，挺身直立的姿势，给人们留下了潇洒自如、气宇轩昂的深刻印象。在外事活动中，公关大使迎送宾客的立姿，再辅之以欠身、手势的动作，亦给人彬彬有礼、谦恭可亲的良好印象。在商务活动中，公关大使迎送宾客的立姿应该是"站如松"，体现出挺拔、优美、典雅的风度，具体体现为：站正，身体重心放在两脚中间，胸微挺，腰直肩平，两眼平视，嘴微闭，面带笑容，双肩舒展，双臂自然下垂，两腿膝关节与髋关节展直。反之是不注意站立时的姿势，如有的人在演讲时歪斜着身子，甚至还在抖动脚尖，这种立姿让人看了产生反感，他的有声语言自然就难入人耳了。

3. 步姿语

通过行走的步态传递信息的语言叫步姿语。心理学家史诺嘉丝曾对 193 个人做过试验，发觉人们的步姿不仅与其性格有关，而且也与其心情和职业有密切的关系。

根据人们行走时的步态，步姿语可以分为五种类型：

第一，自然型。行走时，步伐稳健，步幅不大不小，步速不快不慢，上身直立，两眼平视，手呈自然摆动。这种步姿的语意是"轻松、平静"。

第二，礼仪型。行走时，步伐矫健，双膝弯曲度小，步幅、步率都适中，步伐和手的摆动有强烈的节奏感，眼睛正视前方或斜前方。这种步姿所传递的信息是"庄重、礼貌"。

第三，高昂型。行走时，步态轻盈，昂首挺胸，高视阔步（见图 16）。这种步姿的语意是"愉悦、自信、傲慢"。

第四，思索型。行走时，步速有快有慢，快者，踱来踱去（见图 17），慢者，低视地面，步伐迟缓（见图 18）。这种步姿的语意是"心事重重、焦急、一筹莫展"。

第五，沉郁型。行走时，步伐沉重，步幅较小且慢，眼睛低垂（见图 19）。这种步姿的语意是"沮丧、痛苦"。

图 16

图 17

图 18

图 19

公关活动中，公关人员应根据不同的语境选用不同的步姿。例如，在接待、讲话、访问、会见等场合，宜用自然型步姿，显得轻松、自然、和谐；在检阅仪仗队等隆重场合，宜用礼仪型步姿，显得威武、庄重、彬彬有礼；在慰问不幸者或追悼死者的场合，应该运用沉郁型步姿，这样，才能传递同情、哀悼和痛苦的信息。

思考与练习

1. 什么是副语言？副语言有哪些类型？
2. 试举两例说明副语言在公关口语中的辅助作用。
3. 公关交际中，为什么说公关人员的体态语很重要？
4. 表情语有哪些成员？目光语和微笑语应如何运用才能得体？
5. 对镜审视自己的站姿、坐姿与步姿，看看是否符合公关人员的要求？
6. 询问同学、亲友、老师或公关专家，请他们评论或设计自己的形象，以便进一步优化个人形象。

第七章　公关礼貌语言

礼貌是待人处事，进行社会交往的一个重要手段，是人类文明和社会进步的一个重要标志，公关礼貌是公关实务交往活动的重要内容之一，是公关活动成功的一个重要条件。体现礼貌的工具主要是语言，包括有声语言与体态语。学习和掌握公关礼貌及其语言，对公关人员开展实务工作大有裨益。

第一节　礼、礼貌与礼貌语言

对公关礼貌语言研究，首先要对礼、礼貌和礼貌语言有一个清晰的认识，它们的含义并不完全相同，它们之间既有联系，又有区别。

一、礼和礼貌

中国素称“礼仪之邦”，“礼”是中国文化的根本特征。在中国对“礼”的最早解释是许慎《说文·示部》：“禮，履也。所以事神致福也。”最初始的意思是举行仪礼，祭神求福。从字的形体来看，“禮”是会意字，从示，从豊。豊字从豆象形，古代祭祀用的器具。器具中盛满祭物，如果用于事神就叫礼。示是会意字，示作为一个汉字部首，其字多与祭礼神明有关。可见过去讲的礼，主要是对神灵的祭祀，表达敬意和尊重。简体字“礼”是古代“”的楷化，是一个人蹲在神（示）面前进行祈祷，即用礼物礼仪敬神。

随着中国社会的发展，古代的“礼”逐渐与政治军事、人伦关系、道德规范、法律、宗教、哲学思想等结合在一起，如《礼记·曲礼》上说：“道德仁义，非礼不成；教训正俗，非礼不备；分争辨讼，非礼不决；君臣上下，父子兄弟，非礼不定；宦学事师，非礼不亲；班朝治军，莅官行法，非礼威严不行；祷祠祭祀，供给鬼神，非礼不诚不庄。”这其中的“道德仁义”“君臣上下，父子兄弟”牵涉道德规范和人伦关系，“教训正俗”涉及习俗礼仪，“分争辨讼”涉及法律，“宦学事师”涉及教育，“班朝治军，莅官行法”涉及政治军事。又如《礼记·礼运》上说：“夫礼必本于天，动而之地，列而之事，变而从时，协于分艺，其居人也日养，其行之以货、力、辞、让、饮、食、冠、昏、丧、祭、射、御、朝、聘。”《左传》说：“夫礼，天之经也，地之义也，民之行也。”可见，“礼”的内容囊括了社会生活的方方面面，既包括日常生活中的礼节、礼仪，也包括政治军事等重要内容。

进入文明社会以后，“礼”引申为表示敬意的总称。由于礼的活动都有一定的规矩、仪式，于是就有了礼貌、礼仪、礼节、仪式、仪表这类概念。

礼貌是人们在社会交往中待人接物时的外在表现，是相互之间表示尊重和友好的言行方式和规范的总称，它是通过仪表、仪容、仪态和言谈举止来体现的；礼仪是在较隆重的场合，为表示礼貌和尊重而举行的礼宾仪式；礼节是人们在日常生活中，特别是在社会交际场合相互表示尊敬、祝颂、哀悼之类的各种惯用仪式，如鞠躬、握手、点头致意、举手注目、吻手、献花圈等都属于礼节的各种形式；仪式是举行典礼的形式；仪表即人的外表。

二、礼貌语言和公关礼貌语言

什么是礼貌语言？陈松岑认为礼貌语言有广义和狭义之分，广义的礼貌语言指一切合于礼貌的使用语言的行为以及使用的结果，狭义的礼貌语言则单指各种交际场合中具有合理性和可接受性的表达礼仪的特殊词语。[①] 我们认为礼貌语言是指人们在各种社会交际中所使用的能够表现高尚精神、文明礼貌和文雅谦逊的语言。在现实的语言交际过程中，传达礼貌信息的手段有有声语言和无声语言两种。在有声语言中表谦表敬的谦语、敬语，亲切柔和的语调，温和委婉的口气，文雅庄重的措辞等都是礼貌的体现。无声语言中的体态语大都与礼貌密切相关，例如，握手是表示友好的迎接和送别的礼貌语言，举手致意、挥手致意、点头致意、微笑致意都是致意的礼节语言，鞠躬、作揖也是礼貌语言。

公关礼貌语言是社交礼貌语言在公关实务活动中的应用和体现，是公关人员在公关实务活动中，用以树立和维护组织形象，对交往公众表示尊敬和友好的语言。公关礼貌语言是社交礼貌语言的重要组成部分，但由于公关实务活动的目的与组织和公众的利益密切相关，因而比一般的日常社交礼貌语言的内容更为丰富，使用更加讲求规范性。

第二节　公关礼貌语言的特征

公关礼貌语言是社交礼貌语言的重要组成部分，既有社交礼貌语言的基本特征，也有一些有别于一般日常交际的礼貌语言的特性，探讨和认识这些特征，有助于进一步认识公关礼貌语言的本质。

① 陈松岑：《礼貌语言》，商务印书馆2001年版，第4页。

公关礼貌语言的基本特征主要是庄重文雅性、模式化、可操作性。

一、庄重文雅性

礼仪、礼貌的实质是恭敬，恭敬是高尚的道德修养的体现。道德是做人的行为准则和规范，这就决定了礼仪、礼貌具有庄重文雅的特征。美国社会学家E. A. 罗斯说过："礼仪是庄重的，这不是为了铭记，而是为了留下一记道德的印痕，加冕典礼和封授爵位是打算对主角和观众的情感产生一种影响的袖珍剧。任何当场的节略、骚乱、中断或突变都将削弱吸引力和摧毁整体的价值。因此，各种礼仪应该谨防分散视听，各个部分必须事先安排好，各个细节都必须讲究精确，甚至各个小节也必须是古风的，以致成为非难的批判和理性主义的禁忌。"① 卓别林在谈到幽默使人发笑时说，假如在一位总统的就职宣誓仪式上，总统发表演说，你从后台上去，对准他的屁股踢上两脚，那整个庄重的气氛就会变得十分滑稽。② 这也说明了庄重文雅对礼仪、礼貌的重要性。礼仪、礼貌是庄重文雅的，其语言也就必然具有庄重文雅性。

公关实务活动中的礼貌语言都明显表现出庄重文雅性。例如，会晤时的称呼语、问候语、介绍语和握手、致意、接待时迎来送往和赠礼受礼的礼貌用语，宴会和晚会、舞会上的礼貌用语，外事和谈判、签字时的礼貌用语，商品销售中的微笑服务和文明用语，以及信函、柬帖中的礼貌用语和演讲的称呼语、开头的问候语、结束的祝颂语等，都是端庄、稳重、文明、雅致的规范语言。

二、模式化

礼貌的言行举止方式是约定俗成的，它是人们在社会交往中必须遵循的，对交往对象表示尊敬与友好的规范惯例，一般都有规范模式或惯用"套路"与固定套语或格式语言。

模式化特征在各种公关语言中都有体现。公关礼貌中的自然语言，如哪些话语表敬、哪些话语表谦，在什么场合对谁用什么敬语，对谁用什么谦语；什么时候对什么人用什么问候语、祝福语；哪些是吉祥语可以说，哪些是禁忌语不能说等，都是长期习用、约定俗成的。又如，什么样的语调、什么样的口气、什么样的措辞是礼貌的，都有一定的规定性。再如，公关文书中的礼貌用语也都有规范模式，公关非自然语言中体态语的运用大都能体现出文明礼貌，而且一般都有规范模式。例如，"站有站相""坐有坐样""坐如钟""站如松""行如风"，就是说坐、站、行都各有规范模式，任意逾越，就会显得不礼貌。又如，怎样握手、

① E. A. 罗斯著，秦志勇、毛永政译：《社会控制》，华夏出版社1989年出版，第195页。
② 转引自高长江：《文化语言学》，辽宁教育出版社1992年版，第138页。

握手动作的主动与被动、用力的大小、时间的长短、身体的仰视、面部的表情以及视线的方向等，都有习用性；微笑服务也有规范与惯用的要求，任意而为，就会显得不礼貌。

三、可操作性

礼貌语言的可操作性与模式化密切相关，礼貌语言既有规范模式与惯用“套路”，也就有可操作的表意手段。例如，在公关实务交往活动中，表示礼貌的问候语：“您好!”“早上好!”“节日好!”“最近生意如何?”“这一段时间工作顺利吧?”称谓语：“张总”“陈主任”“刘校长”“黎先生”“马夫人”“程小姐”。体态语：单用点头、招手、微笑，或跟“您好”的问候语同时使用。表示尊重、仰慕、热情的寒暄语：“幸会幸会，久闻大名!”“您真是名不虚传!”“您越来越年轻了!”“夫人，您的气质真好!”迎访的礼貌语言：一见到客人就应招手示意欢迎，并上前主动与客人握手，热情地致欢迎语、问候语：“欢迎欢迎!”“稀客稀客!”“路上可好?”“辛苦啦!”如客人送上礼品时应双手捧接，并致谢说：“太让你破费了，真不好意思!”送别客人时，目送客人远去，挥手致意，并道：“再见，一路平安!”“欢迎再来!”服务的文明用语与服务忌语、教师忌语等都有具体的物质手段，以及前面讲的表示礼貌的副语言与体态语等都有规范标准，都可听可见、可以认识、可以把握。

礼貌语言可认识、可操作，也就可控制。具有公关意识和高文化品位的公关人员大都具有浓厚的礼貌意识。努力学习和把握公关礼貌语言策略并控制使用，严格按礼貌准则规范自己的言行举止，既尊敬公众又自尊自爱，表达感情适度，谈吐举止得体，就有利于公关实务目的的实现。

第三节　公关礼貌语言的价值

《礼记·曲礼上》说：“鹦鹉能言，不离飞鸟。猩猩能言，不离禽兽。今人而无礼，虽能言，不亦禽兽之心乎?”又说：“凡人之所以为人者，礼仪也。”讲礼循礼是人区别于禽兽的本质特征所在，荀子指出：“人无礼则不生，事无礼则不成，国无礼则不宁。”《论语·颜渊》云：“君子敬而无失，与人恭而有礼，四海之内，皆兄弟也。”中国素有礼仪之邦的美称，富有文明礼貌的传统，向来提倡“礼多人不怪”。语言谈吐文明礼貌是精神文明的一项重要内容，是美好心灵的表现，是公关文明的重要手段，正所谓“诚于中则形于外，慧于心则秀于言”。交谈中用语文明礼貌，能敞开自己美好心灵的窗口，适应人们普遍存在的社会需求，增进双方的了解和感情，为合作建立相互尊重、平等友爱和互助的关系，创造一种和谐融洽的气氛。在公关语言交际中正确运用礼貌语言，对促进社会组织的建设和发展会起到十分重要的作用。

一、礼貌语言是社会组织树立良好形象的重要因素

英国哲学家约翰·洛克说："礼仪是在他的一切别种美德之上加上的一层薄饰，使它们对它具有效用，去为他获得一切和他接近的人的尊敬和好感。没有良好的礼仪，其余一切成就会被人看成骄傲、自负、无用和愚蠢。""美德是精神上的一种宝藏，但是使它们生出光彩的则是良好的礼仪；凡是一个能够受到人家欢迎的人，他的动作不仅要具有力量，而且要优美。……无论办什么事情，必须具有优雅的方法和态度，才能显得漂亮，得到别人的喜悦。"①主要意思是良好的礼仪能体现人的高尚的道德文化修养，使其获得人们的尊敬和好感。

恩格斯说："每一个行业，都各有各的道德。做官要有'官德'，治学要有'学德'，行医要有'医德'，从艺要有'艺德'，经商要有'商德'。"②礼仪礼貌是一种素质与教养，是人必须具备的各种道德行为中的一种基本美德和言行规范。人的自身形象，实际上是其自身素质与教养的客观体现。礼貌语言能较集中和直观地反映出他的素质和教养或基本美德和言行规范的程度。因此，良好的礼貌语言素养是塑造良好形象的至关重要的因素。交际主体用语文明礼貌，敞开自己美好心灵的窗口，显示出自身的良好道德、情操和文化教养，就能使人产生良好形象的认同感；一个社会组织的领导和组织成员，如果举止文雅、谈吐谦和、礼貌待人、与人为善、诚实守信、尊敬别人、遵守公共秩序、维护社会公益等，其自身所在的组织就会赢得公众良好的评价。相反，如果一个组织的领导或成员，言行失礼，不仅有损自身的形象，而且会给自身所在的组织形象抹黑。

二、礼貌语言是公关语言交际的润滑剂

法国启蒙思想家孟德斯鸠说："礼貌和必要的礼节是人际的润滑剂和人际矛盾的缓冲器。"孔子曰："兄弟礼之用，和为贵。""君子敬而无失，与人恭而有礼。四海之内，皆兄弟也。"《孟子·万章下》："万章问曰：'敢问交际，何心也？'孟子曰：'恭也。'"孟德斯鸠和孔子、孟子的基本思想是相通的。交际中，言行谦恭、有礼貌，可以帮助营造和谐、融洽、友好的氛围，润滑人际关系；可以帮助缓和甚至消除人际的摩擦和对立，化解矛盾，获得对方的谅解和好感，从而增进友谊。

公共关系学认为，公众是上帝，公众永远是对的。组织主体对待公众的任何

① 转引自熊经浴主编：《现代商务礼仪》，金盾出版社1997年版，第14页。

② 转引自黎运汉、李军：《商业语言》，台湾商务印书馆股份有限公司2001年版，第151页。

行为都必须合乎社会规范的文明礼貌性，即使是对组织主体怀有恶意的公众，或是与组织主体在价值观念上具有冲突关系的公众，或是因个人利益而无理取闹的公众也不例外。这些组织主体与公众之间的冲突、矛盾，有轻有重，有的可以化解，有的可以削减，而且处理矛盾关系并不仅仅是组织主体与当事公众的事，还有对其他社会公众、旁观者的影响问题。因此，在解决与公众的矛盾或分歧时，也要讲究文明礼貌的语言策略：摆事实、讲道理、不胡搅蛮缠、不侮辱谩骂、适当礼让、讲服务文明用语、不讲服务忌语，即使是拒绝也是礼貌拒绝，指责也是委婉指责，这样才有助于解决问题。

历史上有名的“三顾茅庐”的典故是体现善用礼貌语言实现公关目的的典型实例。平民诸葛亮躬耕南阳，汉室后裔刘备为了请他出来帮助自己，三次到草庐中去拜访他。刘备第一次登门求见诸葛亮，虽有关羽和张飞陪同，但仍自己下马亲叩柴门，以示诚心和敬意。第二次拜访时，“离茅庐半里之外，玄德便下马步行”，还是没有见到诸葛亮。张飞大动肝火，认为诸葛亮不给面子，想用“一条麻绳将来”。刘备严厉批评了张飞，并给诸葛亮留下一张便条：“备久慕高名，两次晋谒，不遇空回，惆怅何似！……虽有匡济之诚，实乏经纶之策。仰望先生仁慈忠义，慨然展吕望之大才，施子房之鸿略，天下幸甚！社稷幸甚！先此布达，再容拜斋戒熏沐，特拜尊颜，面倾鄙悃。统希鉴原。”词敬语谦，语调亲切，口气委婉，措辞文雅庄重，诚心诚意，使诸葛亮看后，顿生好感，意欲相见。第三次拜访，当时诸葛亮正在睡觉，刘备有礼貌地拱立阶下等他醒来。当诸葛亮的童子想叫醒他时，刘备却轻声劝阻：“且勿惊动。”结果又站了一个小时，诸葛亮才醒来。诸葛亮终于被感动而决定辅佐刘备。后来刘备在诸葛亮的辅佐下，雄踞一方，成就三国鼎立之霸业。后人用此典故表示帝王对臣下的知遇，也比喻诚心诚意的邀请或拜访，都源于公关礼貌语言的重要作用。

有一篇介绍优秀营业员处理矛盾经验的文章说，某毛巾柜台前营业员正在招呼买卖，突然传来一声大喝：“你眼瞎了？我站半天了，你睬都不睬，你这是什么意思？”面对这位怒气冲天的顾客，营业员微笑着说：“对不起，我没注意，让您久等了，我这边收完钱，就给您拿。”得体的微笑、温和的态度、礼貌的语言反而使顾客感到不好意思了。买完东西，那位顾客主动道歉说：“对不起，刚才真不好意思，你多担待。”顾客满意地走了，营业员的美好形象、商店的美好形象也随之树立起来。又如，一位顾客在某食品商店买了一盒蛋糕，可后来又发现另一家食品店的售价比自己买的更便宜，于是立即返回要求退货，并说：“我太太已经买了，不需要两盒。”营业员微笑说：“实在对不起，吃的东西出门不能退，这是商店的规定，也是对所有顾客负责，请您谅解。”微笑得体、态度和气、语意真诚有礼，这位顾客也就不再坚持退货了，同时也没有不满或闹矛盾。

三、礼貌语言是现代市场经济的通行证

组织主体人员的礼貌语言行为虽不能直接获取经济效益，但如上所说，它可以帮助社会组织塑造良好的形象，可以润滑人际关系，增进友谊，而良好形象的确立，组织与公众之间友谊的增进对经济实务工作的顺利开展起着至关重要的作用。在市场经济环境中，消费公众是主导者，决定着企业能否在激烈的市场竞争中获得成功、取得经济效益。而影响消费公众消费行为的除了产品的质量之外，还有职业道德和服务质量。俗话说："信是摇钱树，礼是聚宝盆。"钱从信中来，宝自礼中出。企业要赚钱，关键靠诚信的职业道德和礼貌服务。我国古今都有不少经商者深谙文明经营、礼貌待客的重要性，规范商业礼貌的《生意经》对此作了精当的概述：①

生意经，得细听；早早起，开店门。
顾客到，笑脸迎；送茶水，献殷勤。
待顾客，要恭敬；顾客问，快答应。
货与价，记得清；从不烦，总耐心。
讲礼仪，重信任；保质量，客盈门。
对老幼，要搀送；多推销，盈万金。

据美国一家公司研究表明，对客人失礼给企业造成的损失是难以估量的："在受到不礼貌对待中，96%的人从不直接向对他们不好的公司表示不满和抱怨，但91%以上的人不再来该公司购买商品。此外，他们每个人平均要向另外九个人讲述他们的遭遇。毫无疑问，这九个人还会向他们的朋友、同事讲述同样的甚至是有点夸大的故事。"这个百分数是否准确，我们无从考究，但明显可见，不礼貌对待顾客会给企业造成多么大的经济损失。

礼貌语言不但有助于组织塑造良好形象和增进与公众的友谊，给组织增进经济效益，而且可以帮助营造一个良好的投资经营环境，这必定给组织带来有利于生存发展的有利条件和因此而产生的更为深远的经济效益。我国深圳、珠海、大连等经济特区和城市，精神文明和物质文明建设都走在全国前列。很多标语、招贴、告示等几乎已不使用强制、命令性的警示语。例如，"不准乱摆乱卖""不准践踏草地""严禁攀木折花，违者罚款""此处不准停车，违者强行拖走""此处不得倒垃圾，违者罚款100元""偷东西者，罚款十倍"等，已被亲切、礼貌、关心体贴的语言所代替，如：

爱我，护我，请别踩我。
无烟商场，多谢合作。

---

① 转引自黎运汉、李军：《商业语言》，台湾商务印书馆股份有限公司2001年版，第151页。

为了您和他人的身体健康，请不要随地吐痰、丢果皮、垃圾，谢谢合作！

这些和气有礼、关心体贴、富有人情味的语言让人看了舒服，反映出城市的文明礼貌程度和人民的素质，而这些恰恰是最能吸引投资者的。所以，社会生活中的经贸往来、商业服务、商品推销等都离不开礼貌语言，言语行为上恰到好处的文明礼貌是创造最佳经济效益的手段。有人说，礼貌及礼貌用语是通向现代市场经济的"通行证"，这话概括了礼貌及礼貌用语的经济价值，揭示了企业发展的文明手段。

第四节　公关礼貌语言的运用

现代社会的公关活动异常复杂，各种公关实务活动都要运用礼貌语言。公关礼貌语言丰富多彩，各种公关礼貌语言都有一定的社会约定俗成的行为规范与模式。下面分别论述几种公关实务活动中的礼貌语言运用问题。

一、公关人际交往中的礼貌语言运用

人际交往又称人际社交，它是指人们在社会生活中为满足某种需要而进行的信息传递、思想交流，以求彼此了解、相互合作的一种社会活动，它是社会生活的重要内容，也是维持人们正常生活的基本条件。任何人都不能缺少人际交往，公关人员进行人际交往活动是其公关实务活动的经常性工作，它直接关系到组织的生存和发展。公关人员进行人际交往除了与人为善、讲信重义外，讲究礼貌语言的运用是其成功的重要条件。公关人际交往礼貌语言最常见的是称谓、问候、握手、介绍、致意和交换名片中的语言。

（一）称谓

称谓是人们在交往应酬中用来表示彼此之间相互关系的称呼，它反映出交际双方的角色关系和个人的社会价值，同时表示一方对另一方的敬意与礼貌。礼貌是对他人尊重的情感的外露，人们对礼貌的感知十分敏锐，首先就表现在称谓的问题上，因此称谓是文明礼貌的重要内容。称谓分亲属称谓和社交称谓两种，与公关实务中人际交往礼仪关系最密切的是社交称谓。

社交称谓是人际交往大门的通行证，是沟通人际关系的第一座桥梁。用得正确得体，既能反映出一个人待人礼貌诚恳的美德，又能使对方感到愉快、亲切，易于建立、增进交际双方的感情。《演讲与口才》杂志有这样一例：某人在部队当过几年兵后复员到地方一家商业公司工作，一次与某单位打交道时发生冲突，双方僵持不下。后来他得知对方单位有一位领导干部曾在他当兵的那个团任团

长，虽然对方不怎么记得他，可是他找到那位领导同志，口口声声地称对方“老团长”，而不称对方现时的领导职务。“老团长”的称谓语调动了双方特有的上下级感情，在那位昔日团长的协调下，冲突在互谅互让中得到顺利解决。

在经贸实务交际中，称谓语使用是否得当，有时会直接影响到经济效益。一天，有一个十来岁的小姑娘到某大学的一女生宿舍去推销小饰品，一开口就称呼女大学生们“阿姨”。本来兴高采烈的女大学生们，被她一喊都蔫了，没有一个人愿意买她的小饰品，她走后，女大学生们炸开了锅：“喊我们阿姨？我们有那么老吗?!”可见，在商贸交际中，称谓语的选择很有讲究，必须慎重对待。

公关人员在正式场合使用称谓，必须体现出文明礼貌性，为此，应特别注意以下几点：

1. 采用正规称谓

在工作岗位上，人们所使用的称谓自有其特殊性。以下几种称谓方式是公关人员可以广泛使用的：

(1) 行政职务称谓。如部长、处长、主任、校长、厂长、经理等。可单独称，也可同时在前面加上姓氏或在后面加上“先生”二字，如王部长、校长先生等。

(2) 称呼技术职称。如教授、医生、法官、工程师等。可单独称，也可同时加上姓氏或“先生”二字，如陈教授、法官先生等。

(3) 称呼职业名称。如司机（张司机）、售票员（售票员小姐）、导游（导游先生）、服务员等。

(4) 称呼通行尊称。如您、先生、小姐、夫人、同志、师傅、老师等。

(5) 称呼对方姓名。称呼同事、熟人可以直接称呼其姓名以示亲密。但对尊长、外人不宜直呼其名。

在公关交际中应避免错误称谓。例如，在正式交际场合，采用“哥们儿”“姐们儿”“小妞”之类称谓，既不文明，又失了自己的身份。绰号、地域性称谓（爱人、老细、小鬼）和简化性称谓，如王局（王局长）、李处（李处长）等，如随意称呼，就显得不严肃、不正规，也不礼貌。

2. 准确、得体

社会是由性别、年龄、职业和文化程度不同的人组成的。对社交称谓的选择，要视交际对象、身份、双方关系和场合而定，做到准确、得体，才合乎礼貌。有一个时期，“老板”“师傅”这两个称谓用得很普遍，不少人很喜欢用以称呼人。显然，称经营者为“老板”，呼工人、厨师、理发师作“师傅”，都恰当，而且显得亲切、有礼；但用来称呼干部、教师、医生就不准确了。称谓语的使用也要看场合，在严肃庄重的场合一般称职位，如“董事长”“总经理”“主任”“厂长”“处长”，或使用一些表示尊重或客套的称谓，如“夫人”“小姐”

"女士""先生""同志"等；在非正式场合，就可视亲疏关系而定，一位总经理正在与几位客人洽谈业务，其一位属下进来说："哥哥，有电话找你。"这是很不得体的，所以事后总经理批评他："一点儿礼貌都不懂，在家可以叫我哥哥，在公司一定要叫我总经理。"

3. 体现对他人的尊重

据美国现代心理学家马斯洛（A. B. Maslow，1908—1970）研究，获得尊重的需要是人生的五种基本需要中的一种心理需要。① 对他人的合乎礼貌的称呼，正是称呼者对被称呼者表示尊重的一种方式。为了体现尊重，除了称谓准确、得体之外，称呼对方还要用尊称。从古至今，在社会交往中称呼他人时，多冠以尊词，如尊、贵、令、高、雅、台、老、大、阁、钧、玉、惠、芳等。正如《颜氏家训·风操》所说："凡与人言，称彼祖父母、世父母、父母及长姑皆加尊字，自叔父母以下则加贤字。"现在进行社会交际与公关交际的称呼中仍保留着中华民族这一传统美德。常用的如对姓的尊称：贵姓、尊姓、高姓；对名字、单位的尊称：尊名、雅号、芳名（女性）、贵公司、贵厂、贵店、贵校、贵会；对人年龄的尊称：贵庚、高寿、高龄（对年长者）、尊寿（对成年人）、芳龄（对女性）；对人祖父母及父母双亲的尊称：尊祖父、尊祖母、令祖父、令祖母、尊祖、令祖、尊大人；尊称对方的妻子：令妻、夫人、令夫人、尊夫人、嫂夫人、贤内助；尊称对方的言论、观点、意见：尊论、宏论、尊意、雅意、钧意、高见、尊见、芳意（女）等。

4. 入乡随俗

不同民族、不同地区的称谓，具有一定的民族性、地区性特征。例如，在国际交往中，按照国际通行的称呼惯例，一般对男子称"先生"，对已婚女子称"夫人"，对未婚女子称"小姐"，对婚姻状况不明的女子可称"小姐"，对戴结婚戒指的年纪稍大的女子可称"夫人"，这些称呼均可冠以姓名职位等。例如，"布朗先生""议员先生""玛丽小姐""秘书小姐""护士小姐"等。在日本，对妇女一般不称"小姐""女士"，而称"先生"。对地位高的官方人士（一般为部长级以上的高级官员），按国家情况称"阁下"或"先生"，如"总统阁下""总理先生""大使先生"等，但美国、墨西哥等国没有称"阁下"的习惯，因而可称"先生"。对有地位的女士可称"夫人"，对有高级官衔的妇女，也可称"阁下"。同一民族的不同地区，称谓也往往有区别。例如，中国内地表示对人的尊重，习惯抬高其辈分，而澳港地区受欧美风俗的影响，总喜欢以低一辈的称谓相称。广州常称"老板"为"老细"，而在东北、西北地区就没有这样的称谓。上海人惯称老师或师傅的配偶为"师母"，北京人习惯称她们为"嫂

① 黄仁发：《心理学漫话》，科学普及出版社 1986 年版，第 21 页。

子”或“大嫂”。在北京，对老年男子，城区称“老同志”“老先生”，郊区称“老大爷”；对老年女子，城区称“老太太”“老大妈”“老大娘”，郊区称“大妈”“大婶儿”。在广州常称老年男子为“亚伯”，称老年女子为“亚婆”。因此，在交际活动中运用称谓语，要入乡随俗，适应称谓的民族性、地域性特点，否则，就不合礼貌。

（二）问候

问候是人们相见时以语言或动作向对方进行致意的一种方式。问候的用语叫问候语。通常认为，一个人与他人见面时，如果不主动问候对方，那是不礼貌的。在公关实务活动中，公关人员更要主动向人问候，表示关切、有礼貌，以便进一步接触和交谈。

在公关实务活动中，使用问候语要体现出文明礼貌性，为此，必须注意以下三点：

1. 因人而异

不同民族的人由于社会文化背景不同，问候的方式和问候语都大不一样。同一民族的人由于亚文化或职业、文化教养不同，也常常使用不同的问候语。因此，问候语的使用要因人而异。例如，汉语和英语都有祝愿性问候语，英语中有：“Good morning！”“Good afternoon！”“Good evening！”澳大利亚人还习惯用“Good day！”汉语只有在早上说：“您（你）早！”北方人早上见面时说：“你早！”“早！”广东人早上见面说：“早晨！”知识分子过去见面时爱用书面语：“久仰、久仰！”“幸会、幸会！”“久闻芳名了！”“别来无恙吧！”现在经人介绍初次见面喜欢说：“早就听说您的大名了！”“见到您很高兴！”“请多多关照！”中国人逢年过节的问候语是：“新年好！”“春节好！”“节日好！”“春节过得怎么样？”

2. 积极主动，热情友好，自然大方

问候是出于礼貌的一种感情交流，问候他人一定要积极主动，而且要表现得热情而友好，自然而大方，如果表情冷漠或者矫揉造作，神态夸张，都不会给他人留下好的印象。当他人首先问候自己时，应立即热情呼应，表示亲切、友好之意；他人向自己问候，如果对之充耳不闻，不予理睬，那是极不礼貌的。

3. 内容得当

问候的内容很广，表示关怀的问候语：“最近身体好吗？”“很忙吗？”“最近忙什么？”“最近生意如何？”表示思念的问候语：“很久不见，你近来怎样？”“多日不见，很是想念！”表示礼貌的问候语：“您好！”“节日好！”“您到了很久吧？”表示对家人关心的问候语：“夫人好吗？”“家里老人都好吧？”“您孩子学习成绩好吧？”表示愿为对方服务的问候语：“您好，请问需要我帮忙吗？”问候他人除了要根据需要，选择得当的问候语之外，还须避免涉及不合礼貌的内容，例如："你有病吗?""夫人怀孕没有?"这类令人不愉快或属隐私的内容都不宜涉及。

（三）握手

握手是人际交往与公关活动最为常用的见面礼，它可以表示欢迎、友好、祝贺、感谢、敬重、致歉、慰问、惜别等各种感情。但不同的握手动作表示出不同的感情和不同的态度，正如美国女作家海伦·凯勒的亲身体会："我接受过的手虽然无言却极有表现力。有的人握手拒人千里……握着他们冷冰冰的指尖，就像和凛冽北风握手一样，也有些人的手充满阳光，他们握住你的手，使你感到温暖。"可见，用握手表达感情是大有讲究的。如何运用握手策略，表示不同的感情以及握手的程序、握手的方法等，前面谈握手语时已有论述，这里补充论述如何体现礼貌的问题。

1. 握手语与有声语言并用

为了表示尊敬，应边握手边开口致意，例如："您好!""见到您很高兴!""欢迎您!""恭喜您!""辛苦啦!""给您添麻烦了!""打扰您了!""谢谢您的盛情款待!""很抱歉，让您久等了!""欢迎您再来!""节哀顺变!""保重、保重!"

2. 握手语与其他体态语并用

为了表示敬意，握手时应上身下弯15度左右，头略低，面含笑容、目视对方，且不要左顾右盼。

3. 注意场合与时机

握手是人际交往与公关交际的基本礼仪，在必须握手的场合，如果拒绝或忽视别人伸过来的手，就意味着自己的失礼。例如，与友人久别重逢时、拜托别人时、谈判或交易成功时、劝慰友人时等，都是应该握手的场合，都应该把握时机与人握手，以示自己识礼、重礼与对对方的尊重。

4. 注意异域习俗

每一个国家和民族都有自己的文化和习俗，握手语也因文化和习俗而异。在中国，握手是最常见、使用范围十分广泛的见面礼。但某些闭塞的地区，握手仍是令人相当难为情的举动，尤其是异性之间，一般要女性主动伸出手来，男性才敢握她的手；如果是男性主动握女性的手，很可能使女性产生不悦和误解。在外国，如日本女人一般不跟别人握手，只是行鞠躬礼，男人往往一边握手一边鞠躬；意大利人一般不喜欢对方主动握手，只有他主动伸出手来，对方才可以相握；美国人第一次见面笑一笑，说声"嘿"或"哈啰"，并不握手。

5. 力避握手的不礼貌行为

不注意先后顺序抢先握手（正规做法是："尊者居前"，即通常应由握手双方之中的身份、年龄较高者先伸出手来，女士同男士握手时，应由女士伸手，反之则是失礼。但迎宾时，客人抵达，要由主人首先握手，以示欢迎之意，客人告辞时，则应由客人首先伸手，以示请主人由此留步）；手不干净或不脱手套握手；一边握手，一边扭头与别人说话；男士与女士握手掌心对掌心；用力过度或敷衍等都是不礼貌的行为。

（四）介绍

介绍是人际交往中为接近对方而常用的一种最基本的沟通方式。通过相互介绍，新的朋友得以相识，新的友谊得以建立，彼此间的志趣得以沟通，公关实务上的接触也由此开始了。

人际交往场合，介绍主要分为自我介绍和介绍别人两种，两种介绍都有基本的礼节。

1. 自我介绍

自我介绍是公关活动中最常用的口语形式。当公关人员、组织员工处于比较正规的场合，面对陌生的公众，首先应把自己介绍给对方。

自我介绍一般视对象而选择介绍语。把自己介绍给领导、长辈、名人时，语言要谦恭有礼，但不可点头哈腰、卑躬屈膝、出言酸腐。一位供销科长在一次社交集会中这么自我介绍："我是××公司跑供销的，我叫王××，希望今后各位经理多加指教。"话毕，面带微笑，向周围的人双手奉上自己的名片。这番自我介绍，不亢不卑，落落大方，言简意赅，很有艺术性，自然语言与体态语巧妙配合，口头上非常谦虚地说自己是跑供销的，具体职务、官衔让名片替他补充，这比"我是供销科长"这种直露的介绍，更礼貌得体，更易给人留下谦恭得体的印象。

2. 介绍别人

社交活动中，公关人员如果处于主持人地位或充当中介人时，别忘了给互不相识的人作介绍，从礼仪上讲，介绍别人时，最重要的要注意以下三点：

（1）介绍要注意先后顺序。为双方作介绍时要确立"把谁介绍给谁"的观念。得体的做法是"尊者居后"，即把职位低的先介绍给职位高者，把年轻的先介绍给年长者，把男士先介绍给女士，把主人先介绍给客人，把家人先介绍给外人。如果双方年龄、身份相差无几，则应当把自己较熟悉的先介绍给对方。违反这一顺序则有失礼仪。

（2）介绍信息量要适中。请看下面三例：

①我来介绍一下，这位是张先生，这位是王经理。

②这位是××房地产开发公司董事长兼总经理王××，他可是实权派，路子宽，朋友多，谁需要帮忙可以找他。

③我来介绍一下：这位是××先生，目前就职于××广告公司，美学爱好者，这位是××大学中文系美学教授陈××。

例①信息量太少，通过介绍，双方只能了解彼此的姓，无法从介绍语中找到继续交谈的共同话题。例②信息量太多，介绍的后半段属多余信息，而且庸俗化了，往往使被介绍者感到尴尬。例③信息量适中，通过介绍，使双方互相了解了姓名、工作单位、职务和特长，很有利于双方找出交谈的共同话题，这是最常见而又礼貌得体的介绍语。

（3）介绍要热情、文雅。为双方介绍或把某人向全体公众介绍都是为了建立关系、联络感情、融洽气氛，因此，介绍语必须热情洋溢、文雅、有礼，切忌随便、粗俗。

（五）致意

致意是使用体态语表示友好与尊重的一种问候礼节。这种礼节是日常人际交往和公关交往使用频率最高的见面礼。

致意的礼节大都在交际场合遇到相识的朋友，在距离较远或不宜多谈的情况下使用，有时对不相识者也可使用，在送别客人和朋友时也可使用。

致意的基本要求是诚心诚意，表情和蔼可亲，致意的基本原则是晚辈先向长辈致意，职位低者先向职位高者致意，学生先向老师致意，男士先向女士致意，女士遇到长辈、上司、老师或特别敬慕的人、一群朋友先致意。长辈、职务高者和老师为了展示自己平易近人、随和，也常会主动向晚辈、职务低者和学生致意。

致意的主要工具是体态语。例如，在公共场合远距离遇到相识的人时，一般是举手致意；在不宜交谈的场合大都是点头致意；在同一交际场合，向不相识者或同一场合反复见面的老朋友打招呼，可用点头或微笑致意；站着或坐着可点头致意或目视致意；男士戴帽子遇到友人特别是女士时应摘帽欠身致意；在送别客人或朋友时可举手或挥手致意，也可挥动手帕或挥动帽子致意；有时相遇者侧身而过时，在使用体态语致意的同时，也可使用有声的问候语，如“您好”“节日好”等，使致意增加亲密感。

（六）交换名片

名片是社会交往中用来自我介绍的沟通媒介，它是交际生活中的一种文化现象，在现代社会人际交往中使用越来越普遍。公关人员交换名片，除了起到交际沟通作用之外，还能产生公关效应，能辅助树立组织形象或产品的良好形象，增加社会效益和经济效益。因此，公关人员交换名片，应十分重视礼貌问题。

1. 递送名片

公关人员在人际交往中，需要主动地把本人的名片递送给他人。递送时要表现谦恭，郑重其事。不仅应当起身站立，主动走向对方，目光和蔼可亲，面含笑容，而且应当恭敬地用双手的拇指和食指轻轻夹住名片正面的两角，送到对方的胸前，并使用礼貌语言诚恳地说“我叫×××，这是我的名片，请多关照”或

“请多指教”“请多联系”之类，以赢得对方的好感。如与外宾交换名片，要依从对方递交名片的习惯。例如，日本人喜欢用右手送名片，左手接名片，欧美人、印度人习惯单手与人交换名片。

2. 接受名片

接受他人名片时，不论自己多忙，都应暂停手中所做的一切事情，并且应起立或欠身，面带笑容，用双手的拇指和食指捏住名片下方两角，并伴以有声语言传情：“谢谢!”“能得到您的名片十分荣幸。”或者说：“哦，您就是×××公司的总经理×先生呀，久仰大名。”接过名片后应认真地看一遍，并把它慎重地放入上衣口袋，如果接过他人的名片后一眼不看，或匆匆看过一眼后就漫不经心地往裤子口袋里一塞或扔在桌子上都是失礼失敬的举动。在接受他人名片之后，一般应立即回送自己的名片给对方。没有带名片或名片用完了，应该抱歉地向对方略加解释，否则，是不礼貌的。

3. 索取名片

如果别人不主动送名片，一般不要向他人开口要名片。万一确有必要向别人索取名片，可以采取互换名片法，首先递上自己的名片，等候对方回复给自己，或在递上名片时明言：“能否有幸与您交换一下名片?”或婉言暗示索取，如向尊长者暗示说：“请问今后如何向您请教?”向平辈或晚辈暗示说：“请问今后怎样与你联系?”

二、公关拜访与迎访中的礼貌语言运用

（一）拜访

拜访是一种双向的聚合活动，又称拜会或拜见。它一般是指亲自或派代表到某人家里或工作单位去拜见、访问、会晤、探望某人，这是人际交往和公关交往中不可缺少的一种礼仪活动，这种礼仪活动对建立联系、交流信息、联络感情、发展友谊，起着其他礼仪活动难以替代的效用。拜访也有相应的礼貌语言规范和模式，最主要有以下三点：

1. 选好时机，事先约定，依约而至

无论是私人拜访，还是代表组织拜访，无论是礼貌性拜访，还是事务性拜访，无论是拜访熟人，还是拜访未曾相识的人，都必须事先打电话或写信或托人联系约定合适的时间、地点，并把拜访的意图告诉对方。预约的语言必须恳切、有礼，必须是用请求、商量的口气，切勿用强迫命令式的口气。双方约定了会面的时间，作为访问者就要按时而至，不宜早到，让对方措手不及，出现令双方尴尬的局面，也不要迟到，让对方久等。如因故迟到，要向主人道歉，这是拜访的第一礼仪，既体现个人修养，更是对被访者的尊重。

2. 恭敬有礼，举止文雅，语言得体

到受访者寓所拜访，一到门口，宜以食指轻叩两三下或按门铃两三下，若室内没有反应，可过一会儿再敲或再按一次（切不可用拳头擂门、用脚踢门，或把门铃按个不停），待有人回应或有人开门相让，方可进入。见到主人，应热情问好，当主人介绍来访者与家中成员相识时，来访者应热情点头致意问好。当主人让座时，应说“谢谢”，坐时要有“坐相”，当主人上茶时，要起立双手接迎，并热情道谢。同主人谈话，态度要诚恳自然，语言要文雅得体。

3. 适时告别

告别时要得体，拜访的目的已达到，自然要适时告别，如有事请求，即使未能如愿，停留的时间也不宜过长，一般以半小时左右为宜。强求别人如你所愿，硬消磨时光是不礼貌的。决定辞别，要向主人示意，辞别时，要感谢主人热情接待。出门后，要请主人就此留步，并举手或挥手致意，以表达再三感谢之情。

（二）迎访

迎访就是迎接来访的客人，这也是社交和公关交往活动中不可缺少的礼仪活动。客人来访，不管是事务性的，还是礼节性的，或者是私人的，作为迎访的主人都应遵守特定的礼貌语言规范。主要是热情迎接、礼节周全、礼貌送客。

1. 热情迎接

一般来说，对前来参加公关活动的地位较为尊贵的外地客人，主人应亲自或派代表按事先约定的时间到机场、车站、码头迎接；对近处的初次来访的客人，也应到寓所或组织单位的门口迎接。迎接时，一见到客人就应招手示意欢迎，并面带笑容上前主动与客人热情握手，同时真诚地致欢迎语、问候语：“欢迎，欢迎！”“稀客，稀客！”“路上可好？”“辛苦啦！”如客人手提重物，应主动帮助接提，并走在前面带客人乘车或步行至寓所或组织单位的接待厅。

2. 礼节周全

客人进入客厅后，应尽快让客人落座。客人落座后主人应热情地给客人敬茶或送上饮料、糖果之类。如果是众多客人来访，主人要注意待客有序，让座献茶时，要依惯例“依次而行”，即女士先于男士，长辈先于晚辈，位高者先于位低者，并要平等对待，一视同仁，切莫厚此薄彼。如果客人未经事先约定，突然到来，无论多忙，都应停止工作，热情接待，并陪伴客人，不应随意离开客人，与客人谈话态度要诚恳热情、精神饱满，不要流露出疲倦或不耐烦的神态。如客人有事要帮忙，应尽可能满足要求；如有困难，也应委婉地说明，尽量使客人满意。

3. 礼貌送客

客人告别要走，应婉言挽留；若客人执意要走，起身告辞，主人便应起身道别。送别客人时客人在前，主人在后，一般送出门外，待客人伸出手来，主人方可伸手相握。目送客人远走，可挥手致意，并道："再见，一路平安！""欢迎再来。"

三、公关谈判中的礼貌语言运用

谈判又叫会谈。它是人与人之间一种特殊的相互沟通、交往、交易，以建立新的社会关系的活动方式。公关谈判是用来在人际关系、企业关系和政府关系方面协调交往、调解矛盾、维护组织与公众的共同利益的一种会谈，这种会谈的最终目的是促使双方达成一项互利互惠的协议。会谈双方的关系是完全平等的，会谈人员必须互相尊重，言谈举止必须文明礼貌。因此，必须注意以下三个方面。

（一）见面时的礼貌语言

心理学研究表明，人们初次对他人知觉所形成的印象往往最为深刻，而且对以后的人际知觉起着指导性作用。公关谈判成功与否，谈判双方互相给予的第一印象十分重要，而见面时的礼节是谈判人员给对方第一印象的最重要的组成部分。因此，谈判者一见面就应借助多种礼貌语言手段来沟通双方感情，消除双方的隔阂，营造良好的合作气氛，为促进谈判的交流合作打下良好的基础。

见面时的礼貌语言主要包括称谓、问候、握手、介绍、致意、名片的递接等自然礼貌语言和非自然礼貌语言，它们的运用都有约定俗成的规范模式，这在上文已有论述，这里不再重复。

（二）谈判中的礼貌语言

正式谈判阶段是对谈判双方所涉及的问题进行深入、具体、细致的交流，最终取得结果的重要过程。在这个过程中，公关谈判主体不论身处顺境还是逆境，语言表达都必须文明礼貌，分寸得当，使谈判双方处于一种尽可能友善的氛围中。

谈判中的语言文明礼貌，主要表现在以下几个方面：

1. 尊重对方

前面讲过，获得尊重的需要是人生五种需要中的一种心理需要，尊重就是礼貌。谈判人员都希望得到对方的尊重，双方互相尊重才会带来感情上的相互接近，感情上的接近是赢得信任的前提，相互信任，谈判才有可能成功。

尊重，从语言礼貌的角度说，主要有以下四点：

（1）语言表达要清楚、明了，使对方容易理解。这是为对方着想、礼貌待人的一种体现。为此，讲话语言要清晰，语速不要太快，以免对方听不懂、听不清；吐字要平稳流畅，语句不宜太长，要注意停顿；目光应与对方交流，以示征询，从而也给对方留下发表意见的机会。音量不宜太高或太低，太高使对方听来震耳，有失亲切友好，太低会使对方无振奋之感。最好是强弱结合、抑扬顿挫、自然流畅，既让对方聚精会神地听，又使其感到舒适自然，容易理解，如果语言表达不清或者不得要领，让对方听起来吃力，摸不着头脑，那是对对方的不尊重，也是不礼貌的表现。

（2）语言表达时要留意观察对方的神情和反馈的信息。如果不顾对方的反应，一味侃侃而谈，则是对对方的不尊重。如果发现自己在发言中出现失言或失态时，要立即向对方道歉。不要把对方当作阿斗来愚弄，千方百计自我辩解，力图自圆其说，会使对方产生不满和反感。

（3）说与听要机会平等。在谈判中，发言的机会是相互平等的，发言时要掌握好各自所占的时间，如果只顾自己说个痛快，滔滔不绝，霸占了别人的说话时间，等于剥夺了别人的发言机会，那是对对方的极不尊重。

（4）要积极聆听。在公关谈判中，积极而恭敬地聆听对方的讲话就是满足对方获得尊重的心理需要的一种方式，它虽然无声，但实际上是向对方传递了一个信息：你是一个值得我聆听你讲话的人。这样无形中就显示了对对方的尊重。古人说："敬人者，人恒敬之；爱人者，人恒爱之。"对方得到你的尊重，就会对你产生好感，乐意与你合作。所以有人说，倾听是一种只有好处而无害处的让步，而这个让步给你带来的一定会比你付出的还要多（如何聆听，后面将有详尽论述，这里从略）。

2. 适当肯定和赞扬

人们的自尊心理常常会表现为期望得到人们的尊重、肯定与赞扬，在谈判过程中，把握时机，中肯得当地肯定和赞扬对方的观点或双方的共识，既是礼貌的表现，也有助于推动谈判的顺利进行。例如，称对方谈判者为"传播贵国人民友情的使者"。又如，当对方的意见和观点与自己相类似或一致时，应以"我完全同意"或"您讲得很对"或"我同意你的看法"表示赞同对方意见；当谈判正在融洽地进展中，可以赞扬"我们正在共同构筑一条使双方企业通向成功友谊与合作之桥"；当谈判步步深入，已取得的共识逐步增多时，应赞扬双方前阶段谈判的真诚意向和良好合作气氛，展望"冬天的来临意味着离春天已经不远"的前景；当谈判进入关键阶段，关键问题上的分歧意见逐步显露，争议越来越激烈时，应从对手的意见中找出双方均不反对的某些非实质性内容，对对方加以适度的赞赏，突出双方的共同点，表现出对对方的理解与尊重，接着再对双方看法不一致的实质性内容进行阐述、启发和说服对手等。

3. 婉言表示不同意或拒绝

在公关谈判中还常常会遇到不同意对方的观点和拒绝对方的要求等问题。处理这类问题要讲究策略，要使用礼貌语言中的婉言法，使对方不产生反感。婉言就是不直接用语言明确地表示不同意或拒绝，而是以各种比较含糊或含蓄的自然语言或体态语来传递不同意或不能接受的信息。例如，对方的言辞与你的想法有出入，你在表示异议时，不能只说一个简单的"不"字，而应该换一种更巧妙的说法。例如，“这一点我的想法有所不同”或“我不敢肯定同意你的意见”，或以“您也许对”来暗示“我不尽同意”。即使对方对你态度粗暴或情绪激动、措辞逆耳时，也不要指责说“你这样发火是没有道理的”，而应该换之以肯定句说“我完全理解你的感情”，这等于婉转地暗示“但是我并不赞成你这样的做法”，使对方听了悦耳，不致产生反感。即使对方提出许多无可辩驳的理由，但你仍然不能同意时，也不要立即和对方争辩，而要鼓起勇气，坚决说“不”。如果对方要你说明理由，可以告诉他：“是的，你的讲话很有道理。不过你知道，我也有我的苦衷，恕我不能奉告！”最后，在拒绝时也不要伤害对方自尊心，使对方难堪。①

（三）谈判结束和告辞时的礼貌语言

公关谈判无论是成功还是失败，谈判者在结束和告辞时的言行举止都应文明有礼。如果成功固然高兴，要热情握手道贺，并恰当地赞扬对方，感谢他们在谈判中所作的贡献，这不仅是文明礼貌，同时也能起到巩固合作关系的作用。如果谈判破裂，切勿迁怒于对方，而应谦逊、礼貌、热情地握别，以体现风度，给对方留下良好印象，争取将来有合作的机会。

四、商品营销服务中的礼貌语言运用

商品营销，就是把产品或服务推销给消费者。现代消费者无论是进入商店或是饭店、旅馆消费，都不仅要满足物质上的需要，还要获得精神上的享受。而精神上的享受在很大程度上来自营业员、服务员的礼貌语言。美国商业旅馆的创始人埃尔斯沃思·斯塔特勒先生曾经指出：“服务指的是一位雇员对旁人所表示的谦恭的、有效的关心程度。”② 这里所说的“谦恭的、有效的关心”就是对营业员、服务员礼貌语言的要求。国际旅游界有关人士认为，“服务”这一概念的含义可以用构成英语 Service（服务）这一个词的每一个字母所代表的含义来理解，其中每一个字母的含义实际上都是对服务员的行为语言的一种要求。第一个字母 S，即 Smile（微笑），其含义是服务员应该对每一位宾客提供微笑服务。第二个字母 E，即 Excellent（出色），其含义是服务员应该将每一程序、每次微小的服务工作都做得很出色。第三个字母 R，即 Ready（准备好），其含义是服务员应该随时准备好为宾客服务。第四个字母 V，即 Viewing（看待），其含义是服务员应该将每一位宾客都看作是需要提供优质服务的贵宾。第五个字母 I，即 Inviting（邀请），其含义是服务员在每一次接待服务结束时，都应该显示出诚意和敬意，主动邀请宾客再次光临。第六个字母 C，即 Creating（创造），其含义是每一位服

① 孔德元等：《政府与公关》，青岛出版社 1996 年版，第 80 页。
② 转引自张四成：《现代饭店礼貌礼仪》，广东旅游出版社 1996 年版，第 98 页。

务员应该想方设法精心创造出使宾客能享受其热情服务的氛围。第七个字母 E，即 Eye（眼光），其含义是每一位服务员应该始终以热情友好的眼光关注宾客、适应宾客心理、预测宾客要求以及提供有效的服务，使宾客时刻感受到服务员在关心自己。这里所说的第一、五、六、七个字母含义也都是对服务员的文明礼貌行为语言的要求。由此可见，礼貌语言在商品营销服务中是多么重要。

商品营销服务中的礼貌语言运用，主要表现在以下两个方面：

（一）接待语言热情有礼

接待是营销服务人员出售商品和提供服务的过程，在这个过程中，宾客通过货币与商品及服务的交换，不仅要得到物质上的满足，而且要从营业员的服务中得到精神的享受。为此，在整个营销服务的过程中都要视顾客如贵宾，积极主动、热情有礼地为顾客服务。这表现在语言上，主要有以下两点：

1. 主动送给顾客一份得体的见面礼

美国波士顿斯塔特勒饭店的门卫密斯特·阿基海斯是位很有名气的门卫，他以得体礼貌的言行举止，赢得广大顾客的喜爱。他常说："我们服务的特点就是要给客人一个良好的印象。从客人到大门的一瞬间起，我就将热情周到的服务态度展示在客人面前了。"主动和宾客打招呼是这位门卫给客人的第一个良好印象。语言行为，它是商品销售或服务推销语言的"先锋官"，对创造相互尊重、和谐友好的销售服务气氛，树立企业和营销服务人员的良好形象，满足宾客的心理需求，有着"开路""搭桥"的重大作用，是营销服务人员送给顾客的一份得体的见面礼。例如，宾馆、饭店服务人员见到宾客光临时的见面礼，就是面带微笑，主动上前亲切、热情、礼貌招呼，致辞欢迎，如"您好，欢迎您"或"欢迎光临"，并以手势示意宾客进入宾馆、饭店大厅。如逢节假日迎宾时，应对每一位宾客给予节日的问候，如"新年好""中秋快乐""春节愉快，欢迎您的到来"等。语调要亲切自然，感情要真挚，使宾客有春风拂面、温暖心田的感受。

曾被《商业中心界》称为美国"销售的秘密武器"的苏珊小姐，非常善于通过打招呼给顾客留下良好的第一印象，但她并不像一般营业员那样，开口就说"我能为您做点什么""您想买点什么"之类，而是代之以"您好""早上好""您的身体太棒了"等语言，既缩短了与顾客的心理距离，又不会给顾客造成一种"催买"的感觉。当然，并不一定要对每一个进门的顾客都热情打招呼。优秀的营业员都很注意掌握向顾客打招呼的时机。日本有位经验很丰富的营业员归纳了向顾客打招呼的六个时机：顾客凝视某种商品的时候；顾客细摸细看某些商品的时候；顾客抬头将视线从商品转向售货员的时候；顾客停住脚步仔细察看商品的时候；顾客寻找商品的时候；顾客与售货员目光相遇的时候。向顾客主动适时打招呼正是"以顾客为中心""礼貌迎客"的一种体现。

2. 介绍商品实事求是

实事求是就是对不同品质、品种、等级、型号、色泽、款式的商品，根据顾客各种不同的需求与爱好作恰如其分的介绍，不胡乱吹嘘，蒙骗顾客。这是我国传统商业道德“货真价实，童叟无欺”的基本要求，也是对顾客的一种尊重，尊重就是礼貌。一位顾客进商店买密码箱，营业员热情地介绍说：“现在有两种货：一种是日本进口的，款式新、质地好，但价钱较贵；一种是国产的，虽说用料差些，但款式、做工都不错，而且价格比较便宜。”营业员实事求是地介绍两种密码箱各自的优点和不足，毫不隐瞒，顾客听了感到可信，毫不犹豫地买了国产货。可是有些奸商或心术不正的售货员，惯用坑、蒙、拐、骗的手段去愚弄顾客，或者像王婆卖瓜，用尽令人难以置信的美辞溢语，夸大商品的“优质耐用”，这是违反商德的、不礼貌的行为，它只能增加顾客的不信任感，甚至引起反感。

（二）服务语言文明礼貌

营业员、服务员的语言是沟通企业组织与消费公众关系的桥梁，是维系营业员、服务员与顾客关系的纽带，是关系着营销能否成功的重要因素。因此，文明礼貌语言显得尤为重要。营业员、服务员的礼貌语言，概括来说就是举止文雅、谈吐谦和得体。具体表现为以下四种：

1. 语调亲切柔和

语调是指贯穿整个句子的抑扬顿挫的调子，它对于传情达意有重要作用。一般来说，说话的调子不高不低、不强不弱、不长不短，就显得亲切柔和。例如：“小朋友，喜欢捉迷藏吧，你看黑猫警长逮老鼠系列玩具，好玩极啦！”“这位大哥，儿女身上该花钱，买台智力游戏机，孩子玩耍时，还能锻炼智力呢。”这位营业员的语调高低适中，语气自然柔和，语速快慢得当，表现出对顾客的诚心和敬意，使顾客感到恳切热情、温暖愉快，从而缩短相互之间的心理距离，沟通思想，促进交易成功。又如，午夜12：00，某宾馆访客时间已过，一个房间的访客尚未离开。服务小姐即拨电话到客人房间：“对不起，先生，您这儿有客人来访是吗？我们宾馆规定的访客时间已经过了，请您协助，提醒您的客人离开好吗？”服务小姐的说话语气是柔和委婉的，但客人还是发了火：“晚就晚点儿，有什么大不了的，住店又不是蹲监狱，盯那么紧干什么，真是没事找事！”服务小姐挂上了电话，心里虽不平静，但并不泄气，隔了半小时，她又打去电话：“您好，先生，我是楼层服务员，打扰您很抱歉，只是宾馆规定的访客时间已经过了，您的客人该离开了，特意提醒您一下。”停顿一下后，听听对方没有反应，服务小姐便接着说：“也许您还有要紧事情没有谈完，您再谈一会儿吧，等会儿我再来电话。”由于语气平和，说话有理又有礼，且给客人留下余地，客人便不好再说什么了。又过了半小时，服务小姐继续打电话：“先生，您好，我是楼层服务员，欢迎您的朋友来我们宾馆，现在宾馆规定的访客时间已过了多时，如果你们还要继续交谈，欢迎您和您的朋友到宾馆二楼咖啡厅去，那里24小时为您提供服务。如果您的朋友要留宿，我们也很欢迎，请您到总台办理登记手续好吗？”服务小姐反复的亲切柔和、礼貌的话语最后终于奏效，那位客人的访客离开了宾馆。

2. 话语委婉中听

委婉是不直说本意，而是用迂回曲折或者回避比较敏感的贬义字眼的言语把本意烘托或暗示出来，使人听来觉得得体、文雅。营业员、服务员与顾客打交道时，常常会遇到不能或不宜于直接说出的话，这样的话必须说得委婉含蓄，让顾客在比较舒坦的气氛中接受信息。例如，广州某宾馆的一位客人，在离开宾馆时将客房的针织用品塞入自己的行李袋。客房服务员清点物品发现后，立即通知前厅部。由于当时前厅客人较多，为顾及影响，前厅服务人员没有大事张扬，而是走到这位客人前面，面带微笑地说：“先生，您能下榻我们宾馆，已是我们的荣幸，往洗衣房送这些东西是我们的责任，您就不必代劳了。”话语委婉、礼貌、得体，且带幽默感，那位客人只好乖乖地交出了宾馆的物品。又如，顾客试衣的时候，觉得身体过胖，穿起来不大好看，售货员应该使用“富态”“丰满”等词汇，避免说“太胖”“太肥”。有些顾客相中了货物，但又嫌价格偏高，营业员如说：“换件便宜的怎样？”会伤害对方的自尊心，如果婉言说：“如果价钱不能使您感到满意的话，咱们是不是再看看别的？”这样就会使顾客有心理上或精神上的满足和愉悦。

3. 多用服务文明用语，不说服务忌语

商务服务文明用语是营业员、服务员对顾客尊敬和文明礼貌的体现，更是营业员、服务员与顾客建立良好关系所不可缺少的言语手段。

服务文明用语是多种多样的，营业员、服务员要根据不同的场合、内容、时间来选用，才能得体。

例如，营业员的服务文明用语：

早上，顾客走进店里时应说：“早上好！”“您好！”“欢迎您光临！”“您想看点儿什么？”……

向顾客介绍商品时，应说：“您想看的是这件商品吗？”“您穿上这套服装，更显得成熟、干练。”“对不起，您要的商品临时缺货，××商品的价格、质量、性能和它相仿，您看能否代用？”……

顾客挑选商品时，应说：“您想看看这个吗？需要什么花型我给您拿。”“别着急，您慢慢选吧！”“对不起，这次没能使您满意，欢迎下次光临。”……

业务忙时，应说：“请您稍等，我马上给您拿。”“您先别急，我先照顾一下这位外地顾客，马上就来，多谢合作！”“对不起，让您久等了，您需要什么?”……

收找款时，应说：“货款是×元×角，请您核对付款。”“您的钱正好。”“请您再点一下，看看钱款对不对。”……

对退换货的顾客应说：“对不起，让您又跑了一趟。”“请稍等一下，我马上给您办退换手续。”“实在对不起，您的商品按规定不能退换，请原谅!”……

对顾客表示歉意时，应说：“对不起，今天人多，我一时忙不过来，没能及时接待您，您需要什么?”“对不起，这是我的过错。”“非常抱歉，刚才我说错了话，请原谅!”……

送别顾客时，应说：“谢谢！欢迎您下次再来，再见!”“请拿好，慢走。”“不客气，这是我应该做的。”“谢谢您对我的鼓励。”“祝您万事如意!”……

接待外宾用语：“您好!”“您好，欢迎您光临本店。”“您好，我能为您服务些什么?”“请随意参观，留下宝贵意见。”“您好，很荣幸又见到您。”“先生，您好!”“太太，您好！您想买点儿什么?”“这位女士，您好，您想看中国的绣品吗?”“再见，欢迎您再来中国。”“祝您旅途愉快，再见!”

又如，宾馆服务员的服务文明用语:①

大厅服务员的文明用语：“您好!”“欢迎您到我们宾馆来。”“这里是接待处，可以为您效劳吗?”“先生，您对我们的服务感到满意吗?”“××先生，祝您好运，下次旅行时，希望您再到这里来。”

客房服务员的礼貌用语：“您好!”“欢迎您到我们宾馆来。”“××先生，早上好!”“××小姐，晚上好!”“××太太，晚安。”“您的行李请让我来拿吧!”“对不起，让您久等了。”“对不起，打扰您了，我可以现在打扫房间吗?”“欢迎您下次再来，再见!”

餐厅服务员的文明用语：“您好!”“欢迎您到我们餐厅来。”“请问一共几位?”“请跟我来。”“请坐。”“请等一等，我马上给您安排。”“对不起，现在可以点菜吗?”“您喜欢喝点什么酒?”“真对不起，这个品种刚卖完。”“现在上菜好吗?”“真抱歉，请再多等几分钟。”“您吃得满意吗?”“现在可以为您结账吗?”“请您签字。”“这是找给您的钱。”“谢谢，欢迎您再来!”

服务忌语就是不文明礼貌的语言。营业员、服务员对顾客说话不文明礼貌，就是对顾客不尊重，就会失去顾客，也会使企业形象和经济效益蒙受损失，甚至会带来不良后果。有位老人到一家民航售票厅买飞机票，因没带笔，没法填写买票单据。他看到柜台的服务员有笔，就客气地向服务员借用，而服务员的回答是：“你没看见我在用吗?”老人再三恳求，服务员居然说：“我要是不借给你呢?”服务员的恶劣言语令老人觉得受到很大的侮辱，便投诉到民航局。经过调

① 张四成：《现代饭店礼貌礼仪》，广东旅游出版社1996年版，第19、98页。

查情况属实，这位出言不逊的服务员被开除了。可见，不礼貌的用语会带来很坏的影响和后果。

为了提高服务员、营业员的素质和服务质量，许多商业企业和商业服务业除了制定营业员、服务员服务用语之外，还制定了服务忌语。对此，《光明日报》1995年7月4日在第一次发表的《服务：不该讲什么话》的前面加了这样的文字："谁都免不了逛商店、去医院、坐汽车、进银行、到邮局……但在很多时候，服务人员随口而出的那些不中听的话，真能让您半天透不过气来。看来，我们不仅要在服务行业提倡'您好''谢谢您''欢迎您'等文明用语，也应告诉服务人员在工作中别讲服务忌语，这对提高服务人员素质，促进良好社会风气的形成很有必要。"北京百货大楼和大连百货大楼等商业企业都已制定了服务忌语，北京、上海和铁道部、国内贸易部、卫生部、邮电部、中国民航总局等两市五部共同确定了窗口行业禁用五十句服务忌语。其中关于营业员的，如顾客临柜时，忌说："哎，买什么？""你不会自己看吗？""不买就别问。"向顾客介绍商品时，忌说："有说明书，自己看。""你问我，我问谁？""我不懂。"顾客挑选商品时，忌说："哎，快点儿挑。都一样，没什么可挑的。""这么多全拿给你呀！"业务忙时，忌说："喊什么，等一会儿。没看见我正忙着吗？""急什么，慢慢来。"收找款时，忌说："交钱，快点儿！""这钱太破，不收。""没钱找，等着。"退换商品时，忌说："刚买的怎么又要换。""这不是我卖的，谁卖给你的，你找谁去。""你的话我听不懂。"对顾客不说服务忌语也体现了营业员、服务员对顾客的真诚和尊重，对提高精神文明建设和完善服务品质起了积极作用。

4. 微笑服务

"面带三分笑，礼数已先到。"微笑是对人表示尊敬、友好的表情语言，是礼貌的基本因素，它能使人相悦、相亲、相近。日本LEC·东京法思株式会社编的《怎样进行积极的商务交际》一书中对"微笑的重要"作了这样的描述：

它（微笑）不费什么，但产生很多。

它使得到者满足，赠送者无损。

它发生在瞬间，却留下永久的记忆。

再有钱的人也少不了它，再贫穷的人也会拥有它。

它给家庭带来幸福，给生意带来兴隆，给朋友带来友情。

它使疲倦者得到休息；失意者得到安慰；悲伤者见到太阳；对苦恼的人则是天然的解愁药。

它不能买、不能要、不能借、不能盗。因为无偿的奉送才有价值。

给人送上笑容，有时也能得到迄今为止未曾有过的喜悦。无论何人，都会以微笑报答发自内心的微笑。这里对微笑的作用作了生动的概括。微笑在人际关系中是微笑者送给他人的最好的礼貌；微笑在商业、服务业言语交际中具有特殊的意义，它是优质服务的重要内容，是服务人员职业道德和礼仪修养的展现，是对顾客表示尊敬、友善，乃至歉意、谅解的具体体现。商业服务的宗旨是“服务至上，顾客第一”。特别是作为精神文明窗口的营业员、服务员，他们的笑脸相迎，能给顾客一种宾至如归的感觉。例如，顾客到来，营业员对他们微笑就表示“欢迎光临”“乐意服务”的意思；顾客对服务不满意、有意见，营业员、服务员对他们微笑，表示诚恳的歉意，就可以化解矛盾，获得谅解；顾客买到商品离开时，营业员微笑表示感谢，欢迎再来惠顾的意思。微笑是一种经营艺术。俗话说：“人无笑脸莫开店，礼貌待客客如云。”“笑口开，财源来。”微笑服务已成为现代商业、服务业的“生意经”，前面说过，美国康德拉·希尔顿就靠微笑服务发了财。很多营业员、服务员都自觉将微笑运用于销售服务中，在销售服务过程的各个环节，都保持笑口常开，礼貌周全，而且发自内心的真诚微笑，使顾客感到愉悦、温馨，通过货币与商品的交换既得到了物质需要的满足，又得到了精神需要的享受。

营业员、服务员对消费公众的笑，是微笑，而不是轻声地笑和大笑。微笑是一种会心的笑容，是随由衷的喜悦心理自然生发出来的笑容。日本帝国饭店客房部服务员竹谷年子，微笑服务55年，她说：“平静的心情产生和蔼可亲的笑容。”电影《满意不满意》中不安心服务工作的小杨师傅那种无笑装笑、皮笑肉不笑不会赢得公众的认可。

上面谈的是公关口头交际中的礼貌语言运用问题，公关书面交往中的礼貌语言运用，在公关信函和柬帖中有所论述。

思考与练习

1. 你认为公关礼貌语言有哪些基本特征？

2. 在公关实务活动中，公关礼貌语言的价值何在？

3. 请熟悉在公关人际交往，公关拜访、迎访，公关谈判，商业营销中的各种礼貌语言的运用。

第八章　公关模糊语言

语言是声音与意义结合的符号系统，在这一系统中存在着相对立而又统一的明晰与模糊的语言现象。公关语言作为全民语言在公共关系领域中的一种职业性、语用性变体自然是明晰语言与模糊语言的融合体。因此，公关领域跟其他领域一样，既有明晰的语言现象，也有模糊的语言现象，明晰语言和模糊语言都各有重要的语用功能、语用原则和语用规律。学习和掌握二者，对公关人员开展实务工作都大有裨益。本章专门学习和研讨公关模糊语言。

第一节　公关模糊语言的内涵与成因

一、模糊语言与公关模糊语言的内涵

模糊语言是指核心意义清晰明白，而外延边界或性状不确定、不明晰的语言。它意蕴客观世界的自然、社会和人类思维中的模糊现象，涵盖语言要素和超语言要素中的模糊现象。它存在于各种语体的言语作品之中，蕴涵丰富、深沉，耐人寻味遐想。例如："让幸福像花开在家门口，让幸福像果甜在心里头。"① 其中"幸福"是模糊词语，"幸福像花……"是模糊辞格，它们是传统文化和制度文化、精神文化作用于现实社会模糊现象的模糊语言手段。按《现代汉语词典》的解释："幸福是使人心情舒畅的境遇和生活"，"（生活、境遇）称心如意"。核心意涵是清晰明白的，但外延边界因个人文化素养或视角不同而有不同的理解。例如，广州市市长说："幸福广州的体现是'五味'：生活有甘甜味，环境有清新味，事业有成就味，社会有人情味，文化有高品味。"（《新快报》，2011年2月23日）陈鲁民说："前几天，我接一个住院的朋友出院，他因急性肾炎住院近一个月。紧握着我的手，他老泪纵横，感慨万千，'我算是想明白了，什么是幸福？不在医院躺着就是幸福'。一个退休老工人，没什么文化，却不乏睿智深刻之见，他说：'幸福就是医院里没躺着咱家的人，监狱里没关着咱家的人，夜里睡觉不怕有人敲门，白天不怕反贪公安请'喝咖啡'。而华人首富李嘉

① 《广州日报》标题，2017年2月23日。

诚谈到自己的幸福观时说：‘能不带保镖，一个人到公园里转转，和游客聊聊天，那就是幸福。’”① 著名心脑血管疾病专家、保健养生专家洪昭光认为：“对现代人来说，能有一个平静的心情是最大的幸福。”澳门大学人文学院院长程祥徽教授说：“老人幸福的标准是三老：老伴、老友、老本。”在对“幸福生活主要标准”的选择上，三地青年都把“身体健康”排在了第一位（广州：43.7%；香港：38%；澳门：46.6%）。对于排名第二的标准，广州、澳门两地青年认为是“婚姻美满”（广州：23.2%；澳门：13.7%），香港青年则选择了“有知心朋友”（16.5%）。对于第三重要的标准，广州青年选择“事业成功”（12%），澳门青年选择“良好的人际关系”（13.9%），香港青年则选择了“有一份自己喜欢的工作”（13.6%）。② 不同的人对“幸福”有不同的理解，就是模糊幸福生活文化观对模糊幸福现象的折光。

公关模糊语言是指公关主体、公关人员在公关实务活动中为实现公关目标所使用的模糊语言，前例中广州市市长和洪昭光的“幸福说”是公关模糊语言，程祥徽的“幸福说”是一般模糊语言。

二、模糊语言的成因

模糊语言现象是一个十分复杂的文化现象，它的生成因素是多元化的，而概括起来最重要的是模糊事物和模糊思维因素的统一。

语言是反映客观世界和表现人类思维的社会文化现象。客观世界丰富多彩，瞬息万变，社会文化纷繁多姿，错综复杂，既有明晰现象，也有模糊现象，二者相互联系又有区别。人类既能抽象思维和明晰思维，也会形象思维和模糊思维。前者对明晰现象折光或两相统一，便能生成明晰语言；后者对模糊现象折光或两相统一，便会产生模糊语言。明晰语言与模糊语言存在于语言体系以及对其的使用之中，“构成语言的两种相互对立又相互联系的属性”③。

公关领域使用模糊语言主要导因于表现模糊现象，实现特定公关目标的需要，也会使用模糊语言。

第二节　公关模糊语言的普遍性与语用价值

世界上的自然现象、社会现象和人类的思维现象纷繁复杂，明晰的、模糊的

① 陈鲁民：《什么是幸福?》，《商洛日报》，2011 年 1 月 1 日。

② 《〈广州青年发展报告 2016〉发布　青年择业均以个人兴趣为主》，《广州日报》，2017 年 2 月 17 日。

③ 黎千驹：《模糊语义学导论》，社会科学文献出版社 2007 年版，第 27 页。

都普遍存在，因而用明晰的、模糊的思维反映明晰的、模糊的现象的语言都有普遍性，都有重要的语用价值。

一、模糊语言的普遍性[①]

模糊是语言的一个重要属性，模糊语言普遍存在于语言要素和超语言要素中。

（一）语言要素的模糊现象

语音是一种具有一定意义的、用来进行社会交际的声音，它具有由社会成员约定俗成的表意功能和民族或地域特征，因而具有模糊性。这可见诸语音的要素和音节及其运用之中，语音要素是音高、音强、音长、音色，而声音的高低、强弱、长短和音色都没有量化标准，是模糊现象。汉语音节由声、韵、调组成，根据声调的特点，可生成押韵和平仄。汉语里有些语文体式讲求押韵，有些无须押韵，讲求押韵的有严有宽，押韵的方式也多种多样，这种灵活自由，正是模糊的体现。平仄是通过声调的有规律变化来实现的。汉语每个声调都有高低变化不同的四声。四声又分为平声和仄声，简称平仄，汉语有些语文体式讲求平仄，有些不讲求平仄，平仄调配的规则也不是绝对的，因而平仄也有模糊性。此外，同音、叠音、谐音、拟声、双声、叠韵、节奏的运用也都有一定的模糊性。

词汇是语言的建筑材料，其生成、发展、演变的整个过程都是处于赖以生存的社会文化环境之中的，它是个开放型的复杂系统，汉语词汇系统中大量地、普遍地存在着模糊现象，这突出表现在两个方面：一是举凡所指对象的意义或外延存在不确定性或性状存在交叉地带的词语，诸如表示事物范畴和性状，表示一定时段没有精确起止时间，表示空间和地域没有精确界限，表示数量和程度没有精确范围，以及表示颜色的词语，例如树木、文化和冷热、优雅、善良，凌晨、中午、傍晚、深夜，上空、地下和长江流域、沿海，多、少、大概，一般、很、非常，前后、东边、西边，以及红、粉红、黄、米黄等，都有模糊性；二是举凡表示诸如感情、形象、语体、风格、地域、宗教迷信、民族、时代色彩的词语和礼俗词语、熟语，例如爱、恨、乐观、自高自大，火舌、羊肠小道、红艳艳，会谈、谈话、散文、公文，豪放、柔婉、上品、下品，冰棒（武汉话）、雪枝（客家话）、雪条（广州话），孔庙、土地庙、风水先生、道士，鸳鸯、吃粉笔灰，狗眼看人低、懒婆娘的裹脚——又长又臭、老马识途、吉祥如意、恭喜发财等，它们的核心意义是确定的，但边界模糊或性状亦此亦彼，所以都属模糊词语。

语法是语言的构造规则，它具有抽象性、生成性和民族性等基本特质。这些

① 参看黎运汉：《模糊语言风格文化窥探》，黎千驹、冯广艺主编：《模糊语言研究》（第一辑），中国社会科学出版社 2014 年版，第 180－185 页。

特质决定它必然具有一定的模糊性，这突出表现在词类和句子，以及对其运用所生成的模糊语法现象之中。词类是词的语法分类，汉语的各类实词大都是多功能的，可充当各种句法成分，而且都有灵活性。我们对词作组合能力分析，常常会遇到"不确定"的情况，对词进行语法性质分类时也会碰到兼类现象，原因就在词类边界的本质是模糊的，句子是语言的使用单位，人们对其认识和分析都存在着诸多模糊性。这首先表现在句子的分类上，单句和复句及其下位的再分类，都是相对的，彼此之间都没有绝对分明的界限，都存在着相互过渡的状态。其次表现在句子成分的排列上，汉语按句子成分的排列可分为常式和变式同义句，同义句的核心意义相同，但结构不同，外延意义也有别。汉语里利用句式单复变化，语气变换，语序变位，可生成大量的同义句，同义句都有模糊性。此外，紧句和松句、整句和散句、繁句和简句等同义句，以及"的""地""得"的灵活运用等都是语法系统的模糊现象。

（二）超语言要素的模糊现象

超语言要素的模糊现象，主要是指辞格系统和辞趣系统的模糊现象。

汉语辞格大都具有明显的模糊性，这突出表现在其自身的构成和分类上。前者如比喻"语言无味，像个瘪三"（毛泽东《反对党八股》），重在本体与喻体的相似性；比拟"哭声震荡着血红的河水，青山发出凄怆的共鸣"（冯德英《苦菜花》），重在甲事物与乙事物的高度契合；借代"中国百姓的荷包年年见涨"（《广州日报》标题），重在本体与借体的相关性；夸张"萃会医药精华，服务三亿家庭"（家庭医药广告），重在故意扩大或缩小客观事实。"相似""相关""高度契合""扩大或缩小"到什么程度都没有量化标准，所以是模糊现象。后者如学者们对辞格按什么标准分类、分多少类、某些辞格相互之间有哪些联系和区别等问题的把握，常常举棋不定，存在着或此或彼的犹豫性，原因就在辞格的"类型"存在着模糊性。例如："姑娘一闪身向外溜跑，院子里连扫帚也在欢笑。"（李季《报信姑娘》）是借代？是比拟？是夸张？或此或彼，都有道理。"泪添九曲黄河溢，恨压三峰华岳低。"（王实甫《西厢记》），从逻辑变异的角度看是夸张，从配搭变异的角度看是比喻，同一语句从不同的角度看是不同的辞格，原因就在辞格的分类标准存在着多样性。此外，诸如排比与层递、排比与反复、反问与设问、衬托与对照、避讳与回避、拟物与拈连等，相互之间边界都不明晰，都在一定程度上存在着亦此亦彼、非此非彼性。

辞趣是利用词语的意义与声音、文字的形貌和书写款式以及图符等自身的情趣造成的修辞现象。它是个开放、灵活的系统，包括意趣、音趣、形趣。辞趣含义丰富，具有亦此亦彼的特点，是一种颇有审美情趣的模糊现象。例如："常说文人相轻，其实香港人也相轻。'你说香港人管理香港？究竟是哪一位或哪几位港人？他，他，还是他？……'"① 这是利用指代范畴的词语构成的意趣。指代词具有既可确指，又可不定指的特点，此例故意连用三个词形相同的“他”，后面带问号和省略号，明显是虚指任何人而非一人，它等于说是“张三”，是“李四”，还是“陈五”？虚指、泛指都是模糊的体现。又如“烟锁池塘柳，炮镇海城楼”（广东虎门对联），这是利用偏旁和部首相同的字连缀成句的联边趣。对联的上联和下联同一位置的字使用相同偏旁“火”字旁、“金”字旁、“三点水”、“土”字旁、“木”字旁，这是汉文化里的五行“金、木、水、火、土”。五行相生相克，变化无穷，两个强劲的动词“锁”和“镇”也给人一种非凡的气势，这就不仅使对联的结构十分奇巧美妙，而且寓意更加深远，充分表现了中国人民誓死保卫祖国的河山，与敌人抗战到底、不容侵犯的英雄气概。语言呈现出豪放格调，其语言手段、语意内涵、语用效果都带模糊性。

由上可见，语言三要素系统，以及对其运用而生成的辞格和辞趣都普遍存在着模糊现象，所以不少研究模糊语言的论著都以模糊的同义手段称“模糊是自然语言的重要属性”“模糊是自然语言的本质特征之一”“语言是明晰与模糊的对立统一体”“模糊现象普遍存在于自然语言及对其运用之中”等都有可信的语言文化理论和语言文化实际作依据，而公关语言作为一种重要的职业性的语用变体，为了表现模糊现象和实现特定的公关目标的需要，必然普遍使用各种模糊语言手段。

二、模糊语言的语用价值

在具体语言环境中“模糊概念要比明晰概念更富有表现力……在模糊中能够产生知性和理性的各种活动”②。“交际需要词语的模糊性，这听起来似乎是很奇怪的。但是，假如我们通过约定的方法完全消除了词语的模糊性，那么，正如前面已经谈过的，我们就会使我们的语言变得如此贫乏，就会使它的交际和表达作用受到如此大的限制，而其结果就摧毁了语言的目的，人的交际就很难进行，因为我们用以交际的那种工具遭到了损害。”③

模糊语言之所以会普遍存在于语言要素和超语言要素之中，是因为它富有表现力和具有提高语用品位的价值。

（一）能顺应表达模糊现象的需要

前面说过，在大千世界中存在着各式各样的模糊事物或现象，其中很多的性质、状态、程度、数量、功能乃至相互间的界限都无法被真正认识、把握，难以

---

① 理由：《九七年》，《文汇月刊》，1986 年第 10 期。
② 康德，邓晓芒译：《判断力批判》，人民出版社 2002 年版。
③ 沙夫，罗兰、周易译：《语义学引论》，商务印书馆 1979 年版，第 355 页。

用清晰的语言来表达，只能用模糊语言来概括。例如，山水、树木、鸟兽、时令、空间、建筑物、城镇、村寨以及人、社会制度、科学、艺术、风格等，它们都是多元体，其各个因素的相互之间都没有明确的分界点，难以用明晰的语言准确地区别开来，只能用模糊的同义手段来表述。例如，表示山的：大山、小山、高山、山丘、山脉、山脚、山腰、山峰等；表示人的：儿童、少年、青年、壮年、中年、老年等；表示社会制度的：原始社会、奴隶社会、封建社会、半封建半殖民地社会、资本主义社会，社会主义社会，共产主义社会等；表示风格的：豪放、柔婉、简约、繁丰、蕴藉、明快、藻丽、朴实、幽默、庄重等。这些表述多元体的各种元素的语言手段相互间界限是不清晰的，但其核心意义是可以理解的，它们是模糊语言具有顺应表达模糊现象或事物的语用价值的体现。人们运用语言无论是口头表达，还是书面表达；无论是日常交际，还是专业性交际（如公关交际等）都会遇到很多模糊现象，需要用模糊语言来表达。例如：

①某办公大楼传达室值班员：先生，您好！有什么事？找谁？

来访者：我是广州市外贸公司的，找你们后勤部的王部长办点事，请通传一下好吗？

值班员：他正在开会，请您稍等一下好吗？

来访者：要等多久？

值班员：大约15分钟吧，请您坐一会儿，好吗？

来访者：好！谢谢！

②全面贯彻落实中共十八大和十八届三中、四中、五中、六中全会精神，深入学习贯彻习近平总书记系列重要讲话精神和治国理政新理念新思想新战略，坚持统筹推进“五位一体”总体布局和协调推进“四个全面”战略布局，坚持稳中求进工作总基调，牢固树立和贯彻落实新发展理念，组织参加人民政协的各党派团体、各族各界人士，围绕团结和民主两大主题，认真履行政治协商、民主监督、参政议政职能，把坚持和发展中国特色社会主义作为巩固共同思想政治基础的主轴，把围绕“十三五”规划实施建言献策作为工作主线，着力做好思想引导、汇聚力量、议政建言、服务大局的各项工作，促进经济平稳健康发展和社会和谐稳定，以优异成绩迎接中国共产党十九大胜利召开。

（《俞正声代表政协第十二届全国委员会常务委员会作工作报告》，《广州日报》，2017年3月4日）

例①、②带点的都是顺应表达客观存在的模糊现象的需要而使用的模糊语言，或表示人和事，或表示时间，或表示称呼、礼貌，或表示性状程度，或表示数量范围，其外延边界都不确定、不明晰，但核心意义是清晰明白的，表达主体和接受主体都清楚、理解。

（二）能应合特殊表达的需求

人们运用语言有时需要明晰，有时却需要模糊；有时明晰语言、模糊语言可以并用；有时明晰语言、模糊语言可以互易；有时只能用模糊的，不能用明晰的，因为有些特殊题旨在特定环境下使用模糊语言会产生一些额外的语用效果，而使用明晰语言则无法实现这种效果，这是模糊语言具有能应合特殊表达需求的语用价值的体现。下面看典型语例：

①中国梦。

②我们对着高山喊：

周总理——

山谷回音：

“他刚离去，他刚离去……”

（柯岩《周总理你在哪里》）

上述两例都用了模糊语言。例①是应合表现抽象题旨需求的，“中国梦”即为中国人民的理想，是实现中华民族的伟大复兴，这是一个多元化而又与时俱进的不断丰富的开放的政治文化体系，用三个字来概括，言简意赅，耐人寻思。例②是应合表现忌讳论题的需要的，汉民族习俗传统常常对“死”“病”之类的伤感事不愿意或不忍直接说出，而运用讳饰的辞式来迂回曲折地说。中国人对周恩来总理鞠躬尽瘁为人民的高尚品格十分敬仰，他的去世，全国人民都感到非常悲痛，这里用“他刚离去”而不用“他刚去世”，就起了避免给中国人民以强烈刺激的委婉含蓄作用。

（三）能满足语用灵活多变的诉求

客观事物、现象丰富多彩、千变万化，人们用来反映客观事象的语言也必须丰富多变。“人的各种感官也都喜欢变化，同样地，也都讨厌千篇一律。”[①] 语言表达和接受都诉求语用灵活多变，厌弃板滞单调。模糊语言中有多种多样的同义手段，模糊同义手段都具有灵活多变的修辞功能，语言表达主体掌握了丰富的模糊同义手段，在特定语境中又能恰切地选用，便可以满足人们语用灵活多变的诉求，下面看语例：

①二太太把个刚到一周岁的小泥鬼交给了他，他没了办法，卖力气的事儿他都在行，他可是没抱过孩子。他双手托着这位小少爷，不使劲吧，怕滑溜下去，用力吧，又怕给伤了筋骨，他出了汗，他想把这宝贝去交给张妈——一个江北的大脚腿子。

（老舍《骆驼祥子》）

②这一回她的变化非常大，第二天，不但眼睛凹陷下去，连精神也更不

① 北京大学哲学系美学教研室编：《西方美学家论美和美感》，商务印书馆1980年版。

济了。而且很胆怯，不但怕黑夜，怕黑影，即使看见人，虽然是自己的主人，也总惴惴的，有如在白天出穴游行的小鼠，否则呆坐着，直是一个木偶人。

（鲁迅《祝福》）

③中国人民是勤劳、勇敢和富有智慧的人民。

中国人民是勤劳的人民，勇敢的人民，富有智慧的人民。

中国人民是勤劳的人民，中国人民是勇敢的人民，中国人民是富有智慧的人民。

④人回："东府蓉大奶奶没了。"凤姐吓了一身冷汗。

袭人惊喜道："这还了得！偶或碰见或是遇见老爷，街上人挤马碰，有个闪失这也是玩得的吗？"

"难道将来只有宝兄弟顶你老人家上五台山不成？"

"等你明儿做了一品夫人，病老归西的时候儿我往你坟上替你驼一辈子碑去。"

周瑞家的带了信回凤姐说："袭人之母业已停床，不能回来。"

"老爷殡天了！"众人听了吓了一大跳忙都说："好好的并无病，怎么就没了。"

稍刻，小太监传谕出来说："贾娘娘薨逝。"是年甲寅年十二月十八立春。

史太君寿终归地府，王凤姐力诎失人心。

（曹雪芹：《红楼梦》第三、十九、二十二、二十三、五十一、六十三、九十五、一百一十回）

例①名词"泥鬼""孩子""小少爷""宝贝"都是指二太太的孩子，它们在上下文中互相代替便避免了同词重出，使文字显得活泼多变。例②用了十个连词，其中"不但"与"不独"同义，"即使"和"虽"同义；"不但"配搭"而且"，"不独"隐去"而且"，"即使"和"虽"都跟"也"呼应，这样恰当地错综变换，不但不显得重叠累赘，反而显得语言丰富多变，生动地刻画了祥林嫂由于受封建社会的污辱和压迫而日益呆板麻木的形象，深刻地揭露了剥削制度和封建社会的吃人本质。例③是句式紧与松变换，三句的语意一样，但组织结构松紧有别，是模糊同义句：前句结构紧些，中句结构松些，后句结构更松。紧句组合紧凑，语势紧迫，用语经济；松句组合松弛，语势舒缓，用语较多，善于灵活运用，能满足实现表达需要的诉求。例④句子中都用了模糊的避讳辞格，带点的如"没了""顶你老人家上五台山"等都是"死"的同义手段，都有程度不同的感情色彩，它们应合表达对象的需要而变换使用，便表现出语言灵活变化美，大大提高了文学作品语言美的品位。

第三节　公关模糊语言的运用

公关模糊语言运用要取得理想的效果，必须遵守一定的表达原则和讲究表达艺术。

一、公关模糊语言的表达原则

前面第三章讲过，公关语言表达原则最重要的是诚信、适切和规范原则。公关语言包括明晰语言和模糊语言。公关模糊语言与公关语言的关系是局部和整体的关系，局部服从整体，公关模糊语言表达无疑要受到公关语言表达原则的制约，但基于公共关系的双益目标，又有其特殊性，所以公关模糊语言的表达原则最主要的是：

（一）态度真诚，内容真实

公共关系的最终目标和根本宗旨是树立自身组织的良好形象，建立与公众间的良好关系，给组织与公众带来良好互利。要实现这一目标和宗旨，公关人员在实务交往活动中运用模糊语言，态度一定要真诚，传递的公关信息一定要符合客观实际，无虚无假，真实可信。如果对客观事象认识还是模糊的，或者事实本身具有模糊性的，就一定要模糊表达，不能用明晰的话语诓人，模糊表达也要准确，对事物的性能、状态、功能、程度等用模糊语言来表达，一定要讲究分寸，不能夸大，也不能缩小，只有如此，才能赢得公众信赖，从而使自身组织和公众都获得良好效益。例如：

①医生，要镶几颗？

五颗。

麻烦吗？

五颗涉及牙肉的面积较大，比较麻烦。

要多少时间？

大约两个月吧。

要多少钱？

大约五千元。

好！请你帮我镶吧！

（牙科医院里一位医生与镶牙者的对话）

②【不良反应】

1. 一般耐受性良好，大部分副作用轻微而短暂。

2. 本品常见不良反应为胃肠道不适，如胃痛、腹胀、胃部灼热等。

3. 偶可引起血清氨基转移酶和肌酸磷酸激酶可逆性升高。

4. 罕见乏力、口干、头晕、头痛、肌痛、皮疹、胆囊疼痛、浮肿、结膜充血和泌尿道刺激症状。

（血脂康胶囊说明书）

③征聘北极探险人员

我们拟组建北极探险队，要招聘一批队员。我们既收入低微，行进中酷寒迫人，漫长的黑暗一日连一日（这是极地黑夜），且险情丛生，很可能难以生还。不过一旦探险成功，也会得到无上的荣誉作为补偿。

诚实的查克

（1980 年，英国伦敦泰晤士街区探险队招聘探险队员的广告）

④谈主权、谈初心、谈实干……
习近平新年贺词亲民色彩浓

贺词：通过改革，农村转移人口市民化更便利了，许多贫困地区孩子们上学条件改善了，老百姓异地办理身份证不用来回奔波了，一些长期无户口的人可以登记户口了，很多群众有了自己的家庭医生，每条河流要有“河长”了……这一切，让我们感到欣慰。

解读：

习主席讲述的每一个生动的获得感背后，都埋藏着重大的改革。

比如河流有了“河长”，背后是跨行政区、按流域界定区分生态保护责任的制度要求；一些长期无户口的人可以登记户口了，背后是公安部门非常努力地完成了大量针对这个人群的户口登记服务工作；“很多群众有了自己的家庭医生”，背后是在医改进程中，不仅要建好像三级甲等医院这样的大医院，还要建设基层诊疗服务机构，进而建立家庭医生制度。家庭医生走到百姓家里，不仅提供基本诊治，还能提供预防性、保健性的建议。这是一场逐步提高整个中国医疗卫生服务水平的重大改革。

（《广州文摘报》，2017 年 1 月 5 日）

例①牙科医生如实地以表示数量和时间范畴的模糊词语回答镶牙者的所问，镶牙者觉得真实可信，便决定镶牙，从而达到了双益的目的。例②用“良好”“大部分”“轻微而短暂”“常见”“偶可”“罕见”等模糊词语来表述血脂康胶囊的不良反应，让顾客思考决定是否采用，这是诚实的表现，如果使用“很好”“全部”“不会”“没有”之类很可能让人觉得不可信。例③带点的都是模糊语词，广告主体以之将北极探险队极为艰苦的环境条件和可能出现的生命危险，毫不隐瞒地描述出来，公之于众，不但没有吓退应聘者，反而引来了众多的应聘者，任由其挑选，完成了招聘任务。例④带点的都是模糊话语，习近平在这段贺词中用来讲述大家感受到的变化事实后，之所以会引得《广州文摘报》的编辑解读说："习主席讲述的每一个生动的获得感背后，都埋藏着重大的改革"，"亲民色彩浓"，就是因为习主席态度诚实，使用模糊语言很有分寸，符合客观实际。

（二）切合接受对象的特点和文化背景

陈望道先生说："写说本是一种社会现象，一种写说者同读听者的社会生活上情意交流的现象。从头就以传达给读听者为目的，也以影响到读听者为任务的。对于读听者的理解、感受，乃至共鸣的可能性，从头就不能不顾到。……写说者、写作物和读听者各都成为交流上必不可缺的要素。对于夹在写说者和读听者中间尽着传达中介责任的语辞自然不能不有相当的注意。看它的功能，能不能使人理解，能不能使人感受，乃至能不能使人共鸣。"① 著名语言学家林赛·诺尔曼也说过："微妙的社会习俗支配着谈话和写作，要成为一个语言的有效使用者，人们必须要考虑听众的特征，他们的知识，他们的社会背景，他们参加交往的原因。讲出来的词所传递的意思常常与它字面上解释所包含的意思非常不同。"人们常说："见什么人说什么话，到什么山唱什么歌。"为了取得理想的表达效果。公关领域中使用模糊语言必须切合接受公众的特点和文化背景，否则就会影响交际效果，2016年春节，在某师战友建东联谊会举行的团拜茶话会上，联谊会会长说："有位著名教授对我说：'老人的幸福标准是有三老：老伴、老本、老友'，我们大都有这三老，我们是很幸福的老人了，祝各位老战友吉祥如意，福寿安康！"语毕，有的战友举杯互相祝福，有的战友默不作声，不作声者都是失去了老伴的人。显然，这是在这个场合，面对这样的听众，用这样的模糊语言所带来的负效应。而前面第五章讲到的船长实现了跨文化沟通，达到了理想的公关交际目的的语例则是成功的典范。下面再看：

①毛泽东说："你们青年人朝气蓬勃，正在兴旺时期，好像早晨八九点钟的太阳。"

②孔子曰："七十而从心所欲。"常言道："精神变物质。"健康长寿是我们的目标和心愿。那么让我们常吟健康形象歌，争当健康老人：

目光有神，声音洪亮。四肢灵活，步履轻盈，思维敏捷，语言清晰，性格开朗，脸带笑容，体形匀称，食欲良好，饮食有节，泄污畅通，睡眠质高，适应力强，自控力好，慈悲为怀，感情丰富，常作自省，顺其自然，老有所学，老有所为，老有所乐，完美身心。

常咏此歌，健康快乐。

（陈建文：《祝七十高寿老园丁健康长寿》，见《广州老园丁》，1998年第8—10期合刊）

---

① 陈望道：《修辞学发凡》，上海人民出版社1976年版，第6页。

③高高兴兴上班去，平平安安回家来。

（公益广告）

例①接受主体是青年人，青年如前面说过已趋成熟，注意力、理解力显著提高，向上心强，充满活力，兴趣广泛，思维敏捷，趋新好奇，易于接受创新形式，毛泽东主席根据这些特点，运用模糊语言“朝气蓬勃，正在兴旺时期，好像早晨八九点钟的太阳”，生动、形象、新奇，很能激励青年人奋发向上。例②接受主体是老年人，老年人如前面说过，阅历丰富，知识面广，理解力和接受力较强，容易合作，但主观性较强，对新鲜事物往往持审慎态度，言语中较多地保留旧有形式，陈建文应合这些特点选用四字格式的模糊语言构织健康形象歌来祝福老人们健康长寿，语辞庄重、谨严、平实、质朴，富有民族韵味，很适合老年公众的口味。例③以模糊语言“高高兴兴”“平平安安”来表述表达主体和接受公众共同追求长久祥和、平安的思想，语言形象、温和，又符合中华民族传统文化的中庸平和的审美标准，很使受众乐意接受广告的宣传。

二、公关模糊语言表达艺术

英国诗人丁尼生认为能够离开丑恶的现实，到达理想美满的境界，这就是艺术。[①] 公关模糊语言表达艺术就是完美地传递公关言语信息的方式方法，这是使在公关领域中运用模糊语言取得完美交际效果的语言文化手段，其最主要的是：

（一）直言法

直言法是用以常规方式组成的模糊语言直接传递公关信息。例如：

①空气常新，保温不变。

（保温换气机广告）

②王利发：（提起鸡与咸菜）四爷多少钱？

常四爷：瞧着给，该给多少给多少！

王利发：（端着一壶茶回来，给常四爷钱）不知道你花了多少，我就给你，这么点吧！

常四爷：（接钱，没看揣在怀里）没关系！

（老舍《茶馆》）

③我多次同菲德尔·卡斯特罗同志见面，促膝畅谈，他的真知灼见令我深受启发，他的音容笑貌犹在眼前。我深深怀念他，中国人民深深怀念他。

（习近平向劳尔·卡斯特罗致唁电，见《广州日报》，2016 年 11 月 7 日）

以上各例带点的都是以常式组合的模糊词语直表公关信息，虽边界不清，但中心意思确定，清楚明白，格调明朗平易，给人以明晰、质朴美。

① 引自方祖燊《生活艺术》。

（二）婉言法

婉言法是不直白本意，而是以变异方式组成的委婉、讳饰、闪避等模糊辞格，婉转、曲折、含蓄地表达不宜、不愿或不便直说的公关信息。例如，第二章第一节周恩来总理在北京召开的记者招待会上答记者问的语例用的便是婉言法。记者的问题涉及了国家机密，不宜如实作答，但也不宜拒答，而以人民币发行主辅币面额总数现象来模糊回答，就有礼有节地保持了招待会上的和谐气氛。又如：

①宋恩子：我出个不很高明的主意，干脆来个包月，每月一号，按阳历算，你把那点……

吴祥子：那点意思！

宋恩子：对，那是意思送到，你省事，我们也省事！

王利发：那点意思得多少呢？

吴祥子：多年的交情，你看着办！你聪明，还能把那点意思闹成不好意思吗？

（老舍《茶馆》）

②3月14日下午两点三刻，当代伟大的思想家停止了思想。……他在安乐椅上安静地睡着了——但已经是永远地睡着了。

（恩格斯《在马克思墓前的讲话》）

例①宋恩子和吴祥子想敲诈王利发，但又不愿直说，只要求王利发把“那点意思”每月按时送给他们，但“那点意思得多少呢?”也不明说，吴祥子只是提醒道：“多年的交情，你看着办！你聪明，还能把那点意思闹成不好意思吗?”宋恩子和吴祥子说的都是模糊话，但委婉、柔和、文雅、顺耳，王利发就心照不宣了。[①]“死”是不吉利的字眼，人们普遍忌讳直接使用，而是用模糊语言来表述。例②中恩格斯巧妙地用“在安乐椅上安静地睡着了”“永远地睡着了”来表达马克思的逝世，既避免了刺激，又表达了敬重而沉痛之情。

（三）幽默法

幽默法是用意味深长而诙谐可笑的模糊语言传递公关信息。例如：

①原民主德国空军将领乌戴特是秃顶。在一次宴会上，一位年轻的士兵不慎将酒泼到了将军的秃头上，全场顿时鸦雀无声，士兵悚然而立。这时，将军拍了拍士兵的肩膀说：“兄弟，你认为这种治疗会有用吗?”全场立即爆发出了笑声。将军以他的大度和幽默化解了紧张和尴尬，赢得了士兵的敬重和热爱。

（《演讲与口才》，1996年第9期，第22页）

① 参看黎千驹：《模糊修辞学导论》，光明日报出版社2006年版，第63页。

②上面所说的那些，一方面是由于幼稚而来，另一方面也是由于责任心不足而来的，拿洗脸作比方，我们每天都要洗脸，许多人并且不止洗一次，洗之后还要拿镜子照一照，要调查研究一番，（大笑）生怕有什么不妥当的地方，你们看，这是何等的有责任心呀！我们写文章、做演说，只要像洗脸这样负责，就差不多了。

（毛泽东《反对党八股》）

在例①那样的场合，按常理人们都会认为将军会责备士兵，可是将军背离常理，友好地用模糊语幽默作答，从而化解了紧张和尴尬，又赢得了士兵的好感，这是用模糊语幽默地传递公关信息取得双益效果的体现。例②用模糊比喻讽刺有些同志对写作态度不够负责，还不如对待洗脸那样认真，多么幽默风趣，真是“语妙天下”。

（四）形象法

形象法是用华美、生动的模糊辞格，传递公关信息。例如：

①中国是通向公正世界的火车头

——专访俄共主席根纳季·久加诺夫

（《参考消息》标题，2017年3月2日）

②教育指挥员、战斗员爱护朝鲜的一山一水一草一木，不拿朝鲜人民一针一线。

（毛泽东《中国人民志愿军要爱护朝鲜的一山一水一草一木》）

③兰薇尔给你温暖多情的家、甜蜜温馨的梦！

（华歌儿兰薇尔睡衣广告）

④总理记者会五年五提“壮士断腕”

今年两会，在面对《人民日报》记者关于如何向下推进简政放权工作时，“壮士断腕”又一次在李克强的回答中出现。

“我们必须进行自我革命，刀刃向内，我一直说要用壮士断腕的精神坚韧不拔地加以推进，不管遇到什么样的问题，甚至会有较大阻力，但是要相信我们有足够的韧性。”李克强说。

（《广州文摘报》，2017年3月20日）

例①用的是比喻，比喻能化抽象为形象，化平淡为生动。本例的意旨为“‘两个一百年’目标的成功实现将把中国变成全球超级大国，所有进步力量和贫困人民的引力中心。为此，中国需要把社会公正和各国人民友谊的大旗举得更高一些”，这是个概念化、抽象化的论题，久加诺夫巧妙地使用模糊的比喻，就使之变成栩栩如生的形象了。例②“一山一水一草一木”“一针一线”是财物的一部分，以之替代“任何财物”是模糊表述，比“任何财物”具体形象可感，具有新颖有趣的风格品味，蕴含着国际主义精神文化意涵。例③以物拟人，把静止不动的“华歌儿兰薇尔睡衣”描绘成有思想，感情丰富而复杂的人，使所宣传的产品形象生动，将生活的情趣与温暖带给消费者，极富感染力。例④“壮士断腕”是模糊言语，人们常用以比喻在紧要关头，做事要当机立断，必要时牺牲局部，保存整体。李克强总理五次引用十分恰切，它生动形象地表现出将改革向“深入区”推进的坚定不移的决心。①

此外，例如用辩证法生成的“九二共识”，用简缩法生成的“一带一路”等，都是巧用表达艺术而生成的公关模糊语言精品。

思考与练习

1. 什么是公关模糊语言？试举例说明。
2. 为什么说模糊是语言的一个重要属性？
3. 模糊语言有哪些重要的语用价值？
4. 公关模糊语言表达的原则是什么？
5. 试举例说明公关模糊语言的主要表达艺术。

① 参看人民网贾玥一文。

第九章　公关语言表现风格

语言表现风格是运用语言表达手段所产生的修辞效果综合呈现出来的气氛和格调。公关语言表现风格是指在公关实务领域里，公关人员运用语言表达手段所产生的修辞效果综合呈现出来的气氛和格调。一般语言表现风格有平实与藻丽、简约与繁丰、明快与含蓄、庄严与幽默、通俗与文雅、豪放与柔婉等。公关言语成品中，各种表现风格都有体现，但其中有的很常见，有的只是时有所见，它们既受公关目的、任务和交际环境的制约，又受语言表达者的个性和审美情趣的影响。

第一节　公关语言表现风格与公关形象、公关语体

公关语言表现风格关系着公关组织的声誉形象，公关语言表现风格受公关语体制约，公关语言运用必须合乎风格规范，做到得体。

一、公关语言表现风格与公关形象

语言表现风格是语言交际的产物，语言交际的主体是人。因此，语言表现风格的形成离不开人的因素。布封说："风格就是本人。"① 福楼拜说："风格就是生命，就是思想的血液。"② 老舍认为："风格不是由字句的堆砌而来的，它是心灵的音乐"，"风格与其说是文字的差异，还不如说是思想的力量"。③ 这些见解都颇为精当。人们进行交际活动，选择什么样的表达手段和表现方法，体现出什么样的语言表现风格，是与他们的思想境界、精神面貌、审美趣味等主观因素分不开的。

公关语言交际就是公关人员代表组织与公众进行信息交流，他们选用什么样的表达手段和表现方法，显示出什么样的语言风貌、格调，都体现出本组织的思

---

① 布封：《论风格》，《译文》，1957 年 9 月号。

② 转引自米·赫拉普钦科著，上海人民出版社编译室译：《作家的创作个性和文学的发展》，上海人民出版社 1977 年版，第 181 页。

③ 老舍：《语言与风格》，《老舍论创作》，上海文艺出版社 1980 年版，第 100 页。

想境界、精神风貌，既关系到公关目标能否实现，又直接关系到本组织的声誉形象。因此，公关人员在公关交际活动中应该注意从实现组织的公关目标和塑造良好的组织形象出发，根据不同交际环境的需要，选择不同的表达手段和表现方法，形成独特鲜明的语言表现风格。

组织形象是社会公众对一个组织机构的整套信念。形象美好能赢得公众、赢得朋友，形象不好就要失去公众、失去朋友。一个社会组织要塑造良好的形象，其手段是多种多样的，从语言信息传播交流方面说，运用语言合乎风格规范是最重要的。优秀公关人员的语言实践，充分证明了这一点。例如：

现在，我们的协会成立了！我们有时间、有信心、有能力学好演讲。“宝剑锋从磨砺出，梅花香自苦寒来。”有所耕耘，必然有所收获，坚信这一点，我们就一定能够获得成功！同学们，我们的神圣职业要求我们具备演讲才能，我们所处的时代要求我们掌握演讲艺术。让我们紧紧团结在这个协会之中，坚持不懈，刻苦训练，努力掌握演讲艺术！我相信，在这种努力之后，等着我们的必然是如古希腊哲学家、演讲家苏格拉底所说的那样：“你就会成为一个最有才干的人，最能指导别人的人，见解最深刻的人。”

（李晓勇：《在演讲协会成立大会上的发言》，《演讲与口才》，1987 年第 3 期）

李晓勇在这里以雄劲的词句、昂扬的语气、豪壮的辞式、激越的感情，表达了对青年学会演讲的殷切期望和坚定信心，体现出豪放雄健的语言风格，富于号召力和感染力，在青年中树立了演讲协会的美好形象。

广州某大学有一位老师讲过一件亲身经历的事：

有一次，我去某市政府参加座谈会，因为塞车迟到了十五分钟，以至于在市府门口不知何去何从。这时，一位年近半百的大姐迎上前来。

“请问，您是××老师吗?”

“是的。”

“我是市府接待室的，请跟我来，会议室在这边儿。”她很自然地伸出右手，手心向上，手指朝着会议室方向。

“路上车子挤吧？您辛苦了。”

“噢，不好意思，我迟到了。”

“请不必介意，您那么忙，能来参加座谈会，我们已经是很感激的了。”

到了会议室门口，她关切地问：“里面冷气很猛，您要不要休息一下，收收汗再进去呢?”

…………

直到今天，我回味这位大姐的谈吐，仍有甘甜、亲切的感觉。一个政府工作人员，年纪又比我大，那么谦恭热情地对待一个年轻的大学教师，“慧于心而秀于言”。这位大姐彬彬有礼、优雅考究的语言，就像一扇明亮的窗子，透过它可以看到一颗尊重、爱护人民教师的诚挚美好的心灵啊！

这位大姐的话语，词语平淡无奇，句子简短利落，没有科学术语，没有华丽的形容词，没有描绘性的附加语；语气恭敬、热情，言辞优雅、文明，辅以大方、得体的体态语，给人的印象是语言平易亲切、通俗自然，表现出平易朴实的风格。这种语言环境里，接待人员运用质朴平实的语言，十分得体、恰当，话语里蕴含着深厚的感情信息和丰富的美感信息，因而引起了这位大学教师心灵上和谐之美的反应。公关人员的服务态度是一个社会组织形象的窗口，其一举一动、一言一语都关涉到组织的形象和声誉。这位接待人员的语言风格与交际环境高度适应，赢得了公众的称赞，在塑造了自身形象的同时又树立了自己组织的美好形象。

在公关实务活动中，语言运用如果不注意各种不同的语言环境所需要的各种不同的语言表现风格，或者语言表达手段与语言风格类型的要求不协调，就会影响语言表达效果，有损组织形象。例如，某外贸公司向港商发出的一封介绍出口女装的公函中有这样一段：

我公司的女装，品种繁多，有美如垂柳的长裙和睡衣；有艳比玫瑰的旗袍和裙衫；有花团锦簇、五彩缤纷的绣衣、大衣和短衫；有富丽如牡丹、淡雅如幽兰的罩衫和衬衣。艳而不凡，美而不俗。无论选衣料、设计款式以及一针一线，均经精心加工制作。

公函属于公关文书语体，这种语体的语言表现风格是质朴平实、庄重简明，它主要使用叙述、说理和说明的方法，不需要华丽的辞藻和艺术化的词句。这份公函不恰当地使用描绘性词语，大量堆砌夸张、比喻等形象的修辞手法，文辞绚丽，却华而不实，没有把女装的特点介绍清楚，让公众感到卖弄、浮夸，甚至感到虚假、不可靠。商业公关传递商品信息的目的在于塑造自己商品的独特形象，让顾客有所认同，从而产生信心，乐于采用自己的商品，这份公函反而会导致顾客对自己的商品产生疑心，使公关目标难于实现，组织形象也就难免会受到影响。

公关语言风格是在公关语言交际中形成的，哪一种语言交际环境需要哪一种语言风格，哪一种风格对哪些语言表达手段和表现方法是开放的，对哪些语言表达手段和表现方法是封闭的，一般都有一定的规律与规则，公关人员使用语言都要受到它的约束。

二、公关语言表现风格与公关语体

语言表现风格与语体的关系很密切，风格存在于语体之中。语体如前面所说，是适应不同的交际领域、目的、任务、对象和方式等需要，运用全民语言而形成的语言特点的综合体。人们运用语言进行交际，必须受语体制约，切合特定的语体要求，遵守语体规范，做到得体。

在公关实务领域中，围绕着公关目的、任务的实现而运用语言所形成的言语特点的综合体，便是公关语体。公关语体也制约着公关语言风格，这种制约就要求语言风格的特点及其构成的语言手段和表现方法必须与语体的语言特点和要求相适应，规范的公关语言运用无不这样。下面先看一则贺电：

约翰内斯堡南非非洲人国民大会主席纳尔逊·曼德拉阁下：

欣闻主席阁下领导的南非非洲人国民大会在南非首次不分种族的大选中获胜，我谨代表中国人民，并以我个人的名义向你，并通过你向非洲人国民大会和南非人民致以最热烈的祝贺。

南非人民经过长期英勇斗争，终于结束种族隔离制度，这是南非人民解放事业中一个历史性的里程碑。这一胜利不仅使南非人民摆脱了种族主义的压迫，而且为人类文明社会根除种族主义立下了丰功伟绩。主席阁下和非洲人国民大会在南非这一具有深远历史意义的社会变革中作出了卓越的贡献，得到广大南非人民的支持和拥护。

中国人民一贯坚定支持南非人民的正义斗争，对南非人民的胜利感到由衷的高兴。我们期待着南非顺利组成民族团结政府，并相信在主席阁下和民族团结政府的领导下，新南非一定能够成为种族平等、稳定、民主、繁荣富强的国家。

中华人民共和国主席　江泽民

一九九四年五月五日于北京

贺电属于涉外公关文书语体。涉外公关文书，代表国家或其下属组织（包括政府、单位、团体、企业等）说话，它关系着国家、组织的利益和荣辱，一言不慎，往往会使国家、组织的利益遭受损失，声誉受到影响，国际关系出现紧张，因此外事公关文书的言辞必须庄重。涉外公关文书是用于传递公关信息、处理公关事务的，为了加快交流速度，提高工作效率，它必须写得简明，而贺电是用电报形式发送的，它的语言更要简明。庄重、简明和程式化是涉外公关文书语体语言运用上的要求和特点，围绕这些要求和特点，涉外文书语体便形成了表达手段和表现方式上庄重、简洁、平实的语言格调。上引贺电在涉外文书语体的制约下，适当地选用简洁、凝练、典雅、庄重的词语和严整而又单一的句式、平实的措辞，体现出与语体的总体要求相适应的表现风格。

下面再看温家宝探望学界两位泰斗的对话：

昨日上午，国务院总理温家宝专门看望为中国科技、文化、教育事业作出重要贡献的季羡林和钱学森两位老人，向他们致以亲切问候。

祝寿季羡林

“季老，我提前给您祝寿了。”走进解放军总医院的病房，温家宝趋步向前，握住了季羡林先生的手。季羡林是中国著名的翻译家、文学家和教育家，8月6日，这位学贯中西的老先生将度过97岁寿辰。落座后，两位老朋友坦诚交换意见。从年初的冰雪灾害、四川大地震到外语教育、北京奥运等等，话题十分广泛。

“现在国家领导人不好当。治乱世易，治平世难，治理我们这样一个大国，更难。”季羡林说。总理深有感触地说：“我常记着一句话：‘名为治平无事，实有不测之忧。’我们有许多值得忧虑的事，脑子一点儿不能放松。”

再探钱学森

比季羡林小4个月的钱学森，是中国航天科学的奠基人、国家杰出贡献科学家。“钱老，我来看您。好久不见，整整一年了。”走进钱学森的房间，温家宝就向斜靠在床上的钱学森说。“国家还好吗?”虽然吐词不是很清楚，钱学森仍关切地问落座后的总理。“国家挺好，就是今年灾害比较大，前不久还发生了大地震，现在我们把受灾群众基本都安置好了。”

对年轻人才的培养一直是钱学森关心的问题。温家宝轻轻扶着钱老的手，对他说：“您嘱咐的几件事我们都记住了，一是要把中国的科技搞上去；二是重视培养人才，尤其是年轻人才和拔尖人才。”“现在已涌出不少优秀的年轻人才。”钱学森欣慰地说。

（《温家宝探望学界三泰斗——向季羡林、钱学森和何泽慧致以亲切问候》，《羊城晚报》，2008年8月3日）

上述对话属口头语体，表达主体可以借助双方共同理解的语言环境，用简略的句子表达自己的思想感情，因此，这种语体的基本特点是简洁明快。温家宝和季羡林、钱学森的谈话，句子短小，措辞少而精，但表意丰富而深刻，体现出简洁的特点。

公关语体内部由于具体交际环境以及与之相应的语言特点的不同，又可分为不同的类型，它们在语言运用上各有不同的要求和特点，对各类语言风格及其构成手段各有不同程度的适应性和封闭性。大体说来，在口头语体的各类分体中，各类语言风格都存在；在书面语体的公关文书体、新闻体中，多见的是明快、朴实、简洁和庄严等风格，很少甚至难以见到含蓄、藻丽、繁丰和幽默等风格（在外事公关文书中有时可见到含蓄的语辞），而在公关广告体中多见的是通俗、平实的风格，幽默、藻丽的语言风格也时有所见。

但是，公关语言表现风格与公关语体关系十分复杂，它们之间并不是简单的一对一关系，俗语说：“水无常形，话无定格。”由于具体的语言环境不同，说话写文章并没有固定的格调。例如，在公关领域同是与记者对话或者答记者问，由于话题的内容与记者的态度不同，语言格调往往迥异。下面请看电视剧《公关小姐》中公关经理周颖与记者的对话：

周颖办公室，坐满了中外记者。

周颖对一位死缠着的香港记者："对不起，入场券不是我们发的，请你找主办单位。"

另一记者："听说有可能取消决赛？"

周颖："我们没有接到这方面的通知。"

小玲在她对面的办公室喊道："周小姐，长途电话，美联社帕斯先生……"

电话铃响。

周颖拿起话筒："帕斯，你好！"

长途电话声："丽莎，我明天飞来，请你给我留个房间，当然，最重要的还是选美决赛的入场券……"

周颖："帕斯，我很高兴能见到你，不过，你最好先解决入场券的问题再飞来！"

长途电话声："不管这张入场券多贵，我都要花这笔钱！"

周颖："帕斯，票是免费的，但它在主办当局手里，请你直接与他们联系。"

长途电话里帕斯焦急的声音："丽莎，请无论如何帮帮忙，我会感激你！"

周颖："帕斯，我很抱歉！这次我恐怕爱莫能助了。"

长途电话声："房间先帮我订下，我想会有办法的！"

周颖："好吧，再见！"放下电话。

（邝健人《公关小姐》，第11集）

周颖走到人群中间："诸位，我有一个关于选美的消息提供给大家……"

记者们立即紧张地围了过来。

周颖："这家饭店的店主，参加了选美的预赛，被电视台选去当电视演员……"

一个记者紧追："周小姐，我们关心的是选美决赛的情况！"

周颖："选美决赛的情况在不同的时间、不同的地点，由不同的人来向诸位解答，我再没有什么好说的了，再次向诸位表示抱歉！"

（邝健人《公关小姐》，第11集）

周颖两次答记者问都属口头语体，话题都与选美决赛有关，但具体内容与具体环境不完全一样，所以她机智灵活，很有针对性地对记者提出的问题报以恰如其分的回答。前例正面回答，或肯定，或否定，或解释说明，都干脆利落，毫不含糊；后例不便直说，故以“在不同的时间、不同的地点，由不同的人……”模糊了之。语言风格或明快显豁，或委婉含蓄，得体自然，取得了很好的交际效果。

第二节　公关语言表现风格的基本格调和多样化风貌

公关语言表现风格是公关语言交际中形成的一种共性风格，它存在于公关言语成品之中，在公关言语成品中虽然各种类型的语言风格都有体现，但并不是平分秋色的。从整体看，公关言语成品有一种基本格调，或者说主调，它体现于公关交际的全部言语成品之中；从局部看，公关语言运用也不排斥多种“笔墨”，在基本格调之外，还有多样化风貌，它们分别体现于公关语言交际的部分言语成品之中。

一、公关语言表现风格的基本格调

公关语言表现风格的基本格调是什么呢？是平实。

平实，首先表现在质朴无华。公关语言是实用性的语言，它以准确简明地传递公关信息、赢取社会公众的信赖为己任，因此，在信息传递上多用朴素的语言。朴素就是措辞准确、自然，不加雕饰，不事渲染，尽量少用比拟、夸张等形容描绘类的修辞方式，给人以平淡亲切、真实可信之感。例如：

简　介

广州市长寿典当行创立于1988年，是广州地区改革开放后创建最早的典当行。经国家商务部批准，于2002年改制为有限公司，注册资金1 500万元，并于2002年12月增设分公司。

公司自成立以来，奉行“专业、热情、方便、快捷”的宗旨，遵循“平等、自愿、诚信、互利”的原则，为广大客户提供优质服务。自1995年至今当选为全国典当专业委员会副主任单位，当选为首届广东省典当协会副会长单位。连续被广州市委、市政府授予“广州市文明服务示范单位”“最佳服务单位”称号。

公司资金实力雄厚、运作规范、内部健全，拥有一支专业、热情、精干的队伍。多年来，公司还热心于公益活动，真正做到“扶贫济困，救急解难”。

广州市长寿典当行有限公司

（《广州日报》，2008年8月4日）

这里除了科学术语和专门名词，就是平平常常的词语，没有华丽的形容词，句子全是常式，而且结构简朴，没什么华丽的修饰语，也没有描绘类修辞格，显示出格调厚朴、气势自然、境界大方的特点，没有人为雕琢的痕迹。

语言朴实有助于准确表达，郭沫若曾经告诫人们："写文章要老实一点儿，朴素一点儿。""老实一点儿，是做到准确的好办法。不一定要苦心孤诣地去修辞。"① 郭老虽然是针对一般文章而言，但对于公关语言运用来说，更为适用。公关交际，老老实实地用朴素的话语准确地把信息表达出来，能使人觉得踏实可靠，因此，善于使用公关语言的人，常常通过使用朴实的话语给人"老实人"的印象，以赢得公众的信赖。例如：

大志向是丝毫也没有。所愿的：无非一，在自己，是希望那印成的从速卖完，可以收回钱来再印第二种；二，对于读者，是希望看了之后，不至于以为太受欺骗了。

[鲁迅为自己主编的《乌合丛书》写的广告，《鲁迅全集》（第7卷），第453页]

这则广告语言平实质朴，没有多余的修饰语，也无一字矫饰虚浮，犹如一个老实人自述，令人觉得实在可信。但有些公关广告却故意夸饰其辞，诸如"誉满全球""世界第一""领导世界新潮流""经久不衰""药到病除"等语，只能使顾客产生逆反心理，达不到传递信息的目的。外国有些广告更是胡扯，例如，美国一家烟厂的广告说："我们的香烟放进棺材，死人马上爬起来，抽出一支烟，见人就要对火。"② 真可谓哗众取宠。

但是，平实质朴，不是单调乏味、浅薄粗俗，而是一种匠心独具地运用语言的技巧。葛立言在《韵语阳秋》中说："大抵欲造平淡当自绚丽中来，落其纷华，然后可造平淡之境……李白云'清水出芙蓉，天然去雕饰'，平淡而天然处则善矣。"③ 具有平淡朴素之美的语言是"平中见巧，淡中有味"，"落其纷华，返璞归真"。文学艺术作品的朴素语言"看似寻常最奇崛"，公关实务领域的朴素语言也在平实之中含着文采和情趣。例如：

同志们！

本公司按照党中央、国务院关于机构改革和逐步实现干部队伍"四化"的要求，在市委直接领导下，调整了领导班子。这次，老同志把我扶上马，并都表示要送一程。

扶上马并送一程，展现了老干部以四化大业为重的崇高品格。俗话说：

---

① 郭沫若：《关于文风问题答〈新观察〉记者问》，《郭沫若文集》（第17卷），人民文学出版社1963年版。

② 《如此夸张广告》，《羊城晚报》，1990年7月8日。

③ 葛立言：《韵语阳秋》，商务印书馆1939年版，第274页。

"一个篱笆三个桩，一条好汉众人帮。"理所当然，我要衷心感谢党的信任、人民的培养，衷心感谢长期以来对我进行传帮带的老同志，衷心感谢全体工人、工程技术人员对我的大力支持。(热烈鼓掌)

前些天，我跑了十几个工地，工人兄弟不约而同地问道：新官上任三把火，你准备从哪儿燃起呢？因为开创新局面的方案，既不是天上掉下来的，也不是人们头脑里固有的，所以，当时只能用反问的方式回复一大群热心快肠的支持者。今天，我可以明确地宣布：在上级和公司党委领导下，新班子要燃起的不只是三把火，而是靠众人拾柴燃起建设四化的烈火。(鼓掌)

要问葫芦里有什么药，第一味就是，在为社会多作贡献的同时，不断提高建筑业和我们建筑工人的地位。(热烈鼓掌)

今天在场的"老建筑"，没有哪一个不知道，在那"泥瓦匠住草房，纺织娘没衣裳，卖盐的喝淡汤，编凉席的睡光床"的旧社会，不仅没有咱建筑工人的地位，也没有一切劳动者的地位。解放后，建筑工人作为工人阶级的一部分，成了国家的主人，由被统治阶级到领导阶级，其处境是地狱与天堂的差别啊！

(刘向阳：《一位建筑公司经理的就职演说》，《演讲与口才》，1984 年第 3 期)

整篇演讲没有艰深的词语，也没用枝繁叶茂的丽句，话语的主调是平易质朴，但由于恰当地运用了生动活泼的口头词语、惯用语、谚语，便使语言平中有奇，淡中有趣，质朴之中露着文采，显得朴实优美，让听众感到意真辞切，对公司的归属感油然而生。

平实的语言都是明快的，明快就是有话直说，不隐、不藏、不拐弯抹角、不故弄玄虚、不装腔作势，使人感到直截了当、爽快明朗。这样的语言格调也是实用的公关语言的基本要素与使用上的基本要求。公关语言传递信息必须给公众"带来理解"，为了带来理解，它必须直言不讳，言明意显。例如：

顾客联系表

贵顾客：

生产高素质的保健品，为您的健康服务，是本公司的宗旨。为征求您的宝贵意见，特设此表，若能得到您的理解和支持，我们将不胜感激！

1. 服用本产品后，您感觉如何？

2. 本产品在哪些方面有待改进？有什么好的建议？

3. 您期待的保健品是怎样的？

姓名：　　　性别：　　　职业：　　　年龄：

住址：

购进产品批号：

这个顾客联系表中所用的都是单义性词语，没有难懂的古语典故；句义组合都是常义组合，没有歧义的句子；没有婉曲、双关、象征之类的修辞方式，却把产品的质量、生产的宗旨、设表的目的、征求意见的内容表述得清楚、明白，使人一目了然。

平实的语言还具有简洁的特征。同是述说一件事，藻丽者总是极力渲染，细致描绘；繁丰者则是来龙去脉，纵横铺叙；平实风格的语言表达，通常表现为言简意赅，绝不用多余的词句。现代社会生活节奏快，崇尚“时间就是金钱，效率就是生命”。社会组织传播公关信息应该懂得公众心理，节约公众的时间，用最经济的语言载体传达最大的信息量，使听读者能够较快地把握语言的信息内容。

公关语言风格简洁特点的构成手段主要表现为以下几点：

一是零句多、省略句多。例如：

①欢迎光临！

请进！

谢谢！

②贺新年　送福寿　弘扬百岁文化　培养百岁老人

（济生源2017年挂历封面）

例①中的各句都是无主句。例②中的“贺新年”等谓语前面都省去了主语“济生源”。

二是常用结构单纯的短句和成分共用句。例如：

中国梦·健康梦·百岁梦

（济生源2017年挂历封面）

对产品的定员定向管理，由各单位制定实施细则，可参照以下方法进行：

生测室：负责抗生素、生化产品、针剂、化妆品的管理，负责所有产品的卫生指标管理。

化测室：负责西药、中药、中成药、食品管理。

质检室：负责加工点、成品仓、包装仓、分厂、车间产品的质量控制及文明生产、月报报表、产品外观质量控制。

（白云山制药厂《质量管理实施方案》）

前例三个三字主谓句并列在一起，概括出现代中国老年人的理念，十分简明。后例用成分共用句，把相关的意思凝聚在一个句子里，句式紧凑，语意集中。

三是篇幅短小。例如：

广东省社会保险基金管理局
关于领取《职工养老保险个人账户对账单》的通知

参加省直社会保险统筹各单位：

请2002、2003年度无欠缴养老保险费的单位自公告之日起至4月30日前到我局保险关系部领取《职工养老保险个人账户对账单》。原行业统筹驻粤单位领取对账单时间另行通知。

联系电话：38845313

广东省社会保险基金管理局
二〇〇四年四月八日

这个通知连标题、单位名称、日期总共才156个字，意思却表述得清楚、明白，既简洁，又朴素、明快。

二、公关语言表现风格的多样化风貌

公关语言有基本的主调，并不意味着其语言风格单调。公关语言运用的社会领域十分广泛，政治、军事、经济、文化、教育、科技等各行各业都存在着公关语言交际活动。为了提高语言交际效果，以达到自身组织更好发展的目的，公关从业人员总是根据具体情况和条件，采用各种有效的语言手段传递信息。这样，公关语言就必然会在平实风格的基础上显得丰富多彩，除了主调外，还有多样化的风貌。下面分别就其中比较常见的作些简介。

（一）藻丽繁丰

公关信息的传播，其语言表现风格从总体上说是朴实简洁的，但在一些语体中或一些场合里也会运用藻丽繁丰的表达手段，局部表现出藻丽繁丰的格调。

藻丽繁丰，就是词句丰赡，辞彩多姿，纵横铺叙，细致描述，生动形象。这样的语言，在公关实务中或细致形象地描绘事物，或详尽深刻地说明问题、剖析事理，或表达丰富的情思、突出重点，表现出华丽美和丰满美。例如，公关广告为了招徕顾客，推销商品，在突出商品的主要特征或者加强信息传递、激发公众购买欲望时，常用藻丽繁丰的语言。例如：

金蜂电视机，像小溪一样清新明澈，像百灵鸟一样悦耳动听，像鲜花一样色彩鲜艳。

（金蜂电视机广告）

艳艳深水绿，鲜鲜玻璃绿，纯纯宝石绿，娇娇鹦鹉绿，嫩嫩青葱绿，浓浓菠菜绿，条条丝瓜绿，明明阴俏绿，点点梅花绿，清清浅水绿，朵朵彩云绿，亮亮松柏绿，淡淡湖水绿，静静荫花绿，闪闪祖母绿。

（上海龙凤金银珠宝商店广告）

上例用博喻从清晰度、音响美质、色调方面描绘金蜂电视机，语言形象生动，辞藻丰赡优美，栩栩如生地突现了宣传对象的品质特征。下例运用色彩词、叠音词和反复辞格，惟妙惟肖地描摹了绿宝石的15种不同的颜色，形象鲜明地表现出它们各自的奇妙色彩，给受众留下了深刻的印象。

在一些公关简介中为了细腻详尽地描绘事物，感染公众，深化其印象，也用繁丰瑰丽的语言。例如：

前　言

艺术之道殊途同归，在观赏中潜移默化，在品评中心灵沟通。

书法是舞动的绘画，毫者挥洒间，如痴如醉；

影像是捕捉的绘画，妙手偶得之，忽远忽近；

绘画是心中的影像，灵者孕育出，或实或虚。

无论是毫尖的浓淡，还是色彩的变幻，抑或是镜头的推移，皆为精神世界的跌宕起伏，审美意趣的自然流露。生命中的淡定脱俗、精神绚丽，都在艺术的追求与超越中升华。

在浪漫樱花与日本文化的贯穿中，在挥毫的倾泻、丹青的演绎与光彩的重叠里，作者与观赏人完成了一段无声的对话。

…………

（广州雕塑公园《日本书画摄影作品展》，2008年3月1日）

教学大楼外繁花似锦，树木葱茏，学生宿舍窗明几净，雅洁舒适。明湖秋色唤醒潜藏着的诗意，校园晨曲激起对美好生活的热望。暨南大学在改革开放的大潮中，正和海内外广大学子一道，向着弘扬中华文化、振兴民族大业的方向前进。

（暨南大学简介）

两例词语艳丽多姿、句式繁复浓丽、辞式华美奇巧，有色彩、有形象，语言腴厚、华美，而又信息充实，富有艺术魅力，很能使公众产生向往。

代表国家、政党向广大公众表述重要的理念，也常用繁缛细致的语辞。例如，2006年3月“两会”期间，胡锦涛总书记在看望出席全国政协十届四次会议的委员时，发表了关于树立社会主义荣辱观的重要讲话，提出了著名的“八荣八耻”社会主义道德标准：

以热爱祖国为荣，以危害祖国为耻；
以服务人民为荣，以背离人民为耻；
以崇尚科学为荣，以愚昧无知为耻；
以辛勤劳动为荣，以好逸恶劳为耻；
以团结互助为荣，以损人利己为耻；
以诚实守信为荣，以见利忘义为耻；
以遵纪守法为荣，以违法乱纪为耻；

以艰苦奋斗为荣，以骄奢淫逸为耻。

“八荣八耻”政治内涵丰富，具有很强的民族性、时代性和实践性，体现了中华民族的传统美德与时代精神的有机结合，体现了社会主义基本道德规范和社会风尚的本质要求，体现了社会主义价值观的鲜明导向，对于推动形成良好的社会风气，构建社会主义和谐社会具有重要意义。胡总书记采用被著名作家秦牧称为“语言艺术的尖端”的叠句，使得语意的表达更加鲜明突出，更加有力地强化了重要的社会道德标准的语用传播效果。

一些深奥的哲理，三言两语是无法说清楚的，非用细致表达法不可。下面看朱伯儒与青年学生的一段对话：

学生：我拿50块钱，干50块钱的活儿，行不行？

朱伯儒：一个人假如24岁参加工作，他的工作时间是36年。假如活到70岁，就有34年不工作。这不工作的34年中要入托、上学、结婚、生孩子、养老。这一切不都需要钱吗？此外，国家要积累、要发展，你还得为后代留点什么，这些也都离不开钱，照此算，如果在工作期间拿多少钱就干多少活儿是不行的。人存在的价值不仅要创造自己所需的，更主要的还要有所贡献。

学生提出的是个有关人生价值的深奥问题，对这样的问题，简单回答“不行”，肯定说服不了人，朱伯儒用繁丰表达法，细致具体地算了几笔账，把学生们说得频频点头。

藻丽繁丰与平实简洁相对，各有所宜，各有不同的使用环境，或藻丽繁丰，或平实简洁，不仅要看表达内容的需要，也取决于表达的目的。据刘思训《社交口语艺术》说，有一位年轻的接待人员在陪同一个外国老年人旅游团期间，态度热情，服务周到，颇受外国老人们的赞扬。在临别宴会上，一位老先生代表旅游团全体成员向这位接待人员表示感谢，说：“我们这些人年老事多，让你年轻人受累了！”这位青年没有简单地说些“没关系，这是我应该做的”之类的客套话，而是说：“你们能游玩好，我心里是非常高兴的。常言道：‘近朱者赤，近墨者黑。’能常和你们高寿人在一起，说不定我也可以增寿！”比较起来，前者为简，后者为繁。按常理前一说法也未尝不可，但从公关交际的目的看，后者显然更有助于良好形象的塑造，因为他针对旅游团由老人组成这个特点，答得适当自然，迎合了老人的心理，所以，话音一落回应热烈，旅游团全体起立举杯，为这位青年朋友“祝寿”！

（二）委婉含蓄

公关语言在平实、明快的主导下，有时在一些交际场合也运用委婉含蓄的表达手段，表现出委婉含蓄的风貌。例如，在商业、服务业的答问和说服、拒绝等口语活动中都有所见，在涉外文书、公关广告等书面语中也较多见。

委婉含蓄的语言，有人称其为公关语言中的“软化”艺术，这种艺术对于社会组织与公众之间沟通信息，有着重要作用。

1. 用于说理、批评、劝阻，能使对方容易接受

常言道：“与人善言，暖若锦帛；与人恶言，深于矛戟。”同是真话，“善言”令人笑，“恶言”叫人跳；委婉含蓄地表达大概属于“善言”，直言不讳的话虽不一定是“恶言”，但刺激性大的，在某些人听来很逆耳，跟“恶言”差不多。古人说，“忠言逆耳利于行”，这话没错，但语言交际的事实证明，不逆耳的忠言比逆耳的忠言更容易奏效。公关人员向公众叙事说理，使公众相信自己并产生行动，这是一项很重要的工作。叙事说理，语言委婉含蓄往往更容易使人接受。

善用公关语言交际的人，在说服工作中，碰到难以正面回答的问题时，常常通过委婉含蓄的语言手段，把自己的思想意见暗示给对方。徐州师院历史系副教授李永田一次与本校学生对话，有学生大声问：“有人说‘教师职业是太阳底下最高尚的职业’，您不认为这是阿Q式的自我安慰吗?”这个问题很棘手，如何回答?李永田作了相当巧妙而又含蓄的解释。他说：

> 太阳底下有许多崇高的职业，没有进行过有关大赛，很难评出“高尚之最”。但忠诚于党的教育事业的人，把自己的职业视为最高尚的，也并不为狂。相传古代有个国王，举行了一次最隆重的授奖大会，要把从阿尔卑斯山上采来的一枝并蒂桃花，奖赏给对社会最有贡献的人。将军、诗人、名医、画家都满怀信心地登上领奖台，却又一个个空手而归。国王最后把这枝桃花别在一位满头银发的教师衣襟上，对他说：“你是人类灵魂的工程师，没有你既没有将军、诗人，也没有名医、画家!”

这段典型公关话语，先避开正面答问，后用这一个古代传说，巧妙而含蓄地表达了自己的看法，使学生听得饶有兴味，留下了深刻的印象。

2. 用来表现难以启齿或欠雅难言之事，能曲体人情或显得文雅

在公关语言交际中，常常会遇到一些难以启齿的事物，对这类事物如果直截了当地说，就会显得难堪或者引起不快，用委婉含蓄的措辞就能做到既不触忌犯讳，又能表达原意，且能曲体人情，取得良好的效果。例如，有一种消除腋臭的特效药水“西施兰夏露”，凡购买的人常抱有一种害羞心理。如果广告中直说“防止腋臭”，就会使一些顾客却步，一家广告公司设计者改用一种含蓄的说法去掩饰，其广告是“使用本商品后，你的秘密将只有西施兰和您本人所知”，“使用本商品后，将能使您恢复尊严”。语言含蓄文雅，既不触犯购买者忌讳，避免他们难堪，又达到了引导消费者购买的目的。

在公关语言活动中，对一些欠雅难言之事，用含蓄的说法来暗示它，可以使语言显得文雅而又耐人寻味，收到很好的表达效果。

3. 用于涉外活动，能取得微妙效果

涉外活动错综复杂，既要讲原则又要讲策略性和灵活性。有时需要直言不讳、慷慨陈词，有时又需要委婉含蓄、旁敲侧击。为了使语言表达灵活，缓和矛盾，打破僵局，为了礼貌和避免刺激，或为了回答不能直说的问题，涉外交际场合要经常采用委婉含蓄的表达方式。正如陈原所说："在政治上和国际社会的交际上广泛使用委婉词语和委婉表现法，是使交际活动能够顺利进行，或者能取得显著效果的途径。"①

有一次，我国南方某城市的一个贸易洽谈小组与日本某商团在东京进行初次磋商后，日方代表提出："我们盼望不久后，在东京机场再次欢迎贵方代表，在春姑娘的陪伴下重返东京。"我方代表回答："东京的空气固然是温暖而友好的，但我国南方名城广州的三月似乎更富有南国的春天气息，尤其在珠江碧水之畔跃跃欲飞的白天鹅宾馆纵目眺望，会更使诸位流连忘返。"在这里双方使用的都是婉转含蓄的语言，既暗示了各自对下一次谈判地点的意向，又显得文明友好。再看：

> 中国政府已多次严正表明对光华寮问题的基本立场，但日本驻华大使馆在3月6日致中国外交部的照会中，依然推卸日方应负的责任，中国政府对此深表遗憾……中国政府和中国人民不能不对事态的发展予以严重关注。
>
> （我国驻日本大使馆给日本外务省的照会，1987年3月27日）

这里"深表遗憾"和"严重关注"都是含蓄说法，前者隐含着强烈的不满，后者表示政府的严厉态度，但锋芒都藏而不露。

委婉含蓄的表现形式及其艺术手法多种多样，主要有以下三个方法：

（1）意在言外法。意在言外，说的是"这个"，真意指的是"那个"，常用反语、比喻、双关、象征等修辞手段，使"意在文外"，在出人意料中给人以回味的余地。尼克松访华时，曾问周恩来总理："为什么中国人总喜欢弯着腰走路，而美国人总挺着腰走路?"尼克松用的是借喻，周总理领会了尼克松的真实意图，于是说："那是中国人民正在努力要攀登上高峰，可惜我们美国朋友在下山!"周总理用的也是借喻，回答得很巧妙，不仅针对性强，而且富含不尽之意，令人回味不已。

（2）婉转曲达法。婉转曲达就是避开事物的本面、正面或整体，而通过侧面、对面或局部，把所要表达的意思暗示出来，让人透过辞面去理解。其常见艺术手法有反衬、烘托、侧答、引用等，如前面李永田用古代国王把并蒂桃花奖给教师的故事来回答学生的提问，婉转曲折地表达了自己对教师是最高尚的职业的看法，便是引用手法。

① 陈原：《社会语言学》，学林出版社1983年版，第350页。

（3）妙语回避法。妙语回避就是采用讳饰、婉曲、模糊等修辞手法巧妙地表达不宜、不愿或不便直说的意思。前面说的推销“西施兰夏露”的广告就是用讳饰手法巧妙地传达了不宜直说的信息。

（三）幽默风趣

幽默风趣是一种诙谐、轻松、愉悦的语言风格。幽默风趣不等于滑稽，也不同于笑话，笑话只能使人发笑，幽默风趣则能使人发笑之后继续回味。莎士比亚说过：“幽默和风趣是智慧的闪现。”幽默风趣是各种智能的结晶，是一种高尚的情趣，是智慧的艺术语言的凝聚。在当今社会，幽默风趣的表达手段广泛地渗透到语言交际的各个角落，公关实务领域也毫无例外。心理学的无数研究成果表明，人们喜欢具有幽默感的人。美国329家大公司的经理们参加了一项关于幽默感的调查，其结果是：97%的人相信幽默感在企业的管理工作中有重要的价值；60%的人相信幽默感能决定一个人事业成功的程度。由此看来，幽默风趣在公关事业中有着十分重要的作用。公关实务活动的目的是建立、维系、强化良好的公众关系和改进、改善不良的公关状态，幽默风趣的语言艺术正可以充当公关语言交际中的润滑剂、兴奋剂和消炎剂。它或者缓解剑拔弩张的气氛，使矛盾得到调节；或者解除窘困局面，使尴尬的气氛变得融洽；或者使对方减少抗拒心理，接受传播的信息。因此，有人称幽默风趣是公关语言中的高级艺术。许多优秀的公关人员都具有幽默风趣的才华，善于根据特定的语境，恰当地运用幽默风趣的表达手段，使公关交际获得成功。例如，里根有一次到加拿大访问，演说时不时被反美示威的群众打断，陪同他的加拿大总理皮埃尔·特鲁多感到十分尴尬和不安，里根却幽默地对他说：“这种情况在美国时有发生。我想这些人一定是特意从美国来到贵国的，他们想使我有一种宾至如归的感觉。”几句话使得特鲁多的不安一扫而光，霎时变得眉开眼笑了。

公关语言幽默风格的构成从语言艺术方面说，主要有如下四种手法：

1. 夸大渲染

在公关语言运用中，为了取得强烈感染公众的效果，常常使用夸张修辞方法故意铺张和渲染事物的特征，使公众为之一振，引起浓厚的兴趣。例如：

> 今后我们八个人就要同舟共济了。抵押承包，可不像张飞吃豆芽菜那样轻松，搞不好会折了兵又赔了夫人。我是不想把夫人赔上的，不知各位意下如何？
>
> （毕研田：《食品店“小经理”的就职演说》，《演讲与口才》，1988年第3期）

这里说抵押承包食品店，搞不好“会折了兵又赔了夫人”，极力夸大经营不善会带来的严重后果，语言生动风趣，能给自身的内部公众以深刻感受，引起联想与共鸣，从而激发他们为实现本组织的公关目标而努力的工作热情。

2. 善譬巧喻

譬喻是语言艺术中的艺术，美妙的譬喻“仿佛是童话里的魔棒，碰到哪里，哪里就忽然清晰明亮起来”①。公关语言活动有时也妙用譬喻，以增添诙谐情趣，给公众以深刻的印象，如上例中的“抵押承包，可不像张飞吃豆芽菜那样轻松”就很风趣动人。又如：

有一点，说出来有点儿不好听，那就是请大家在家不妨吃得饱一点儿，最好不要到店里来补充营养。咱们这个店去年有一个月损耗点心两百多斤，人人都说闹耗子。

（毕研田：《食品店“小经理”的就职演说》，《演讲与口才》，1988年第3期）

把职工以“小店”的点心“补充营养”，使“小店”“一个月损耗点心两百多斤”譬喻为闹耗子，让这些职工在笑声中反省自己，而不至于伤害职工的自尊心，容易为他们所接受。

3. 借讳回答

在公关语言交往中，难免会遇到一些不敢说的事情或难以回答的问题，但出言不逊或无言以对，又会有损自身的形象，于是借用讳言表达，既幽默风趣，又得体有效。例如，王光英飞赴香港创办实业公司时，刚下飞机就遇到香港一位记者发问：“你带了多少钱来？”王光英见是个女记者，便答道：“对女士不能问岁数，对男士不能问钱数。小姐你说对吗？”在香港，女士忌讳问岁数，生意人是讳言钱财资本的，王光英巧妙借用忌讳的事物作答，语言简洁，幽默风趣，又达到了回避的目的，显得才思敏捷，富有文化素养和高超的语言表达能力，在公众面前树立了美好的形象。如果是答以“无可奉告”，或以“哼哼哈哈”来掩饰，都会有损形象。

4. 巧妙对接

对话是公关语言活动的常用形式，公关人员回答公众问话的语言艺术丰富多样，而巧妙对接是其常常用来增添幽默感的语言手段之一。例如：

①青年：扬州大明寺一进门有尊大肚佛，两侧有副对联。上联是“大腹能忍忍尽人间难忍之事”，下联是“慈颜常笑笑尽天下可笑之人”。你能做到吗？

刘吉：我如果能做到，我不就成佛了吗？（笑，鼓掌）

②大学生：你知道群众最厌恶官僚主义的领导，可你知道群众对这样的领导者有什么评价吗？

刘吉：群众常借一首咏泥神诗以讽刺：一声不响，二目无光，三餐不

---

① 秦牧：《艺海拾贝》，上海文艺出版社1978年版，第51页。

食，四肢无力，五官不正，六亲无靠，七窍不通，八面讨好，九（久）坐不动，十分无用。（鼓掌）

例①紧接对方话题，用反诘式回答，显得轻松、风趣，引人发笑。幽默常和讽刺一起出现，例②引用带有讽刺色彩的咏泥神诗来给官僚主义者画像，惟妙惟肖，风趣生动。

（四）庄重文雅

庄重文雅，就是端庄、持重、文明、雅致的语言格调。它给人以高雅严谨、文明大方的感觉，常为人们所乐用。

公关人员一般代表组织说话，关系着组织的利益与声誉，一言不慎，往往会使组织的利益受到损失，声誉受到影响，关系出现紧张。因此，公关语言一般要求庄严持重、沉稳典雅；同时，公关人员与公众进行卓有成效的语言交际是取得成功的前提，因此，公关语言一般要注意选用文明礼貌、斯文雅致的语辞。

在公关实务的语言活动中，庄重文雅的语言风格普遍存在于书面语体之中，例如，公关函件、涉外文书、公关新闻、公关楹联等大都表现出这种语言格调；公关广告、公关调查报告等也不乏庄重文雅的色彩。在公关口头语体中，庄重文雅的语言风格也常有体现。例如，涉外口语交际、公关演讲和报告、正式场合的谈话等都要体现出这种风格。

公关语言庄重文雅风格的构成，在语言材料上有着多种因素，使用正式词语，便是其构成的第一个因素。正式词语多是书面词语、规范词语和专用词语，这些词语具有表意明确、言简意赅的表达效果和庄重典雅的风格色彩。

古语词、古诗句也是带有庄重、典雅色彩的语言材料，公关语言交际无疑主要是使用现代汉语，但在一些庄重的文书或场合也常用古语词、文言句式和古诗句，从而体现出庄重肃穆、温文尔雅的语言气氛。

礼貌语言是使用者对交际对方尊敬和友爱的表现，是构成庄重文雅风格的重要语言材料。文明礼貌语言包括尊称、敬辞、敬语、谦语以及亲切柔和的语调、温和委婉的语气等语言材料和表达手段。这种语言材料和表达手段在特定环境中能使话语显得文明有礼、谦逊大方，有思想修养和文化教养，体现出庄重典雅的格调。请看下面两例：

亲爱的宾客：

热烈欢迎阁下莅临中国大酒店！

羊城四月，风和日丽，正值春季中国出口商品交易会，各方商旅云集。本店秉承殷勤待客之宗旨，务求使每位宾客都有宾至如归之感受。

今年春季中国出口商品交易会的时间将比以往有所缩短，即由4月15日至25日。为方便宾客洽谈商务，提高工作效率，我们特别编制这份快讯，内容包括交易会信息、酒店饮食服务和特别安排等，冀能使各位商务洽谈更为顺利。

衷心祝愿阁下事业成功，居停愉快！

中国大酒店总经理　王志强谨启

尊敬的联合国大会主席汤姆森先生，尊敬的联合国秘书长古特雷斯先生，尊敬的联合国日内瓦总部总干事穆勒先生，女士们，先生们，朋友们：

一元复始，万象更新。很高兴在新年伊始就来到联合国日内瓦总部，同大家一起探讨构建人类命运共同体这一时代命题。

…………

“法者，治之端也。”在日内瓦，各国以联合国宪章为基础，就政治安全、贸易发展、社会人权、科技卫生、劳工产权、文化体育等领域达成了一系列国际公约和法律文书。法律的生命在于付诸实施，各国有责任维护国际法治权威，依法行使权利，善意履行义务。法律的生命也在于公平公正，各国和国际司法机构应该确保国际法平等统一适用，不能搞双重标准，不能“合则用，不合则弃”，真正做到“无偏无党，王道荡荡”。

“海纳百川，有容乃大。”开放包容，筑就了日内瓦多边外交大舞台。我们要推进国际关系民主化，不能搞“一国独霸”或“几方共治”。世界命运应该由各国共同掌握，国际规则应该由各国共同书写，全球事务应该由各国共同治理，发展成果应该由各国共同分享。

…………

中国人始终认为，世界好，中国才能好；中国好，世界才更好。面向未来，很多人关心中国的政策走向，国际社会也有很多议论。在这里，我给大家一个明确的回答。

第一，中国维护世界和平的决心不会改变。中华文明历来崇尚“以和邦国”“和而不同”“以和为贵”。中国《孙子兵法》是一部著名兵书，但其第一句话就讲：“兵者，国之大事，死生之地，存亡之道，不可不察也”，其要义是慎战、不战。几千年来，和平融入了中华民族的血脉中，刻进了中国人民的基因里。

（习近平：《共同构建人类命运共同体——在联合国日内瓦总部的演讲》，《光明日报》，2017 年 1 月 18 日）

前例是公关信函，后例是公关演讲。两例都用了不少礼貌用语，如“亲爱”“宾客”“欢迎”“阁下”“尊敬”“贵国”“女士们”“先生们”“朋友们”等；古语词、古诗句，如“莅临”“商旅云集”“秉承殷勤待客之宗旨”“宾至如归之感受”“法者，治之端也”“合则用，不合则弃”“以和邦国”“和而不用”“以和为贵”“兵者，国之大事，死生之地，存亡之道，不可不察也”等；典型的书面用语，如“风和日丽”“中国出品商品交易会”“洽谈商务”“人类命运共同体”“命题”“联合国宪章”“社会人权”“国际公约”等；以之作为语料构织成严谨缜密的较多的长名、复句的话语，如“正值春季……之感受”“为方便贵宾……更为顺利”“在日内瓦……和法律文书”等，便呈现出庄重典雅的风格。

思考与练习

1. 什么叫语言表现风格？它与语体的关系如何？

2. 公关语言表现风格的基调是什么？为什么？它有哪些主要的风格特征？

3. 请结合实例谈谈自己对语言风格和公关形象的关系的认识。

4. 请分析下列公关语言范例的表现风格：

①秋蝉背心，美观实用。

穿着它，舒臂舞拳浑身轻；

穿着它，仪表健美够精神；

穿着它，凉爽舒适又文雅。

②深圳市文武会计师事务所是深圳市财政局和广东省财政厅批准成立的，具有承接各种法定注册会计师业务资格的中介法人机构，是深圳同行业中首家获得深圳市税务局确认，具有税务代理资格的会计师事务所。

深圳文武会计师事务所的服务宗旨是：独立公正为本，质量信誉至上，服务客户至诚。

本所拥有一批高、中级专业技术人才，由中国注册会计师、高级会计师、高级工程师、经济师、会计师等组成的一支具有优良理论水平和丰富实践经验的专业队伍，能够在专业领域为各种不同行业提供高质量的服务。

本所下设审计部、资产评估部、税务咨询部、财务会计咨询部、办公室。

5. 你认为下面的公关话语和公关语言风格规范吗？为什么？

光阴似箭，日月如梭。转瞬间，一年即将过去，新的一年即将到来。在这迎新辞旧之际，××大学工会谨向全校工会会员致以节日的祝贺和亲切的问候。祝大家身体健康，新年进步！

第三编　公关语言表达艺术

第十章　公关语言口头表达艺术(一)

高超的口头表达能力对公关人员来说极其重要，历来有不少称赞口才好的褒义词，如语惊四座、口若悬河、出口成章、能言善辩、伶牙俐齿等。口头表达贯穿于公关实务的全过程。它是公关活动中人际交往的重要形式，是为特定公关目的服务的主要交际工具。公关口头表达既不同于书面表达，也不同于一般的日常口头表达。它是晓畅明白、富于情感、生动灵活而又不失庄重典雅的一种语言活动。

公关口语的使用场合很广。从非正规的社交寒暄到正规的社交致辞。从人数不多的对话、谈判、答记者问到面对大众的演讲、报告。从公关实务人员在各种公关实务活动场合的口头交际到专职公关人员，领导、管理人员，商务服务人员，导游等的口头表达；从面谈到电话交谈，公关口语无处不在，无处不用。可以说公关口头表达是公关实务中最普遍、最常用的一种表达形式。了解公关口头表达的特点与要求，了解各种场合、各种类型的公关口头表达形式，了解各类表达形式的技巧与规律，对提高公关口语修养，完成公关口语交际大有裨益。

第一节　公关语言口头表达的特点与要求

公关语言口头表达由于受交际模式和特定公关目标的影响与制约，而具有不同于公关语言书面表达的基本特点和要求。

一、公关语言口头表达的基本特点

（一）暂留性与临场性

口语呈线性排列，受时空局限，具有暂留性特点。它从表达者嘴里出来就立即消失得无影无踪，表达者此时此地所讲的话，彼时彼地就不再听得见，公关口语也不例外。公关口头表达还往往受对方的影响，根据对方的需求而临时组织话语，具有临场性特点。例如：

接待小姐：张先生，您好！昨晚休息得好吗？对我们的服务满意吗？

张先生：很好，很满意，谢谢！小姐能否为我们介绍一下苏州园林？

接待小姐：苏州园林最有代表性的是四大园林：沧浪亭、狮子林、拙政园和留园。苏州还有其他景点，如虎丘、寒山寺、西园寺、盘门三景等。您愿意去观光吗？

接待小姐的本意是征询意见，但根据客人的需要转向了介绍苏州园林及其他景点，这一段介绍完全是临时组织的话语。临场性的特点要求公关人员应具有高度的机敏性和高超的语言表达能力。

（二）以副语言和体态语助表达

公关口头交际是交际双方直接接触，在可见可感的情况下进行的，为了调动对方的听觉、视觉甚至触觉，增强语言的形象性和力量感，常常借助副语言和体态语表情达意，这一点是书面表达所不具备的。例如：

门外，突然出现一只造型相当可爱的卡通老虎，卡通老虎摇头晃脑地走进来向朗尼夫妇拜年："朗尼总经理，虎年快乐，万事如意！"

卡通老虎从身后跟着的张佩玉手里接过一个大红包，递到朗尼面前……

朗尼愣住了，突然，他把红包往空中一扔，狂喜地一把抱住卡通老虎，大声欢叫起来："啊哈！我们酒店有一只非常可爱的小老虎！啊哈，可爱的小老虎！迷人的小老虎！"

头套里的周颖叫了起来，她把头套脱下，朗尼抱住周颖狠狠地往她脸上亲了两口："丽莎！你令我惊喜！"

朗尼放开周颖，又抱住张佩玉："你也是一只可爱的小老虎！"也在她脸上亲了两口。

张佩玉羞得满脸通红，她还不习惯接受总经理的这种奖赏。

凯西拍拍张佩玉的肩膀："谢谢你们，我很久没见过他这么兴奋了……"

（邝健人《公关小姐》，第6集）

以上情节是写中华大酒店总经理朗尼先生对公关部独特而新颖的拜年创意的赞赏。在虎年来临之际，公关部想到用卡通老虎给客人们拜年。当一只卡通老虎出现在总经理面前并给他拜年时，总经理那"啊哈"的"大声欢叫"等副语言和"愣住了""狂喜""把红包往空中一扔"、"一把抱住""狠狠地""亲了两口"等体态语，伴随着有声语言，将朗尼先生由惊到喜再到大喜过望的心情表现得淋漓尽致。可见，副语言和体态语与有声语言相配合，相辅相成，可以很好地增强公关语言的表达效果。

（三）信息反馈迅速及时

公关口头表达在接受信息反馈方面远胜于书面表达。书面表达具有间接性——交际双方不在同一场合。书面话语是"闭门造车"写下来的，人们阅读时有什么想法，有什么感受，作者很难及时知道，即使事后知道，也往往知之不多，知之不及时。公关口头表达双方当面进行，表达过程中调动了听觉器官和视觉器官，边谈、边听、边观察对方反应如何，对话题是否感兴趣，信息能否理解，意图能否接受等，这一切都会快速而及时地从对方的语言因素和非语言因素中得到反馈。优秀的公关人员会根据信息反馈及时作出反应，或者继续交谈，或者调整话语，或者转换话题，使交谈能顺利进行。

口头表达虽然反馈及时，但也需要表达者的敏锐观察、细心揣摩，以防获得虚假信息。例如，在说话过程中，对方虽没有打断话题，嘴里还一个劲儿说"好""对"，但神情呆板，显得懒散无力。如果只凭表面信息反馈，你仍然继续这一话题，结果只能使对方更加厌烦，如果你善于观察捕捉真实的信息，这时最好的办法应该是适可而止，或者换一个话题重新吸引对方的注意与兴趣。

二、公关语言口头表达的基本要求

（一）表达目的明确

公关口头表达不同于日常口语的要求之一在于有明确的表达目的。日常口语常常是想到什么说什么，风中来雨中去，来是信手拈来、信口开河，去是顺水推舟、随风而去，柴米油盐，天南海北，漫无目的。而公关口语无论是接待迎送，还是调解矛盾；无论是协商谈判，还是双方论辩；无论是宣传演讲，还是公开对话；无论是商品营销，还是导游解说，都有十分明确的目的性。即使是社交场合中的闲聊攀谈，貌似随随便便，实际上也具有明确的目的性。为什么公关口头表达必须要求目的性明确呢？因为任何公关口头表达都是为实现公关目标服务的，公关目标是公共关系的要素之一，没有公关目标也就没有了真正的公共关系。而公关目标是一种观念的东西，公关目标的实现必须通过各类公关实务活动和各种场合的公关语言表达才能实现，因此，任何场合的公关语言口头表达都必须具有明确的目的性。如果目的性不明确，就与一般的日常口头表达混为一谈了。公关口头表达目的多种多样，主要有以下几种：

1. 联络感情，缩短双方心理距离

这是指社会组织通过感情投资，获得公众对它的信任与好感。感情投资是社会组织公关宣传的长期目标，同时，它也是短期内可见成效的工作。孔德元等的《政府与公关》中有这样一个例子：香港客商吕少军是经营房地产的大老板。他所领导的奔海房地产开发总公司，第一个进驻北海，促进了北海的发展，其后，吕少军初步选定合肥作为下一个投资目标。1993 年 3 月，他们一行四人满怀希望飞到合肥市。谁知，在新火车站，在高新技术开发区，在市规划局，接待人员都是爱理不理。吕少军大为失望，折身飞回了北海。合肥市市长钟咏三得知此事后，当即向牵线人表示："北海房地产不是你们'哄起来'的吗？我们合肥也欢迎你们来，现在不说'哄'，说投资。"他又诚恳地表示："关于地价，我提的原则是六个字：你赚钱，我发展。三天内我将组织一帮人去北海向吕老板道歉，并以市政府的名义专程邀请你们再来合肥，我亲自接待。”果然，三天后，合肥市政府招商团真的飞往北海，邀请吕少军。吕少军很受感动，消了怨气，于是又飞到合肥。经过考察，他们确认合肥就是可以投资的“新大陆”。这里市长说的话，目的就在于感情投资，通过情感沟通，矫正了政府一些部门的错误做法，极好地挽回了政府的形象，赢得了客商投资。

在社交场合，如宴会、集会上，经常可看到一些公关人员穿梭于人群之中，不时与周围公众寒暄聊天，他们的口头表达看似轻松随便，其实带有明确目的性，主要在于联络感情，广交朋友。例如：

美国的玫琳凯化妆品公司曾举办过名为“向您致敬”的特殊晚会，邀请长期加班的职员偕其配偶一同出席。晚会上，主管经理跟每位职员都寒暄了几句。例如：“您辛苦了，我代表公司向您表示真诚的谢意。”“您为公司付出了那么多，公司绝不会忘记您。”对那些成绩卓著的职员，经理还给他们送上一顶顶赞美的“高帽子”，例如：“您可是我们公司的顶梁柱，公司实在少不了您这种经验丰富、富有才华的人才。”

这些寒暄和赞美使所有赴宴者内心都充满了感激之情，双方心理距离大大缩短，感情更加融洽了，当然公司也就更具有了凝聚力。

2. 提供信息，引导行动

提供信息是社会组织最基本的公关目标，要实现这一目标，组织的公关人员必须善于利用语言表达手段宣传自己。宣传自己的目的就是引起公众的行动，即让公众支持自己的组织，参与自己组织的活动或购买自己生产的产品等。例如，我们经常可以在一些公开场合听到公关人员如数家珍地谈到自己的企业、产品，这并非“王婆卖瓜”，而是向公众提供信息，以促使公众行动，或使公众对厂家产生好感，或购买厂家产品。商店里，营业员也经常主动向顾客介绍商品，目的同样十分明确，为了促销，为了引导消费者行动。例如：

一对夫妇去商店买电冰箱，看中了一个牌子，但妻子嫌价钱太贵，正在犹豫。这时，营业员说话了：“这冰箱虽说比别的牌子贵些，但这是正宗名牌，冷藏室大，耗电少。我们这里每天要售出××台，很多人都选这个牌子。买大家电宁可贵些，也一定要买名牌。”

营业员的一席话，实际上就是向这对夫妇提供了信息，促使对方产生购买行动。设想一下，如果营业员在顾客嫌价钱贵时，不是有目的地主动引导，而是跟着抱怨“现在什么都贵，什么都涨价，这个牌号已涨了×××元”。那么这对夫妇还会买下这台冰箱吗？

3. 了解情况，解决矛盾

公关人员经常要接待各类公众，目的在于了解有关情况，处理组织与公众之间的矛盾。例如，某酒店公关部经理接到住客的投诉电话：

住客：喂，公关部吗？我请你们报告警察，来调查这起失窃事件！

经理：您什么东西丢失了？

住客：浴巾！

经理：这条浴巾是什么时候丢失的？

住客：不是我的浴巾，是你们的浴巾！

住客在电话中始终怒气冲冲，讲话又使人摸不着头脑，此事一定要了解清楚。公关经理放下电话来到住客房间。首先向住客表示歉意："我们对您关心不够，这里发生了什么不愉快的事能告诉我吗？我将尽我的全力帮您解决。"经过经理一番耐心引导，客人才讲出事情的经过。原来是服务员发现住客房内少了一条浴巾，便错怪住客，使住客深感自尊心受到损害，因而勃然大怒。事情原委调查清楚，解决也就容易了。这便是了解情况式的公关交谈。

除以上所举三例外，公关演讲、公关谈判、公关对话、答记者问等口头表达形式，目的性更加明确，为公关目标服务也更为直接。

（二）语言通俗典雅

通俗和典雅是相对的，但不是相排斥的，它们有时分别出现于不同的公关口头交际场合中，有时共同出现于同一交际场合之中。

用语通俗是由口头表达特定形式所决定的。口头表达通常是双方面对面进行，交际双方既要集中精力听懂对方每句话，防止信息转移或信息损耗，又要快速组织自己的话语，这一切均在瞬息之间，不允许表达者对谈话词语反复推敲、斟酌，因此选用的词语必须通俗化、大众化。从大量公关口语的实例来看，公关人员在口语表达中经常使用的是基本词、常用词、口语词，较少使用深奥难懂的专业词、文绉绉的文言词以及地方色彩很浓的方言词（同乡间除外）。例如：

有一次，在深圳公关小姐、公关先生邀请赛上，有位记者问一位参赛的公关小姐："你为什么要参加比赛？"那位小姐想了想，认真地回答："因为改革开放需要公关，需要公关小姐。我希望通过比赛展示我们的智慧、才能、作用。让戴有色眼镜的人对我们重新估价。"①

有一篇小散文，同样是介绍公关小姐，内容相仿，主题相同，用语却大不一样，请看其中一节：

尽管我们步履维艰、障碍重重，却是改革时代中一支强劲的队伍。我们以真诚代替虚伪，以文明代替愚昧，以礼貌代替粗俗，以自我开放完善代替封闭孱弱，我们将是为具有几千年文明历史的泱泱大国的改革开放事业而建立功勋的新女性。

前例是典型的口头表达，语言朴实、通俗，使用的是常用词语、大众词语。

① 引自《演讲与口才》，1988年第3期，第25页。

后例是典型的书面语，大量使用了文言词与非常用词语。两例比较，口头表达的通俗性显而易见。

公关人员代表的是某个组织实体，每句话都涉及组织的荣誉与形象，用词用语必须斯文雅致、落落大方、文明礼貌，要处处体现出表达者的思想修养和文化素质，这与日常口语大不相同，日常口语往往带有很大的随意性和粗俗气息。例如：

①这短命天气热死人了，住这房算是倒了血霉了。

②张先生，这几天气温升高，天气炎热，请您多加保重。我们将尽一切努力使您休息好。

③快来，吃饭了，吃饭了。

④请，请各位入席，请用餐。

例①、②都是议论天气，但例①有不少用词难登大雅之堂，十分粗俗，而例②则用语典雅、大方、得体。例③、④都是请吃饭，例③用语随便，例④则彬彬有礼。由此可见公关口语与日常口语表达要求有很大不同。公关口语表达要求既通俗又典雅，这是由公关任务所决定的。

（三）及时调整，灵活应变

公关口语的一大特点是反馈及时，这就要求公关人员能够根据反馈的信息及时调整话语，灵活应变，使交际能顺利进行，如果不能及时调整话语，不善应变，则可能使交际中断，可能使公关目标无法实现。例如，一位优秀营业员对顾客的招呼语刚开始用："同志，请问您想买什么？"虽然她用了礼貌用语，但有些顾客不是拂袖而去就是顶她一句："怎么，不买就不能看看？"根据顾客反应，她立即将招呼语改为："请问您想要什么？"但顾客反应仍不理想，有的顾客会调侃地说："我什么都想要，你肯给吗？"于是这位营业员再次调整招呼语，改为："请问您想看什么？"这一字之改，顾客个个满意，此后她就以这句话作为通常的招呼语了。

话语调整既要注意有声语言的调整，还要注意体态语的调整。例如：

某位领导在职工大会上讲话时，有感于个别女职工不自尊自重，而使用全称判断说："女人，是这个！"他翘起小指头。"男人，是这个！"他竖起大拇指。话音刚落，全场哗然，女职工愤慨不已。这位领导心知自己失言，迅即高声说道："女士们，请安静！"他一只手翘起小指头，一只手竖起大拇指。"你们看，这大拇指，五短身材，大腹便便；它有的，只是力气。而这小指头呢？修长苗条，活泼灵巧，多可爱啊！你们愿意长得像这大拇指一样吗？"女职工一下笑逐颜开。[①]

① 引自莫非：《实用口才学》，暨南大学出版社2000年版，第222页。

第二节 公关社交的语言艺术

社交就是社会交际，又称人际交往。社交是人类特有的活动，它是指社会上人与人之间使用语言等媒介进行思想、感情、观念、意识上的交往、联系和相互作用的一种社会活动，是社会生活的重要内容，也是公关人员开展公关实务活动的经常性工作。掌握社交语言的规律，灵活运用各种社交语言艺术，不断提高在各种交际环境中运用公关语言的能力，有助于在社会组织的公关活动中塑造良好的个人形象和组织形象，有助于处理好组织和公众的各种关系，有助于增进双方对对方所代表的组织的了解、赞许、支持和合作，从而可促进组织公关目标的实现。

公关社交语言常用的有介绍、攀谈、接待、赞美。

一、介绍的语言艺术

介绍是社交中为接近对方常用的口头表达方法之一。通过介绍，达到相互接近的目的。社交场合主要有两种介绍语：一是自我介绍，一是介绍别人，详见第七章第四节《公关礼貌语言的运用》。

二、攀谈的语言艺术

攀谈是接近对方的一种常用手段，是社交中一项重要的语言表达技巧。得当的攀谈很容易打开交际的局面，可以使双方很快拉近距离，从陌生到熟悉，从冷漠到融洽，从无话可说到滔滔不绝。因此有人称公关攀谈为正式话题前的“热身赛”。

（一）攀谈的主要方式

1. 即兴式

即兴式攀谈是借眼前的景物、事物而临时组织话语的一种攀谈方式。例如，室内布置、马路交通、地方新闻以及自然景色等都可作为即兴攀谈的话题。即兴攀谈话题广泛，兴致所至，天南地北任君发挥，即使一时找不到适当的话题，那么“今天天气……”就是最方便的即兴话题了，即兴式攀谈的目的不在于话题本身，而在于借助话题接近对方，引起对方注意，融洽双方感情。

2. 攀认式

这种方式往往用于介绍语之后，在介绍过程中你寻找到需要接近的对象时，不妨认真记住对方的有关信息，然后以攀认为契机，让对方打开话匣子，达到与其接近的目的。例如：“您是暨南大学工商管理系毕业的？我也在暨南大学工商管理系进修过一年，我们可算是师兄弟了。”“您是山东人？我老家也在山东，这么说我们是同乡了。”“您是教师世家？那我们是同行了。”以上这些都属于攀认式话题。攀认式攀谈常在“同学”“同乡”“同行”“亲戚”等方面寻找话题、制造话题，以此接近对方，达到进一步交谈的目的。

3. 关怀式

“最近工作忙吗？”“最近生意如何？”“最近科研上有何新成果？”“天气转冷了，衣服穿够了吗？”这一类话题多见于上级对下级、年长者对年轻者。这类话题很容易使双方感情接近，为进一步交谈打好基础。

4. 仰慕式

这类攀谈法最适合与名人接近。例如：“幸会幸会，久闻您的大名，也拜读过您的大作……”“我看过您的表演，堪称一流。”“我曾经听过您的学术报告，令人耳目一新，今日有幸当面请教，机会难得。”仰慕式攀谈语言要适可而止，把握分寸，太低调一般体现不出敬仰之情，太过分则给人一种溜须拍马、低声下气的感觉。仰慕式攀谈态度要充满热情，极其客气，又不卑不亢。因为这类方式的攀谈不是贬低自己，而是力求满足对方的自尊心，营造一种和谐的谈话气氛。

（二）攀谈的语言艺术

1. 寻找共同感兴趣的话题

俗话说：“酒逢知己千杯少，话不投机半句多。”因此，在攀谈中寻找共同感兴趣的话题十分重要，这有助于避免出现令人尴尬的局面，有助于打破无话可说的僵局。大多数人在初次与陌生人见面时都会感到有些紧张，这是由于彼此缺乏了解。怎么打开攀谈的大门呢？首先要注意选择话题。话题多种多样、丰富多彩，但哪些话题该谈，哪些不该提，哪些可以和盘托出，哪些应回避，这是公关人员在社交场合与人攀谈时应当注意的。每个人都有自己谈话的开放区和封闭区。开放区是指愿意向别人公开的一面，例如本组织的公关信息、个人爱好、职业、取得的成绩等。封闭区是不愿向别人公开的一面，例如本组织的重要内部消息，对同事的评价、议论，个人的隐私或感情问题等。社交场合既有共同的谈话开放区和封闭区，也有各个对象不同的一面。高明的公关人员在攀谈时应力求扩大开放区，回避封闭区。双方的开放区就是双方的共同点，从共同点中寻找共同感兴趣的话题进行攀谈，就容易打开交谈的大门，并能使交谈始终在轻松愉快的气氛中进行。

2. 选用恰当的词语

通过攀谈力求使对方对你所代表的组织有良好的印象，也力求使你本人给对方留下谦恭得体、有礼貌、有教养的好印象。这就需要在交谈中选择适当词语来打动对方，实现沟通。攀谈中，一要注意适当使用自谦语。例如“岂敢”“过奖”“多指教”“多关照”等常用谦语。当然，运用谦语必须讲究恰到好处，一味滥用谦语反而会给人一种虚假、不真实的感觉，同时也会损害你所代表的组织的形象。二要注意谈话中词汇需丰富又不失大众化。有些公关小姐外表不错，但口头表达能力很差，词语贫乏，讲话干干巴巴，颠来倒去只有几个可怜的词语，例如“这个人棒极了”“晚会棒极了”“这个主意棒极了”。这些“棒极了”如果换用各种相应的形容词，话语将会生动有趣得多。当然，要求用语丰富多变并非是赶时髦，满嘴新名词。新名词固然新鲜，但有些新名词缺乏普遍性，过多用于攀谈，对方可能难以接受，还可能对你产生一种华而不实的印象。

3. 言谈举止得体

言谈举止得体是社交语言攀谈成功的重要条件。言谈举止是指语言行为和体态语运用方式等。言谈举止得体具体表现为：①态度诚恳，语言和气，富于感情，让人产生亲切感。②声音响亮、优美，语速适中，强弱相宜，能传情达意，做到一开口谈话，别人对你的良好印象就开始形成。③体态语得当、自然，说话时可用手势语加强语气，但动作不要过大、过频；与人攀谈时要有谦和、亲切的目光，既不咄咄逼人，又无怠慢敷衍之意；脸露微笑的神色，给人一种亲切感；坐姿、立姿、步姿合乎规范，让人感到自然舒适。得体是良好的内在气质的外在语言表现。公关人员在攀谈时语言举止得体，有助于凸显自己良好的形象，有利于打开交谈的良好局面。

三、接待的语言艺术

接待，指对于前来本组织的社会公众表示欢迎并给予应有的待遇或帮助。接待是公关部门经常性的实务工作，也是关系到一个组织在公众心目中的形象和信誉的大事。接待工作中语言表达的好坏是至关重要的。下面就接待一般公众和接待特殊公众来谈谈接待中的语言表达技巧。

（一）接待一般公众

一般公众主要指组织邀请或主动前来的宾客、上级领导、工作关系户等。接待这类公众必须做到使他们自尊得到满足，工作安排感到满意，生活上感到方便舒服。要做好这几方面，在语言表达上必须注意以下几点：

1. 准确了解意图，尽可能满足要求

了解来客的意图，尽可能给予帮助和指点，这是公关人员的重要工作之一。对于来客的要求，公关人员及其组织能够解决的，要明确给予答复并立即着手办理，无力解决的，也应尽可能委婉地说明、解释清楚并转到有关部门。例如：

北京有家新闻单位，为拍摄一部片子，到金陵饭店借酒具。公关部经理颇感为难。借吧，违反饭店规定；不借吧，显得小气。于是经理面带微笑解释说：“按理你们这点儿要求完全应该答应。但是饭店的酒具是成套的，一次制成，如果损坏一个，整套的价值就降低了，因此饭店规定一律不得外借。但你们的事也很重要，我想了个主意：我们的酒具是南京玻璃厂制造的。我给你们写个条，你们去联系玻璃厂，可能会有让你们满意的消息。”

新闻单位的同志带着条子找到玻璃厂，受到十分热情的接待。原来厂方事先已接到饭店公关部的电话。厂领导不仅答应出借酒具，而且主动提出向新闻单位提供一笔赞助费。新闻单位十分满意，也答应为厂方拍几组宣传镜头。

金陵饭店的公关人员在其组织无法满足来客要求的情况下，婉言解释，积极牵线搭桥，尽管来客在金陵饭店没有达到目的，但公关人员的语言及行动仍使他们感到满意。

2. 熟记人名

人际关系专家卡耐基说过：“一种既简单但又最主要的获得好感的方法，就是牢记别人的姓名。”人们对自己的名字总是相当敏感、相当重视的。卡耐基也曾指出：“一般人把自己的名字看得比全世界所有人的名字加在一起还重要。记住一个人的名字并轻松地叫出来，就等于给予此人一个微妙却很有效的赞扬，但是忘记或叫错了别人的名字，就会使你处于不利的境地。”① 熟记公众姓名是一种礼貌，也是一种感情投资，它可以在工作中产生一种“魔力”。曼谷的东方大酒店充分地发挥了这种魔力，住在该店的房客，无论何时在房间里拿起电话，都能立即听到接线员准确地称呼他们姓名的亲切招呼，这一声招呼常常会使房客感到欣喜不已，久久难忘。广东佛山某饭店的服务人员也能准确地叫出住客的姓名，尤其对回头客更熟悉，这就真正使人产生“宾至如归”的感觉，赢得了顾客的好感。

中外领导人都深知熟记人名的重要性。罗斯福总统能叫出白宫内每一个老服务人员的姓名，甚至包括洗碗女仆的名字，并主动同他们打招呼，使对方感到自己受到尊重。周恩来总理在外事接待中，素以惊人的熟记人名的能力而著称。一次，周总理在人民大会堂东大厅接见美国乒乓球代表团，随团采访的美联社记者罗德里克曾在40年前访问过延安，当时见过周总理。事隔40年，周总理还记得他吗？他想了个花招，以弯膝半蹲的姿势，有意引起总理的注意。总理走上前来，马上认出了罗德里克，总理首先同罗德里克握手，说：“这不是罗德里克先生吗？我们好久没见面了。”56岁的罗德里克因为总理相隔多年仍能记住自己的名字而十分感动，紧紧握住总理的手。② 总理的言行既体现了他个人不凡的风度，也为我国政府塑造了良好形象。

在接待中，一旦忘记或者搞错了来客的姓名，就是对客人的失敬。一位公关

① 戴尔·卡耐基著，丹宁译：《处理人际关系的艺术》，北京出版社1988年版，第83页。
② 陈敦德：《毛泽东、尼克松在1972年》，解放军文艺出版社1997年版，第115页。

小姐在某次庆祝活动中担任接待工作。当一位先生上前递上自己的名片时，这位公关小姐看看名片，礼貌地问他："请问您有何贵干?"那先生听闻此言，转身就离开了。原来他是庆祝活动请来的嘉宾，接待小姐连嘉宾名字都没熟记，难怪来客会大为不满。另一种接待则高明得多。接待小姐事先对客人的姓名、职务、单位等了解清楚、熟记在心。当客人进门递上名片时，公关小姐立即欣喜地说："×先生，十分欢迎您的到来，我们总经理已恭候多时，我这就通知他。"这一席话，给人一见如故之感，使宾客感到满意、感到舒服。大量事实证明：公关活动中熟记人名有助于社会交往，有助于事情的成功。

3. 给予适当称呼

称呼是沟通人际关系的信号和桥梁，也是表情达意的重要手段。心理学家认为，人们对怎样称呼自己十分看重、十分敏感。称谓得当能使对方产生相容心理，双方感情就较融洽，谈话就较畅通；称谓不当，可能造成客人的不满甚至反感。

公关接待如何准确、得体地称呼宾客、上级领导等。第七章中已有论述，这里从略。

（二）接待特殊公众

这里所说的特殊公众是指对本组织有意见的人或者投诉者。这类公众来访目的不同：有的前来诉说自己的遭遇；有的前来指责、诘问某人某事。这类公众态度也不同：有心平气和说明情况、通情达理配合解决问题的；也有带着不满情绪，甚至怒气冲天、固执己见难以沟通的。为了有助于事情的解决，不管投诉者当时态度如何，接待人员都必须以礼相待；不管投诉者情绪多么激动，接待人员都必须保持冷静，以谦和的态度感染客人。同时，根据不同对象，选择不同的语言表达方式，尽可能使事情得到圆满解决，若无法解决或满足对方的，也要耐心解释说明。这一切需要接待人员有较强的解决问题的能力和高超的语言表达艺术，尤其应当注意做到以下两点：

1. 以静制怒，以柔克刚

当投诉者怒气冲冲找上门时，当投诉者出言不逊甚至恶语伤人时，接待人员如果不能冷静对待、冷静处理就可能引起冲突，这种情况下最好采用"以静制怒，以柔克刚"的语言表达法。例如，一位顾客在喝酸奶时吸到了玻璃碎片，于是他怒气冲天找到牛奶公司投诉。一路上他想好了种种尖刻的词语，决心要大闹一场，发泄一番。到了公司接待室，他张口便骂："你们这帮家伙太不像话，只顾自己赚钱，不顾别人死活，你们难道不知道，牛奶里的碎玻璃片足以置人于死地吗?"面对这位来势汹汹的投诉者，牛奶公司的接待人员始终面带微笑，先热情地倒茶、让座，然后关心而急切地询问："不知玻璃碎片是否伤到了您?"当听到没伤着时，便改用松一口气的口吻说："那真是不幸之中的大幸，如果换成是小孩喝，说不定就要出问题了。”这一番话说得投诉者气消了一半，接待人员继续诚恳地说：“您赶那么远的路来反映情况，是对我们工作的关心和支持，我代表我们公司谢谢您了。”这几句话说得那位投诉者转怒为笑。最后接待人员又提议：“您如果有空，我陪您去各车间看看，请您提提宝贵意见，杜绝您所碰到的这类事故。”这时，投诉者与接待人员感情已十分融洽了。从这个例子可见，对于“得理不让人”的投诉者，接待人员必须采用“以静制怒，以柔克刚”的语言策略，先冷静倾听诉说，让对方把话全部讲完，不必急于解释；同时要真心关怀，站在投诉者立场上考虑一些问题，不必计较态度；使用的接待语要平和、亲切，安慰要真诚，还要勇于承担责任。只有这样才能化干戈为玉帛，妥善解决问题，维护本组织的形象。反之，如果接待人员以怒对怒，阵前对骂，必然火上浇油，最后损害的仍是组织的信誉与形象。

2. 绵里藏针，软中见硬

接待人员不能对所有投诉者都一味说好话，赔不是，应视具体情况考虑应持态度和应采用的语言技巧。对一些“无理也要闹三分”的人，必须采用“绵里藏针，软中见硬”的语言表达策略。例如，1988 年的一个晚上，南京某居民楼一家住户家里突然发出一声巨响，一台 140 升沙松单门冰箱爆炸了，此事引起了轰动。这家住户立即向沙松冰箱厂投诉。投诉者对爆炸原因只字不提，只是反复强调：“我要你们赔我一台 180 升双门冰箱。”这一要求显然不合理。一是 140 升单门冰箱和 180 升双门冰箱的差价，人们是清楚的；二是经日本专家对爆炸冰箱进行全面检查，发现该冰箱压缩机工作正常，制冷系统工作正常，确认爆炸与冰箱质量无关。但厂方接待人员考虑到这不仅是处理一桩投诉，更重要的是应该想办法借机变坏事为好事，此事已惊动了不少记者，这正是为厂家维护信誉并宣传的好机会。于是接待人员说：“尽管您的要求过头了点，但我们可以同意，不过有个条件，您必须配合我们查出爆炸的真正原因。配合得好，不管责任在哪一方，我们一切照您要求赔偿，若不肯配合，我们将冰箱送日本，由‘松下’做技术鉴定，那时，如果查出是使用不当引起爆炸，一切经济损失及法律、道义上的责任都由用户自己承担。”用户在这一番绵里藏针、软中见硬的话面前，不得不承认是由于在冰箱内存放了易燃物品丁烷气瓶才导致冰箱爆炸。此事果然坏事变好事，沙松冰箱在南京的知名度大大提高，不少居民觉得冰箱外壳炸坏而主机照常运转，可见质量过硬。此事发生一个半月后，《南京日报》刊出消息：“沙松冰箱销势仍旺。”①

沙松冰箱一事之所以处理得这么理想，与接待人员的语言艺术是分不开的。他们态度温和，讲话有理有据，先退后进，绵里藏针，软中见硬，迫使一味纠缠

① 王思路：《“沙松冰箱”危机管理案例》，《企业改革与管理》，2002 年第 5 期。

于赔偿的用户讲出了真正的爆炸原因。设想如果接待人员只是一味说好话，草草赔上一台冰箱了事，那么沙松冰箱很可能在南京再也没有立足之地了。

四、赞美的语言艺术

美国学者威廉·詹姆斯说过："人性最深刻的原则，就是恳求别人对自己加以赏识。"心理学家认为：人无分男女，位无分高低，年无分老少，都喜欢听到别人真诚的赞美。尤其赞美他本人最倾心、最投入、最得意的，而又不为别人所注意的某些优点、长处，效果更佳。美国著名作家马克·吐温曾半戏谑地说，一句美好的赞语可以使他多活两个月。此话虽有点夸张，但也不无道理，因为赞美可以使人获得荣誉感和成就感，能使人感受到自我价值的存在，从而受到鼓舞，产生继续完善自我、奋发向上的动力，即使是最优秀、最有成绩、最自信的人也希望得到适度、适时的赞扬，恰切而中肯的评价，会心会意的赏识，说得真诚、得体、恰当中肯的话语，都会滋润他们的心田，甚至使他们心旌荡漾，从而更有信心面对未来。再看一个例子："不是所有的科学家都有终生的'专利'，可是你有，因为你已把科学研究和科学创造视为生命；不是所有科研项目你都能拿下，但是经你研究的每一个项目，都会成为你心中的星；不是所有的星都有光彩，但是你有光彩，你的光彩来自友谊、爱情与对事业的执着追求……"[①] 这是一个科研部门的领导对已取得成就的一位青年科学家发出的由衷赞扬，三个转折性的对比，对青年科学家的事业成就和为人风范作了具有哲理性的评价，它对受赞扬者心灵的滋润和震撼，甚至智慧的启迪是不言而喻的。

在社交活动中，得体的赞扬能使人获得自尊心和自信心上的满足，能有效地缩短相互之间的距离，增加双方的理解、信任和亲切感。因而说，赞美是社交中的润滑剂，是争取朋友的有效手段。公关人员在社交活动中必须善于赞美自己的交际对象，善于赞美就是善于运用赞美的语言艺术。赞美的语言艺术最主要的是：

（一）赞美必须发自内心、诚心诚意

要实事求是，把握好赞美的度，有美才赞，大美大赞，小美小赞，恰如其分，朴实得体。例如，国内有一位公司经理这样称赞一位外国公司的总经理："贵公司的上下职员重信用、守合同是非常难得的，八年来与贵公司的合作，只要合同一签，无论市场行情如何变化，贵公司都按时、按质、按量交货，从不悔约，也不拖延，这样的贸易伙伴我们最放心。"这位总经理听了，十分高兴地说："是的，我们办企业的宗旨历来是信用第一，这个宗旨是永远不会改变的，

① 刘进：《怎样说才能"良言一句三冬暖"》，《演讲与口才》，2000年第1期。

你们放心好了。”[①] 中方经理的这段赞美，就是以八年的事实为依据，没有任何夸大、讨好的成分，如实地表达了内心真诚的赞美之情，所以收到了较好的交际效果。

（二）赞美要因人而异

要视被赞美对象的具体情况而运用得体的赞美语，切勿千人一面，百人一腔，要具体、明确，切忌含糊笼统。例如：

1971年9月，基辛格为尼克松总统访华一事前来谈判，当时中美关系被冷冻了二十几年，刚开始有些微妙变化。美国代表不时猜测着周总理会以什么样的态度对待他们。当周总理出现在美国代表团面前时，美国人都不免有些紧张。周总理会意地微笑了一下，伸手与基辛格握手，并友好地说：“这是中美两国高级官员二十几年来第一次握手。”

基辛格一一将自己的随员介绍给周总理。

“约翰·霍尔德里奇。”基辛格指着一位大高个儿说。周总理握着霍尔德里奇的手，说：“我知道，你会讲北京话，还会讲广东话。广东话连我都讲不好，你在香港学的吧？”

基辛格介绍斯迈泽：“理查德·斯迈泽。”

周恩来握着斯迈泽的手说：“我读过你在《外交季刊》上发表的关于日本的论文，希望你也写一篇关于中国的。”

洛德没等周恩来开口就自报姓名：“温斯顿·洛德。”

周恩来握着洛德的手说：“小伙子，好年轻。我们该是半个亲戚。我知道你的妻子是中国人，在写小说。我愿意读到她的书，欢迎她回来访问。”

（参看陈敦德：《毛泽东、尼克松在1972》，解放军文艺出版社1997年版）

在这次接见中，周总理对代表团每个成员都作了真诚而适度的赞扬，使代表团成员紧张的心情很快放松，使双方交谈能轻松顺利地进行，美国代表无不被周总理的魅力所倾倒。

此外，赞美别人的时候，不要太空泛，要具体地赞美细节。“你好美”“你好聪明”“你好厉害”都是普通的赞美，高级的赞美是，指出对方怎么美，怎么聪明，怎么厉害。[②]

① 肖沛雄：《交际　推销　谈判——语言艺术200题》，中山大学出版社1993年版，第50页。
② 咪蒙：《所谓情商高，就是懂得好好说话》，《广州日报》，2016年12月5日。

第三节　公关电话交谈的语言艺术

电话交谈就是借助电信设备进行同时异地的双方交谈。现代社会是一个信息社会。电话是目前生活中主要的通信工具之一，更是各级社会组织在公关实务中所使用的最重要、最频繁的交际工具，是公关人员用以同社会公众传递信息、维持联系从而开展公关实务工作的一种最常规的手段。

公关人员必须重视电话的交谈艺术，树立或维持好自身的电话形象。电话形象是指人们在进行电话交谈的过程中，通过自己的态度、表情、语言、内容以及时间、感情等方面，留给通话对方以及其他在场公众的总体印象。[①] 公关人员的电话形象不仅体现出个人的修养和办事风格，而且代表着其组织、部门的形象。良好的电话形象，无疑是对通话对象的尊重和对本人及其组织的美誉的维护，并且有助于组织准确、高效地传递和获取信息，促进公关实务工作的顺利开展。

电话交谈艺术包括三个方面：一是打电话的语言艺术，二是接电话的语言艺术，三是电话总机接线员的语言艺术。

一、打电话的语言艺术

（一）表达清晰、和婉

一切交际编码都要求准确清晰，电话交谈更强调这一点。因为电话交谈单纯靠声音传送信息，不像书面语可以反复推敲，也不像口语交谈可以除声音之外再加上体态语辅助表达。另外，电话交谈有时可能因距离问题或线路干扰而使声音模糊、失真、微弱，这一切都可能影响表达，因此打电话者首先必须注意表达的清晰与语言的和婉。

所谓清晰即必须按通电话的常规程序发话。常规程序一般是：开场白—正题—结语。开场白首先是问候语“您好”或“早上好”等。礼貌的问候可以让对方倍感亲切，如果一张嘴就“喂，喂”个不停，或者询问对方“有人吗”“你是谁”等都是不礼貌的开场白。其次是确认对方单位（家）。再次是讲清要找的对象，然后自报家门，讲明自己单位、姓名。例如：

“您好！是市委宣传部吗？我找宣传科李玲，我是××公司公关部王永刚，麻烦您请她听电话。”

这一开场白公式无论打电话到对方单位还是家中都管用，除非是很熟的老朋友而且是他本人接电话方可随意。

① 金正昆主编：《文官礼仪》，当代世界出版社2000年版，第115页。

所谓和婉是指电话语言必须和蔼可亲、彬彬有礼。在通话过程中，发话人要根据具体情况适时选择运用“请”“谢谢”“麻烦”“对不起”之类的敬语、客套语，这样既可以通过电话表现你的良好风度，又可以加快转接电话的速度。千万不可出言不逊、莽撞无礼。例如：

“喂，给我叫宣传科李玲听电话！”

这种命令式的招呼语毫不尊重对方，对方回报你的可能是冷冷一句：“她不在！”或者可能让你空等着，白白浪费时间。这是对你粗暴无礼的惩罚。

正题应当直言相告，说明来意，同时可在说明来意之前加上简单的寒暄语。例如：

“是宣传科李玲吗？我们好久没见面了（简单寒暄），最近，我们公司准备办一期短训班，想请您为我们做一次讲座，题目仍然是上次您讲过的，内容可以略微浅些。您看安排在什么时候比较合适？”

这样的电话语言要而不烦，信息传递的清晰度高。如果拿起电话先极力寒暄，讲一大通闲话，把正题搁在一边，等讲到差不多了，才急急忙忙谈正题，谈话效果就不理想。

在电话交谈中，如果正题内容较多，最好在通话前先简单列出提纲，以此作为通话提示，以免丢三落四，以致刚搁下电话就直跺脚：“哎呀，还有件事忘了说！”若正题内容特别重要或涉及一些数据、名称，最好讲完后再请对方复述一遍，以便核对。

结语的作用在于提醒对方将要挂断电话了，同时也体现打电话者的礼貌风度。结语应当简洁、干脆，如：“好，就这样吧，再见！”“还有事吗？”确认对方已全部讲完应说“再见”，听到对方收线，方可放下话筒。切忌正题讲完便“啪”的一声挂了电话，使对方措手不及。

（二）礼貌询问，留有余地

有人将电话比喻成不速之客，常常会不顾对方是否欢迎而突然闯入。如果对方心情很好而且正优哉游哉，他可能愿意接电话，也愿意听你谈，那么沟通可能非常顺利；如果对方正心情烦躁或忙得不可开交时，电话闯入只能增加他的烦恼，也可能使沟通受阻，因此拿起话筒先礼貌地询问一声：“现在跟您谈谈行吗？”这是很有必要的，尤其在非工作时间更应礼貌询问。电话交谈无法直接看到对方表情，难以揣摩此刻话该怎么说，这就需要讲话留有余地，给对方考虑的机会，给自己留下退路，这样即使遭到对方拒绝也不会使自己尴尬。例如：

甲：小李，中秋晚上有安排吗？

乙：还没什么安排。

甲：我们公关部在中秋夜举办卡拉 OK 舞会，你如果有兴趣的话，恭候你的光临。

这一电话询问相当得体，留有很大余地。首先问对方中秋夜是否有空，再问其对卡拉 OK 舞会是否有兴趣，如果既有空又有兴趣，则欢迎光临，如果碰巧没空或没兴趣，对方拒绝了，双方也丝毫不会感到难堪。

（三）充分调动语音修辞手段

打电话是远距离传递信息的过程，语音修辞手段是使话语清晰无误的保证，也是提高电话语言艺术效果的重要方法。唱歌要有节奏，说话也不例外，语速的快慢、语调的抑扬、停顿的长短、发音的清晰度、信息的疏密等构成了说话的节奏。

说话节奏适中是保证通话质量的关键。如果节奏过快，对方很可能不能准确无误地接收到所有的信息；如果节奏过慢，则容易引起对方的不耐烦和急躁的情绪；如果自己说话带有较重的地方音，或者觉察到对方听起来较困难，则应有意识地放慢节奏。说话节奏与表达内容有关。大体说来，告诉对方喜讯、好消息，说话节奏略快，音调略高；告诉对方坏消息则说话节奏放慢些，音调用降调。说话节奏与表达感情也密切相关。电话中无法当面表达感情，完全有赖于语音节奏，有赖于声音变化。表达激动、喜悦之情，声音一般较亢奋，语速偏快，停顿较短；表达真诚恳切的感情，声音则如行云流水，轻细平和，语速较慢；表达急切之情，往往语速快、停顿短。俗话说“言为心声”，声音能反映你的真情实感。要努力做到让对方在电话中既能收到语言信息，又能收到感情信息。公关电话交谈更应该运用富有人情味的声音，运用带笑的声音与对方通话。电视连续剧《公关小姐》中多次出现公关部经理周颖打电话的镜头，她拿起话筒就面带微笑，并保持到通话结束，每次通话都柔和亲切。例如：

周颖：您好！张总吗？我是周颖！

张总：周小姐有事吗？

周颖：请问，您现在有空吗？有件事要向您汇报。我现在去您办公室可以吗？

张总：可以。

周颖：谢谢！我现在就去。

（邝健人《公关小姐》，第 11 集）

这种礼貌、温和、明快、自然的声音使对方感到舒服、感到满意。

二、接电话的语言艺术

公关人员除了往外打电话，还需要接听电话，接听电话也要讲究艺术。最主要的是：

（一）礼貌、热情

电话铃响后，应尽快接听，不能故意拖延。如果故意让铃声响几遍才慢腾腾、懒洋洋地伸手去接，就是怠慢对方的表现。当然，接电话也不宜在铃声响过一遍就立即接听，以免给对方唐突之感。一般是铃声响两三遍再接是最适宜的听电话时间，如果确有重要原因而耽误了及时接话，应向对方解释一下，并表示歉意。

（二）按规范程序接话

接电话跟打电话一样，应遵循发话人的开场规定：先说问候语“您好”，再报自己的电话号码或单位名称或个人名字后，才问对方找谁。如果一拿起话筒就唐突地问：“喂，你是谁?”“喂，你找谁?”“你叫什么名字?”“你是哪个单位的?”“什么事啊?”都是极不礼貌的。如果同时有两个电话铃响，则应先接首先响的，在征得对方同意后，再去接另一个电话，切不可同时接两个电话或只听一个而任由另一个电话铃声响个不停。接话要耐心听，切勿随意打断发话人的思路，回话要简洁，切勿啰唆。电话交谈时，一般由发话人先结束谈话，如果对方还没讲完，接话人便挂断电话，就显得不礼貌。通话结束时也应互相道别。

（三）解释差错

如果接听以后，发现对方拨错了电话，不要责备对方而应向对方解释，告诉对方本电话是何单位或本人是谁，必要和可能时，不妨告诉对方他所要的正确号码，或代为查找。如果来话突然中断，应在电话旁稍候，不宜立即离开，或抱怨对方；如果听不太清对方的话，应委婉地告诉对方：“我们这边线路有点问题，我听不太清楚您的声音，请您大点儿声好吗?”对方调整音量语速后则应向其道谢。

外来电话各种各样，公关人员接听电话除了要注意以上三点，还需要掌握应对不同电话的各类语言艺术。

（四）接听重要电话的语言艺术

所谓重要电话一般指来自上级的电话和来自公众的内容特别重要的电话。例如，重要通知、紧急措施、突发事故汇报或其他。

接听重要电话以准确为第一原则。电话谈话与当面谈话相比，准确性或多或少会受到影响。当面交谈不光运用听觉器官，同时也运用视觉器官来帮助理解。发话者也可从听者的语言、表情、神态等方面收到反馈信息，了解对方是否真正领会其发话内容。电话交谈仅仅凭听觉器官，因而常有接听电话时哪一点没听清，哪一点记不清了的现象。因此接听重要电话在语言表达上要做到不厌其烦、主动发问。如“对不起，这一点没听清，请您再说一遍”。同时要及时核对，防止语音混淆，尤其涉及数字、电话号码、人名、街名等更应问清具体的写法，并且主动复述一遍，得到对方认可，方可继续下去。另外接听重要电话还应当借助书面语，边听边记，才不至于挂一漏万。这样的语言表达固然比较烦琐，但能保证接听的准确性。

（五）接听纠缠电话的语言艺术

纠缠者，找麻烦也。这类电话往往违背受话者的意愿，但是打电话者为达到目的，总是一而再再而三地来电话纠缠，使接听电话者心烦意乱、心神不定。还有一类纠缠电话往往提出一些无理要求，并利用电话时时干扰你，影响你的工作、休息。如何处理这类电话？一般人可以毫不犹豫将对方训斥一通，然后挂断电话。但公关人员在任何场合都应大度有礼、不怒不躁，不能训斥对方，也不能无原则答应对方，这就需要求助于语言表达艺术了。

对付纠缠者，可用软中见硬暗示法。现今有些厂家、单位为争取紧缺材料或政府贷款，利用电话纠缠主管部门，天天打电话，一天打几次。他们信奉“会哭的孩子有奶喝”这句话。如果接话者为躲避纠缠而贸然答应对方，那么今后可能会不断接到类似的电话，因为纠缠使对方尝到了甜头。只有采用软中见硬暗示法才能有效阻止对方纠缠。例如：

“您的要求我们已经知道了，有消息会打电话给您，请别再打电话催问，越催情况越糟。”

这番话软中见硬，暗示对方纠缠越凶越难达到目的。这是阻止纠缠电话的有效语言表达方法。

对付纠缠者还可用另一种语言表达法，即彬彬有礼地干脆回绝，不留任何余地。例如：

周颖：（接起挂在墙上的电话）我是公关部周颖。

一个流里流气的声音：我是酒店的客人，请问酒店能否提供特殊的服务？

周颖：（礼貌地）先生，请您把意思说明白些。

男声：（带有醉意）酒店……能否提供，呃，应召女郎？

周颖：（平静而坚定地）先生，您喝多了，这里是中国，不是在别的什么地方。中华大酒店能够为客人提供的全部服务项目已经印在您的床头柜上那本《酒店服务指南》里，晚安！

（“啪”地挂上了电话）

（邝健人《公关小姐》，第3集）

醉酒客人提出的要求显然是无礼又带有纠缠性的，但作为酒店的服务人员不能批评斥责他。于是公关部主任周颖明确、果断又不失礼貌地回绝对方，不留任何余地，这也不失为是对付纠缠电话的较好的语言艺术。

（六）代接电话的语言艺术

如果有电话找你的上司或同事，恰巧他们不在，这时你得代接电话，代接电话同样要讲究语言艺术。

代接电话的语言要求是话语热情而得体。所谓热情，要求先问清来电者的姓名、单位，并热情询问："有什么事需要我转告吗?" 当对方说明来意后，应当热情告知对方："请放心，我一定转告他。" 若对方不便说明来意，你应当同样热情地说："请放心，等他回来后让他打电话给您。" 或者说："他下午在办公室，到时你们再联系吧。" 这样的热情表达既体现了你的良好风度，又使对方感到满意。所谓得体，要求代接电话者的语言表达既不冷冰冰、硬邦邦，又不过分殷勤、强人所难。有的人拿起听筒一听不是找自己或与自己工作无关的，便冷冷一声"他不在"，"啪"地挂了电话，不容对方说第二句话，使对方十分扫兴，也影响了自己与上司、同事的关系，损害了组织的形象和声誉。

三、电话总机接线员的语言艺术

电话总机是社会组织内外信息沟通联络的通信枢纽。这个枢纽通常是由专职接线员掌握，接线员属公关组织人员，代表自身组织行事，其电话形象直接关系到自身组织形象。接线员的语言艺术有很高要求，必须特别注意下面三点：

（一）礼貌、快捷

接线员每天都要为众多公众服务，使用的语言一定要礼貌、规范，接转电话一定要快捷、高效。应该做到铃声震响，迅速应答，不耽搁，不拖延，说话伊始，敬语当先，如"您好！这里是××，请讲"等。《羊城晚报》曾刊登过一篇报道《"您好"热辣辣 "阿喂"冷冰冰》，其中谈到五星级饭店花园酒店接线员小姐的声音：

电话铃刚响第二下，耳边即传来接线员亲切的声音："您好，花园酒店，Garden Hotel!""请等等!""对不起，电话正在用，请过一会儿打来。"

接线员小姐使用的是标准、规范的礼貌语言，加上亲切甜美、带笑的声音，往往使对方对花园酒店倍生好感。有人称有这样声音的接线员是"微笑大使"，她们能够通过自己的声音在公众与组织之间架设起真诚的桥梁。

（二）简洁、明了

总机接线员只是通信联络的中转站，并不承担与公众有具体业务或其他事宜交谈的义务。因此，在接转电话服务中，语言不仅要礼貌、规范，而且要简洁、明了，不要拖泥带水，要提高服务效率，力使线路在正常情况下畅通，在保证质量的前提下，以快捷的服务为客人节省时间。

（三）细心、耐心

公众是上帝，公众永远是对的。接线员是通过接转电话为公众服务的，在接转电话时要表现得殷勤备至。要细心、耐心地服务自己接转电话的对象。细心、耐心就是要认真听清楚对方说的话，并准确地转给另一方。如果对方讲话不清楚，也不能不耐烦，更不能置之不理，或是干脆在似听清未听清的情况下将错就错，把电话转出去，而应委婉地请发话人再重复一遍，如："对不起，请您再重复一遍好吗?"对语言表达不清者，更应耐心听，安慰对方不要着急，慢慢讲清。向来话者解释时也要有耐心，尤其当对方有急事，而又恰逢分机占线不能接通时，更要耐心解释清楚，如："对不起，××分机占线，请您过一会儿再打来好吗?"对于来话公众的留言，要不怕麻烦，做好记录。对来电查找某分机号码的，也应热情地满足要求，不能随便简单地说一句："不知道。"即使通过努力却未能满足对方的要求，也应耐心向对方解释清楚并致歉。[①]

第四节　公关对话的语言艺术

对话原是指两个或更多的人之间的谈话或国际上两方或几方之间的接触。现在对话的含义有了进一步扩展，专门人员召集有关公众就某些问题进行商讨、解释，以达到交流信息、沟通思想的目的，这也算作对话。对话是社会组织内部和外部公关都常用的一种语言交际形式，也是公关实务中的经常性工作之一。例如，国与国之间领导人的对话、国与国代表的对话、组织的领导或政府领导与群众代表的对话、组织领导与员工的对话、校长与学生的对话、公关专员与公众的对话等。不管哪一层次的对话，要想取得良好效果，对话主持者必须讲究语言艺术。对话主持者能否控制、引导整个对话场面，与语言的灵活性和主持者的把握能力相关；对话主持者能否让自己的话感染、影响对方，与主持者情理兼容的表达法相关；对话能否产生强大的吸引力，取得良好的表达效果，与主持者语言表达的能力相关。只有做到善于控制、灵活应对、情理兼容、富有文采，才能收到理想的表达效果。

一、灵活应对，善于控制

对话中虽说对话主持者控制对话全局，但对方将提出什么问题，将会出现什么反应，主持者事先并不知晓，因此要求主持者能控制自己、控制全场，使对话始终按预定目标进行，而不至于节外生枝、场面失控。又因为对话一般是一对多，或少对多，对方人多，问题必然也多，面对不同问题，主持者只有反应敏捷、灵活应对才能使对话深入，将对话推向高潮。

所谓灵活应对，指对话中主持者应当根据对方提出的问题灵活采用不同的回答方法。最常用的是直答与曲答。直答就是以简明的语言，直接明确地回答对方提出的问题；曲答就是用婉转的语言来暗示本意。下面看朱镕基总理与日本民众的两例对话：

① 张四成：《现代饭店礼貌礼仪》，广东旅游出版社1996年版，第140页。

①日本老人问：您如何看待日本人否认南京大屠杀？

朱镕基强调：南京大屠杀是历史事实，有充分的证据，是不能否认的。

②大阪主妇问：大阪与北京一起竞争2008年奥运会的举办权，大阪特别希望争取到，是否可以把机会让给大阪？

朱镕基表示：希望大阪能够支持北京申办奥运会。

例①中朱总理用的是直答，强调南京大屠杀无可否认；例②中朱总理用的是曲答，以希望大阪能够支持北京申办奥运会来暗示北京不能把申办奥运会的机会让给大阪。直答、曲答都收到了较好的表达效果。

直答言明意思，一听就懂，常常能收到坦率真诚的表达效果；曲答措辞委婉，耐人寻味，往往显示答话者的智谋，可以使人得到深刻的启示而信服，例如：

①青年学生：你对党风好转有信心吗？

刘吉：我对党风好转充满信心。但要在短期内好转，我信心不足。(鼓掌)

②学生：目前我国个人收入差距拉大的问题日趋严重，虽然实现了让一部分人先富起来的目标，但离共同富裕还相差很远，请问教授如何看待这个问题？

许志功教授：初次分配，更多地拉开距离，引导人们不断地提高效率，增加社会财富，把“蛋糕”做大；再次分配，更多地强调公平，加大税收力度，使收入趋向合理，把“蛋糕”切好，只要我们认真地这样做了，分配政策的前景一定是美好的。

(叶洪军：《源头引活水，说散变奇趣——析许志功教授与北大学生的对话》，《演讲与口才》，2000年第2期)

例①是曾担任某厂党委书记的刘吉与青年学生的对话，他用的是直答，以实相告，不唱高调，语不含糊，赢得青年们的赞同；例②是国防大学政治理论教研室主任许志功教授与北京大学学生的对话，他从理论上回答了在分配上如何趋利避害之后，便采用曲答，用“把蛋糕做大、切好”的比喻，归纳出精彩的结论，使平实的理论分析充满理趣，富有说服力。

所谓善于控制是指在对话中，既能自控，又能控场，使对话始终按预定目标进行。自控即指控制自己的情绪和约束自己的言辞，控场即指控制整个对话场面和控制对方，例如：

①1997年11月1日，在美国访问的江泽民主席应邀到哈佛大学演讲。美国的一些抗议者违反了事前不准用高音喇叭的规定，在会场外高声嚷嚷，但江泽民的演讲毫不为之所动，按计划圆满完成。与会者凝神倾听，不时发出会心的笑声，在回答听众问题时，第一个提问的美国女士问道：“您访美

一开始就说那些抗议者的喊声是噪音，现在会场外还有抗议者在喊叫，您是否认为它们也是噪音呢?”江泽民回答说：“自从我来到美国，这些人就一直跟着，整天喊，这可是让我切实体会到了美国式的民主。请注意，不是一般意义上的，而是美国式的民主。这是书本上学不到的。(热烈鼓掌) 今天我在这里演讲，虽然我71岁了，但听力很好，仍然听到外面的喊声。我的办法就是尽量使自己的声音高过外面的声音。”(长时间热烈鼓掌，笑声不断)

(李江涛:《哈佛邀请江泽民演讲前后》,《南风窗》, 1998年第2期)

②1987年6月27日，武汉市第一皮鞋厂的职工代表与厂长进行了一次对话。对话的目的是消除因提高工时定额而在工人中产生的误会和怨气。

厂长：我们厂现行的工时定额不够合理，这次我们定的指标是经过反复核算的，大家只要努力工作一定能完成。如果只想多拿钱少干活儿，企业还怎么发展?

代表：劳动定额是国家的，我们只想按照原来的标准干活儿拿钱。

厂长：不合理的定额非改不可。不然改革怎么深入?

代表：厂长，听说你承包期满可以拿好几万元，要发大财啦。

厂长：此话纯属捏造! 按照三年承包合同，如果完成300万元利润指标，我只能得2 000元，但这笔钱我打算捐给厂托儿所、幼儿园。

代表：谁信哪! 假话……

厂长：我是你们选举的厂长，如果你们认为我不称职，请职代会审议，可以免除我的厂长职务。

(《演讲与口才》, 1988年第4期)

例①中江主席演讲后临时应答，既表现出他具有非凡的控场和控制情绪的能力，又展示出他很善于运用语言艺术，难怪他的演讲和答问被波士顿的报纸称为“有世界政治领袖风采”。

例②的对话最后以一部分工人起哄，厂长拂袖而去宣告结束。之所以造成不欢而散的结局，主要原因在于厂长不善于控场与自控。厂长面对的是误会没有解决、怨气没有消除的工人代表，当工人以“为什么拿工人开刀”这样尖锐的反诘句责问厂长，以厂长“要发大财啦”这种讽刺话来刺激厂长时，厂长应当控制住对话气氛，先以一些和婉的话语稳定工人代表的情绪，再寻找双方能够达成一致的话题，然后再逐步引导到敏感话题上。厂长如果具备这样的控场表达能力，相信绝不会使自己陷入尴尬境地。厂长在这次对话中既没有很好地控场，也没有很好地自控，面对工人的责问，厂长没有冷静克制，而是以牙还牙。你们用一个反诘句，我还你们几个反诘句，如“企业还怎么发展”“改革怎么深入”等，这样的表达方法无异于火上浇油，使对话的火药味越来越浓。面对工人一些不太客气的问题，厂长还选择了一些刺激性很强的话，如“只想多拿钱少干活儿”“纯属捏造”等，由于厂长不善于控制、选择对话语言，而使对话最后陷入僵局。

二、合情合理，情理交融

对话很重要的一条是合情合理、情理交融。表达中做到这一条就能达到预定目标，就能得人心。刘勰在《文心雕龙》中指出：“故情者，文之经；辞者，理之纬；经正而后纬成，理定而后辞畅，此立文之本源也。”这段话指出文章的根本在情理交融。对话又何尝不是如此呢？有理无情的话语很难与对方沟通，更难打动人心。有些对话主持者惯于运用冷冷的理性语言。例如，对话时群众提出房子、孩子入学等具体问题时，对话主持者四平八稳地说：“这些问题嘛，慢慢来，顺其自然，将来总会解决的。”这类话不能说没道理，但太冷冰冰、太不动感情，群众就会反感，就听不进去，对话效果就不佳。有情无理的话同样难以达到预定目标。有些对话主持者一味追求如何才能打动人心而忽视了正确的思想轨道。对群众提出的问题不据实解释说明，矫揉造作、虚夸浮泛，结果对话只是形式，不能解决实际问题，群众称之为“空对话”。总之，有理无情，理必枯燥干瘪；有情无理，情必苍白无力，只有情理交融才具有摄取民心的艺术魅力。例如：

某中学校长被高级教师职称问题弄得焦头烂额。权衡来，权衡去，把各方面都不错的教数学的王老师拿下。王老师得知消息后，气呼呼地找到校长室，校长忙倒茶递烟。王老师烟不抽，水不喝，兴师问罪道：“校长，咱们是老校友了，可我并不想借你光，只希望你给我一次公平竞争的机会。”

校长叹口气说：“老王，你知道，僧多粥少啊，只有三个名额，够资格的有十人，你让我怎么办？”

“按条件办。”

“按条件语文组的马老师、化学组的张老师……”

“马老师和张老师评估在我前面我没意见，资历、能力都不比我差。我就不服物理组的老刘，除了年纪比我大，哪儿比我强？”

“老刘没几年就要退了，再不上就没机会了。老伴常年有病，儿子女儿又下岗，也真不容易！谁让你是我校友呢，你不体谅我谁体谅我？”

“和你是校友，真倒了八辈子霉！我不下地狱谁下地狱？”王老师被气笑了。

（郑鸿魁：《领导与部属谈话的五种有效方法》，《演讲与口才》，2002年第7期）

校长的答话实事求是，合情合理，可谓情理交融，让王老师既认理服理，又动了情，心灵上产生了共鸣，因而产生了“自己人”效应，收到了理想的效果。

三、有声有色，富有文采

对话中追求一种具有强大吸引力、能摄取人心的表达效果。要达到这样的效果，则要求对话语言有声有色、富有文采。如何才能使语言有声有色、富有文采呢？运用形象性语言和幽默性语言是有效方法之一。

（一）形象性语言

形象性语言常常借助设比取喻。对话中要给对方讲清道理，但道理又往往枯燥、抽象，令人难以接受。而设比取喻法则能使抽象的道理变得有血有肉、有声有色、生动形象。我们看徐州师院李永田教授与学生的对话：

学生：您当教师尝到哪些甜头？

李教授：作为一支蜡烛，在点燃自己、照亮别人的时候；作为一只渡船，在将学生渡到知识彼岸的时候；作为一架人梯，在学生踩在肩上去摘取科学桂冠顶端珠宝的时候；作为一块铺路石，在别人行走于坦途上的时候。所有这些产生的心中的欢愉是很难用语言表达出来的。这大概就是人们所说的“只能意会，不可言传”吧。同学们会慢慢品尝出其中的甘甜的。

李教授面对学生提出的这一问题，完全可以用“奉献精神”“敬业精神”等抽象的道理来回答，但这种表达生动形象性显然就差些，他采用了博喻手法，运用一连串比喻来说明一个道理：甘甜不是索取而是奉献。这种形象性语言不仅使对方容易接受，而且给他们留下了极其深刻的印象。

形象性语言也常借用故事与传说。我国是一个文明古国，自古流传下来大量生动而含义深刻的神话传说、寓言故事，外国也有不少精彩的故事传说，借助故事传说同样可以既说明一些深刻的道理，又使语言表达生动有趣。请看刘吉与一位青年人的一段对话：

青年：为什么有些领导者不敢用开拓型的人才呢？

刘吉：俄国著名作家克雷洛夫有一篇寓言，说的是有一个人怕剃刀锋利损伤脸皮，结果改用镰刀刮胡子，刮得满脸是血。有些领导恐怕也是这种心理吧！

刘吉回答这一问题时，引用了一个寓言故事，形象而鲜明地分析了某些领导的心态，语言委婉，不露锋芒，却又十分中肯。形象性语言可以使对话内容鲜明突出，生动传神，使精辟的论述与形象的描绘糅成一体，既给人以哲理上的启迪，又给人以艺术上的美感。

（二）幽默性语言

要使对话语言富有文采，增强语言的幽默性也是重要方法之一。对话双方如果能含笑而问，幽默而答，彼此就能很快实现心理沟通，产生一种和谐情趣，营造一种轻松愉快的气氛。如果对话一方怨气很重，而答话者恰到好处运用幽默，同样能改变情绪，打破僵局，使对话圆满成功。幽默性语言可以通过词语转用或借用俗语、俚语来表达。

1979 年，英国首相梅杰在哈丁选区参加首相竞选时，当一位农场主当面批评并质问他对农业知之甚少，怎能当首相时，他面对窘境，并没生气，而是大声对选民说："这位先生说得好，我不知牛头也不知牛尾，不过你投我的票，我将在 24 小时内成为一个养牛专家。"梅杰以幽默的话语"顾左右而言他"，既摆脱了窘境，又赢得了选民的称赞。再看两例：

①青年学生：你怎么看待一些人用"短平快"手法赚大钱？

刘吉：既可以"高点强攻"，也可以"短平快"，只要不犯规就行。

②青年学生：你对一些人到处活动要官往上爬怎么看？

刘吉：社会上流行"生命在于运动，升官在于活动"。（笑）前半句是真理，后半句是腐败。

这两段答话轻松愉快，引起阵阵欢声笑语这是因为刘吉运用了幽默性语言。例①利用体育用语、军事用语而转其意用之，转得自然贴切，语言简洁又活泼。例②借用社会流行语，用大众熟悉的语言来揭露群众看不惯的现象。这种表达法显得亲切自然，诙谐有趣，同时又有很强的哲理性，寓教于谐，让对方在笑声中受教育。总之，幽默性语言能改变干巴巴的说教，取得理想的表达效果。

四、朴实真诚，顺人心意

对话要达到获得人心的表达效果，运用语言时要看对象和话题。有时要用形象幽默的话语来启迪对方，有时则要以朴实而又合人心愿的言辞，诚恳地引发对方的共鸣。看下边的事例：

吉林市皮鞋一厂举行公开的厂长竞选，原吉林市委政策研究室副主任孙吉等参与其中，当场回答群众的提问：

青年人："你是个外行，到皮鞋一厂靠什么治厂，怎样调动大家的积极性？"

孙吉："论做皮鞋，我确实外行。论管理企业我并不认为自己是外行。何况我们厂还有那么多懂管理的干部和技术高明的老工人，有约占全厂职工 70% 的朝气蓬勃、勇于上进的青年人。我上任以后，把老师傅请回来，把年轻人的工作、学习和生活安排好。让每个人都干得起劲，玩得舒畅，把工厂当作自己的家。"

一位中年妇女："咱们厂不景气，去年一年没发奖金，我要求调走，厂长还卡住不放，你上任后能放我吗？"

孙吉："你要调走，不就是因为厂子办得不好吗？如果把工厂办好了，我相信你就不走了。如果我来当厂长，请你留下看半年再说。"

一位干部代表："现在都在议论党政分开，精简机构和人员。你来了以后要减多少人？"

孙吉："党政分开，调整干部结构是大势所趋，但这首先是党政职能的改变。现在科室干部显得人多，原因是事少。如果事情多了，人手就不够了。我来以后，第一件事不是减人，而是要扩大业务，发展事业。我们要干的事很多，很多部门可以层层承包，自负盈亏，还可以对外承揽加工，增加服务项目，有的变成相对独立的公司。需要人的地方多着呢！……至于说党群干部，他们的素质很好，这些年做了大量的工作，今后的思想政治工作还得靠他们！谁有一技之长，就会有用武之地。"

一个女工："我都怀孕七个多月了，还让我在车间里站着干活，你说这合理吗？"

孙吉："我也是女人，也怀孕生过孩子，知道哪个合理，哪个不合理。合理的要坚持，不合理的一定改正！"

孙吉的答辩，没有华丽的辞藻，没有幽默、折绕、躲闪，有的只是朴实与真诚。她针对一个个具体的问题，从对方的处境、心情、疑难等因素出发，构建合人心意的话语，去满足对方的心理需要。这样的话语是依据受话人愿望而作的灵活选择与巧妙运用，针对性强，且又透露着开拓进取的干练与力度，因而沁人心脾，给人以信心和希望。

第五节　公关答记者问的语言艺术

在公关实务中，召开记者招待会，接受各类记者的采访是各级各类组织经常性的工作。尤其在改革开放的今天，国与国、企业与企业、企业与个人之间的交往更加频繁、联系更加广泛、公众日益增多，大众媒介成了发布消息的最重要的捷径，成为组织对外宣传必不可少的工具。对一个组织而言，自我宣传和由记者宣传，其意义、效果不大一样。有识之士已经越来越重视大众传播。每当宣布重要方针政策、重大事件、大型庆典、产品获奖或有重大成就时，都利用大众传播广而告之。组织内部出了事故，公众对组织产生了误解等也利用记者的笔说明解释。

答记者问是公关人际传播中一种特殊的交际方式，尤其不同于上一节民主对话的语言特点，它涉猎问题的范围广泛，内容丰富。记者们往往站在主动出击的位置上，带有各自不同的目的，提出的问题五花八门、无奇不有，大至国家机密，小至个人隐私，什么都想问，什么都敢问，而且发问突然，且要求立即回答。在这种场合如何做到善于回答、巧于应付？如何使自己变被动为主动？很重要的一点在于要有高超的语言表达艺术。公关人员必须反应敏捷，灵活地、有针对性地、恰如其分地回答。必须分清什么是顺势问答，什么是逆势问答。在顺势问答中语言要坦率、明确，条件允许可采用直言；在逆势问答中要或者正面驳斥，或者不露声色侧面回避，或者无效回答。

一、坦率直言法

接受记者采访的主要目的是通过新闻媒介进行对外宣传，为本组织宣传方针政策塑造良好形象，或替自家产品扬名，或澄清是非，故此对一般善意的提问应毫不含糊，采取直言相告的方法。

直言是指说话直截了当，坦率而明确地以事实相告。例如：

十一届全国人大二次会议举行记者会
温家宝总理答中外记者问

【新华社北京3月13日电】　十一届全国人大二次会议13日上午在人民大会堂举行记者会，国务院总理温家宝应大会发言人李肇星的邀请会见中外记者，并回答记者提问。

人民日报记者：总理好，面对国际金融危机的冲击，您在多个场合，包括刚才都强调信心比黄金更重要。请问总理，您的信心从何而来？还有，在政府工作报告中，您提出国内生产总值增长8%左右的目标。对此，国内、国外都有人对实现“保八”的目标持怀疑态度。请问总理您怎么看这个问题？

温家宝：大家十分关注今年是否能够实现GDP增长8%左右的目标。我认为实现这个目标确实有难度，但是，经过努力也是有可能的。我想，对于8%左右的经济发展目标，可以从三个方面来认识。第一，要考虑它的需要和可能；第二，这是政府的承诺和责任；第三，表明我们的信心和希望。发展目标，就像一艘航船的罗盘一样，如果没有罗盘，船就不知道朝什么方向航行，什么时间到达。有一句谚语：这样的船只有逆风而不会有顺风。

关于实现8%左右这个目标的可能性，我在报告中已经阐述了。我想再强调三点：第一，中国正处在工业化、市场化和城镇化加快发展的时期，也处在消费扩大和结构升级的时期。中国13亿人口中有8亿农民。如果你到农村去看，我以为，有多少投资都不算多。中国的市场无论从人口和面积来说，都比欧美的市场更大。第二，中国有充裕的劳动力资源，众多的人才优势。虽然当前就业存在困难，但从长远看，这是发展的重要条件。第三，经过30年的改革开放，特别是近10年的改革，中国的金融体系基本是健康和稳定的，这对经济发展提供了强有力的支持。我可以做一个比喻，如果说美国、欧洲是在金融领域和实体经济两条战线上作战的话，那么中国只是防范金融风险，没有拿财政的钱去补金融的窟窿。相反，在这个时候，金融为经济建设提供了大量的贷款。这些数字你们都知道：去年 11 月份贷款 4 700 亿元，12 月份 7 700 亿元，今年 1 月份 1.62 万亿元，2 月份 1.07 万亿元。

其实，最为重要的就是经过几个月的努力，中国人的心开始暖起来了。我以为，心暖则经济暖。我深知在这场金融危机中，任何国家都不可能独善其身，克服困难也不能脱离国际经济的影响。但是我们懂得一个道理，那就是“乞火莫若取燧”，就是说向人借火不如得到燧石；“寄汲莫若凿井”，就是说你想从别人那里得到水不如自己去凿井。因此，我希望全体中国人都以自己的心来暖中国的经济。

台湾中央社记者：温总理您好。我的问题是有关两岸经济合作协议的问题。这个问题两岸都很关切，我想请问总理，今年之内是否有可能完成签署，以及完成签署后是不是意味台湾可以顺利参与东盟“10+1”机制。二是关于台湾参加世界卫生大会的问题，总理在政府工作报告中曾经提到会通过协商做出合情合理的安排。在这里想请总理进一步为台湾民众分析台湾今年参加世界卫生大会的可能性。另外一个是比较个人的问题，总理知道台湾观光资源很丰富，也很多元，如果您有机会到台湾走一走的话，不知道您会想去哪儿看一看？

温家宝：我想先说明一个事实，台湾与大陆的经济联系十分紧密，可以说到了不可分割的地步。就拿去年来说，尽管遇到国际金融危机，双边的贸易额还接近 1 300 亿美元。其中，台湾的顺差是 778 亿美元，台湾在内地已经落户经营的工厂达 3 万多家，落实的投资资金已经达到 470 亿美元。在这样紧密联系的情况下，我们应该加强合作，共同应对危机。我在报告里提出要加快推进两岸经济关系正常化，推动签订综合性经济合作协议，逐步建立具有两岸特色的经济合作机制。我讲的这个协议和这个机制如果深一步来讲，应该包括“三个适应”。第一就是要适应两岸关系发展的进程；第二就是要适应两岸经贸交流的需求；第三就是要适应两岸经济结构的特点。总的就是要实现互利共赢。我们真诚希望两岸能够通过适当方式抓紧商议和签署协议，建立有利于两岸的合作机制。

台湾是祖国的宝岛，是我一直向往的地方。我真心希望能有机会到台湾去走一走、看一看。我想到阿里山，想到日月潭，想到台湾各地去走、去接触台湾同胞。虽然我今年已经 67 岁了，但是如果有这种可能，到那时即使走不动，就是爬我也愿意去。

我在政府工作报告中已经明确谈到，对于台湾参与涉及台湾同胞利益的一些国际组织活动问题，比如像世界卫生组织，我们会做出合情合理的安排。我们愿意就此进行协商。

日本广播协会记者：您好，总理。我首先请教一个有关中国稳定的问题。在金融危机的影响下，中国失业状况十分严峻，尤其是有很多的农民工和大学生无法找到工作。请问，总理您如何看待今年的就业形势？在这样的情况下，您如何有信心保持国家的稳定？第二个是有关本地区稳定的问题。朝鲜准备在下月早些时候发射弹道导弹，您如何看待朝鲜准备发射导弹？另外，在与即将访华的朝鲜总理金英日的会谈中，您将谈什么话题？

温家宝：失业问题是我们面临的一个十分严重的问题。我们之所以采取一揽子计划，加大财政投入，就是从根本上促进经济的发展，而解决失业问题最重要的是，要大力扶持中小企业的发展，因为中小企业吸纳就业达90%。关于解决大学生就业和农民工就业的问题，我们都已经制定了具体的政策，要狠抓落实。我可以告诉这位记者朋友，在去年下半年和今年头两个月，在失业人数增加、大批农民工返乡的情况下，我们社会总体还是安定的。我们将把扩大就业作为经济社会发展的一项重要任务，继续采取有力措施。我讲过一句话，无论大学生还是农民工，就业不仅关系他们的生计，还关系他们的尊严。对这个问题，政府将百倍重视，不可掉以轻心。

关于朝鲜半岛形势，我以为当前最重要的还是要积极推进六方会谈，解决影响六方会谈的关键性问题，推动实现半岛的无核化。只有这样，才能保证半岛的安全和稳定，从而也能保证东北亚地区的安全和稳定。我们希望参加六方会谈的各个国家要增进共识，从大局出发，妥善处理分歧，不要做激化矛盾的事情。中国政府将积极同各方保持联系，加强磋商，继续推进六方会谈朝着健康的方向发展。朝鲜是中国的友好邻邦，中朝之间有着传统友谊。金英日总理应我的邀请，最近将访问中国，我们将就进一步发展中朝两国的友好合作和共同关心的地区与国际问题充分交换意见。

（《中国教育报》，2009 年 3 月 14 日）

温总理在回答众多记者的各式各样问题时所采用的方法都是典型的直言相告，他的回答态度明朗，公正无私，无论是对中国大陆记者，还是对台湾地区记者或外国记者，无论是中国内部的问题，还是世界性的问题，都不存偏见，而是实事求是地，以准确、鲜明、优雅的语言，有理有据地一一予以回答，真诚、坦率地宣传了我国政府的有关方针政策，展现了中华人民共和国的良好形象。

二、正面驳斥法

答记者问要有礼有节、温文大度，即使记者的问题带有明显的偏见或有意识的挑衅，也不能激动发怒。但对对方提出的错误论点或论据也绝不能熟视无睹、听而不闻，应当以平静的态度、确凿的事理、犀利的语言，直截了当地给予必要的驳斥。这样既可以维护本组织的良好形象，又能充分显示自己良好的风度修养。

在一次国际会议期间，我国代表在接受美国记者的采访时成功地运用了正面驳斥法。

记者：能否这么认为，如果你们不向美国保证不用武力解决台湾问题，那就是还没有和平解决的诚意。

我国代表：台湾是中国的领土，台湾问题是中国内政，采取什么办法解决是中国自己的事，无须向他国作什么保证。难道美国竞选总统也需要向我们作出什么保证吗？

美国记者提出的这个问题带有明显的挑衅性，对这种无礼的问题，我国代表立即采用正面驳斥法，反驳了必须向美国作出保证的荒谬提法，又以一个反问句针锋相对，驳得对方哑口无言。正面反驳绝不是破口大骂、胡搅蛮缠，而是言辞锋利但不尖刻，要抓住关键之处奋力反驳。反驳法有时也采用证明自己观点正确的方法来反驳对方。请看中国航天团团长胡世祥在香港与记者的对话：

记者：在“神五”发射成功后，有人借此提出了“中国威胁论”，你怎么看待此问题？

胡世祥：我们现在要做的是加强神舟太空船的安全，提高火箭的发射及太空船回航的精度。我们目前的工作是提高飞船的精度。中国是受儒家思想影响的国家，中国人发明了火药，但是直到洋人用枪顶着我们的脑袋时，我们才发现里面的火药是自己发明的；郑和下西洋是为了做生意而不是开发殖民地。我们早已有了导弹及原子弹，如果要威胁早就威胁了。中国的载人航天计划，不会对外界构成军事威胁。

（《两年内发射“神六”载两航天员》，《广州日报》，2003 年 11 月 5 日）

胡世祥团长不是直接批驳有人提出的“中国威胁论”，而是用我们在“神五”发射成功后要做的工作，以及古代中国人发明火药、郑和下西洋和现代有了导弹与原子弹都不威胁别人的事实来明确表明自己的观点：中国的载人航天计划，不会对外界构成军事威胁。这种批驳语与上例不同之处在于用事实表明自己观点正确的方法来驳斥对方的错误。这种反驳法有很强的说服力和感染力。

三、巧妙闪避法

记者提出的一些问题，有时涉及国家或组织的秘密，或者因其他种种原因不能坦率相告，也不能给予驳斥，断然拒绝显得缺乏风度，而套用外交辞令“无可奉告”也会给提问者造成心理上的不快，如何巧对这类难题呢？这时采用“巧妙闪避”的方法较为妥当。所谓“巧妙闪避”即避开正面作答，但又不给对方留下牛头不对马嘴的感觉，这便需要讲究语言表达艺术。我们看一下钱其琛与美国《新闻周刊》记者的问答：

记者：您是否能具体讲一下，所谓敌对势力是指什么人？

钱其琛：所谓敌对势力就是说，因为不喜欢就采取政治上的压制、经济上的制裁等办法。要让你屈服，让你改变政策，要干涉你的内政。如果这样，当然是一种敌对态度。

记者问的是“敌对势力指什么人”，也就是要我们指名道姓点出敌对势力的国名，这是十分敏感的问题，不宜作正面回答，但也不宜避而不答，于是钱其琛十分巧妙地偷换了概念，回答的是“什么叫敌对势力”，避免了直接指名道姓，但究竟谁是敌对势力又是不言而喻的，既换掉了概念又与原来概念有密切联系。偷换概念从逻辑上讲违反了同一律原则，是一种逻辑错误，但从修辞上看是一种相当高明的手法：既避开难题又爽快作答。

2001 年 6 月 6 日，出席 2001 年 APEC 贸易部长会议的中国代表团团长、外经贸部首席谈判代表龙永图在新闻吹风会上，就中国入世问题回答了记者的提问。看龙团长与一位记者的问答：

记者：有消息称，中国外经贸部决定不再进口日本的汽车，是吗？

龙永图：日本限制进口中国的农产品，中国已经提出抗议和交涉。中方将如何进一步反应，还取决于日方怎样对待中方的交涉。

（《龙永图妙语答入世》，《广州日报》，2001 年 6 月 8 日）

龙永图不直接回答记者的是非问，而是用日本限制进口中国的农产品，中国已经提出抗议和交涉一事顺脚把球踢给日本，也是用了巧妙闪避法。

四、无效回答法

如果说巧妙闪避法仅仅是避开难题，换一个角度给予回答的话，那么无效回答法完全是推诿搪塞，用没有任何实际意义的话语回答，回答完了却没有答案，没有有效信息。在答记者问时碰到逆势状态，无效回答是语言表达的一种有效艺术手段。

怎样才算无效回答？在北京举办的亚运会上，日本队宣布对夺得金牌的运动员给予升级奖励，并赠送一只熊猫纪念品。我国记者采访日本领队时问：“请问，你们一共准备了多少只熊猫？”日本领队回答：“与可能拿到的金牌总数一致。”这一问题答得含蓄，亚运会期间日本队准备拿几块金牌这是绝对保密的数字，记者借问熊猫数提出了一个相当敏感而又重要的问题。对这一问题日本领队答得巧妙、答得得体，但信息量却等于零。

曾有位日本记者问陈毅：“中国第三颗原子弹什么时候爆炸？”陈毅不慌不忙地回答：“中国已经爆炸了两颗原子弹，第三颗可能也要爆炸，何时？请您看公报。”这是一次典型的无效回答。

拒绝回答是语言交际中的一种逆势状态，必然在对方心理上造成失望与不快，但只要运用一定的表达艺术，就能把对方的失望与不快控制在最小限度之内，使自己摆脱窘境。无效回答正是这样的一种表达艺术，它的最大特点在于说了跟没说一样，但可维持提问者与答话者之间的轻松对话关系，不伤和气，不影响气氛。因此当碰到不想回答但又不想伤和气的情况时，不妨使用无效回答法。

五、幽默巧答法

对于一些不友好的提问或者不便直答的问题，可以运用模糊语言幽默巧妙应答。例如，一次记者招待会上有位美国记者不怀好意地问周总理：“总理阁下，在美国人们都仰着头走路，而你们中国人为什么低着头走路呢?”总理微笑着回答：“这个问题很简单嘛，你们美国人走下坡路，当然要仰着头走了，而我们中国人走的是上坡路，当然要低着头了。”周总理的答话，生动形象，妙趣横生，一语双关，寓意深刻，更使对方无懈可击，极具力度，真可谓妙不可言。①

陈毅元帅一向以善言和幽默著称。有一次在中外记者招待会上，有位记者问当时任外交部部长的陈毅：“中国最近打落了美制 V－R 型高空侦察机，请问用的是什么武器？是导弹吗?”陈毅站起来，举起双手在空中做了个动作，回答记者说：“我们用竹竿把它捅下来的呀!”语音刚落，引得满场记者哄堂大笑。这虽是用模糊语言无效地回答，却使记者感到满意，他们对陈毅高超的语言艺术赞叹不已。

答记者问方法多样，在实际运用中，各种方法的综合运用可取得更好的语言表达效果。

第六节　公关谈判的语言艺术

谈判是人与人之间一种特殊的相互沟通、交往、交易，以建立新的社会关系的活动方式。它是人们社会生活中不可缺少的一部分，因此，有人说“人生就是谈判，谈判构成了人生的重要部分”。在社会生活中，要相互交往、交易，改善关系，协商问题，谋求一致等，都要谈判。公关谈判是用来在人际关系、企业关系、社会团体关系和政府间关系等方面协调交往、调解矛盾、维护组织与公众的共同利益的一种会谈。公关谈判涉及的范围非常广泛，企业销售产品和购买材料设备、企业的联合与兼并、组织争端、组织与公众矛盾、国际条约、政府的外

① 参看李熙宗、孙莲芬、霍四通：《公关语言教程》，陕西人民教育出版社 1998 年版，第 159 页。

交联系、国际的和平协定、国际争端等，都可以成为谈判的内容。无论是什么内容的谈判，都离不开语言的表达艺术。英国哲学家弗朗西斯·培根说过："与人谋事，则须知其习性，以引导之；明其目的，以劝诱之；谙其弱点，以威吓之；察其优势，以钳制之。"这里谈到的引导、劝诱、威吓、钳制，无不与语言能力有关。谈判不仅是双方智慧、才干的较量，更是语言表达能力的较量。成功的谈判在很大程度上取决于语言艺术与技巧。谈判中除了如上所述的交谈举止必须文明礼貌外，特别要讲究的语言艺术还有：如何轻松地拉开谈判序幕，如何探测对方虚实，如何暗示对方，如何正面交锋展开凌厉攻势，如何灵活让步，获得谈判的最终成功。

一、诚挚、简洁的开场语

谈判一般以陈述双方立场为正式开场语。但为了力求谈判的成功，往往在谈判开始前先努力营造一种融洽的气氛，公关谈判尤应如此。因此当谈判双方刚一见面时，要找一些愉快的、轻松的，与谈判议题无关、却有利于双方感情融洽的话题，作为导入议题的铺垫。例如，旅途见闻、近期新闻、个人爱好、风土民情，或者回顾以前的合作经历，重温过去的美好情谊等。比如："你们城市真美，昨天我们游览的几个地方都富有古典园林的美感。""很高兴我们又见面了，上次见面给我们留下了深刻的印象，这次希望我们再次合作成功。"说这类赞赏语或客套话的目的是使会谈有个轻松的开端，但它只是正式开场陈述前的"润滑剂"，因此不宜多讲，不宜扯远。一旦大家已坐稳，思想已集中，就应当进入正式的开场陈述。

开场陈述在语言上要注意些什么呢？什么样的陈述有利于谈判呢？我们先看实例：

> 你们提出的联合举办培训活动的建议，对我们很有吸引力。我们打算对培训内容再作一些增删，相信你们会同意的。现在的关键问题是生源和培训费分成，我们希望以最快的速度在这两个问题上达成协议。以前我们从未打过交道，不过，据说你们一向是很愿意合作的。这是我们的立场——我是否说清楚了？

这段开场语的表述特点在于：

（1）用语诚挚坦率。首先明确表示自己合作的诚意，表示对对方提议感兴趣。同时又坦率告知对方会对某个方面有所改动，当然，改动的目的是使计划更趋完善。

（2）用语简明扼要。开场语是原则性的，不是具体的，只需阐明自己的立场，不用谈及双方利益，因此要避免细节问题，避免冗长烦琐，以简为贵。但关键问题必须讲明，不可简而不明。

（3）语言以柔为上。陈述阶段不可用挑战性词语，而应多用敬语、客套语，力图使双方趋向一致。

开场语是对谈判活动的一种启动，公关主体必须十分重视，既要讲究语言表达艺术，用简短、热情的话语来表明意图，也要善于领会语言艺术，从对方的话语中捕捉并领会其中的真意，开场语往往有着点题的价值。

二、探测虚实语

《孙子兵法·攻谋第三》曰："知己知彼，百战不殆；不知彼而知己，一胜一负；不知彼不知己，每战必殆。"此话用于谈判非常合适。谈判是一场舌战，为了获取最大成功，必须熟练掌握探测虚实语，抓住一切机会探测对方虚实。

探测即探询、了解，主要包括两个方面：一是了解对方的组织形象、信誉状况；二是了解谈判对手。主要应了解如下情况：①职务、权力；②学历、专业；③擅长的谈判风格与谈判模式；④性格、特征、能力水平。探测可分两步：第一步是谈判前的准备，第二步是谈判过程中的探测。不管是哪一方面、哪一过程的探测，都离不开语言艺术的运用。下面先看在交易谈判中探测价格底线的例子：

卖方：我们非常愿意出让这块土地。我们关心的是地皮的价格是否合适，反正我们也不急于出售。

买方：请告诉我，你们想卖什么价？我们根据出价再作考虑。

卖方：您不妨先谈谈你们能接受的价格，好吗？然后我们再考虑能否让步。

这里买卖双方的语言都是围绕价格问题的探测虚实语，双方都尽量让对方先开价，都在力求探出对方出价的"底线"和"死线"，如果稍不注意露了底，那就失去了整场谈判的主动权。因此无论是有声语言还是无声语言都要严加注意，不能露出底细、暴露弱点。日本松下电器公司创始者松下先生在初次交易谈判时碰到过这么一件事：他到东京找到批发商，意欲推销他的产品。批发商和蔼可亲地说："我们是第一次打交道吧？以前我好像没见过您。"这是很明显的探测虚实语，批发商想知道眼前的对手是生意老手还是新手。松下先生恭敬地说："我第一次来东京，什么都不懂，请多多关照。"这本是极平常的客套语，却使批发商获得了重要信息：对手是个初出茅庐的新手。批发商问："你打算以什么价格卖出？"松下又如实相告："产品成本是20元一只，我想卖25元一只。"这个价格正是当时的市场价，而且产品质量又好，但由于松下无意中露了底，让批发商知道了他人生地不熟，又急于打开产品销路，于是失去了谈判主动权，被批发商趁机杀价。

可见探测对方虚实在谈判中是重要一环，探测虚实语也是谈判的重要表达艺术。常用的探测虚实语形式有：

（1）以提问形式达到探测目的。提问必须注意：①探测目的要含而不露，问题不能提得太露、太直。如上例的两个问题，目的在于探测对方的价格。批发商问的"我们是第一次打交道吧"，其目的是要判定对方是生意老手还是新手。但这些真正目的都隐藏在寒暄、客套等形式后面，只有含而不露，才不至于引起对方警觉，才能有所收获。②问题表述要委婉清晰，问题不委婉，就会显得太鲁莽，但过于委婉又会含糊不清。那位批发商如果换用"我看你像个做生意的新手"这样的语言，则显得太鲁莽，可能使谈判中断。但提问含糊不清也难达探测目的。③注意选择适当的提问时机，时机不成熟，探测性问题最好暂且不提。

（2）通过捕捉无声语言信息达到探测目的。谈判人员除了设计并提出探测问题外，还应当在提问的同时观察对方的表情变化、动作变化。如听到对方的报价后不由自主露出满意的神态，对方抓住这一微小的变化便可大致探测到你的"底价"。因此，不少谈判高手经常通过体态语来探测对手。

三、巧妙暗示语

谈判过程一般来说复杂多变，有时双方各执一端，僵持不下，谈判陷入低谷。如何打破僵局并迫使对方首先让步呢？这就需要谈判人员运用巧妙暗示语了。

所谓巧妙暗示语，即利用一定的语言条件和背景条件使话语产生言外之意。例如，1984 年秋天，我国外交部副部长周南与英国代表伊文思就香港主权收复问题再次举行会谈。谈判一开始，周南副部长讲了这么一段话：

……现在已经是秋天了，我记得大使先生是春天前来的，那么就经历了三个季节了：春天、夏天、秋天——秋天是收获的季节。

周南副部长巧妙地运用了暗示语，话的表面意思是谈自然规律，春天开花，夏天孕育果实，秋天就该收获果实了。但联系当时的语境，此话的暗含义是谈判已经历了很长一段时间，这次谈判该有明确的结论了。这种随时应境的巧妙暗示语既表达了自己的真实想法，又不露锋芒。

又如，某家公司与日商进行贸易谈判，各方面都已谈妥，唯有价格方面日商寸步不让。如何才能打破僵局迫使对方让步？我方代表提了个问题："请问，贵国生产这种产品的公司有几家？贵公司的产品是否优于×国与×国的同类产品？"这一提问表面上是请教，实际却暗示对方，此类产品生产商非独你一家，买卖并不是非你莫属，如果价格不降低，我们另有选择。表面上彬彬有礼，内里却暗藏锋芒。前面谈到的探测虚实语例中的卖方在表明自己最关心价格是否合适后，话锋一转，声称"反正我们也不急于出售"，这句话同样是暗示对方，如果价格谈不拢就免谈。

巧妙暗示语的表达手段很多，可以利用时间、环境暗示，可以利用有关事情的背景暗示，也可以利用修辞上的双关，词汇上的多义、同音等使语言产生言外之意、弦外之音，从而达到既迫使对方让步又不破坏谈判气氛的目的。

四、出击交锋语

谈判双方在涉及全局利益或原则问题时都不会轻易让步，往往需要主动出击，针锋相对，据理力争。因此在谈判过程中，出击交锋语也是经常使用的一种语言手段。

所谓出击交锋并不是“疯狗乱咬人”，也不是“泼妇骂街”。谈判桌上的语言交锋必须摆事实，讲道理，逻辑严密，证据确凿，语言有力。既坚持原则、寸步不让，又沉着镇静、彬彬有礼。例如：

周恩来总理和基辛格在关于中美公报谈判时，美国代表事先拟定了一份公报初稿。周总理在谈判中用坚定的语气直截了当地指出：“毛主席已经看过你们拟的公报草案，明确表示不同意，这样的方案，我们是不能接受的。”基辛格本想以一种轻松谈笑的口气开始这场谈判，但看到周恩来神态严肃，语气坚定，他的语气也转向坚定：“我们初稿的含义是说，和平是我们双方的目的。”

周恩来说：“和平只有通过斗争才能得到，你们的初稿是伪装观点一致。我们认为公报必须摆明双方根本性的分歧。”

基辛格并不退让：“我方拟的公报初稿难道就一无是处？”

周恩来严肃而心平气和地说：“你们也承认中美双方存在着巨大的分歧，如果我们用外交语言掩盖了分歧，用公报来伪装观点一致，今后怎么解决问题呢？”

基辛格:“我们起草的公报，采用的是国际通用的惯例。”

周恩来针锋相对地说：“我觉得这类公报往往是放空炮。”

周恩来总理的主动出击、正面交锋、据理力争，使公报最后采纳了中方的意见：既写出双方的共同点、一致性，也列出双方存在的分歧。事后，基辛格说他对周总理的交锋语言既震惊又深感佩服。

分析周总理的这段出击交锋语，其主要特点在于：

（1）词语尖锐。整段话中周总理两次用到“伪装”这一贬义词，其余像“掩盖”“放空炮”等词也带有明显的贬义色彩。在国家首脑的谈判中，这类用词十分尖锐。同时，周总理讲话中其他一些词语也都棱角鲜明、锋芒毕露，如“不同意”“不能接受”“巨大的分歧”等。

（2）语气坚定。说话的语气往往显示一个人的决心，坚定的语气能增强讲话的分量，有时还能起到控制谈判气氛的作用。难怪原本想以轻松语气开谈的基辛格，在周总理影响下也换用了坚定语气。

(3) 态度严肃。运用出击交锋语不必怒形于色，但也不可面带笑容。严肃的态度与尖锐锋利的语言有机结合，才能使表达效果更佳。

出击交锋语除了以上所讲的特点外，还有很重要的一点，即摆事实，讲道理，只有让事实说话，话语才更有力。例如，日本的日铁公司曾按某项协议给宝山钢铁厂寄来一箱资料。原协议谈好寄6份，寄来的清单上也写明6份，可开箱检查却发现只有5份，于是双方再次会谈时，一场交锋不可避免。日方自信地说："我方提供给贵方的资料，装箱时要经过几关检查，绝不可能漏装，是否有可能途中散失或开箱后丢失？"这番话语气强硬，不容争辩。我方代表立即针锋相对地说："很抱歉，事实是开箱时有不少人在场，开箱后立即清点，我们是经过多次核实才向贵方提出的。现在有三种可能：①日方漏装；②途中散失；③我方丢失。如果途中散失，包装的木箱应受损坏，但现在木箱完好，这一可能应当排除。如果我方丢失，那木箱上印的净重应当大于现有资料的净重，而事实是现有5份资料的净重与木箱所印净重正好相等。因此，我方丢失的可能性也应排除。剩下只有一种可能，即日方漏装。"

这番出去交锋语采用排除法，条条分析，条条排除，有理有据，滴水不漏，使对方无力反驳。因此，让事实说话也是出击交锋的有效手段之一。

五、灵活让步语

谈判中的交锋应有一定限度，不能图一时痛快，穷追猛打，置对方于死地。交锋到一定程度就应降温，就应有所让步、有所妥协。尤其是公关谈判，一定要做到满足自身利益的同时，也满足对方的利益需要，做到互惠互利。但是如何让步，何时使用让步语，这也可以说是一门艺术、一种技巧。

首先，要掌握让步时机，不到万不得已不要轻易表示让步。轻易得手的让步，对方并不看重，同样的让步，在对方经过种种努力之后才好不容易得到，那对方将对这一让步非常看重。其次，让步的速度不要太快，每一次让步都必须换回己方的利益。如果己方让步后，对方并未作出相应的让步，此时则应暂停让步，直到对方作出相应反应为止。最后，让步的幅度不宜太大，你准备让步的东西是一下子全抛出来，还是分多次逐步抛出，效果大不相同，小幅度的多次让步比大幅度的一次性让步有利得多。遵照以上几条原则，常用的让步手段有如下几种：

（一）转换话题让步法

这种让步法常在谈判双方针锋相对、各不相让，谈判可能出现僵局时使用。例如："现在再继续讨论价格问题对我方来说是很困难的，如果你能谈谈交货问题，我想大概有助于我们重新讨论价格问题，但是像现在这样是不可能的，你的交货条件是什么？我们先讨论这个问题如何？"这种就是很典型的转换话题让步法，事实上在讲这番话时，心理上已做好了在价格上让步的准备，但为了维持自尊，不使己方感到尴尬，先搁下这一敏感问题，转而谈交货问题，给自己的让步留下一个缓冲的余地。这是有经验的谈判者常用的让步法。

某公司为购买农业加工机械与日商谈判，谈到价格问题时陷入了僵局，气氛开始紧张。这时，日方主谈判手推说要方便一下，站起来走了出去。当他再次进入谈判室时，满面笑容地对他的副手说："查一查我们的价格是什么时候定的。"他的副手心领神会，忙说："这是以前定的价格。"主谈判手笑着说："国际市场上价格变动很快啊，我们价格定得早，时间一久可能有变化，请允许我请示一下再给予答复。"这位日商运用的也是转换话题让步法。在尴尬的局面中，先离开一会儿，使室内气氛缓和一下，让自己的情绪调整一下，然后撇开愿不愿让价的问题，改谈制定价格的时间问题，给自己找到了一个很好的让步台阶。

转换话题让步法首先要注意话题不能扯远，必须与原话题有密切关系，这样才能自然地从原话题过渡到新话题上。其次新旧话题过渡要自然，不能牵强附会。例如，从交货条件到价格让步，从定价时间到价格多变再到价格让步，过渡自然，语言得体，逻辑严密。

（二）讨价还价让步法

谈判中的让步往往是双方的，当一方首先让步后，另一方也应相应让一步。也就是说以让步换让步，绝不作无偿让步，这种让步法可归纳为讨价还价让步法。例如，某汽车公司与某饮料公司进行谈判。汽车公司："假如我们把贵公司的广告贴在公共汽车上替你们宣传，你们能否为我公司职员免费提供保健饮料？"饮料公司："如果我们能按贵公司要求免费提供保健饮料，贵公司能否在张贴广告之外，再为我们发送一次调查问卷？"这就是讨价还价让步法。我让一步的同时提出一个相应条件，我答应你的条件的同时也提出一个相应要求。这类让步法较多采用假设句形式，在谈判过程中经常用到。

（三）丢卒保车让步法

谈判中要抓住主要之处咬住不放，寸步不让，而对一些细枝末节不多计较，不与对方纠缠，这便是丢卒保车让步法。例如，某钢铁公司获得信息：瑞士一家平板钢厂倒闭，工厂准备出卖，于是该钢铁公司与瑞士平板钢厂进行了谈判。我方代表说："我们愿意包下厂房全部设备，但价格一定要优惠。"我方以包下一切设备为让步条件，要求对方在价格上作出妥协，最后以原价 1/10 的价格成交。这种抓住重头、大头，放弃一些小利益的做法就是典型的丢卒保车让步法。

（四）虚张声势让步法

谈判时，报价应报最高价，出价应出最低价，这样两者差距必然悬殊，然后双方再逐步退让，使各自提出的价格逐步接近，最后成交。美国一家慈善医院的出售谈判便是如此。该医院由于地段不理想而准备出售。首先经过周密调查，内部确定了该医院的最低出售价，然后开始与一家有购买意愿的公司谈判。谈判先进行了三轮，出价与报价由12.5万美元与60万美元的悬殊差距缩小到30万美元与35万美元，双方都说让到了极限。最后，医院一方提出可以以30万美元成交，但该公司须为医院设立的困难患者财政基金捐款3.25万美元，公司一方只同意捐2.5万美元，最终成交。卖方开价60万美元，买方开价12.5万美元，数目相差极其悬殊。在四轮谈判中，双方都作了无数次让步，在每一次让步时，让步方都极力渲染自己的让步，这样把让步夸张得越厉害，让步的声势造得越大，便越能满足对方的自尊，对方心理上也越会感到满足。这就是虚张声势让步法。这种让步法掌握得好，语言表达恰当，往往有助于控制场上的气氛，掌握谈判的主动权。

（五）终局让步法

终局性让步是谈判双方已经过了反复洽谈，为尽快达成协议而作出的最后让步。终局性让步，一是要把握时机，时机不成熟，双方还不可能达成协议，就早早作出终局让步是不明智的。而时机已到却迟迟不肯作出终局让步，也只会给谈判增添麻烦。一般来说，谈判到了最后关头，对方谈判组织的高层领导会出面参加或者主持谈判，这时能恰到好处地再次给予让步，对协议的尽早签订很有促进作用。二是要把握让步分寸，一般来说最大的甜头应放到最后。因此，终局性让步的幅度应当大于前几次的让步，这样做既可使对方感到高兴、满意，又可使最终出场的对方高层领导满足自尊。但终局让步的幅度也不能太大，否则效果适得其反，对方有可能认为让步方的慷慨是另有原因，更糟糕的是有可能要求重新谈判。终局让步时语言表述一定要清楚、坚定，明确告诉对方这是最终的让步。

谈判中让步语用得巧妙、得当，可以使己方受最小的损失而使对方得到最大的满足。恰到好处的让步有时比寸步不让会使你得到更大的利益。

谈判语言是多种语言艺术的综合运用，难度大、要求高，公关人员必须下苦功钻研其技艺。

第七节　公关演讲的语言艺术

演讲是运用有声语言与态势语言的艺术手段，面对广大听众陈述思想、抒发感情，从而说服听众、感染听众、改变听众的认识和行为的一种重要交际表达方式。公关演讲是公关人员根据特定的公关目标，代表组织向公众所作的演讲。公关演讲有时也使用大众传播媒介。在公关实务活动、工作中，公关演讲是一种常用的人际传播方式。公关人员的重要任务之一是传递信息、沟通关系、树立本组织的良好形象。公关演讲正是完成这些任务的有效手段之一。

一、公关演讲的场合与类型

作为一名公关人员，各类社会组织的领导人员及其公关专员在多种场合都需要演讲或致辞。致辞是指“在举行某种仪式时说勉励、感激、祝贺、哀悼之类的话”①。因此演讲致辞，最常用于各类对外交际的场合中，如参观活动、纪念活动、赞助活动、各种仪式典礼、各种联谊会、招待会、展销会、展览会、招商会、欢迎会、座谈会、宴会等。在这种场合，社会组织的领导或公关人员如能落落大方地、流畅地、富有激情地作一番致辞或演讲，必能为组织增添光彩。此外，在内部公众的集会上同样需要公关演讲。

公关演讲类型很多，常见的有礼仪演讲、喜庆演讲、鼓励演讲和政治演讲等。礼仪演讲是一种以抒情为主的演讲，如凭吊演讲、迎送演讲等。礼仪演讲的基调是真挚诚恳，无论是在辞令、态度、表情动作等方面都必须合乎礼仪风尚，尤其是语言要充满感情，要寓情于理。喜庆演讲最常见的是宴会上的祝酒词、节日致辞，还有如剪彩、揭幕仪式上的简短贺词。这类祝词往往不用讲稿，语言精练简洁，以礼节性、客套性词语为主。鼓励演讲即在从事某项重要工作或执行某项艰巨任务之前，为鼓舞士气而作的演讲，如部队的战前动员、企业的改革动员就是典型的鼓励演讲。政治演讲，即针对国内外一些较重大的政治问题、组织内部的重大问题，为阐明本组织的立场、观点、路线、方针、政策而进行的演讲。政治演讲能起到沟通信息、宣传教育的重要作用。它包括政治专题演讲、竞选演讲、就职演讲等。在改革不断深入的今天，竞选演讲和就职演讲已越来越广泛地被各组织采用。

二、公关演讲的语言艺术

演讲，是一种高级的口语表达艺术，为了实施它的交际功能，取得理想的演讲效果，必须注意语言艺术。

（一）从总体上说

演讲的语言艺术，从总体上说，必须注意以下四个方面：

1. 语音悦耳和谐

古希腊的演讲艺术家、文艺理论家和修辞学家亚里士多德在《修辞学》中指出：“恰当的演讲方法……要把声调加以适当的安排，借以表达不同的情绪——什么时候演说得响亮，什么时候演说得柔和，或者介于二者之间；什么时候说得高，什么时候说得低；根据不同的主题，采用不同的节奏，这就是演说家

① 中国社会科学院语言研究所词典编辑室编：《现代汉语词典》，商务印书馆2016年版，第1691页。

所应当记在心中的三件事——音量、音高和节奏。”这段话指出了以口头形式来表达的演讲，必须注意语音艺术，要随着内容、气氛的变化而表现出音律的高低抑扬、跌宕起伏，音量的强弱轻重，词句的停顿断连，语速的快慢急缓等多种变化和用声音语调来表现演讲者的情感波澜，使语音悦耳和谐，给听众以美的享受。

2. 语句简明规范

语句简明规范，这是现代公关演讲艺术的突出标志，也是公关演讲语言优美的基本要求。所谓简明就是简洁明晰，就是用最精练的语言传递最丰富的信息，而且使听众易于领会理解。为此，必须如列宁所说：“应当善于用简单、明了、群众易懂的语言讲话，应当坚决抛弃晦涩难懂的术语和外来的字眼，抛弃记得烂熟的、现成的，但是群众还不懂的、还不熟悉的口号、决定和结论。”[①] 所谓规范，就是演讲要正确使用本民族的标准语，避免用本民族标准语没有的构词法，遵守本民族语造词组句的语法规范。公关人员只有用简明、规范的语言来演讲，才能达到公关演讲的目的。

3. 话语生动有魅力

一位青年曾对李燕杰说过：“你们的报告如果没有‘磁性’，我们可有‘弹性’，只要有一句话不顺耳，我们就会给你弹拨回去。”[②] 这里用“磁性”和“弹性”鲜明地反映了广大听众对演讲的要求和态度。演讲要具有“磁性”，除了要求演讲者有精深的思想、严密的逻辑和灼热的感情之外，还要求演讲者必须借助具有魅力的语言。而语言要有魅力，就必须生动形象，只有生动形象，才能吸引听众，使听众受到感染和熏陶，激起共鸣。使语言生动形象的修辞手段很多，例如，带有形象色彩的语句，描绘性修辞格如比拟、借代、夸张、模拟；能使语言增添幽默感的修辞格，如仿词、飞白、析字以及形象感人的故事、寓言等，都能增添演讲语言的生动性和形象感。

4. 体态语优美悦目

体态语是用表情、动作或体姿来交流思想的辅助工具，是演讲的无声语言，体态语对一个人的演讲来说，与有声语言一样重要。一个眼神、一个微笑、一个手势，不仅体现了演讲者的风度，还会给听众理解演讲内容提供直观的印象。因此，中外有名的公关演讲家，不仅善于驾驭多姿的有声语言，而且十分注意用优美悦目的体态动作、手势、面部表情等帮助说话，强化感情，渲染气氛，以增强演讲效果。列宁在演讲中那微微向前倾斜的身姿、奋力挥向前方的手势；毛泽东

---

① 中共中央马克思恩格斯列宁斯大林著作编译局编：《社会民主党和选举协议》，《列宁全集》（第11卷），人民出版社1959年版，第275页。

② 李燕杰：《在演讲中怎样加强磁性》，《演讲与口才》，1986年第11期，第17页。

演讲中那器宇轩昂、精神焕发的领袖风度，简直像一幅幅艺术精品，深深地刻印在苏联、中国和世界人民的心中，成为公关演讲的有声语言和体态语结合的典范。在20世纪60年代初期的美国总统竞选中，尼克松与肯尼迪在进行激烈的角逐，而以优秀电视演员著称的尼克松以50%比44%的多数票处于领先地位，他本来可以稳健地迈向总统宝座。然而，后来在7 000万的电视观众面前发布施政演说时，尼克松因劳累过度而疏忽了仪容，显得精疲力竭，倦形于色，竞选优势急转直下；肯尼迪却以翩翩的风度、惊人的谈吐、健壮的体魄出现在广大电视观众的面前，赢得了选民们的青睐。① 可见，在公众演讲中，演讲者的风度、仪表、言谈、举止是何等的重要！它们优美悦目，如果能再与有声语言和谐地统一在一起，必然会使演讲获得最佳的效果。

（二）从结构上说

演讲的语言艺术，从结构上说，一般分为开场、主体、结尾三部分。每一部分在语言运用方面都有不同要求。

1. 开场的语言艺术

演讲的开场白具有设置气氛、控制情绪、导入主题、激发感情、制造悬念、引人入胜等作用。演讲者必须精心设计、刻苦钻研。要做到像黄政枢说的那样，“好的开头，有如春色初展，鲜花含露，叫人钟情”。也要像方东树说的那样，开场白“必破空而来，不自人间”。力求新颖、别致、巧趣，能一下子就紧紧抓住听众，吸引住听众。著名的公关演讲家用于开场白的语言艺术主要有以下几种。

（1）引用式。

引用名家名言或有趣的事情作为开头，叫作引用式。引用式有两种类型：

一是引用一些流传甚广的、广为人知的俗语、名人名句、警句格言。例如，习近平在一次国际性纪念学术活动讲话的开头：

各位嘉宾，各位专家学者，女士们，先生们，朋友们：

“有朋自远方来，不亦乐乎。”今天，来自中国和世界各地的嘉宾和专家学者齐聚北京，举行纪念孔子诞辰2 565周年国际学术研讨会暨国际儒学联合会第五届会员大会。这次会议是国际儒学界和国际学术界的一次盛会。首先，我谨对会议的召开，表示热烈的祝贺！对朋友们的到来，表示诚挚的欢迎！

（《广州日报》，2014年9月25日）

这个开头引用儒家名著《论语》中的名句，表示对来自中国和世界各地的嘉宾和专家学者齐聚北京参加纪念孔子诞辰国际学术研讨会暨国际儒学联合会学术研讨会的诚挚欢迎，优雅别致，切旨适境，恰当妥帖，别有一番韵味，给听众

---

① 黎运汉主编：《现代汉语语体修辞学》，广西教育出版社1989年版，第108页。

留下深刻的印象。

二是引用亲身经历或者动人故事的开头。人们大多喜欢听故事，无论大人、小孩都一样，尤其愿意听别人亲眼所见、亲身经历的故事，因此引用经历或故事作为开头有很强的吸引力。美国已故著名牧师康惠尔曾把一篇题目为“遍地黄金”的演讲讲了6 000多次，每次都受到极大的欢迎，他的诀窍就是以故事开头。我国著名演讲家李燕杰也常用此法，因此他的演讲到处受欢迎。讲故事大抵以五个“w”开始，who（谁）、what（什么）、where（哪里）、when（什么时候）和why（为什么），这样的开场听众最愿意听，如果引用的人或事是听众所熟悉的，则效果更佳。

（2）即兴式。

开头也可以根据当时特定的场合、环境、对象、氛围临时组织开场白，这种即兴开头运用得好，能使听众感到亲切、生动、活泼，从而吸引听众。我们看上海市新闻工作者协会主席王维在上海市企业报新闻工作者协会成立大会上的祝贺演讲。成立大会会场设在上钢三厂新落成的俱乐部会议厅，会场内人头攒动，主席台上摆着鲜花。王维根据眼前场景作开场白：

> 我来参加会议，没有想到有这么好的会场，这个会场不要说是企业报记者协会成立大会，就是市记者协会成立大会也可以在这里召开。没有想到有这么多的企业报记者、编辑参加大会，这说明企业报的同仁热爱自己的组织，支持这个组织。没有想到今天摆在主席台上的杜鹃花这么美丽。鲜花盛开，这标志着企业报记者协会也会像这杜鹃花一样兴旺、发达……

王维的开场白从三个“没有想到”入手，抓住会场、出席成员以及鲜花作即兴开头，可谓别出心裁，一扫过去祝贺—意义—希望三部曲的老调子。就地取材的即兴开场白要求较高，需要有临时快速组织语言的能力，若掌握不好反而会弄巧成拙。

1999年4月7日，朱镕基总理访问美国。当时美国有一股反华逆流，中美关系更因北约轰炸中国驻南斯拉夫联盟使馆而趋于紧张，传媒也都认为朱总理此行不合时宜，但朱总理还是去了。朱总理到达洛杉矶那天，正碰上下雨，他诙谐地说老天爷不欢迎他。次日，朱总理转飞华盛顿与克林顿会晤。这天天气晴朗，在欢迎仪式上，朱总理开篇就借天气暗示中美关系：“我到洛杉矶时，是春雨绵绵，现在是雨过天晴，相信很快就会阳光灿烂。”适景合情，十分得体，意味深长。

（3）制造悬念式。

制造悬念即故意不把自己要讲的东西先明明白白向听众交代清楚，而是引而不发，制造层层悬念，让听众去猜测，吊足听众的胃口，这种开场白能牢牢吸引听众，把握听众情绪。制造悬念有层层铺垫法和迂回介绍法等。例如：

在八十二年前，也正是这个时候，伦敦出了一部被公认为不朽的小说杰作，很多人都称它为“环球最伟大的一本书”，该书出版之初，伦敦市民，在街头巷尾相遇的朋友，都要彼此问一声：“你读过这本书了吗?”答案一定是：“是的，我已经读过了。”这本书出版的第一天就销出了一千多本，两星期共售出一万五千本。自然，以后又再版了不知多少次，世界各国均有了译本。在几年前，大银行家摩根以一个巨大的代价，买到了这本书的原稿，现在这本原稿和摩根的其他无价之宝一并陈列在纽约市的美术馆中。这部世界名著是什么呢？就是狄更斯著的《圣诞欢歌》。

（陆以仁：《最新口才学》，第122页）

这就是用层层铺垫法制造悬念。演讲者本意要介绍这本书，却故意迟迟不提作者和书名，只是大讲这本书面世时的轰动程度，讲这本书的销售之快，讲这本书在世界各国的知名度，讲这本书稿的收藏价值。经过这样的层层铺垫、反复渲染，听众的兴趣被越吊越高，好奇心也越来越大，每个人都全神贯注地、急切地等待着下文，一个字都不愿漏掉，听众被深深地吸引住了。

再看如何通过迂回介绍法制造悬念。上海的余德馨在《受骗的“上帝”》这篇演讲中用了这样的开场白：

我演讲的题目是：“受骗的‘上帝’”。这可是个离经叛道的题目，说它“离经”是因为在信教的人看来，《圣经》明明白白地写着，一切是上帝创造的，上帝又怎么能受骗呢？说它“叛道”是因为唯物主义观点是：从来就没有什么救世主，又哪来的上帝，更哪来受骗的上帝呢？不！“上帝”是有的，“上帝”就是你、我、他。有一句名言叫：顾客就是上帝。

（《演讲与口才》，1989年第10期）

这篇演讲开头较新颖独特，先介绍自己的演讲题目，接着又否定了上帝的存在，更否定有受骗的上帝，然后话锋一转又肯定“上帝”是有的。这种兜圈子式的迂回表达先故意不把要谈的对象告诉听众，让听众去猜测、去关心，使听众产生急欲往下听的心理。这种制造悬念的方法，容易把握听众的情绪，赢得控场的主动权。

（4）抒发感情式。

演讲一开场便抒情，可以尽快地调动听众的感情，创造一种感情浓郁的气氛。抒情式的开头，语言优美，含义深长，具有较强的感召力。例如，在全国首届演讲学讲习班结业典礼上，天津的姜兰波所作的告别演讲，就采用了抒情式开头。

夏秋之交，我们带着吐鲁番的芳香，我们携着东海的涛声，我们吻过南疆血染的土地，我们怀着大兴安岭战胜大火的豪迈，从四面八方汇聚江城：麦加朝圣，学艺取经；交流信息，锻炼才干！录像机曾摄下我们悉心恭听的神态，教室里留下了我们伏案疾书的身影，宁静的校园小径回荡着我们练习演讲的声音……再见了，吉林师范学院！再见了，《演讲与口才》杂志社的老师们！

（姜兰波《我们是中国演讲事业的“黄埔一期”》①）

五月的紫阳，满目翠绿，青茶飘香；五月的紫阳，茶山含情，汉水欢唱。此时此刻，热情厚道的紫阳人民迎来了各方宾客。在此，我代表中共紫阳县委、紫阳县人民政府及全县35万人民向各位领导、各位专家、各位来宾和各位朋友表示最热烈的欢迎。

（许恢佩：《在紫阳富硒茶文化节开幕式上的致辞》，《演讲与口才》，2002年第5期）

前例开头语言是那么美，感情是那么真，既有结业之际的喜悦，又有分别时依依不舍之情。后例借景抒情，景情的内容与致辞题旨密切吻合。这样的开头一般都能较快地感染听众，激发听众的感情。

(5) 提出问题式。

先提出一个问题或几个问题，再一一阐述自己的观点、看法，这是演讲中较常见的开头法。用这种方式开头可以激发听众的参与欲，引导听众思考，而听众为了知道问题的答案也会认真地、全神贯注地听下去。同时，提问式开头也为点明主题蓄势，试看成都的曾一之在《由“富”所想到的一、二、三》的开头：

当今中国最流行、最时髦的字眼是什么？我敢断言，大家肯定会异口同声地回答：“改革”、“富民”！说得对，说得好，好极了！特别是这个“富”字。长期以来我们对它又爱又怕！心头爱，嘴上怕，想富不敢富，敢富也不会富，会富不能富……

（季世昌、朱净之：《演讲学》，江苏教育出版社1986年版）

这样的问题提得巧妙，提得切题，答得也灵活，尤其从问题过渡到主题，真实自然，令听众信服。

在公关演讲中开场白的语言艺术丰富多样，除上述几种之外还有很多，比如，用一个幽默、诙谐的小故事、寓言笑话等作开场白也能吸引听众，而且能巧妙自然地将主体部分的内容引发出来。演讲者应该根据不同的公关目的、不同的场合、不同的听众灵活运用，创造出独具特色、引人入胜的开场白。

2. 主体的语言艺术

主体部分是演讲的中心，主要观点将在这部分展开论述，主要论据、材料将在这一部分铺陈，演讲成功与否同主体部分的好坏有直接的关系。演讲者在主体部分要力求运用多种表达手段和层次过渡手段，为完美地表达中心思想服务。

① 引自张才永选编：《实用演讲辞大全》，中国少年儿童出版社1989年版，第182页。

（1）运用多种表达手段。

我国著名演说家李燕杰曾说过：演讲要做到有相声般的幽默、有小说般的形象、有戏剧般的冲突、有诗朗诵般的激情。这就是说，演讲可以视内容的需要灵活使用多种表达手段，以取得最佳的表达效果。

幽默，就是根据表达主题的需要运用风趣、诙谐而又意味深长的语言，以活跃气氛、融洽感情。1999 年 4 月，国务院总理朱镕基出访加拿大，他在出席加方为其举行的欢迎晚宴上致辞：

"我今天跟 CTV（加拿大电视台）的记者说，我第一次访问加拿大，是 1984 年，那时是副部长；第二次访加，是 1993 年，是副总理；第三次，就是1999 年，现在是总理。但是我发现，加拿大的进步比我的提升要快得多。"他马上又表示："当然，这么比终究还是欠妥的，因为我的提升到此为止了，但是加拿大的进步是永远不断的。"

（《幽默宽容，巧妙祝福——港报报道朱镕基在卡尔加里》，香港《文汇报》，1999 年 4 月 16 日）

朱镕基总理以本质不同的事物作比，构成幽默的语言，对加拿大作巧妙的祝福，获得了来宾们长时间的热烈掌声。

形象，是指演讲中抓住典型事例详加描绘，有声有色，使听众如身临其境。这样的表达具有真切感、富于吸引力。英国久负盛名的演说家迪克·史密西斯在作关于通货膨胀的演讲时，没有笼统的指责，也没有激愤的抨击，而是用了以下一段描述：

当我还是孩子的时候，我记得学校食品店做的馅饼质量很高，它里面夹着实实在在的肉片，不像我们今天吃的馅饼那样，里面除了一些花生、胡萝卜和土豆以外什么都没有。一个味道鲜美、内容丰富的馅饼只需花我两分钱。它常是用一块方纸包着，从柜台上拿下来时还热乎乎的……是的，过去的四十年，我亲眼看见了馅饼价格的稳步上升，从两分钱一直到今天的七角。对于我来说，这就是衡量通货膨胀的尺度；馅饼价格不断上涨而质量却不断下降……

（迪克·史密西斯著，柯为民、阎海亭译：《口若悬河——语言智胜术》，旅游教育出版社 1989 年版）

这段演讲没有空洞的言辞，没有矫揉造作的情感，一切都是那么朴实，一切都是那么自然，令听众心悦诚服。这便是形象描述的长处。

山西某县修渠引水，在大渠竣工典礼上，一位省领导讲话，以缓慢的语调说：

人们常常将山水并举：山清水秀，水连山，山水难分……就如同我们人类，必须有男有女才能组成一个圆满的家庭。不是吗？男耕女织，儿女情长，夫唱妇随……而过去，这里有山无水，残缺的“自然”让我们的日子过得很不自然……现在“渠成水到”，水绕山行，水欢山笑，山山水水为我们开辟幸福大道。

（周建成：《借景发挥使你的演讲美不胜收》，《演讲与口才》，2000年第2期）

例中以男女喻山水，将山水人格化，围绕题旨，生动表意，纵勾横连，以连珠妙语，生花口舌，给人以启迪和鼓舞。

演讲中除了幽默的语言和形象生动的描绘外，还常运用议论和抒情的手法。在描述的基础上加上精辟的议论和感情的抒发，便可将演讲推向高潮。

议论，在演讲中是常用手段。议论要新鲜和深刻，绝不允许老生常谈或人云亦云，只有发人之所未发，有自己精辟独到的见解，才能在听众中引起强烈的共鸣。例如，周恩来1946年10月19日《在上海鲁迅逝世十周年纪念会上的演说》：

鲁迅先生说：“横眉冷对千夫指，俯首甘为孺子牛。”这是鲁迅先生的方向，也是鲁迅先生之立场。在人民面前，鲁迅先生痛恨的是反动派，对于反动派，所谓之千夫指，我们是只有横眉冷对的，不怕的。我们要以眼还眼，以牙还牙，假如是对人民，我们要如对孺子一样地为他们作牛的。要诚诚恳恳、老老实实为人民服务。我们要有所恨，有所怒，有所爱，有所为……

［《周恩来选集》（第二卷），人民出版社1984年版，第240页］

这里引用鲁迅先生的名言展开议论，见解独到，观点鲜明，用语通俗，饱含激情，具有很大的鼓动性。

抒情，也是演讲常用的手段。演讲抒情有两种类型。一类是演讲者用诗句般美妙的词语来抒发自己浓烈的感情。这一类我们姑且称作“华丽抒情”，例如：

仰视翱翔长空的雄鹰，远眺耕耘沧海的鸥影，战友们，火热的军营在召唤，神圣的使命在等待。我们只有不畏严寒，才可以傲立风雪，我们只有不怕艰苦，才可以锤炼成钢！

拼搏吧，新战友们！我们为的是和平和安宁！

奋斗吧，新战友们！我们的选择神圣而光荣！

（傅勇：《既然我们选择了军营——在新兵代表训练动员大会上的发言》，《演讲与口才》，2001年第1期）

这里语句优美，言辞华丽，感情激越，很能激起听众的感情共鸣。

另一种抒情则是演讲者以朴素的词句、真挚的感情去打动听众的心，我们姑且称它为“朴素抒情”。例如，某海军学院院长的离休演讲，采用的就是“朴素抒情”：

同志们：

我该走了，而且是永远地告别我们的军营，去当“老百姓”了……

年轻人，你们比我富有，我很羡慕。你们富有的是时间，但你们不要忘了，时间意味着什么。巴尔扎克有句名言：“时间是人的财富，全部财富，正如时间是国家的财富一样，因为你们的财富都是时间与行动化合之后的成果……”你们是海军未来的栋梁之材，你们的青春年华，就是海军的财富。你们应该理所当然地用你们的忠诚和你们的青春年华，化合成中国人民海军的强大战斗力！这就是我这个老兵留给你们的希望。

这段告别演说中没有华丽的词句，没有诗朗诵般的激情，却如涓涓细流，沁人心脾，似悠扬的钟声，动人心扉，靠的是什么？以情服人。如何才能做到以情服人？古罗马有位诗人说得好：“只有一条路可以打动人的心，那就是向他们显示你自己首先已被打动。”此例的演讲正流露出一种最真切、最诚挚，发自肺腑的朴素感情，故引起了听众的情感共鸣。

（2）运用层次过渡的技巧。

演讲是一种口头表达形式，将各种信息以线性排列的顺序传达给听众。段落、层次间无法像书面语那样有明显的分节标志或大小序号。这就要求演讲者在段落、层次的过渡上运用有声语言的分段技巧，使听众在听觉上理解主体部分的结构层次，感知主体部分各层次间严密的逻辑性。

有声语言层次过渡技巧大致有以下几类：

第一，语音过渡标志。例如，运用停顿、变换音调。为了显示结构，演讲者在段落、层次之间往往要作适当停顿。停顿长短依内容而定，这种停顿往往能给听众一种层次感。在演讲中，某一层次的结尾与另一层次的开头，可以根据内容来设计不同的音调，或延长音节，或重音重读，或轻声低吟，或加快语速。这种音调的变换也能帮助听众区分层次。

第二，语句过渡标志。例如，运用过渡节或称呼语过渡。演讲中的过渡节起承上启下的作用。层次、段落之间加上一个过渡节，听众的思路就会从一个层次随过渡节而进入另一新的层次。例如，朱晓东在《舌头、大脑与灵魂是主诉检察官的三大法宝——竞选主诉检察官演讲词》中，首段提出主诉检察官要在法庭上全方位胜算，就必须说服所有的被告、说服所有的律师、说服所有的法官，阐述过这个论点之后，接着用了一个过渡段：

靠什么去说服？靠舌头、大脑与灵魂。

（孙立湘主编：《凡人演讲辞》，机械工业出版社2004年版）

继这一过渡段后，演讲进入一个新的层次，对舌头、大脑与灵魂展开论述。这种层次的转换，就是以过渡段为标志。过渡段可以清楚地揭示上下层次间的内在联系，使整篇演讲显得结构紧凑、衔接自然。

有些较长的公关演讲往往在每一段段首加上称呼语，这些称呼语既可引起听众的注意，又可帮助区分层次。例如，1998 年夏，长江暴发了历史上罕见的特大洪水，石首市的六合院被洪水围逼。村里的一位老支书在向村民作题为“奋起抗洪，保卫家园”的鼓动演讲时，就采用了称呼语过渡法。每一层次前都用“乡亲们”这一称呼语开头，如：“乡亲们，洪水猛兽围困家园……乡亲们，我们的堤内有鱼池、藕塘……乡亲们，我们亲手种下的庄稼长势良好……乡亲们，让我们努力打好这一仗……”又如，习近平主席在《共担时代责任　共促全球发展——在世界经济论坛 2017 年年会开幕式上的主旨演讲》中也是采用了称呼语过渡法，每一大层次前都用“女士们，先生们，朋友们”这一称呼语开头。这样过渡，令整篇演讲显得亲切感人、层次分明。

第三，修辞过渡标志。例如，层递法过渡和反复排比法过渡。为了更清楚地显示演讲的层次，可以运用修辞上的层递法来安排结构、组织段落。层递法过渡可体现思维的严密深刻。1924 年 1 月 12 日，邓颖超在天津女师大为李、陈两君举行的追悼会上作了题为“死友给我的教训”的演讲。这篇演讲思想深刻、逻辑严密，在层次安排上就采用了层递法过渡。现略摘几段如下：

> 我们从伊俩的死，得到了几个很好的教训。第一我们要会用感情，人是有情性的，也是有理性的……
>
> 我们不但要会用感情，而且要会死，我们来到人间数十寒暑，转瞬便要过去，死的关键是人所不免的，但死有重如泰山，有轻如鸿毛……
>
> 我们不但要会死，更要会活着……

这里所举的三个层次，一层比一层深入，道理也一层比一层说得透彻。

采用修辞上的反复兼排比过渡并显示层次，可以强调重点，突出主题，也可以使结构整齐，语言有气势。例如，胡锦涛 2012 年 1 月 1 日《在全国政协新年茶话会上的讲话》中阐述 2012 年的重大任务时就是用排比式：

> 在新的一年里，我们要保持宏观经济政策的连续性和稳定性……
>
> 在新的一年里，我们要坚持“一国两制”“港人治港”“澳人治澳”高度自治的方针……
>
> 在新的一年里，我们要高举和平、发展合作旗帜完成今年各项任务，我们必须坚定信心、攻坚克难、开拓前进。……
>
> （《人民日报》，2012 年 1 月 2 日）

3. 结尾的语言艺术

结尾是演讲的最后一步，也是演讲走向成功的关键一步。一个好的结尾将给听众带来意犹未尽的兴奋感，将给听众留下深刻的印象。结尾方式灵活多样，一般根据演讲的主题和结构来设计。公关演讲中常见的结尾方法有以下几种：

（1）诵唱式。

一场精彩的演讲如果是在激越的诗歌朗诵中结束，或者在优美动听的歌声中结束，将给听众带来一种美的享受，并收到意想不到的效果。正因如此，当代军人徐良、青年的榜样张海迪等在演讲中都采用过这种诵唱式结尾。四川的舒平在作“欢迎你到家乡来”的即兴演讲时，成功地采用了诵唱式结尾。他是这样安排的：他说“各位朋友”（伸出右手），“各位朋友”（伸出左手），接着便用欢快的语调唱起了《搭错车》中的插曲《请跟我来》，他边唱着“请跟我来”，边向听众招手，就这样边唱边招手边退，结束了即兴演讲，赢得了听众热烈的掌声。又如：

最后，我想用一句歌词来结束我的演讲：“你选择了我，我选择了你，让我们一起风雨兼程，跨越九九。”谢谢大家！

（陈炜：《竞选科长职务的演讲辞》，《演讲与口才》，2000年第4期）

这个诵唱式结尾兼顾主题，抒发情感，少而雅，简而丰，给人留下回味空间，摆脱了表决心、喊口号的俗套，有助于演讲者竞聘成功。

（2）祝愿式。

用祝愿的言辞作结尾，可以使演讲者与听众的感情交融在一起，创造一种十分亲密、融洽的气氛，使听众产生愉快感、满足感，给听众带来极大的鼓舞和希望。例如：

女士们，先生们，朋友们！

中国古人说：“善学者尽其理，善行者究其难。”构建人类命运共同体是一个美好的目标，也是一个需要一代又一代人接力跑才能实现的目标。中国愿同广大成员国、国际组织和机构一道，共同推进构建人类命运共同体的伟大进程。

1月28日，中国人民将迎来农历丁酉新年，也就是鸡年春节。鸡年寓意光明和吉祥。“金鸡一唱千门晓。”我祝大家新春快乐、万事如意！

谢谢大家。

（习近平：《共同构建人类命运共同体——在联合国日内瓦总部的演讲》，《广州日报》，2017年1月20日）

这个结尾创造了欢愉的气氛，并提出了殷切的期望和祝愿，使听众明确目标和前进的方向，并受到祝福，产生愉悦感。

（3）激励式。

以富有感召力、鼓动性的语言结尾，叫作激励式结尾。这种结尾形式往往能激起听众的热情，使他们兴奋起来，跃跃欲试。例如：

来宾们，同志们，同学们！

我校文联和各学会成立了！学校党委竭诚尽智，大力支持，愿大家在十三大精神的感召下，为四化挥毫画蓝图，为改革放声唱赞歌，为经济振兴的新面貌摄下最美的镜头，为教育事业的繁荣发展谱写最新的篇章！

（吕九霖《衣带渐宽终不悔，为伊消得人憔悴——在唐河师范文联成立大会上的讲话》①）

这种激励式的呼吁，以巨大的感染力量，把听众的情绪推到最高的浪峰上，不仅有助于使他们树立坚定的信念，而且能激发起他们为该信念而奋斗的热情。

（4）总结式。

为加深听众的印象，用简洁的几句话概括全篇内容，点明题意。例如，有一篇题为"假如我是人事处长"的竞争上岗演讲词的结尾：

招才要有方，用才要有道，扶才要有法。这就是我当了人事处长后的实施方案。

演讲者在主体部分提出了人事制度改革的看法和设想后，用三句话概括演讲的主要内容，照应主体，强化题旨，加深了听众对其改革方案的印象。

思考与练习

1. 公关口语主要运用于哪些场合？谈谈你在公关社交场合运用口语最成功的一例。

2. 谈谈对公关口语特点、要求的理解与认识。

3. 自我介绍要注意些什么？请作一次精彩的、别具一格的自我介绍。

4. 在一次社交集会上，你想把一位通过自学成才的、在美术方面很有天分的年轻人介绍给与会者，请你设计一段介绍语。

5. 假如你是某单位的公关专员，春节前夕，你将以电话形式向几家主要协作单位拜年，感谢他们的真诚合作，希望今后能得到更广泛的合作，请你就此情况设计一段电话语言。

6. 如你代表公司去火车站接一位公司请来的客人，因火车误点，你等得心急如焚。客人终于到了，请问你迎上去该对客人讲些什么？怎么讲最得体？

7. 对话是一种新兴的上下沟通形式，这种形式在公关实务中的作用如何？你认为理想的对话口才包括哪些要素？

8. 在一次记者招待会上，一位保加利亚通讯社记者问钱其琛："您是否能澄清一下，中国领导人如何评价东欧的变化？我们东欧国家是否是西方和平演变的牺牲品？"钱其琛回答："东欧局势变化很快，我们很难作出准确的判断。现在我们还要观察。当然对别国的情况表示关心是应该的，但对别国发生的事随便加以评论，指手画脚是不合适的。所以我们认为，所有这些事情都是东欧国家的内

① 转引自张才永选编：《实用演讲辞大全》，中国少年儿童出版社1989年版。

部事务，由他们自己作出判断比我们作出判断更好。”

请你从方法和效果两个方面分析一下钱其琛的这个回答。

9. 公关谈判主要运用哪些语言技巧？这些语言技巧各有什么作用？

10. 有人认为，公关谈判是一个复杂的求同过程。请你谈谈对这一提法的认识。

11. G市的X演艺公司决定开展一次大型公关活动，活动内容是为赞助G市智力障碍儿童教育而进行义演，借此树立本公司的良好形象，提高本公司的知名度和美誉度。请你拟一篇演讲稿，动员市民为智力障碍儿童奉献爱心。

第十一章　公关语言口头表达艺术(二)

前文谈的是公关人员在各种公关活动场合的口头交际的语言艺术，这一章具体研究专职公关人员，领导、管理人员，商业服务人员、导游等的口头表达艺术。

第一节　专职公关人员的口头表达艺术

哪些人属于专职公关人员？组织内部的公关部成员必然是专职公关人员。专职公关人员有典型公关专员与普通公关专员之分。典型公关专员是指全能型的，负有全面策划、开展公关实务责任者，如公关部长、公关经理、公关主任等。普通公关专员是指不参与公关实务决策的人员，如接待员、办事员、助理人员等和一些专门性公关人员，如翻译、摄影师、新闻人员、美工等。

公共关系公司或公关顾问公司成员当然也是专职公关成员。公关公司成员一般都是各具专长的公关实务专家，他们从事公关咨询、公关服务等。

有些组织由于种种原因尚未设立公关部，这些组织的公关工作通常由其他部门兼办。例如，外事部门要搞好国外公众关系；统战部门要协调执政党与其他党派的关系；秘书部门要接待、应酬，有时要代表领导处理组织与公众的关系；宣传部门要从事对内对外宣传及信息交流工作。从事这些工作的成员虽不是公关专员，但他们的工作有很大一部分属于专门性公关实务，他们运用语言的方式也属专职公关人员的口头表达艺术。

前面谈及的各种场合下的公关口头表达艺术是专职公关人员常用的口头表达艺术，此外专职公关人员在搜集信息、参观解说、调解公众矛盾等方面也有一系列表达要求与表达艺术。

一、搜集信息的语言艺术

现代社会是信息社会，有一句非常响亮的口号是：“知识是金钱，信息是财富。”这一口号足以说明信息的重要性。一个组织的发展兴旺来源于正确的决策，而正确的决策又来源于正确的信息，因此，搜集信息是专职公关人员的主要工作之一。

所谓“搜集信息”，是指广泛了解与组织决策有关的社会公众的意见、态度和反应。精明的公关人员不仅注意从公开的渠道来搜集信息。例如，从报纸杂志、文献资料、电视广播中搜集有用信息，而且会从非公开渠道或不为人注意的渠道来搜集信息。例如，利用公关实务活动，从相关公众的口头语言交际中获取，从这类渠道获取的信息有时能使本组织在激烈的竞争中出奇制胜，一举成功。如何才能迅速而高效地搜集信息呢？关键还在于公关人员的语言能力，只有熟练掌握语言艺术才能做到水到渠成，尤其是从非公开渠道口头搜集信息，对语言表达要求更高。

口头搜集信息的主要形式有座谈式、访谈式和闲聊式。这三种形式都涉及如何向对方提问，如何获得对方配合的答案。只有问得活、问得巧、问得勤，才能得到理想的第一手资料。

（一）灵活多样的询问法

搜集信息是向对方索取，因此，口语表达特别强调“活”字。只有灵活多变的询问、不拘一格的交谈才能源源不断获得有价值的信息。如果表达呆板，只会千篇一律说“请你们谈谈对我厂的要求”“请你们谈谈对产品的意见”，这样很可能使你两手空空，一无所得。上海电钟厂厂长为了适应市场要求开发新产品，曾带领有关人员深入全国几十个地区，到工矿、邮政、交通、体育和国防等许多单位了解特殊用钟的需求信息。他们在调查了解的过程中灵活运用各种提问法，终于掌握了第一手有价值的信息。下面看看他们在不同场合运用的不同询问法：

①在与水电部门交谈中，电钟厂问：现在国内用电很紧张吧？

水电部门：是啊，所以急需大量负荷计量器来控制用电。

电钟厂：不知你们对我厂有什么要求，如果可能，我们将想办法满足你们的要求。

②在访问高级宾馆时，电钟厂问：你们这些钟真漂亮啊，外宾对这些钟都满意吗？

宾馆人员：现在就缺世界钟，外宾感到十分不便。

③在访问长途电话局时，电钟厂问：你们目前急需什么样的钟？

电话局：我们急需安装长途电话自动计时器，以保证精确计费。

以上三例，分别运用了三种不同的询问法。例①用的是闲聊式询问。从完全与电钟无关的话题谈起，看似闲聊，实际营造了一种十分融洽的气氛，在这种气氛下很容易获得对方的配合，最终搜集到尚未公开的、十分有价值的信息。例②用的是赞美式询问。这种以赞美入手的询问方式同样使电钟厂获得了急需到手的新信息。例③用的是直接询问法，效果同样十分理想。上海电钟厂搜集信息之所以又准又快，正是因为善于根据不同对象、不同情况，采用不同的询问法。

荷兰食品工业公司很注意信息的搜集工作，以信息为依据，不断改进产品质量。色拉调料是该公司的主要产品之一，他们在调查和征求意见时，往往以请教的姿态出现，如问家庭主妇："你们做莴苣菜要放些什么作料?"妇女们很爽快地告诉他们，做莴苣菜不仅要放色拉调料，而且还要放胡椒、鸡蛋、洋葱、小黄瓜等调味品。这样以讨教的姿态询问很容易得到对方热情的回答，远比"请给我们的产品提提宝贵意见"之类的说法巧妙得多、有效得多。

（二）勤问巧问法

口头搜集信息除了采用灵活多样的询问法以外，还应当勤问、巧问。勤问，就是具有捕捉信息的敏锐感，对一些并不起眼的现象也要问个为什么，只有这样才可能获得别人不易获得的信息。例如，日本一家玩具公司公关人员发现一些中学生经常在电影院门前排起长队，抓住这一现象，公关人员不失时机上前询问："放什么片子呀，吸引了这么多人?"学生们回答："《宇宙战》。"公关人员又经常发现一些孩子坐在电视机前，纹丝不动，全神贯注，便上前询问："你们看的是什么?"孩子们回答："《宇宙战》。"通过询问，公关人员敏锐地发现《宇宙战》已经在中小学生中间形成了一股"热潮"，抓住这一新信息，他们及时开发了一种带有微电脑的电子玩具——宇宙人。这种玩具一问世便在整个日本风行起来，常常是商店还未开门就有学生在外面排队。工厂日产这种玩具200万个，仍供不应求。以往一种玩具能销出几百万个就算畅销货了，而宇宙人的销量竟突破了8 000万个。如果不是这家公司的公关人员多留心，勤询问，也许就错过这一好机会了。

巧问，就是要问得巧妙，问得对方心甘情愿将己方想要了解的信息和盘托出。巧问不在于语言的多少，而在于问得恰到好处。例如，上海某家皮鞋厂专门制造高档女式皮鞋。进入20世纪80年代后，产量增大了几倍仍满足不了用户需求，因此急于扩大生产。如何扩大生产？扩大生产的关键是什么？有关人员广泛征询职工意见，在一次座谈会上，主持者问："我们厂要扩大生产，请各位说说看，扩大生产的关键是什么?"第一个问题提出来后就引起与会者的纷纷议论，主持者并不插话，只是默默倾听。议论到最后，大家一致认为：扩大生产的关键在于场地。此时主持者接着问："解决场地问题，各位有什么意见、建议?"与会者你一言，我一语，最后形成了四种扩大场地的方案。主持者再发问："请各位衡量一下各个方案的利弊得失，分析一下哪种方案最切实可行?"这一问题又引起与会者更加热烈的议论。这位主持者在座谈会上说话不多，主要是倾听，但很善于提问，整个座谈会期间主要问题只有三个，而主持者对每个问题都能抓住关键，巧妙点拨，使讨论步步深入，环环紧扣，最后去粗取精，得到了最有效的信息。

二、参观解说的语言艺术

公共关系的核心任务是塑造本组织的良好形象。公关人员的主要工作之一也就是向社会展示自己、向公众宣传自己。为此，公关人员应当善于利用“舆论”。除了借助报刊、电视、广播等大众传播媒介来营造舆论外，还有一种常用的方法就是打开大门，欢迎外界公众前来参观，以此扩大影响，提高知名度与美誉度。俗话说“百闻不如一见”，实物展示和实地参观，具有直观性，容易被公众接受，留下深刻的印象。

参观一般分为参观组织实体的规模、设施、状貌和参观展览会两种。无论哪一种都需要公关人员的解说，都必须注意解说中的语言表达艺术。参观解说有时采用“先讲后看法”，即大家先听专门介绍，再到实地观看；有时也采用“边讲边看法”，看到哪儿讲到哪儿，看讲结合。这两种解说法在语言表达上都有一定的要求。

（一）先讲后看的语言要求与艺术

先讲后看的解说关键是要求语言简洁。从参观者的心理分析，大家来参观的主要目的是看，如果一讲就是几个小时，那就成了来听报告、听演讲，不是来参观了。参观解说以“看”为主，“讲”只是对看的补充说明，因此，语言力求简洁、准确。如何做到简而准？常用的解说方法一是列举数据法，二是纵横对比法。我们看两段解说词：

南通开发区首期开发的20平方千米内，基本建设已投资2亿元。基础设施建设实现了“六通一平”，区内道路环通成网，上海路、通州路、振兴路、中兴路等主次干道均为混凝土路面，新建的天富路宽33米，直通市区，汽车到市中心只需要20分钟。通常轮渡建成后到上海只有95千米，驱车2小时即可到达。

（引自南通经济开发区委办公室主任钱中怡的解说）

1987年，一套比较成熟的优化劳动组合方案制订出来了。它包括：减少机构，将原来42个科室调整为35个；将全厂行政管理干部与职工人数的比例由原来14.6%压缩到9%～9.5%；3 000多名辅助人员和服务人员缩减了1/3。有1 000多人成为编外待业人员……这一系列改革调动了每个人的积极性，等会儿参观时大家可看看我厂干部、工人的工作干劲儿……

前例解说主要运用了数据法，解说中多次运用了数据，力求通过一系列数字从各个不同侧面介绍南通新区的交通状况，语言简洁，数字精确，令人听后印象深刻。后例是北京某家改革先进企业的参观解说，主要运用了数据加对比的综合法，通过改革前后数据的鲜明对比，准确而清楚地帮助外界公众了解该企业改革前后的变化，了解该企业的概况。在此基础上再实地参观便心中有数，参观也有了重点。

（二）看讲结合的语言要求与艺术

看讲结合的解说对语言要求更高。除了同样要求简洁、准确外，还要注意语言的引导、点拨作用。例如："各位请随我来，我们先从这边看起。各位请注意安全。""请看，这就是我们从日本进口的生产流水线。这么庞大的设备，工人们只用了两个月时间就全部安装成功并正式投产。""请看这就是刚研制成功的新产品（打开电动按摩椅的开关，作一个请的姿势），有哪位来宾愿意坐上来试试？请试试，是不是很舒服？"分析这类解说语，有几点值得特别注意：

（1）从表达内容上看，不忘公关之根本目的，每项解说都力求树立本单位的好形象，因此，要着重宣传先进设备、工人干劲、科研新产品等，使参观者对该企业留下美好印象。

（2）从表达形式上看，做到有声语言与无声语言的有机结合，讲到哪儿指到哪儿，调动了参观者的听觉器官、视觉器官，甚至还让参观者试一试、摸一摸，调动触觉器官，这样全方位调动可使解说取得更佳效果。

（3）从选词用语上看，解说语热情、礼貌。"请看""请往这边走""请当心""您注意脚下"等都是解说过程中常用的礼貌语、关心语。

此外还有一点要注意的是，参观解说必须视对象而选择最恰当的解说语，上海市原副市长赵启正在《浦东开发》第 6 期撰文指出，有些同志接待参观水平太低，例如，坦桑尼亚总统带领各位部长到上海市参观访问，而我们有位同志向他们介绍证券市场时大谈证券的意义，什么叫证券？股票是什么？坦桑尼亚总统和他的各位部长有许多是法国、英国留学生，给人家讲这些，好像证券、股票是中国人的发明，给人家"扫盲"，难怪参观者直走神、不愿听。可见不看对象的解说语即使简洁、生动，也不可能取得理想效果。

三、调解公众矛盾的语言艺术

协调内外各种关系，解决各类矛盾，说服各种公众是公关人员的主要工作之一。因此，掌握调解矛盾的语言艺术也就成了公关人员的基本任务之一。

公关人员每天都可能碰到各种人际关系方面的矛盾，碰到组织与公众的矛盾。这些矛盾的调解在语言上要根据具体环境选择语言形式，既要有礼有节，又要有根有据。对方在气头上要先使用降温语言；双方僵持不下，可在不失原则的前提下寻找折中的语言；在对方已冷静下来时，又要给对方找台阶下。调解矛盾时还要注意体态语的准确配合，表情要自然，谈论时不要总盯着对方的眼睛，以免使对方窘迫或更加恼怒。眼睛要平视，声音要亲切，语气要温和。请看两个语例：

1986 年 7 月的一天傍晚，金陵饭店总经理接到报告，说由于管道工粗心，忘了关上管径门，结果老鼠沿管道跑了进来，把35楼12号房间一位英国客人的皮包咬破了，里面一些吃的东西也被咬坏了。客人大发雷霆，扬言回国后要向新闻界披露此事，要告诉别人以后再也不要住金陵饭店了。此事有关饭店的声誉和形象，总经理亲自处理此事。我们看总经理对怒气冲冲的英国客人说的一席话："今天所发生的事，我们感到非常抱歉，让您受惊了。"讲到这里一位服务员手端一盆新鲜水果进房，以示歉意。总经理接着说："我们店开业不久，管理上还存在不少问题，先生您走南闯北见识多，欢迎您在服务上和管理上多提宝贵意见。按照国际惯例，今天的情况，我们应立即为您调换房间，房价对折，同时，照价赔偿被损坏的皮包，请先生开个价。"一席话说得客人气消了一半。随后总经理又与英国客人聊家庭、妻子、孩子、天气，气氛越来越融洽。第二天当客人准备离店时，总经理已带上赠送给英国客人的小礼物等候在大门口。临上车前，那位英国客人一再说："以后还要来住金陵饭店。"

（方世南等主编：《公共关系学》，第216页）

有一家公司宣布，只要是从该公司购买的商品出了问题，承诺"凡是本市的购买者，本公司半小时内到户维修"。可是有一次，在维修人员驱车去一买主家里进行商品维修时，因好心护送一孕妇去医院而耽误了20分钟。于是买主不高兴地说："不是半小时到吗？怎么迟了？"维修人员诚恳地道歉，说："对不起，我为没有守住承诺向您道歉。但这并不是因为我半小时赶不到，而是……"维修人员解释了一下迟到原因，并说："我想，当您看到孕妇的痛苦模样，相信您也不会坐视不管的。"这样的道歉既体现了自己勇于认错的态度，又消除了对方以偏概全的"全盘否定"，当然也赢得了谅解。

（逸夫：《几种特殊的道歉之"道"》，《演讲与口才》，2002年第2期）

调和矛盾的语言，有如下两个特点：

1. 话语直率诚恳，合情合理

开门见山承认错误，诚恳向对方致歉。如前例不强调任何客观原因，没有半点辩解之语；后例合情合理地解释了原因，便很快便稳住了对方，使其安静下来。接着都是称赞对方，以满足对方的自尊心。

2. 说话具体而不虚浮

对于客人的损失该补该赔，毫不含糊，条条有交代、有落实，而且有根有据，不是随便许诺，不以感情代规定，如前例。

第二节　领导、管理人员的口头表达艺术

领导、管理人员是指一个组织或部门中担任一定职务，负有主要责任者。各级领导和管理人员的主要公关任务是理顺上下、左右、内外方方面面的关系，应当善于同各类公众打交道。作为领导或管理人员，对内应当通过作报告、个别谈话、表扬批评、奖励惩罚等措施调动内部员工的积极性，树立领导的良好形象，形成一股凝聚力和向心力。对外应通过广泛宣传，树立本组织的良好形象，在外部公众中形成较强的影响力。要做到这一切都离不开语言表达的能力和语言艺术的运用。因此，领导、管理人员的“嘴上功夫”不容忽视。善于口头表达有利于公共关系的开展，有利于各项任务的顺利完成。本节着重讨论领导作报告、下达命令、布置任务、表扬、批评、个别谈话和主持面试的语言艺术。

一、作报告的语言艺术

传播信息是公关实务之一。传播信息除了利用大众传媒之外，领导作报告也是传播信息的一种常用而有效的手段。作报告，是用口头表达形式向公众正式传播特定的信息，使公众对上级精神或本组织的公关目标、工作措施要求有所了解，从而给予支持。领导报告的成败除了能否有效传播信息外，还关系到领导的威信及形象。经常听到公众如此评论：“今天的报告真精彩，总经理真有水平。”由此可见，报告语言与领导形象有密切关系。作为领导必须重视研究报告语言，提高作报告的语言艺术水平。

报告语言要求很高，简单归纳有以下几点：

（一）用词符合语体

作报告要针对口头交际的模式与媒介特点，做到用词得体。所谓用词得体，是指报告用词要符合报告的语体风格。报告是一种严肃、正规的大型口语交际。选用词语首先要考虑口语化。有些词语在书面语中意思明确，但在口语中可能产生歧义或引起误解，就不宜采用。例如，某领导在作扫“六害”的报告中变用成语说：“前段时间书摊上‘性风作浪’，有些人借机‘大发黄财’。”这两个成语的临时变换，在书面语中不可谓不妙，但听众反应冷漠，因为在他们听来仍然是“兴风作浪”“大发横财”，并未领悟其中的艺术性。这位领导又说：“热衷于赌博的人是得了‘爱资病’。”下面听众面面相觑，莫名其妙，赌博怎么会和“艾滋病”联系在一起？从而产生了误会。可见作报告与写文章不同，必须考虑选用恰当的口语词，尤其要避免同音词的混淆。

（二）言辞有新鲜感

有的领导或管理人员的报告，词汇准确漂亮，台风温文尔雅，口齿清楚，内容有条理，但听众反应木然。究其原因，不是听众觉悟低、接受能力差，而是这类报告缺乏新鲜感。当今视听手段越来越先进，公众对各类大事越来越关心，消息灵通，知识丰富，如果报告照搬陈词滥调，就无法提起听众的兴趣。要提起听众的兴趣，言辞就必须有新鲜感。

要做到报告言辞有新鲜感，应注意以下三个方面：

1. 讲话角度要新

所谓“新”并不是要你撇开中央上级统一的宣传口径另搞一套。同样的道理、同样的观点，只要谈的角度不同，采用不同的语言形式，就能创新。丘吉尔在初任英国首相时，一反传统习惯上的长篇宣誓，只用了一句极诚恳的话语：“我没有什么可以奉献的，有的只是热血、辛劳、眼泪和汗水。”这样的誓言生动、感人，富有创新意义。

2. 运用生动比喻

生动形象的比喻也是提高语言新鲜感的有效手段。某领导在一次报告中将我国目前越来越严重的水土流失比喻成“中国大动脉出血”，用这一比喻来说明水土流失问题的严重性，就有一种新鲜感。一个好的比喻胜过千言万语。

3. 报告语言要有个人特色

所谓个人特色就是指报告人要力求讲自己的话，要有自己的语言个性。演员中有本色演员，领导作报告也要提倡本色语言。加里宁曾在《论共产主义教育》一书中指出：“为什么你们在发言中，总是力求用现成的公式来讲话呢？……什么叫作现成的话呢？这就是说，你们的脑筋没起作用，只是舌头在起作用。说现成的一套话，你们就不能给人家以好印象。为什么呢？因为这套话用不着你们说，大家也知道。你们害怕若按你们自己的意思来讲话，那就会讲得不很漂亮，其实你们错了。这样的话大家更愿意听，更容易懂。”① 下面看洪学智上将 1980 年夏任总后勤部长时所作的施政报告中的一段话：

> 我这是回来后第一次与大家见面，你们都是后勤的老兵，我呢，既是老兵，又是新兵。
>
> 军委让我第二次回总部后，我知道，这是兔子尾巴——长不了。我是个过渡人物，“过渡”就是不能久住。不久就会让位给年轻人。而且，我也愿意早让开。但是，在过渡时期，是当“维持会长”呢，还是要有所作为呢？（声音陡然提高）回避矛盾，凑凑合合，当个维持会长，那倒不费劲儿；但这样做，后人要骂我们。党把我放在这个位置上，我就要干好，要交个好

① 转引自周振林、王项东主编：《领导者语言艺术》，中国经济出版社 1991 年版，第 70 页。

班。“当官不为民做主，不如回家卖红薯”……你们见过牛拉犁吧？不管地怎么硬，犁怎么重，牛总是闷着头，一个劲儿地往前拉。我们哪，就得要有一股牛劲儿……

这段报告可谓话如其人，语言之间透露出的是洪学智将军的热情豪爽、坦诚直率。整段报告中没有什么新鲜名词、时髦语言，大量运用的是活跃在群众口头上的俗语、歇后语甚至俏皮语，形成了一种通俗、朴素又不失幽默的个人风格。这就是典型的本色语言，也是一种富有新鲜感的语言。这种语言具有强烈的感染力，因此，当洪学智将军报告结束时，赢得了官兵们长时间的热烈掌声。

（三）言简意赅

据说有这样一则故事：红军时期，有一次中央召开宣传工作会议，请一位中央领导作报告。这位领导走上讲台，只说了一句：“鲁提辖三拳打死镇关西，拳拳打在要害上。”便走下台去。数十秒钟后，人群中才爆发出一阵雷鸣般的掌声。报告虽然不过17字，却把宣传工作要抓重点、抓要害的道理讲得十分透彻。可谓言简意赅之范例。

如何做到言简意赅?

1. 用最经济的语言来输送最大量的有效信息

要力求使报告中的每句话都能承载最大的信息量，将一切无用信息、次要信息、剩余信息摒弃在外。例如，“直到去年，我才第一次当面见到他”，这句话中“当面”是一个多余信息，难道见面有不当面的吗？我们看恩格斯《在马克思墓前的讲话》的第一句话：“3月14日下午两点三刻，当代最伟大的思想家停止思想了。”这句话才25个字，但提供的信息十分丰富。它交代了马克思逝世的确切时间；表达了作者对马克思的无限敬意以及对马克思的高度评价，辞约义丰，真是简洁的典范。美国总统里根也极善用简洁精辟之词。在第二十三届奥运会开幕式上，里根的讲话仅一句：“我宣布，进入现代化时代的第二十三届奥运会，在洛杉矶正式开幕了。”这一句既交代了奥运会召开的时间、地点，又介绍了这届奥运会的特点是进入现代化时代的奥运会，还宣布了奥运会正式开幕这一重要信息，确是简洁的典型一例。

2. 适当运用熟语

熟语是千百年来经过群众反复锤炼而约定俗成的成语、谚语、歇后语、惯用语等，这些语汇既为群众喜闻乐见，又有很强的概括力和丰富的表现力。我们看《食品店“小经理”的就职演说》报告中的片段：

今后我们八个人就要同舟共济了。抵押承包可不像“张飞吃豆芽菜”那么轻松，搞不好会“赔了夫人又折兵”……咱八个人又应了一句“八仙过海，各显神通”的古话，各位有什么绝招，不管是宝葫芦芭蕉扇，还是何仙姑的水莲花，都可以使出来……

（《演讲与口才》，1988 年第 3 期）

这段话中运用了成语、典故、俗语，使语言表达流畅、活泼而又含义深刻，收到了言简意赅的表达效果。

（四）富于激情

领导作报告时，充沛的精力、旺盛的激情是感染和吸引听众的基础。优秀的报告者总是忘我地将自己融入他的讲题中，似乎用他的灵魂在讲话。电影中我们见过列宁的讲话。他总是精神焕发，生气勃勃，讲台使他感到拘束，他经常走到讲台外面，在讲台前，一边来回走动，一边随讲话内容而打着不同的手势，时而俯身向前，时而仰身向后，当他右手掌果断而有力地向前推出时，沸腾的冬宫立即鸦雀无声，列宁作报告时那气壮山河的身姿和富有感召力的手势，使听众感受到巨大的力量。闻一多先生在《最后一次演讲》中愤怒揭露了敌人的无耻面目，当讲到“我心里想，这些无耻的东西，不知他们是怎么想法，他们心理是什么状态，他们的心是怎么长的”时，先生攥紧拳头，捶击桌子，愤怒之情无以复加，听众被深深感染，报以热烈掌声，会场上形成一股火山即将爆发的形势。

二、下达命令、布置任务的语言艺术

下达命令、布置任务是各级领导和管理人员的一项经常性工作。从公共关系的角度讲，每位领导都希望下属能与自己和谐配合，能愉快地接受任务，并不折不扣地完成；领导最头痛的是下属对布置的任务牢骚满腹、怨气冲天，完成质量大打折扣。要使自己的下属较好地执行命令，领导或管理人员应注意研究下达命令、布置任务的语言艺术。

下达命令关键的一条是准确无误。要下属不折不扣地完成任务，首先要使他们了解任务、明白要求。领导下达命令一般有书面命令和口头命令两种。书面命令以书面形式将命令内容、完成时间、具体要求、预期目标一一写清楚，重要之处还可借助于着重号标出。这样使执行者对自己的任务一目了然，十分清楚。任务完成后又可以书面命令为依据，对照检查执行情况。口头命令是领导或管理人员将命令当面交代给执行者，当面交代可以较详细地对命令作出解释，可以针对执行者提出的一些具体困难，给出积极的意见和建议。

从公共关系的角度看，口头命令优于书面命令。口头命令更有利于命令下达者和执行者之间的交流，譬如，一些重大紧急命令、书面命令只能标上“急”字，而口头下达命令时，领导者不但可以以有声语言表示，而且还可借助于体态语，以焦急的表情、急促的动作来表明任务的紧急，使执行者对命令更加心领神会。口头下达命令也更有利于及时把握信息反馈，譬如，执行者对此命令有不同看法，不太愿意去执行，但又不便直说，这种情况在书面命令中无法知晓，而当面交代则可以立即了解，并相应考虑一些方法，调整一下措辞，使下属能心情愉快地接受任务。

下面谈谈口头命令的几种表达方法。

(一) 命令式

命令式，即以没有任何商量余地的口气下达命令。例如，厂长对工人交代任务，说："这些零件你们给我在本周内全部完成！"领导对秘书说："这篇稿子今晚改出来，明天上班要用。"以这种言辞下达任务就是"命令式"。

命令式在某些场合十分适用。当任务迫在眉睫，时间十分紧迫时，用命令式可免去不少商量、讨论、讨价还价的时间。当任务确定后不容有半点更改时，用命令式显得斩钉截铁、果断干脆。另外在纪律严明的场合，命令式显得威严无比，因此，部队指挥员对战士下达任务，一般都用命令式，如："命令你排在晚上6时到达目的地。"

命令式对某些人也特别合适。当领导面对一些懒散、不守纪律、工作上喜欢讨价还价的员工时，用强硬的、不容置疑的命令式是可行的。

但从公共关系角度看，命令式也有其不足之处。例如，"你们给我做……""我命令……"这种措辞不免给人一种傲慢的感觉，命令者与执行者之间似乎是一种雇佣者和被雇佣者的关系，缺乏平等感、亲切感。如果不分场合、不看对象一味用命令式那就是独断，独断是官僚主义的一种表现，容易造成领导与下属关系紧张，下级的不良情绪如果反映在行动上，就可能使命令的执行大打折扣。因此，领导下达命令时必须注意言辞适度，要划清果断与独断的界限。

(二) 请求式

请求式，即向对方说明要求，希望得到满足。例如，厂长对职工说："本年度我们要完成指标××件，请各位加把劲儿，最好在本月底完成一半任务。"或者说："本月底要完成指标××件，请大家帮个忙，努力干，时间抓紧点儿。"这种下达命令的方法即为请求式。

请求式命令可以给人一种平等合作的感觉，可缩短命令者和执行者之间的感情距离，给命令接受者一个考虑的余地。古人云："敬而无失，与人恭而有礼，四海之内，皆兄弟也。"以请求式下达命令是提高工作效率、使下属更好完成任务的有效方法，也是公关实务中所提倡的方法。有公关头脑的领导深知"请"的力量，平时布置任务"请"不离口，即使以电报形式下达命令也宁愿多花几个钱，在电报上加上"请"字。

(三) 激励式

激励式，即以激发鼓励的方法布置任务、下达命令。激励式可以调动人的内在热情和潜力，激发人们更大的干劲，因此，用激励式下达命令、布置任务已越来越被领导和管理人员所重视。如何激励下属，方法可以多样，较有效的是对比式激励和实惠型激励。

对比式激励往往将完成任务和完不成任务两种情形相比较，从而激励人们更好地完成任务。例如，一位厂长初到一家亏损企业，急于将生产任务布置下去，但工人们对这一中心任务并不十分关心，而将注意力放在国庆、中秋发不发东西的问题上。面对这种情况，厂长采用了对比式激励，从而激发了工人完成生产任务的热情。这位厂长是这么说的：

同志们，关于国庆节、中秋节到底要不要发东西的问题，厂部还没有研究，也没有任何决定。不过我们厂经济效益不大好大家总是知道的吧？现在有两种办法，要么拆东墙补西墙，暂时光光面子，拆到后来一幢房子彻底倒塌。要么索性拉开脸皮，让大家知道我们穷，是没钱发东西，大家勒紧裤带过一段苦日子，一鼓作气把生产搞上去，你们觉得哪一种办法好？……

我们现在是一条船上的人了，工厂倒闭，我撤职，你们回家抱孩子；工厂上去了，我们大家“名利双收”，这叫作同舟共济，不进则退！

（王小鹰：《我们曾经相爱》，上海文艺出版社1993年版）

这位厂长的激励语很有鼓动力、号召力，工人们群情激昂，高兴地接受了生产任务。分析这位厂长的语言，主要运用对比式——发东西与不发东西两种做法对比，工厂倒闭和工厂得以继续发展两种前途的对比，运用对比法让工人们看到光明、看到希望，最大限度激励了工人的信心，使工人全力以赴去完成任务。

实惠型激励，通常是将任务接受者的切身利益与这一任务挂钩，完成任务对自己切身利益有好处。例如，一次防汛抢险战斗中，农民们已苦战了三天三夜，累到了极点，但洪水仍在上涨，不能有半点松懈。在此紧要关头，乡党委书记激励防汛人员说：

同志们，你们已经苦战了三天三夜，汗水没有白流，代价没有白花。请看，凶猛的洪水猖狂而来狼狈而去！但是更疯狂的洪水还在后面，预计洪峰还有三个小时到达。同志们，我们人人有老有小有妻室，家家有田有粮有财产，我们保坝就是保人、保田、保财产。我们要人在堤在，待到洪水彻底投降时，大家回去舒舒服服睡一觉！同志们，刚才不到一小时，又涨了一寸，已经是到了最危险的时候了，大家说该怎么办？

这里乡党委书记用的就是实惠型激励，他将眼前的紧急任务与家家户户的切身利益联系起来，保堤就是保自己，就是保财产，这种激励法也能极大调动每个人的积极性。

（四）激将式

激将式，即用反面的话来激励别人，使他们决心去干某事的一种方式。有的人好胜心强，自尊心强，做任何工作都希望尽善尽美，这类人往往在自己没有十分把握时，对眼前的任务犹豫不决，对他们布置任务，用激将法效果较好。

例如，有一家行将倒闭的工厂，管理混乱，领导不团结，经济不景气，工人思想不稳定，急需一个强有力的铁腕人物前去管理。主管公司看中另一家工厂的张某，于是给张某布置任务。领导问："去××厂怎么样?"张某大吃一惊，知道这事非同小可，接手这家厂如果能使其面貌改变当然理想，但如果面貌依旧呢？这值得去冒险吗？张某犹豫着不敢答应，领导见状便说："这是一项十分艰巨的任务，我们需要一名十分能干的干部，如果你确实感到为难，那我们就另作考虑了。"领导这番话的言下之意是：能完成这项任务的是能干的干部，你如果不敢接这个任务，那你就称不上是能干的干部。张某听到这番话，觉得无论如何应当试试，应当去展示一下自己的才能，于是，他爽快地接受了这项工作。俗话说"请将不如激将"，上文领导与张某谈话时故意用反话去激张某，激起了张某跃跃欲试的振奋之情。

三、表扬、批评的语言艺术

作为领导、管理人员，对下属进行表扬或批评是常事。但有时领导表扬了一个员工反而会使周围很多员工感到不快。表扬原本是为鼓励先进，调动员工的工作积极性，但有时也会带来反作用，这往往是领导始料不及又分外恼火的。同样，批评能指出存在问题，指明改进方向，使下属更好地开展工作。但有时下属受到批评后，满腹怨气，意见纷纷，违背了领导的初衷。由此可见，无论是表扬还是批评都要讲究语言艺术。表扬应当因人而异，不应千篇一律；应当实事求是，不应当滥用溢美之词；应当突出重点又兼顾左右。批评既要明确指出对方缺点错误，又不应伤害对方自尊心。因此，更应当讲究艺术、技巧，可以明褒暗贬，也可以先自责再批评对方，可以只对事不对人。

（一）表扬的语言艺术

表扬，即对好人好事给予公开赞美。如何赞美才能最大限度调动员工的积极性呢？应注意以下几点：

1. 表扬语因人而异

任何一个组织的员工都可分为素质好、素质一般和素质较差三个层次。对不同层次员工的表扬应选择不同的语言。表扬语因人而异，可以形成"先进更先进，后进赶先进"的局面。

对素质好的那部分员工，尤其对起带头作用的党员、干部、先进、劳模，领导的表扬语既要对他们的成绩给予肯定和公开赞扬，又要显示出对他们的高度信任和理解，还要在表扬的同时指出努力方向，这样才有利于先进继续奋进。例如，有一位先进技术员在某一技术难点上有了新的突破，厂长是这么表扬他的："我坚信你一定能突破这一点，现在你终于成功了，真该好好祝贺你！最近你牺牲了这么多休息时间，真让我们过意不去，如果你能带上小李、小王一块儿干，也许你能轻松点儿，也能早点突破。”领导这段表扬特点有三：一是充满对下属的信任，坚信自己下属能干出好成绩，这种信任感能激起被表扬者的自信心，使其更相信自身的能力和自身价值，促使他今后干出更漂亮的成绩。二是充满了对下属的理解和爱护。下属付出的劳动、付出的代价，领导都能理解，下属听了，不管多苦多累也心甘情愿了。三是善意地指出不足之处：如果能带动周围青年一起干则更好，这无疑给先进指出了进一步努力的方向，使先进不至于满足眼前成绩而沾沾自喜，止步不前。这样的表扬语可称为有价值、讲艺术的表扬语。

对素质一般或较差的员工，领导应当善于发现他们的长处，看到他们的优点，一有成绩就及时地、大张旗鼓地给予表扬。行为科学家曾做过一个试验：将若干学生分成三组，连续五天对他们进行算术测验。第一组每次都得到表扬，第二组受批评，第三组无人理睬。结果受表扬的有显著进步，受批评的有点滴进步，无人理睬的分数毫无提高。行为科学家还发现：聪明的学生从表扬中得到的帮助同从批评中得到的帮助同样多。但能力较低的学生却对批评反应很差，他们需要表扬，然而他们平时又是最得不到表扬的人。从公关学角度看，领导及时表扬后进的成绩比表扬先进更能融洽上下级关系，更能调动员工的工作积极性。例如，某厂有位师傅，完成任务一贯拖拖拉拉，这个月竟然提前把任务完成了。厂长抓住这一点立即在公众面前给予表扬：“王师傅身体一直不太好，家务负担又重，但他克服自身困难，这个月提前完成了任务。前几天医生给他一张病假单，他一直没拿出来，这种带病坚持工作的精神值得我们学习。我们在座的不少同志年纪比王师傅轻，身体比他好，又没有家务拖累，我相信你们一定能干得更好、更出色。”这番表扬语很有艺术性：

第一，厂长着重表扬的是精神而不是结果。提前完成生产任务对于先进员工来说，是家常便饭，不足为奇。而对王师傅这个经常完不成生产任务的人来说，要想达到同样的结果就得花比自己平时、比别人更大的力气，没有一点精神是不行的，厂长正是抓住了这一点公开表扬。

第二，厂长这番话既是表扬语又是激励语，表扬一个，激励一批。这样的语言表达使后进感动，中间触动，先进更主动，将会激起内部员工更大的工作热情，更快提高工作效率。

2. 表扬语实在

实实在在地表扬也是表扬艺术化的表现之一。所谓“实在”主要反映在两个方面：一是表扬内容要实在，二是表扬言辞要实在。

表扬内容要实在即有一说一，不能因为政治上的需要或为树立典型而人为地赋予成绩不曾有的意义、价值，否则，就难免流于庸俗捧场。例如，前面提到的那位先进技术员，在工作难点上有了一点儿新的突破，如果领导说：“他在这个领域的各方面都有大的突破，其价值是不可估量的。”这样就显得浮华而不实在了，明明是一点儿突破，却说成各方面都有突破，明明价值是有限的，却说成不可估量。不顾实际地吹捧，容易造成被表扬者的自我膨胀心理，也会造成其他公众的逆反心理，对名不副实的典型从不服气而变成猜疑，由猜疑而变成疏远、厌弃。这就失去了表扬应有的作用。

所谓表扬言辞要实在，即不能套用陈词滥调。仍以前面提到的那位先进技术员的成绩为例，如果领导说："××同志的行动充分表现了80年代的青年那股大无畏的拼搏精神，他是四化建设的栋梁。我们要牢记这一点：'天下无难事，只怕有心人。'"这样的言辞给人感觉是大而无当，空洞浮泛，难以达到预期的目的。

3. 突出重点，兼顾左右

表扬成绩突出者除了激励被表扬者更努力工作，更重要的是激励其他员工，使他们产生一种"你行我也行""你行我更行"的竞争意识，这正是事业发展的基本动力。在表扬突出者时要注意兼顾其他员工，一味表扬某个人而忽视了周围其他员工的作用，就会使未受表扬者感觉心理失衡，从而损伤其自尊心及其与领导之间的亲和力，影响正常的上下级及同事间的关系。因此，从公关角度看，领导表扬语在突出典型的同时要兼顾左右。例如，某人取得成绩后，厂长表扬说："××同志在这方面的成绩是突出的。他之所以会取得这个好成绩，与车间全体同志的支持是分不开的，这个成绩中也包含了大伙儿的一份汗水，我也要给大家记上一功。"这种注意突出重点兼顾左右的表扬语能更大程度地调动全体公众的积极性。

（二）批评的语言艺术

批评，即对缺点和错误提出意见。批评是对人的自尊心的一种伤害，但作为领导或管理人员从搞好工作出发，对某些人、某些现象必须加以批评。从公关角度看，批评可使上下级意见得到进一步沟通，感情得到进一步交流，这有利于调整组织内部的关系，有利于维护组织内部的团结。但如果滥用批评，言语不当，也可能出现意想不到的事情。一位班主任因用不恰当的方式批评了班上一位学生，结果第二天学生留下一张纸条，离家出走了，纸条上写的是："××老师：我受不了你的那种批评，万一我有三长两短，与你××老师有关。"种种事例说明一个问题：领导必须掌握恰如其分的批评方法，批评必须讲究语言艺术。

1. 明褒暗贬

肯定某种做法，实际上是对另一种与之相对立的思想、行为的有力否定和批评，这种方法就是"明褒暗贬"批评法。

刘吉任厂党委书记时，曾碰到过一个全厂有名的后进青年。刘吉对他的批评帮助也采用明褒暗贬的方法。见面时刘吉主动招呼："小唐，你好！"对方不冷不热地回一句："不敢说好，我是厂里有名的坏蛋。"刘吉忙接过话头说："你一不偷，二不抢，三不搞腐化，怎么会是坏蛋呢？这种说法是错误的，你不是坏蛋，说你不可救药，不仅否定了你，也否定了教育者自己。"这番话既稳定了对方的情绪，满足了对方的自尊心，同时又促使对方反思，为什么不偷不抢，名声却不好呢？如果这种明褒暗贬的批评法运用得当，会使批评的成功率得到提高。

2. 自责引路

批评下属时，领导首先承担一定责任，然后再点出对方的错误，这种方法可称为“自责引路”批评法。下属有错，应该说处于指挥和监督岗位的上级也有不可推卸的责任。如果领导在问题发生后，将自己置于问题之外，一味批评下属，则难以使下属心服口服。只有首先自责，与下属共同承担责任，才能使下属内心产生负疚感和承受批评的良好心理。例如，某商场一段时间内接到不少顾客的投诉，反映×号营业员服务态度差，于是经理批评了×号营业员。经理是这么说的：“我听说最近你家里发生了一连串事情，孩子身体不好，是吗？最近顾客反映你礼貌待客做得不够、服务态度不好，也许你事情多，心里烦，就迁怒于顾客了。此事我们有责任，对你关心太少了，你有什么要求可以提出来，能满足的尽量满足。但工作时间必须热情主动、对客有礼，我不希望再听到对你不满的意见。”这番批评语先摆出问题，再找原因，最后提出要求。原因首先从领导自身找起，以此引路再批评对方，无论说深说浅，对方一般都能接受。

3. 对事不对人

批评的目的是为把事情做得更好，只要错误得到改正，问题得到解决，批评就成功了。领导切忌抓住某个错误进行人身攻击，借批评下属发泄自己的情绪，这样容易造成上下级对立局面，违背公关实务的根本原则。譬如，领导在大会上对几个多次迟到的员工进行批评，这种批评可以有两种说法。一种是对人而言：“我们单位有几个出了名的‘老迟到’，这几个人脸皮特别厚，组织上已经三令五申开会不能迟到，可他们偏偏迟到。这种人头脑中毫无组织纪律观念，自由散漫，吊儿郎当，他们的行为危害了整个集体……”另一种是对事而言：“最近开会经常出现迟到现象，虽说人数不多，但迟到往往浪费大家时间，你等我，我等你，大好时光被等掉了。迟到也往往影响会场纪律，影响其他同志的情绪，希望同志们能重视这个问题，改变迟到现象。”两种批评语相比较，显然是第二种优于第一种。第一种批评有些感情用事，词语尖刻，气势汹汹，往往使当事人难以接受，不能达到批评、帮助、团结的目的。第二种批评摆事实、讲道理，既批评了某些不良现象，又团结了大家。

4. 先扬后抑

扬是表扬，提高对方，唤起他美好的回忆；抑是批评，激发对方，触动他的自尊心，挖掘他的潜力。例如：

某工厂食堂办得较差，工人意见很大。厂长便把转业军人、主管食堂工作的行政科长找到办公室说：“据我所知，你在连队时是一位优秀的司务长，把那里的伙食搞得有声有色，是吧？”“是的。”“当军需股长时立过二等功?”“是的。”“你的过去是辉煌的，可不能吃老本儿啊！只要你努力，我相信你会把食堂搞好，我不希望再听到工人们敲碗打碟的‘交响乐’了。”这位科长惭愧地低下了头。第二天，他便下食堂抓管理，不出半个月，食堂面貌大为改观。

（郑鸿魁：《领导与部属谈话的五种有效方法》，《演讲与口才》，2000年第7期）

这种批评方法，既能通过表扬调动下级的积极性和创造性，又能借助批评使下级深思、自省，从而振奋精神，以更饱满的热情投入到工作中去。

四、个别谈话的语言艺术

个别谈话是人们日常工作、学习和生活中沟通思想、交流感情、相互帮助的一种有效手段，也是领导从事思想政治工作、处理好内部公共关系的重要方法。

个别谈话的特点在于它的亲近性、随机性和针对性。个别谈话不是作大会报告。它是个人与个人之间在同志式、朋友式的轻松气氛下进行的感情交流，因此具有一种亲近性；个别谈话往往根据事情的需要，随时随地都可谈，因此具有一种随机性；个别谈话是领导与下属一对一或一对几进行的思想交锋或心理接触，完全可以有的放矢，对症下药，因此又具有很强的针对性。作为一个组织的领导，应当十分重视这一典型的公关实务工作，注意研究个别谈话的语言艺术。

领导与下属谈话，一般要根据谈话对象的性格脾气，根据谈话内容和当时环境的需要来选择不同的方式和语言艺术。常见的有以下几种：

（一）开门见山，单刀直入

领导应及时对下属在思想变化、工作情况、升迁提拔、人事纠纷等方面遇到的挫折给予谈心开导。如果对谈话对象较熟悉，对方又性格爽直，运用单刀直入法较为适宜。这种方法在谈话开始就直入正题，不纠缠于其他细枝末节，也不转弯抹角。例如，某医院凌院长找到纪委陆书记家，想责问陆书记为何要派调查组到医院来，这正是送上门来的谈话好机会，陆书记又泡茶又递烟热情接待，但凌院长一概冷冷拒绝，对立情绪很大。两人本来就熟悉，于是陆书记说：

“火气还挺大，说吧。其实你不说我也知道你想说什么，你想说我陆舜生因为自己儿子论文答辩不及格，没有轮到出国进修的名额，就怀恨在心，就罗织莫须有的罪名来打击坚持原则的正派干部，是不是？”

（《收获》，1995年第4期）

分析陆书记这段谈话，主要特点在于开门见山，单刀直入，一下就提示了问题的关键所在。这种看准问题、提示关键、抓住目标的谈话深入下去能收到较理想的谈话效果。

有时谈话是在事情发生的现场进行的，这种场合也适用单刀直入法。例如，某车间两名员工打架斗殴，车间主任赶上去劝开并立即找他们谈话，这时也可以开门见山提出问题，单刀直入进行交谈。试比较下面两种谈话的开头：

①你们冷静下来谈谈，今天为什么打架？

②看你们俩这一头汗，快擦擦，今天任务完成了吗？你们今天怎么啦？你们一直是好朋友嘛，还是一个学校毕业的吧？

例①用的是单刀直入法，面对眼前的矛盾，面对较紧急的情况，以这种方式开头切合实际。例②用的是迂回谈话法，这种谈话故意回避眼前矛盾，顾左右而言他，隔靴抓痒，这种方法有时可能贻误了谈话的最佳时机。

（二）迂回侧击，启发诱导

领导与下属谈话有时为了获得某种信息，而这类信息又是下属不愿在领导面前直接谈的，这时谈话不能再用“单刀直入”式，而应换用“迂回侧击”式。从谈话对象看，有的人自尊心很强，特别爱面子，与这类下属谈话也适宜用此法。

迂回侧击，启发诱导，即说话先避开正面话题，从侧面转弯抹角，逐步引向正题。例如，有一位很有经验的班主任，发现自己班里的那位品学兼优的班干部逐渐滋长了骄傲情绪，决定寻找一个合适的机会找他谈谈。一天晚自习时，班主任发现这位班干部正在画圆做数学题。班主任抓住机会与这位学生谈起来：

“我给你出个题目做做，如何？”

“好啊！”

“甲、乙两个大小不同的圆圈，哪个接触的圆外面积大？”

“当然是大圆圈了”。

“为什么？”

“圆圈大，圆周就大，接触的面积自然大喽。”

“如果圆圈的面积代表人们已经掌握的知识，圆圈以外的广大地面代表人们还不知道的无穷境域，怎么才能扩大那未知的领域呢？”

“增大已知的知识。”

“这个比喻你知道是谁提出来的吗？”

“…………”

“这是两千多年前，希腊哲学家芝诺所设的比喻，它说明什么呢？”

“说明知识多的人，才能知道有更广阔的未知世界；而知识少的人，以为没什么未知数了。”

“对，大概说，造诣越高的人，越知道探索学问的路长，因而越能向群众学习，越能保持谦逊的作风。相反，知识甚少或偶有一得的人，才自命不凡，得意忘形……”

（引自董杰锋、朱若真主编：《教师语言艺术》，辽宁大学出版社1987年版）

这位班主任与学生的谈话，看似漫不经心，随意道来，实质上经过精心准备，首先寻找适当机会，然后从眼前做题谈起，由题目谈到比喻，再由比喻谈到内涵哲理，就这样迂回侧击，逐步启发诱导对方认识自身存在的问题。这是典型的迂回谈话的例子。

（三）真诚启导，温暖人心

有些员工在碰到困难、遇到挫折又遭众人白眼的时候，常常心灰意冷。这时，领导如果能体恤其心情，对其说出一些善意理解和适当鼓励的话语，使其心灵得到抚慰、温暖，就能起到“振奋剂”的作用。有篇文章举了这样一个例子：

在一个单位，有一个学历高，但缺乏责任心的青年，因出了几次事故而自暴自弃，别人也认为他是高分低能的典型。一次总支书记和他谈了一次话。书记首先向他问好。他却说：“众所周知我不好，已经不可救药了。”书记说：“说你不可救药，不仅是对你的否定，更是对我们工作的否定。”在作了一番自责后书记继续说：“我想和你交个朋友，今天我就以朋友的身份和你谈心，你也是老大不小的了，孔子说，三十而立，再过两天你就整三十了。俗话说，好花开得迟，但再迟也得开啊！现在是你用心施肥的时候了……”这次谈话后，这个青年工作果真有了一定的起色。

（刘进：《怎样说才能“良言一句三冬暖”》，《演讲与口才》，2000年第1期）

书记是在这位青年最孤立、最没有信心的时候和他谈话的，从自责自己批评多关心少入手，不是用千人一腔的大道理向他说教，而是用关心体贴、真诚期待的话语去启示，给他温暖，助他驱除心中的寒意，使他振奋起来。

（四）耐心倾听，善于提问

在个别谈话中，领导既是问题的提出者，又是倾听者。因此，要做到耐心倾听对方意见，尽量让下属吐尽心中事，只有这样才能了解真情、实情，有的放矢，对症下药。领导在谈话中还应当善于发问，调动对方思维的积极性，这样才能避免出现讲者苦口婆心、滔滔不绝，听者缄默不语、缺乏热情的尴尬局面，使谈话收到预期效果。

如何做到耐心倾听？在下属讲话时，领导不要中途下结论、发评论，不管对方讲得是对还是错，都要让他把话讲完。下属讲话时，领导也不要中途插话，经常插话会影响对方的思路和谈话的积极性，使本来通畅的谈话渠道受阻。

耐心倾听还可借助体态语表示。下属讲话时，为了表示自己的诚意，领导应当用亲切、自然的目光看着下属，而不要将自己目光闪电般在对方脸上扫来扫去，以避免给对方心理造成压力；也不要将目光凝注在一个地方，以免给对方造成你心不在焉的感觉。

善于提问，指领导在谈话过程中把握主动权，根据谈话的目的适当地提出一个个新问题，同时还要使问题之间的衔接符合逻辑。如前面所提班主任与班干部的一席谈话就做到了提问有序、循序渐进，使谈话步步深入，收到了良好的交谈效果。

五、主持面试的语言艺术

公关组织在寻求人才时，往往要设置面试这一关。对新来的应聘者，单位要通过面谈才能决定是否接收、派往哪一岗位；对想调入本单位的人，也要通过面试来确定其是否为自己想要物色的人才；本部门要提升下属，领导也要找其谈话，看其能否胜任某一工作。主持面试也是公关口语交谈中的一种重要形式。

主持面试是通过向应试者提问和听取对方回答观察他的言行举止，来确定应试者的素质和能力水平高低的一种活动。其关键有三：一是巧妙提问，二是注意倾听，三是对应试者体态语的释读。

（一）巧妙提问

巧妙提问表现之一：问题要有一定广度。主持面试者具有驾驭谈话的主动权，提些什么问题、怎么提法，都由主持面试者决定。因此，在设计问题时，主持者应尽可能使问题的面铺开，对应试者思想水平、精神面貌、业务能力、专业知识、理论修养、个人素质、今后打算、奋斗目标、远大志向等各个方面都设计些问题。以便于综合考察、全面了解。例如，谈谈你自己。

你了解我们单位吗？
你有什么特长爱好？
你的家庭情况怎样？
业余时间你都干些什么？
爱读什么样的书？
你对自己的学习成绩是否满意？
你找工作首先考虑的因素是什么？
你来这里能干什么？
你喜欢什么样的领导？
到本单位上岗前，让你先到基层锻炼两年你愿意吗？

巧妙提问表现之二：问题要有一定深度。主持者设计的问题不能浮于表面，而要有进一步发挥的余地。这类问题的好处在于你提出一个问题，应试者回答时可讲上一阵，尽量“推销自己”，这样，在他讲的过程中主持面试者就有一个深入了解的机会。要少设计只需用“是”或“不”之类简短语句来回答的问题，这类是非问不利于应试者主动发挥，从而也不利于主持面试者对应试者的了解。例如：

①a. 你热爱你的专业吗？

b. 你喜欢我们单位吗?

②a. 你为什么选择这个专业?

b. 你为什么想到我们单位来呢?

例①中的a、b两句都是简单的是非问，应试者只需讲“热爱”“喜欢”，问题就算答完，没有任何发挥的余地，面试者无法从答案中看出应试者的内心想法。例②中a、b两句可以说是一种巧妙问法，回答这些问题三言两语说不清，这给了应试者很好的自我表现机会。应试者可以从自己的兴趣、抱负、志向谈起，也可谈谈对本专业的认识，本专业的社会作用、发展前途等，总之，答案是多方面的。这时，应试者对本专业是否真心热爱、思路是否清晰、思维是否敏捷、表达是否完整流畅等多方面的能力都可以清楚地反映出来。

巧妙提问表现之三：问题要有侧重点。面试不宜程式化，不能任何人都以同样的问题去问，不同对象应该有不同的提问侧重点。对一般应试者，问题设计应围绕受教育情况、健康状况、技术情况、家庭情况等方面去考虑。而对于提升者或委以重任者，设计的问题则应围绕个人经历、工作能力、素质修养以及工作设想等话题进行。

（二）注意倾听

“听”也是主持面试的重要部分。主持面试者是谈话的主导者，他引导掌握着整个谈话，但所欲获得的信息却由应试者发出。因此，主持面试者需要认真地听，而且在倾听的同时要不断启发、鼓励对方大胆表达意见。例如：“嗯，这个想法很好，你能否举个例子?”“你为什么这么认为?”“关于这一点请你再详细谈谈。”这类在倾听过程中的插话往往能使对方更大胆、更完整地表达思想。

（三）对应试者体态语的释读

这是指主持面试者通过对应试者仪表姿态的观察来了解对方。主持面试者观察要细，应试者的神态、表情、动作、姿势都可能反映其性格、脾气、爱好。例如，应试者进门显得局促不安，双目下垂，不敢正视室内的人，握手时犹豫不决，满手是汗，这一切给人的印象是胆怯、缺乏自信、不够开朗豁达。相反，应试者进门时毫不在乎地环顾四周，衣着时髦，挺胸腆肚，落座毫不客气，说话时跷起二郎腿且不停抖动，这一切给人的印象则是胆大妄为、目中无人、举止不雅。生活中，我们往往会根据主观印象给人分类，如根据长相把人分成“老实相”“聪明相”“滑头相”等，主持面试者也会这样。当然，仪表外貌仅仅能体现人的一个方面，对仪表外貌的观察绝不能代替一切。主持面试最重要的还是要运用有声语言，设计种种问题，通过应试者的回答了解他。

第三节　商业服务人员的口头表达艺术

商业服务人员与公众的关系是众多公共关系中极为重要的一种。一家商店要想具有较强的竞争力，要想获得良好的经济效益并长久不衰，要想获得公众信任并具有良好信誉，就必须全面开展公共关系。

开展公共关系离不开语言艺术。服务语言的水平一般，商店与顾客关系也就一般；服务语言讲究艺术，商店与顾客的关系就融洽，就能招徕更多顾客。可以说，商业服务人员语言表达的好与差，直接影响服务质量，直接影响商店的形象与信誉，也直接影响商店的商品销售。因此，商业服务人员在商品销售中，一定要讲究语言艺术，包括从顾客走近柜台的招呼语到顾客挑选商品过程中的介绍语、应酬语、诱导语以及解决顾客与商店、商品之间矛盾的调解语等的语言艺术。

一、接近的语言艺术

接近顾客，也就是招呼顾客，这是买卖的第一步，这一步掌握不好，买卖就可能告吹。接近顾客关键注意两点：一是注意接近的时机，二是注意接近的招呼语。

接近时机一般很难掌握。顾客看商品时，营业员毫不理会，顾客很可能感觉受到了怠慢而打消购买念头，转身离去，这就失去了接近的机会。顾客刚进店门，还没来得及细看，营业员就急切地招呼买卖，同样可能失去接近顾客的时机。可见，准确把握接近时机十分重要。一般说来，当顾客盯住一件商品细看时，或用手触摸翻看某商品时，营业员再上前招呼较为合适。一位女顾客来到服装柜前，刚想细看，营业员就上前招呼："想买件什么衣服？"女顾客感到很不自在，转身离开了服装柜。她来到化妆品柜台，站在那儿细看了半天也不见营业员招呼，于是又转身离去了。最后来到玩具柜前，柜台里的玩具琳琅满目，她仔细地一一看过去，最后在一只雪白的小猫面前停住了脚，特别仔细地看着，这时营业员恰到好处地上前招呼："请问想拿出来看看吗？"女顾客点点头，一桩买卖开始了。营业员应当细心观察，善于捕捉接近良机，适时招呼顾客，过早或过晚招呼都可能失去顾客。

接近方法，是指如何招呼、如何说第一句话。在日本，营业员第一句招呼语往往是"您来啦"，据说这样的招呼语给人一种宾至如归的感觉。欧美国家营业员的招呼语往往是"May I help you"，这样的招呼语显得热情诚恳。我国营业员的招呼语通常用"请问想买什么"，但尚未成为定式，也有的营业员用"给孩子买玩具呀”或者“喜欢什么款式，我给您拿”这一类具体服务语作为招呼语。但是，不管用什么样的招呼语，目的都在于留住顾客、接近顾客，而不能吓跑顾客。日本的中村卯一郎在《接待顾客的技巧》一书中说过这么一件事：

在一条有名的食品街上，一位身穿旅行和服的妇女走进一家食品店，刚一进门，店主便凑上前说：“您买点心吧？”妇女没言语，默默地退了出来，又进了另一家食品店，营业员见她进门并没有立即招呼，让她一个人细细看着柜内陈列的商品，等她开始注意一种罐装酥脆饼干时，营业员才走到她面前，说：“这种包着很多紫菜的酥脆饼干，外形漂亮，味道也挺香，大家都爱买这种。”妇女赞许地点点头说：“那我要这种。”

为什么同样是食品店，前一家没做成买卖而后一家做成了呢？关键在于接近的方法。前一家招呼语似乎是没话硬找话，有点儿敷衍的味道。后一家的营业员善于从穿着打扮判断顾客是出门走亲戚，需要买的是送人的礼品，又按她视线所及目标，巧妙地将高档食品推荐给她。这种通过仔细观察，抓住顾客心理的接近法确实有效。

二、应酬的语言艺术

营业员日常工作中常需应酬各类顾客，因此，掌握一些应酬的语言艺术很有必要。应酬语应视对象而定。对一些特殊顾客的应酬要灵活多变。例如，有位大娘进商店买布料，营业员像往常一样迎上去说：“大娘您看这布料多结实，颜色又好。”不料那位大娘听完此话并不高兴，反而嘀咕起来：“要这么结实有啥用，穿不坏就该进火葬场了。”营业员听后略一思索忙说：“大娘，看您说到哪儿去了，您身子骨这么结实，再穿几件也没问题。”一句话说得大娘笑眯眯的，不仅买下了布，还直夸营业员心眼儿好。如果这位营业员不善应变，像一般生意那样应酬，这桩买卖很可能告吹。还有些顾客在买东西时犹豫不决，拿不定主意，就会提出一些试探性的问题。营业员要摸清他们的起初想法，应酬时有的放矢。如有一位中年男子挑选了一件紫红色羊毛背心，他将背心在身上比照着，看样子挺喜欢，嘴上却说：“上年纪了，穿这颜色要被人笑了。”这时，营业员如果随口附和说“颜色是太艳了”，就可能会使顾客推翻原有的想法。如果营业员根据顾客心理说：“哪里，您一点儿不像上了年纪的人，穿这颜色能使您更年轻、更精神。”这样的应酬语肯定会给顾客带来心理上的满足，从而坚定购买的信心。对身材不够理想的顾客，应酬语要避开对方的不足。对体形肥胖的顾客，营业员最好不要说“您这么胖，恐怕要穿特大号”，虽说这是实话，但表达效果不佳。如果先将顾客衣服尺寸说小些“您穿大号就行了”，顾客一定会说：“不，你看我这么胖，只能买特大号。”这时营业员赶紧加一句：“噢，一点儿看不出您要穿特大号。”这么应酬虽然拐了弯，不如大实话简便，但顾客听了高兴、满意。对待商店的熟客、常客，应酬语就要亲热随和、无拘无束，给人一种真诚感、亲切感。

三、介绍商品的语言艺术

介绍商品是柜台语言的重要一环。介绍语是否艺术化与销售成败密切相关。介绍语是一种口头广告，它往往与招呼语、应酬语结合使用。

介绍应当注意两点：一要满腔热情，二要实事求是。

满腔热情是指营业员对自己经销的商品要充满信心和热忱。营业员对商品的热忱会成为一种传导输出行为，会感染顾客，改变顾客原先的想法和计划。原来在购买时犹豫不决的，听了介绍语会果断决定购买；原来不打算购买的，听了介绍语也许会试一试；原来就打算购买的，听了介绍语会更高兴、更满意。例如，1990年夏天，苏州流行电热驱蚊器，这是新产品，刚开始鲜有人问津。一位营业员便对前来买蚊香的顾客介绍："您不买个电热驱蚊器？"顾客回答："那玩意儿效果怎样？不太敢用。"营业员露出满脸惊讶，说："您不相信它，现在不少人都用。它驱蚊性强又干净，味道不刺鼻，一年内坏了还可以换新的。"顾客又说："怎么没听人说起过？"营业员这下显出更惊讶的神色："您没听说过电热驱蚊器？我说您好像天外来客。"营业员这句话虽说不太客气，但她对商品的态度是真诚热情的。她这股热情感染了对方，那位顾客高兴地说："好吧，买一只试试。"买卖成功了。

实事求是是指介绍商品时应有一说一，尊重事实，切不可胡乱瞎吹，蒙骗顾客。这是社会主义商业的基本要求，也是商业信誉的基本保证。一位顾客进商店买密码箱，营业员热情介绍说："现在有两种货，一种是日本进口的，款式新，质量好，但价钱较贵。一种是国产的，虽说用料差些，但款式、做工都不错，而且价格便宜得多。"听了营业员的介绍，顾客毫不犹豫地买了国产货。营业员的这番介绍语很讲究艺术性，首先她实事求是地介绍了两种货各自的优点和不足，毫不隐瞒，给顾客一种信任感。但同时在她的介绍中又含蓄地带有个人倾向，她介绍两种箱子的语言都选用转折句，但介绍进口箱是偏句讲优点，正句讲不足，给顾客留下较深的印象是价格昂贵，而介绍国产货时，位置换了一下，偏句讲不足，正句讲优点，这给顾客的印象就与前者不同，顾客不知不觉接受了营业员的观点，买下了国产密码箱。

四、诱导的语言艺术

诱导即引导。营业员循循善诱往往能使顾客的想法与你接近，思路与你同步，促使交易成功。

诱导语的特点就是紧紧抓住顾客的心理，站在对方立场上考虑问题，只有这样才能使对方放弃初衷，顺着你的思路去考虑。前文举过这样的语例：某先生为妻子买手表时看中了一块漂亮的女表，可价格要200元，于是这位先生对营业员说："这块表不错，只是价格稍贵了些。"营业员连忙说："这个价格非常合理，因为这块表精确到一个月只差几秒钟。"这位先生立即说："对我来说精确与否并不重要，我妻子戴20元一块的蹩脚表已有7年了。"听到这话，营业员立即加以诱导："您看她戴了7年蹩脚表了，是该让她戴上名贵表，好好高兴高兴了。"营业员的这番诱导语使买表的先生感到自己的妻子一直戴蹩脚表，是该戴块名贵表了，于是高高兴兴买下了这块表。这是营业员机智诱导而起的作用。

第四节　导游的口头表达艺术

旅游业被人称作是"无烟工业""无形贸易"。目前，旅游业在国际上日益兴旺，根据联合国有关人士的统计，国际上旅游业已成为超过钢铁工业，仅次于军火工业的庞大行业。随着改革开放的深入，我国的旅游事业也有了飞速发展。国家对旅游事业十分重视，提出了"友谊为上、经济受益"的旅游工作方针。这一点清楚表明我们不仅仅从经济角度看待这一行业，更重要的是通过旅游来结交各国朋友，通过旅游来对外宣传我国的改革开放，通过旅游向全世界展示我国的良好信誉与美好形象，这正是旅游公关的主要内容。不少外国游客抱着猎奇、疑虑的心情，远涉重洋，踏上中国这块对他们来说十分陌生的土地，如果导游在接待中能热情周到、有礼有节、认真介绍、详细解说，就可能消除他们原先的疑虑，使他们更全面、更彻底地了解我们国家，彼此建立真诚友谊。

旅游业不仅能相互增进了解和建立友谊，还能促进科技文化的交流与发展。来华游客中不乏各方面的专家学者，他们除了旅游观光，还积极参与学术交流，有些科研项目也能从游客那里得到有益指导。

旅游业还是争取海外华人投身祖国建设、进行爱国主义教育的有效手段。有不少回国观光寻根的海外侨胞在旅游活动中，看到祖国古迹浩繁、文物辉煌、山河壮丽，会激起他们强烈的民族自尊心和爱国情怀。不少人踊跃投资，不少人自愿赞助，也有不少人为统一大业而积极奔走。

正因为旅游业对我国的公关事业有如此重要的作用，这就给从事旅游服务的导游在语言表达上提出了很高的要求。导游陪同客人时间最长，与客人打交道最多，他担负着沟通内外关系的重任，是搞好公关的关键人员。要沟通内外关系，搞好公关，实现使游客在旅游中陶冶性情、增进知识、开阔眼界、增进友谊的目标，导游就必须具有很高的语言艺术修养。俗话说："江山之美，全靠导游之嘴。"导游如果笨嘴拙舌，像茶壶煮汤圆——有货倒不出，就无法搞好公关，也不能圆满完成导游任务。因此，导游必须注意语言表达能力的培养，掌握高超的语言艺术。

下面具体谈谈导游解说的语言艺术。

一、讲究知识性

如果说每个人都必须在社会上扮演一个角色的话，那么导游的社会角色就是一部“小百科全书”，或者说是上知天文地理，下知鸡毛蒜皮的“万事通”。他要向各种文化层次的游客提供浏览对象的各种知识，引导他们极目大自然的山山水水，领略名胜古迹的风采神韵，体味都市风光和民俗风情的文化内涵，使他们开阔眼界，增长知识，满足求知、求奇、求美的心理需要。

浏览的景观是千姿百态、丰富多彩的，既有自然景观如山水、森林、沙漠、草原、岛屿、岩洞、瀑布等，又有人文景观，如长城、故宫、天坛、十三陵、兵马俑、大运河、武侯祠、陈家祠、岳阳楼等名胜古迹，还有都市风光、民俗民情等。它们各有不同的成因、历史、环境、面貌、结构、美质、风采，其美学价值和文化价值，也是包罗万象的。自然景观、人文景观和都市风光、民情风俗是一部百科全书，包含着各种历史文化、社会科学、自然科学和美学知识。优秀的导游善于将这些知识巧妙穿插、自然融合进自己的解说词中，让游客轻松地、不知不觉地增长新知识。这一点从正大剧场的《世界真奇妙》节目中能得到最好的证明。导游小姐带领电视机前的“游客”游遍了东南亚的各个国家、小岛，在游玩中她不时提出一些有趣的问题请当地居民回答，从中使人们了解到了不少异国的名胜古迹、风土人情和生活习俗，尽管这是以电视形式出现的，但用来说明普通导游语言的特点也同样适用。海南岛的天涯海角是一个新的旅游景点，导游在介绍它的名称由来时是这么说的：

一、“天涯海角”的名称是根据古代宗教学说“天圆地方”这一理论延伸出来的，这种理论认为：天是圆的而地是方的。假如这种理论成立的话，那么在这个世界上肯定有某个地方是边缘或者尽头，即“天边”。那么它又在哪里？历史上的说法是，它在这里——海南岛最南端的三亚市，出三亚市向西24千米的天涯海角，就是今天我们要去的地方。这是原因之一，即理论根据。

二、众所周知，苏联有个叫西伯利亚的地方。那里一年四季冰天雪地、荒无人烟、萧瑟凄凉，是专门用来流放犯人的。在我国古代尤其唐宋两朝，这一带就是中原地区的“西伯利亚”，是封建王朝惯用的流放地。为什么要选择这儿而不选择别处呢？因为这里交通闭塞，人烟稀少，瘟疫流行，常年干旱，天气酷热，环境极为恶劣。这是原因之二，可以说是地理因素。

三、唐宋两朝，许多被流放至此的人由于路途艰难，初到伊始，人地生疏，水土不服，加之情绪低落，悲观失望，极少有生还中原的。他们个个无不怀着走天涯、下海角的心绪。“天涯海角”在他们看来，不仅仅是指地球的尽头，而且意味着人生末日的到来。难怪曾两度被流放至此的唐朝宰相李德裕称之为“鬼门关”。他在诗中写道：“一去一万里，千去千不还。崖州在何处，生渡鬼门关。”（唐代称“三亚”为“崖州”）这可以说是当时的真实写照啊！此乃原因之三，即历史的原因。

（林青：《天涯海角》，《中国旅游报》，2002年7月24日）

该导游解说他们要去游览的地方为什么叫“天涯海角”，语料翔实，知识丰富。既有古代宗教的“天圆地方”学说作理论依据，又用荒凉萧瑟的“西伯利亚”作比，还以古代诗词作佐证，巧妙地把宗教、地理、历史知识融进解说词，把那个“鬼门关”描绘得凄凄楚楚、悲悲惨惨，富有神奇色彩，吸引游客前往观赏。再看：

我们车上怎么这么香呀！啊，原来大家都是来自香港的游客，所以都带着“香气”来了！欢迎带香味的同胞来访！

您知道香港为什么叫香港吗？不知我说得对不对，至少有三种说法，种种都离不开“香”字：其一，最广泛的说法是，早年一些外国海员游览香港时见遍地都是芳香的鲜花，因此称此地为“芬芳的港口”，后正式译为“香港”。其二，和“香木”有关。因明清时期，香港盛产“香木”，是个往外地运“香木”的地方，被世人称为“清香的港口”，后简称“香港”。其三，也和“香”字有关，说的是从明末以来，当地人就以制造香木和檀香为生，岛上香气四溢，人们自然称它为“香港”了。不知我说得对不对？

（王连义主编：《幽默导游词》，中国旅游出版社2002年版）

上例具体介绍了香港名称由来的三种说法及其大概在何时因何而定名。显然，这样的导游词是知识和信息的载体。

二、讲究趣味性

导游的责任是让客人玩得痛快，玩得轻松，这就需要做到语言的趣味性。

导游语言的趣味性表现之一：解说中不失时机地穿插一些历史典故、古代传说、民间故事、逸闻趣事、民风民俗等。这类故事传说往往趣味无穷，能给游客留下深刻的印象。例如，某导游在给游客介绍苏州虎丘剑池时，讲了一段吴王阖闾墓之谜的故事。他娓娓动听地讲道：“相传剑池下面有吴王之墓，但始终未得到证实。一次唐伯虎、王鏊等四人游虎丘，适逢特大干旱，剑池之水干涸了，于是发现池底有一石门，石门外有人的头骨。四人惊喜万分，立即禀报地方官。地方官不敢轻举妄动，怕扰乱先祖安宁，于是找大石头将石门重新封死。直到20世纪50年代，苏州文管会同志想重新揭开吴王墓之谜，于是组织力量抽干剑池水，挑走大量淤泥，搬走加封的石块，终于又见到了唐伯虎等人发现的石门。打开石门，见有一通道，初可两人并行，走至十多步，通道变窄，只容一人通过，又七八步，更窄，只容一人侧身挤进，又数十步，见前面三块大石呈品字形拦住去路，三块大石无法搬动。紧急请示国务院后，据说周总理指示：一、目前技术力量能否保住挖掘出的文物？二、挖掘吴王墓是否影响剑池上方的虎丘塔？在当时的技术情况下，此事只能作罢，因此阖闾墓至今尚是个谜。”导游的这个故事激起游客极大的兴趣和好奇心，引起他们种种幻想。又如：

相传金朝第六代皇帝章宗来此游览时，突感疲乏，席地而卧，就进入了梦乡。他看见一群大雁在头顶上盘旋鸣叫，便拉弓连发两箭，大雁惊飞，但在两枝箭落下的地方，顿时现出两股清泉。章宗惊醒后，就命随从在落箭的地方凿石，果真冒出两股清泉，他十分高兴，就命名为“梦感泉”！

（刘锋《香山八大处风景区》）

导游运用金朝第六代皇帝章宗梦射大雁而凿石冒出清泉的传说，就使“双清”泉水带上一种神秘色彩，不同于一般的泉水了。这不仅能激发游客的兴趣，而且还可能引发游客联想到原来这个地方在金代就是一处游览胜地了。

导游语言趣味性表现之二：解说词词采瑰丽、生动形象，富有艺术美。这样的解说词犹如精美的散文，如诗如画，能给游客以亲临其境的感受，能激起游客的丰富想象，获得极大的乐趣。例如：

在泰山顶上观日出时一位导游用了这么一段解说词：“大家请注意东方天边的变化。”游客中立即有人踊跃地说：“看！雾气变化了，像一片红色的海洋。”导游立即接过话头说：“在这红的海洋上，簇拥出一堆墨蓝色的云霞，在这云霞里隆起一道细细的抛物线。这线红得透亮，闪着金色……看，抛物线被突破了，太阳露出来了，只有小半个，像一轮弯月，放射出无数扇形光波，光彩夺目，灿烂辉煌……蓝、青、紫、橙、黄、白，五颜六色，不断更换……”

用文学艺术描写的笔触组合多种色彩词、描绘性形容词和比喻、比拟的修辞手法，将日出过程描绘得生动、逼真、优美。游客面对壮观景象与导游的指点和引导，个个感到诗意盎然，趣味无穷。如果导游用枯燥干瘪的语言介绍，那游客就会兴味索然了。

在解说词中，巧妙灵活地运用修辞格，也能使语言产生艺术情趣。例如：

有句名言说得好：“山不在高，有仙则名；水不在深，有龙则灵。”掀开历史堆积在我们身上的层层黄土，凭着西北汉子特有的大嗓门，唱着粗犷悠长的关中道情，我来了！从一个远古的神话传说当中，从二郎神杨戬的脚下，像一只直插云霄的金鸡，我飞进了祖国的这一片繁花之乡、锦绣之地——朋友们，猜得出我来自什么地方吗？宝鸡？是的。陕西省八百里秦川西部，秦岭之阴，一座明星城市，古来陈仓啼瑞，今日神州生辉。在名胜古迹灿若星辰的陕西三秦大地上，宝鸡的确是一个不甘寂寞的胜地。虽然它还在人们的认识和了解当中，可是由于在它身边的渭河两岸，曾出土过中国第一座先秦时代的朝廷建筑群、中国西部最高的建筑群；开掘过中国迄今为止最大的墓葬——秦公一号大墓，而且出土过一批轰动一时的秦兵马俑，还由于今日的宝鸡更以其迅速腾飞的经济和崭新的精神面貌赫然挺立于祖国的城市之林。因此，它越来越为人们所关注、向往！

（进锁、振鹏《欢迎您到宝鸡来》）

用形容词和比喻、拟人、设问、对偶、引用、典故等把解说对象描述得具体、形象、可见，富有引人入胜的艺术魅力。

导游语言趣味性表现之三：解说用语幽默风趣。幽默是用俏皮、含蓄、机智的方法以达到使人发笑、潜移默化的修辞效果的语言艺术。导游在导游词中巧妙地运用幽默的语言艺术可以营造出一种轻松活泼的氛围，消除游客的疲惫，并能够激发他们的乐趣和游兴，使他们情绪饱满，心情舒畅，尽兴而归。全国优秀导游技术能手柏林有这样的体验："讲登长城注意事项时，如果板着脸，告知第一要如何，第二应怎样，效果不会好。旅游不是受训，不妨加点幽默效果：长城地势险要，要注意防止摔倒，尽量不要在城墙外作奔跑式的跳高练习，日语（按：游客是日本人）讲：'油断一秒，怪我一生。'另外，也不要头也不回一股脑儿地往前走，一直走下去就是丝绸之路了。有人走了两年才到，特别辛苦。登时不易，修时更难，两千多年前，我们人类还没有大卡车、老吊车，搬运全靠人工。当时有位叫孟姜女的小姐，长得非常漂亮，她有一段感人的故事，这段故事到长城上再讲。"他用一个引用、两个幽默，就把登长城时不要奔跑、不要跳跃、不要走远的注意事项说清楚了；他又用一个优美传说的开头吊起游客的胃口，引而不发，然后组织大家登长城。这样幽默有趣的导游开场白，用柏林自己的话说，"是煽动起游兴的扇子"。再看：

正前方山腰上有一条白线，那就是万里长城。美国宇航员说："从月球上用肉眼可以看见中国的长城。"大家先实地观察一下，认准位置，以便以后上月球旅游的时候能够很快地找到长城。

（王连义编：《怎样做好导游工作》，中国旅游出版社1993年版）

顺便问一下，大家把行李打开了没有？哦，都打开了，怪不得外面的阳光这样明媚！我们导游员常说："客人把阳光装在包里带来了。"为此，我感谢大家。

（上海豫园导游词）

前例中的"上月球旅游"虽是带夸张性的语言，却有现实可能性，所以能引发笑声，消除疲劳，增加游兴。后例把客体、游客和导游自身巧妙联系起来，将外面的阳光明媚归功于客人，制造欢乐的气氛。

三、讲究灵活性①

旅游界有一句名言："世界上没有两次完全相同的旅游。"马克思说过一切物质都是运动的。游览景观千姿百态而且变化万千，任何自然景观和人文景观都有自己的特点、美学价值和文化价值，任何自然景观和人文景观也都是变化多端的。例如，自然景观中的五大名山，各得其美：泰山通天拔地，雄伟壮丽，人文荟萃；华山天然奇景，处处可观，道教文化，源远流长；嵩山绵亘盘曲，峻峰奇异，儒、释、道三教文化汇集；衡山山势雄伟，风光绚丽多彩，佛文化繁荣；恒山山势磅礴，交通、军事地位极其重要。同一座山，春夏秋冬各有风采，所谓春山如笑，夏山如滴，秋山如壮，冬山如睡；同一座山，因气候的不同而绚丽多姿；同一座山，远望以取其势，近看似取其质。人文景观，如北京故宫和沈阳故宫、清东陵和清西陵、黄鹤楼和岳阳楼、武侯祠和陈家祠等都各有各的外貌和内涵。因此，导游解说景观，就要灵活变通，语随景变。例如，桂林漓江的景色，在不同的天气、不同的时辰、不同的季节都有不同的特点，导游讲解时，就要有创造性、灵活性。例如，晴天应描绘"奇峰倒影"的秀美景象；阴天就应描绘"漫山云雾"的谲奇缥缈；雨天就应描绘"漓江烟雨"的旖旎风光；清晨就应引导游客欣赏"朝霞映照，万紫千红"的瑰丽景色；夜晚则应引导游客欣赏"月色溶溶，岸上江中，一片清辉"的奇妙景象；春季侧重于"一江红花绿叶"；秋季则侧重于"水果香飘漓江"……优秀的导游大都善于根据景观因季节、时辰、气候或别的临时因素不同而发生的变化来构建相应的解说词。例如，某导游带领一批游客上泰山"日观峰"看日出，上到日观峰发现上面已有好多游客占据了最佳位置，不免使人有些扫兴。导游连忙笑着说："真是'莫道君行早，更有早来人'。"一句话说得大伙儿都笑了。当太阳缓缓升起，照得周围一片通红时，导游又不失时机即兴感叹："我真心希望大家都像这东升的旭日，永远向上。"当游客举相机留影时，导游即兴祝福各位："愿我们的友谊像这泰山极顶上的松树万古长青。"这种根据临时出现的情况，随机应变而构建的导游语言，很能博得游客的赞赏，获得意想不到的语言效果。

俗话说："到什么山唱什么歌，见什么人说什么话。"导游向游客解说游览景观，既要语随景变，也要语随客变。游客来自不同的国家、民族或地区，从事的职业不同，文化观念、文化修养有差异，性格、爱好、年龄、性别各不相同，价值观、审美观千差万别。面对大海，不同的人会有不同的感受。有的人看到的是大海的波涛汹涌、气势磅礴——"乱石穿空，惊涛拍岸，卷起千堆雪"；有的人看到的是大海的静谧深邃、一望无际，从而联想到海纳百川、虚怀若谷的胸

① 参看黎运汉：《商务语言教程》，暨南大学出版社2005年版，第202－204页。

襟；有的人看到的是潮起潮落、日夜轮回，从而感慨时光流逝、日月如梭；而有的人看到的则是风起云涌、大浪淘沙，从而发出“风来浪也白头”的无奈感叹。导游对游客解说游览景观应因人因时而有的放矢地选择内容和方式。优秀的导游总是善于根据不同对象、不同情况，悉心提高导游解说词的客观效果。例如：

就导游所采用的内容来讲，对知识层次高的旅游团，讲解要更有条理，要注意内容的知识性；对以中小企业主、商人为主的旅游团，讲解要有趣、要注意内容的社会性；对以工人、职员为主的旅游团，讲解要实在，要注意内容的生活性，生活色彩浓烈一些为好；对以青年学生为主的旅游团，讲解要由浅入深，内容注重趣味性；对以记者、作家为主的旅游团，讲解要注意素材准确，事实生动，内容要注意可发表性。

（王连义：《导游翻译二十讲》，旅游教育出版社1990年版）

接待领导人司马义·艾买提时，赵唯唯有意将民族大融合的历史内容融入讲解中。她指着一只黄釉瓷扁壶说：“这只壶的出现，明显是受了西藏文化的影响。你看，它多像维吾尔族人用的皮囊啊！”一席话说得副委员长心里热乎乎的。物理学家周光召来博物馆参观，赵唯唯以学生的姿态向他请教有关汉代球墨铸铁的问题，立即引起了他的兴趣。在外国客人中赵唯唯接待最多的是日本人，在潜意识里，来自与我国一水之隔的日本的朋友一向把中原文化当作他们自己的文化顶礼膜拜。一次，赵唯唯接待千叶大学教授一行，她由唐朝王维的诗《息夫人》切入，带出春秋时期息夫人的典故，并说：“古息国就是今天河南的息县罗山一带，我父亲就出生在那里，那么是不是可以说我就是息妫的后裔呢？”此言一出，教授们眼睛一亮，亲热地称她为“息妫小姐”。

（孟冉、刘忠：《江泽民总书记称赞的解说员——赵唯唯》，《演讲与口才》，2000年第3期）

前例是资深导游王连义的经验之谈，后例是赵唯唯解说河南博物馆的话语，二者针对来自不同国籍、不同社会阶层、不同文化层次的游客，选择不同内容来讲解，很切实际，颇有效用。

导游解说游览景观因人、因时、因地灵活施语，就体现为导游解说的灵活性语言艺术。

思考与练习

1. 请你谈谈专职公关人员口语表达的重要性并举例说明。
2. 公关专员搜集信息的语言表达应注意什么？请举例说明。
3. 公关专员在接待公众参观访问时，语言表达有什么特点？应注意什么？
4. 某宾馆的一位客房部工作人员看到一位美国女大学生正在等电梯下楼，

出于礼貌，他主动上前打个招呼："小姐，您好，出去逛街吗？"那位女学生问："逛街是什么意思？"工作人员说："逛街就是到马路上兜风。"话音刚落，美国女大学生就变了脸色，马上找经理投诉，说那位工作人员侮辱了她。而那位工作人员却感到十分委屈，不知自己何处得罪了那位女士。请你就这一例子分析一下他们的矛盾所在，设计出你的处理方案及劝解说服语。

5. 请你拟一篇领导在"五四"纪念大会上的讲话稿。

6. 领导布置任务有哪几种口头表达形式？各类形式各有什么样的表达效果？

7. 某位领导对其部下经常使用的方法之一是：当部下对于某件事缺乏信心、情绪低落时，这位领导就用很理解的口吻说："做这件事对你现有能力来说是勉强了点儿。"请你分析一下这位领导所使用的是什么方法？这种方法对调动积极性是有效还是无效？为什么？

8. 请归纳一下商业服务用语主要有哪几种类型？各种类型各应在什么场合下使用？

9. 导游语言主要有哪些特点？这类导游语与一般参观介绍语有何区别？

第十二章 公关语言书面表达艺术（一）

在公关交际中，要了解公众的意愿，监测组织的环境，实现组织与公众的沟通，可以采用口头表达形式，也可以采用书面表达形式。一般说来，公关语言的口头表达，是主客体在共同的时空环境里进行的。这种形式，随意灵活，但有一定的局限性，不便于传于异地，留于异时，如果主客体双方不在同一时空环境里，或者在同一时空环境里，为了表示庄重严肃，增强信息传播的强度，就需要采用书面语形式。

公关语言的书面表达形式多种多样，本章先谈公关广告、公关调查报告、公关新闻稿、公关信函和柬帖、公关说明书等五种体式的语言要求与语言艺术。

第一节 公关广告

广告，即广而告之。它是为了特定的目的，通过一定的媒介公开而广泛地向公众传递信息的大众传播方式。这种传播方式在我国古代就出现了，如叫卖、酒旗、幌子、货郎鼓以及政府颁布的告示、公启等。随着社会的不断发展，广告也在迅速地发展。本节将论述公关广告的几个有关问题。

一、公关广告及其功用

公关广告是社会组织开展公关实务活动所做的广告。它既指以营利为目的的各种经济广告（又叫商业广告）；又指不以营利为目的，为获得公众对本组织的理解、支持与合作的公共关系广告，如公益广告、庆典广告、招聘广告以及政府、政党或社会团体的公告、启事等。

现代社会，广告已成为社会政治、经济、文化和日常生活中不可缺少的内容，在各个公关活动领域都起着相当重要的作用。

首先，广告能传递信息，是社会组织与公众之间联络的纽带。

广告可以传递各种信息，将公关主体的信息、意愿传递给公众。例如，参加2008年台湾地区领导人竞选的马英九多次利用电视竞选广告向选民宣传政见和当选后的施政纲领以及各种民生政策，以求选民的理解和支持。又如中央电视台所做的广告：“水是生命的泉源，请珍惜用水！”这条广告看似寻常，却体现了广告主体对人类负责的高度责任感，赢得了广大公众的支持与合作。“正确对待高考，正确对待人生！”一句亲切的提醒，使广告主体的一番爱心像暖流一样流向公众的心田，尤其是流向高考落榜青年们的心田。类似这样，广告在传递各种信息时，就为公关主体与客体的信息沟通、感情交流起了纽带式的连接作用。

其次，广告还能塑造企业及品牌的双重形象，是企业通向成功的桥梁。

一个企业有了良好的产品质量，这只是成功的前提；而要走向市场、开拓市场，就必须借助广告，着力塑造企业及品牌的双重形象，提高知名度、美誉度，才能为企业带来巨大的社会效益和经济效益。

江苏春兰空调厂，原是一家很不起眼的乡镇企业，他们成功的秘诀是通过持久的、立体式的广告宣传，使该厂成为全国知名度较高的企业，春兰空调也在市场上打响了品牌。杭州娃哈哈食品集团公司以 14 万元起家，一手抓产品质量，一手抓广告宣传，做了“喝了娃哈哈，吃饭就是香”等一系列广告宣传，其利润从 1987 年的 38 万元增加到 1994 年的 7 000 万元，逐年翻几番。在中华大地上，各种营养液如星如林，而深圳“太太口服液”是由几位闯深圳的年轻人推出的一种营养液，短短一年，“太太口服液”便脱颖而出。他们靠的是什么，除产品质量外，也是广告宣传。该公司借助报纸、电视、灯箱等广告媒体，大做“三个太太两个黄”“三个太太三个喜”等系列广告，从而极大地引起了社会公众的关注和兴趣，使其月产值高达 2 000 万元，销售面几乎覆盖了整个中国。

反之，办企业若不做广告，即使企业和产品的形象再佳，也是“养在深闺无人识”。东北有家制药厂开发了一种“颈痛灵”，是由麝香、鹿茸、天麻等 26 种名贵药材制成的新药，它对治疗中老年人常见的颈痛病有特异功效，曾在“全国首届新产品新技术展示会”上获金奖。可是由于该厂没有抓住机遇宣传自己，因而，长时间里默默无闻，犹如被埋没的金子，全厂上下忙活一年才卖出 5 000瓶。可见“皇帝女儿亦愁嫁”，“酒香也怕巷子深”。

上述例子充分说明一个企业有了优质产品，还必须做广告宣传，因为广告是通向成功的桥梁。

最后，广告可提供咨询，是公众的向导。

广告提供各种信息，在客观上为公众咨询提供了方便。如招聘广告，为公众寻求自己合适的、理想的职业提供方便；又如招生广告，可为求学公众在找寻合适的、理想的就读学校方面提供参考信息；五彩缤纷的商业广告，介绍各类商品质量特色、售后服务等情况，亦为顾客购买所需要的商品起指南作用。所以说，广告能为公众咨询提供方便，是公众的向导。

二、公关广告的类型

广告种类繁多，且可依不同的标准，从不同角度分类。

（一）从广告媒体分

（1）报纸广告。即刊载于报纸上的广告。该类广告诉诸视觉，可图文并茂。其优点是新闻性强，可反复阅读，辐射层次多，易于保存；其弱点是有效时间短。

（2）杂志广告。即刊载于杂志上的广告。一般刊于封二、封三、封底，也有刊于其他页码的。这类广告诉诸视觉，亦可图文并茂，面向一定的读者，针对性强，也易于保存和查阅；但杂志广告较难引起人们的注意，这是其弱点。

（3）广播广告。即利用广播播放的有声广告。这是一种诉诸听觉的有声语言，这种有声语言声过即逝，且不能借助体态语传情达意，因而，其言语特别讲究简明通俗。

（4）电视广告。即在电视上播放的广告。这类广告融语言、文学、音乐、美术、舞蹈、戏剧等多种艺术于一体，同时诉诸视觉与听觉，是一类影响大、效率高、印象深的广告。

（5）网络广告。随着计算机互联网的逐渐普及，出现了一种特定的网络语言。网络广告即借用网络语言手段构成的广告。优秀的网络广告具有简洁、丰富、形象的特点，常为特定人群所喜爱，但由于受制于特定的交际场合、交际工具，因而受众面较窄，这是其最大弱点。

（二）从广告出现的阶段分

（1）开拓型广告。即组织或产品在创业阶段所做的广告，如开业广告、志庆广告、主题系列广告等。

（2）竞争型广告。即组织或产品在成长期所做的广告，如比较广告、证言广告等。

（3）维系型广告。即组织或产品在成熟期所做的广告。为了使企业或产品继续立于不败之地，巩固前一时期的成果，还需继续宣传，因而，提醒广告、打假广告、贺节广告即为此时期常做的广告。

（三）从广告的内容分

从广告的内容来看，可分为商品广告、劳务广告、文娱广告、社会广告、公益广告。

三、公关广告语言的基本要求

广告融多种艺术于一体，是多种艺术的结晶。但是，“龙有千鳞不如点睛”，点睛之笔，全靠语言。因此，“语言是广告的灵魂和支柱”。广告语言如此重要，那么它应达到哪些要求呢？在广告中，不管是标题、正文还是结尾，其语言的总要求可以概括为四个字：真、简、奇、美。

第一是真，即真实可信。真实是广告的生命。广告必须真实准确地向公众传递信息，来不得半点虚假或浮夸。我国相关法律条例明确规定：“广告内容必须明白，实事求是，不得以任何形式弄虚作假、蒙骗或欺骗用户和消费者。”美国《商业周刊》也载文指出：“面对看电视、读广告长大的新一代，对传统广告各种暗藏的诱饵了如指掌，为此，现在的广告唯有真实才能接近他们。”可见，真实可信、诚实无欺的广告是接近公众的前提，是产生说服力和感染力的基础。明智的广告主在进行广告宣传时，都是本着有一说一、以诚取信的原则。例如：

我们一直在努力。

（爱多 VCD 广告）

顾客，请检验我的小磨芝麻油。芝麻油里若掺猪油，加热就会发白；掺棉油，加热会溢锅；掺菜籽油，颜色发青；掺冬瓜汤、米汤，颜色发浑，半小时后有沉淀。纯正小磨芝麻油是红铜色、清色，香味扑鼻。

前例是一则电视广告，画面上几个人在汗流浃背地奔跑，然后用有声语言“我们一直在努力”，表示该公司及其产品要用奔跑的速度去赶超世界先进水平，话语简朴，能给公众一种真诚之感；后例是则叫卖广告，广告主不是自卖自夸，而是以真诚的言语，翔实地介绍检验芝麻油的标准，让顾客自我鉴别，以真诚的心换取顾客的信赖，亦收到良好的效果。

反之，广告弄虚作假、言辞失真，甚至虚构胡说，不仅会损害公众的利益，而且犹如“饮鸩止渴”，自毁信誉，甚至造成不良后果。某广告主鼓吹他的化妆品换肤霜“有特效”，“使用八次就可以使皮肤焕然一新”，结果爱美的朋友使用后面部出现块块黑斑，留下终身的遗憾；更可恶的是有些广告，鼓吹“包治奇难杂症”“专治癌症”“心脏病患者的特大救星”等，出语惊人，查无实效，有害健康，令人发指。又如，据深圳市公安局福田分局副局长井亦军介绍：

深圳某犯罪团伙在当地媒体上以“火速办理入深户”“入深户咨询”等名义先行刊登广告，当有人咨询时则保证可快速办理深圳户口，并叫对方先不交钱，而是先交个人申报材料。诈骗者再利用盗取的企业密码进入深圳市劳动部门官方网站，在政府网站发布受骗人的户口申报信息。当申报信息在网站显示后，诈骗者告知受骗人说政府已受理申请，需要 4 万元的受理费，受骗人在网上一查确有申报信息，于是马上付款。款到后施骗者立即删除该信息不再联系当事人。专案组经调查，掌握到已被诈骗的事主多达 31 人，涉案金额近 120 万元。

（《登广告称代办入户，骗到 31 人》，《广州日报》，2008 年 2 月 29 日）

这样的虚假欺骗广告是社会的一大公害，人们深恶痛绝。

广告语言要真实，并不等于排斥艺术上的夸张。例如：

眼睛一眨，东海岸已变成西海岸。

（泛美航空公司广告）

家有双桥味精，米都放多一斤。

（双桥牌味精广告）

上面两例是在客观真实的基础上，为了加深公众印象，突出宣传对象的奇特而有意运用夸张的语言艺术，但夸而不谬，它与有意欺骗、荒谬不稽是有本质区别的。

第二是简，即简洁明晰。广告不是公文，不能强制他人去阅读；广告也不是文学作品，不具有很大的吸引力。广告是一种强迫性的信息传播，人们通常是在无意识的情况下接收广告信息的，如果语言冗长含混，就很难抓住人们的注意力，广告也就失去了应有的功效。因此，广告必须用简洁、凝练、清晰、明快的语言来传递丰富的信息。例如：

高贵典雅、洁白无瑕。

（广州白天鹅宾馆广告）

活力28，沙市日化。

（活力28洗衣粉广告）

前例是广州白天鹅宾馆的开业广告，八个字高度概括了该宾馆的风貌特征，辞约义丰、名实相符；后例也用短短的八个字，不仅表明了该产品的名称——活力28，产家——沙市日用化工厂，质量——活力，还表明其技术指数——2:8，真是述说详尽、言简意赅。

广告语言要做到简明，就要注意主题单一集中，应重点介绍或突出主要特征。例如：

超净功绩，洗衣更出色。

（高富力洗衣粉广告）

开创新“静”界。

（台湾空调器广告）

前例主题单一集中，突出产品“超净”功效；后例突出空调器特别安静的特征，主题鲜明单一，使人印象深刻。

有时，在广告中需介绍企业或产品的众多特色，很难用一两句话概括，这时，可化整为零，采用主题系列广告形式来表达，每次广告只突出一个主题，这样效果会更好。例如：

制冷杰出的科龙空调

宁静和谐的科龙空调

勤俭持家的科龙空调

赏心悦目的科龙空调

这是科龙空调在报纸上所做的系列广告中的四个标题，标题后均有正文进一步说明，为了突出其四个优点，分四次说明，第一次突出其制冷强劲的性能；第二次突出其无噪音的特征；第三次运用比拟强调其节能之长处；第四次则突出其外形美观的优点。每次主题鲜明单一、环环相扣，这样，即树立了科龙空调的整体形象，又易于人们接受。

有的广告传递的信息比较复杂，却又不必做主题系列广告，需用一些较长的文字表达时，就要注意层次清晰，或并列，或层递，或总分，或承接……使广告语言条分缕析，才能使人一目了然。

使广告语言简明的手段很多，如运用口语词、文言词、简称、缩略语、熟语等，均可收到简明的表达效果；在句式上注意选用短句、非主谓句、简单句等，都是使广告语言简洁的有效手段。成功的公关广告都能充分运用各种语言表达手段，熔主题单一集中、层次分明和句子简短为一炉，显得十分精练明晰。例如：

“雪宝”呢绒，何为最佳选择

主要产品：全毛、毛涤单面花呢、华达呢、缎背花呢、凉爽呢、马裤呢、真贡呢、哈米呢。

各项奖项：全毛华达呢、毛涤花呢，荣获1988年省优，获1989年部优。本厂是省级先进企业，产品获得了质量许可证。

联系地址：广东省南海区平洲镇。

（“雪宝”呢绒广告）

这是一则营销兼公关的广告，既向公众推销了“雪宝”呢绒，又扩大了自身的声誉。全篇连标题不足百字，层次分明，语句简短，使人读着上口，看来一目了然。

第三是奇，即新奇、独特。公关广告传递信息不同于公文，也不同于教科书，不能强制公众去看。公众想看就看，不想看就不看。尤其是在当前万家竞争、广告浩如烟海的情况下，平淡无奇的广告，自然不能引起公众的注意。正如“入芝兰之室，久而不闻其香；入鲍鱼之肆，久而不闻其臭”一样，会使公众视而不见，充耳不闻。

目前，广告有两种倾向：一是墨守成规，千人一面，万人一腔。提到产品质量，常常是“省优、部优、国优”；介绍产品规格，亦是“品种齐全，种类繁多”；提到商品价格不是“合理”，就是“低廉”；讲到售后服务，也是“送货上门，实行三包”……尽是些老话、套话。二是生搬硬套，盲目仿效。例如有首歌，名叫“潇洒走一回”，于是在某酒店的门口出现了鼓动公众“潇洒吃一回”的户外广告，倒也新鲜有趣；可是后来就出现一些纷纷效颦的“东施”：“潇洒玩一回”“潇洒穿一回”“潇洒看一回”等，比比皆是，令人生厌。湘潭市天仙牌电风扇的广告：“实不相瞒，‘天仙’的名气是‘吹’出来的！”这条以重金征得的广告语，立刻产生了轰动效应，大大提高了天仙牌电风扇的知名度，也为该企业带来了一笔财富。可是稍后又有人生搬硬套：“不瞒您说，本公司的风扇各尽其吹!”这种低劣的仿效广告，不仅拾人牙慧，令人大倒胃口，更重要的是没有任何积极作用。

广告必须在“奇”字上下功夫，要寻奇创新，无论在形式上还是语言上都要打破常规，出奇制胜，只有这样，才能加强信息的刺激性。例如，珠海奔腾摩托车有限公司的一则广告：

正标题：嫁出去的姑娘≠泼出去的水

副标题：邀请6 000辆奔腾摩托车回娘家

正文：……

俗话说，读书看皮，读报读题。上则广告奇就奇在标题上，广告的正标题运用民间谚语和超语言要素“≠”共同构成否定式比喻，巧妙地宣传了该公司竭诚搞好售后服务的宗旨，打消了用户的后顾之忧，树立了企业和产品的良好形象。

要使广告新奇独特，还可以利用附在语言文字形体上的风采，强化广告信息，这样，亦可收到较好的表达效果。如广州花园酒店的门口，曾出现过这样两块遥相呼应的路牌广告：左边一块的画面是蔚蓝浩瀚的大海，海面上有活蹦乱跳的大鱼，画面的左上角是点睛语言——“来自深海的诱惑”，其中，“诱”字大而艺术化；右边一块广告牌的画面是许多器皿盛装着各种美味佳肴，右上角的点睛语言——“丰盛的自助餐”，其中“丰”字不仅大而且艺术化，且故意运用了繁体字。这两块路牌广告充分利用汉字的意义和形体的大小来传递花园酒店餐厅的经营特色，亦匠心独运，卓尔不群，不仅耐人寻味，情趣盎然，且诱人胃口大开，馋涎欲滴。

第四是美，即优美动听。广告语言既要简明通俗，又要优美动听。优美动听的广告语诉诸人们的听觉、视觉，就能产生美的感官印象，引起公众的注意，继而加深印象，产生共鸣。因此，成功的广告语言必须具有美的内涵和韵味。

广告语言要优美，就必须注意运用形象生动的语言来描绘组织或商品的形象，这样才能产生非凡的艺术魅力。例如：

台北近郊一片碧蓝的天空——远山苍翠，白云悠悠，群鸟飞翔……

台北近郊，一片清纯的生活净土——浓阴下，流水潺潺，百花盛开……

（台湾台北市新宅广告）

空杯尚留满室香。

（贵州茅台酒广告）

前例有声有色地描绘了所售地产山水秀丽、风光旖旎的自然环境，给人一种身临其境的艺术享受，继而激发人们的向往之情；后例广告是名甲天下、誉满全球的贵州茅台酒的广告标题，充满诗情画意，七个字就将质地醇厚、香气四溢的酒中之王的形象刻画得惟妙惟肖。

广告语言要优美，还要注意其形式上的均衡美、声音上的韵律美，使人读来朗朗上口，听来和谐悦耳的广告语，会收到好读好记、便于传诵的效果。例如：

修辞学家的助手，语文教师的同道，自学青年的参谋，社会各界的朋友。

（《修辞学习》杂志广告）

年年有余年年笑，年年要喝鸭溪窖。

（鸭溪窖酒广告）

上面两则广告不仅在音节上较整齐匀称，在形式上呈现出均衡美，而且抑扬顿挫，合辙押韵，因而，声音铿锵悦耳，呈现出回环美与复迭美。

四、公关广告语言的艺术手法

（一）引证式

引证式即为了增强说服力，避免自吹自擂，采用旁征博引的方式做广告。

（1）现身说法式。请他人谈自己的亲身感受，达到借他人之言来赞扬自己组织或产品的目的，以增强广告的可信度。例如：

这么多杂志，我为什么偏偏订广州的《南风窗》？

洪兵（复旦大学新闻系研究生）：《南风窗》带来了改革开放过程中的最新鲜、最丰富的信息，它给我们提供了思考和“精神养料”。

邱岳（上海文汇报社）：《南风窗》让我们的眼睛看到了中国内地之外的另一世界。

这则广告通过摘引一些读者的来信，让读者谈及他们的亲身感受，读者中肯、真诚的评价被公关主体作为广告材料再传播给广大公众，没有一句自夸之词，这样，就能在新订户中树立自己的良好形象，很能说服人。

（2）实据证明式。援引历史资料或确凿的证明、证据，产生权威效应，以获取公众的信任。例如：

青春宝口服液，青春宝片剂根据我国明朝永乐太医院宫廷用方研制而成。原永乐皇帝御用药物，明成祖朱棣曾赐“益寿永贞”封号。

…………

（青春宝口服液广告）

孔府宴酒，世界金奖。

（孔府宴酒广告）

前例援引历史资料，后例列举孔府宴酒获得的殊荣，说明其与众不同之处，能树立产品的名优形象，使人感到真实可信。

（二）借名式

借名式即借名人之名，以扬自己之名。

（1）借形式。请名人直接出面做广告，借名人形象树立自己组织或产品的形象。如深圳南方制药厂请著名影星李默然为“三九胃泰”所做的广告，就产生一种真实可信、毋庸置疑的名人效应，虽时过数年，却令人过目难忘；河南双汇集团漯河肉联厂请著名笑星冯巩、葛优做广告，配合生动的画面，广告用语简短，其中，运用“葛优”的人名与“国优”产品构成一语双关，简洁脱俗，意趣盎然，给公众留下了十分深刻的印象。

请名人做广告，不仅可请影星、歌星、笑星，还可请球星、棋星、名模、名将以及各行各业专家、社会名流乃至政治家等。请名人直接出面做广告只要传播的信息确切，画面和语言配合得体、美观，就能产生名人形象效应，能给广告主带来巨大的社会效益和经济效益。

（2）借题式。不是直接请名人出面做广告，而是借与名人有关的题材（言或行）加以发挥，即借题发挥，达到借名人之名以扬自己之名的目的。例如：

第二次世界大战的停战协定是用派克笔签署的；罗斯福总统用派克笔在文件上签字的照片，上题为“总统用的‘派克’”。

尼克松访华时，送给毛泽东的礼物就是派克笔。

美国“发现号”太空穿梭机在太空探险时，用派克笔做实验品。

里根送给戈尔巴乔夫的礼品又是派克笔。

（美国派克公司广告）

借名人之名来突出商品的质量，总统和太空穿梭机上都用派克笔，可见，此笔非同一般。

（3）借物式。即借助众所周知的、有影响力的事物进行广告宣传，以提高自己企业的知名度。例如：

画面：雄伟而蜿蜒的中国万里长城。

广告词：在美国也有一座看不见的万里长城。

（美国某保险公司广告）

中国的万里长城是举世闻名的世界八大奇观之一，是中国防卫和安全的象征，美国某保险公司广告以之比喻美国的社会保险事业，借用万里长城的象征意义，来宣传其保险事业的价值，对提高其企业的知名度和影响力是有积极作用的。

（三）对比式

对比式即用比较的方式做广告。主要是：自我对比，即将自己的前后进行对比，从而说明后面的比前面的更好；同类对比，即在同行或同类事物中进行对比，从而说明与同行或同类产品不同或比其更好的地方。例如：

丽明顿刀片，越来越好，以前每片刮十人，后来可刮十三人，如今可刮二百人。

（英国丽明顿刀片广告）

告诉你吧，我用过很多热水器，万家乐是最好的。

（万家乐热水器广告）

前例用刀片所刮胡须的人数作前后对比，说服力强；后例通过用户之口，以“我”用过的热水器为前提，说明在其中“万家乐”是最好的，这样就能加深公众印象，收到好的宣传效果。

（四）设悬式

设悬式即巧设悬念，用令人感兴趣而又难以一时看出答案的形式做广告。这种方式分为：以奇设悬，即以奇特的形式或语言引起公众注意，使公众产生急欲知道结果的心理；以诱设悬，即针对消费者的购物心理，诱以实惠来吸引公众。例如：

杭州中药二厂推出一种新药，叫“宁心宝”。他们在《浙江日报》《杭州日报》上做广告：第一天用 4cm×8cm 篇幅套红刊出一颗红心，没有任何文字说明；第二天篇幅扩大 8cm×8cm，仍是一颗红心；第三天篇幅又扩大到 8cm×17.3cm，仍是一颗红心；直到第四天篇幅继续扩大到 8cm×35cm，也是一颗红心，但在红心上出现“宁心宝”三个字。

（宁心宝广告）

本公司大厅保险柜里放着十万美元，在不弄响报警器的前提下，各路豪杰可用任何手段拿出来享用。

（香港某保险柜广告）

上例广告在形式上十分新奇独特，引人入胜，当“宁心宝”三字出现后，人们茅塞顿开，这样，就令人一睹难忘；下例抓住消费者最关心的质量问题，诱以实惠或价值，让消费者放心，从而产生购买的念头。

（五）衬托式

衬托式即以自己的短处来衬托自己的长处，又叫以短托长。例如：

本店现有一批手表走时不太准确，24 小时慢 24 秒，望君三思而择。

（瑞士钟表店广告）

这部电脑的缺点是不能为您冲咖啡。

（电脑广告）

上例以走时不太准确来衬托和突出手表的优点。世界上没有走时绝对准确的手表，每 1 小时差 1 秒钟，是质量好的表现，这种以短托长的语言策略，是很能赢得顾客好感和信任的。下例以不能冲咖啡这微不足道的小事来衬托电脑的功能之多，以短托长，别出心裁。

（六）反语式

反语式即广告不是从正面肯定，而是从反面否定，例如：

假如你洗头用达尔美，那你只能得到一头乌黑的头发，却要失去那么多头屑和灰尘，所以在买之前，你一定要三思啊！

（达尔美洗发液广告）

本刊不是千应丹、万金油，并非对所有的读者都适合的。

对于唯拳头、枕头、奶头是猎并以此为文学者，不宜；

对于一接触不同风格、不同流派的作品就引发高血压、心脏病者，不宜；

对于不想动脑，只需“即食面”“快餐盒”或者腰缠百万、为富不文，听任精神沙漠、心灵荒芜者，不宜。

（《作品》广告）

前例正话反说，以“失”衬得，曲折错综，别具一格；后例开头用两个生动的比喻句来揭己之短，极力否定本刊的“普遍性”和“适用性”，然后又列举三种“不宜”，如数“罪状”，实则恰恰是该刊值得肯定的地方，说明其格调高雅、流派众多，作品质量高且耐人寻味，实非一般大众化文艺可比，这里，明抑暗扬，妙不可言。

（七）自颂式

自颂式即直截了当地自我颂扬自己的组织、产品的特色或长处，这是广告最常采用的一种宣传方式。

中国美食在广州，广州美食在“中国”。

（广州中国大酒店广告）

例用顶真修辞手法进行自我颂扬，明确地指出了在中国“食在广州”，而广州美食又在“中国”（即中国大酒店）的中国饮食文化。

（八）暗示式

暗示式即以隐晦含蓄的语言告之不便直说的内容。例如：

当晚霞消逝的时候。

（美国大都会保险公司）

一抹愁云，还你雄风。

（某药物广告）

前例广告给人留下深刻而又意味深长的潜台词：人生始终会如同这片将逝去的晚霞一样走向尽头，广告暗示人们应该为自己、为后代买点保险，做好打算。后例语言含蓄蕴藉，但又能使有此困扰的患者一看就懂，既维护了患者的尊严，又达到鼓动患者去购买的目的。

（九）强调式

强调式即为了引起公众的注意，对企业名称或产品质量加以强调，达到加深印象的目的。例如：

春的温馨，兰的品质。

（春兰空调广告）

在这里你更能绽放！

广州日报·求职广场俱乐部成立了！

体现自身价值，绽放职场魅力！

加入求职广场俱乐部，你收获的不只是精美礼品，而是获得更多价值体验；入会即有“礼”：注册即可获赠电影票（数量有限，送完即止）

以及受用无穷的资讯：

更多……名企招聘信息

更多……职场热点新资讯

更多……HR管理培训会、招聘会、名企校园宣讲会和企业培训管理博览会的一手资讯

更多……定期与同行交流

更多……

（《广州日报·求职广场俱乐部》广告）

前例以两个对称性偏正短语来宣传春兰空调的特质，自然和谐地把空调招牌名称“春兰”镶嵌进去，这样，就达到了既宣传产品质量，又强调了产品名称的目的，收到了一箭双雕的表达效果，这是镶嵌式强调；后例使“更多”反复出现，不仅读来朗朗上口，且达到强调价值的目的，给人印象十分深刻，这是反复式强调。

（十）重复式

重复式即为了增加重点诉求信息的刺激强度，突出刺激目标，以引起语言受众注意，而不断重复、提升语言出现频率的方式。重复的主要是有关商品或服务的品牌、名称和品质、功能、适用情景、适用对象、使用方法等。这种重复式主要见于广播广告中。例如：

A1 女：张总，你说给客户送什么好呀？

A2 男（张）：就送三奇堂养生健肝茶吧，现在大伙儿都知道，酒前喝两袋三奇堂养生健肝茶，可以解酒、防醉、保肝，预防脂肪肝。你看现在的老总，工作忙应酬多，还有将军肚，送三奇堂养生健肝茶，他们肯定喜欢。

A3 女：那就送三奇堂养生健肝茶吧！

A4 男：北京各大药房商场都有卖的，你也可以马上打电话找三奇堂订货，电话是010－64077680，64077680。

例中A2是说话者在同一话轮中三次重复自己说过的商品品牌名——三奇堂养生健肝茶，目的是为了帮助受众加深对品牌的记忆，以便日后实施购买。A3是会话角色在同一话轮中重复说话者说过的话，是对服务信息的重复，在广告末尾对广告关键信息作出总结。

（十一）答非所问式

美国语言哲学家格赖斯（H. P. Grice）的“合作原则”包括会话四准则，其中的“相关准则”要求讲话应与话题有关（不跑题）。而广告的发话者有时却故意违反“相关准则”，利用“答非所问”的方式达到突出所答的目的。例如：

（背景音乐起）

A1 妹妹：姐姐你听，这声音多美啊！

A2 姐姐：不是“多美”，是“美多”。

A3 妹妹：姐姐，你听，这声音多美啊！

A4 姐姐：告诉你多少次了——不是“多美”，是“美多”，“美多”牌收录机，懂吗？

A5 妹妹：噢，我懂了，“美多”牌收录机发出的声音多美啊！

例中A1与A2、A3与A4构成“陈述—否定”型相邻对，在A2、A4中，姐姐故意将妹妹所说的“声音多美”纠正成“美多”，明显答非所问，是对相关准则的违背。这样的做法，在妹妹强调“声音多美”的基础上，姐姐通过有意违背妹妹的话题而为受众指出发出这样优美声音的产品——美多牌收录机，使得两个表面看似不相关的话题达到了很好的组合，完成了广告主的诉求目的。这样的语篇表面上看似乎显得杂乱无章，答非所问，但实际上的内在逻辑关系却保证人们可以正确理解。这种手法既使广告语言精练，节约成本，又能促使受众去积极思索，以了解语篇的意思，而不是被动地接受信息。

（十二）化用式

化用式即选取人们所熟知的诗文名句、成语、谚语等，巧妙地进行变用，将广告内容包装进去。例如：

衣带渐宽终不悔，常忆宁红减肥茶。

（宁红减肥茶广告）

“饮”以为荣

（古井贡酒广告）

前例将宋代柳永的《蝶恋花》“衣带渐宽终不悔，为伊消得人憔悴”加以修改，自然地揭示了宁红减肥茶的功效；后例利用成语“引以为荣”中的“引”与“饮”的同音，构成同音双关，使人感到饮用古井贡酒，是一种光荣，是一种自豪，在这里，一字之易，却增强了广告的鼓动性。

（十三）致信式

致信式即致信给读者，进行相互间的感情交流，以加深公众对本组织的理解、认识，赢得对方的信赖、支持与合作。例如：

写给《南风窗》已知和未知的朋友

也许我们早已相识；也许我们还不熟悉。

…………

也许，已经有很久很久，您渴望这样的朋友——它能告诉您在社会变动过程中出现的新事物、新潮流、新趋势，又能让您了解现有社会的形形色色；它能为您提供经营成功的策略，又能伴您在生活的旅途中走得充实而轻松。今天，《南风窗》对您敞开了，它在期待您的选择，它在盼望您的信任。

如果，您愿意成为《南风窗》大军中新的一员，请剪下这封信左下角的标志，连同订单，在××××年×月底以前寄给我们——30天内我们会回赠您一份小礼品。薄礼如滴水，但水滴石穿，真诚会延伸到永远。

我们把真诚交给您，远方的朋友，未来的旅伴。天涯处处有知己。对《南风窗》来说，太阳每天都是新的。

我们把这封带着阳光的信笺交给您。从此，每一个早晨，我们都等着您的回音。

南风窗杂志社社长：×××

总编辑：××

××××年×月×日

这则致信式广告，像同知心人谈心，推心置腹，情真意切，更兼清词丽句，感人至深。该广告字字句句洋溢着诚挚的友情，字字句句充满着良好的祝福和殷切的期待，有利于沟通公关双方的思想感情，扩大自身的影响，确立《南风窗》在读者心目中的良好形象。

此外，广告语言的艺术手法还有擒纵式、借典式、致歉式、谐趣式、用数式等，在此不一一赘述了。最后要说明的是上述广告语言的艺术手法并不是决然分开的，它们之间还存在着相互交叉、相互联系之处。

第二节　公关调查报告

在公关实务中，公关调查是公关策划和公关实施的基础，有了及时、全面、真实的公关调查，才会给公关策划和公关实施提供有效的依据。反映公关调查结果的文体形式一般有统计图表、调查报告、民意问卷、图片、公众来信等，在这些形式中，调查报告是较为主要的一种。因此，公关调查报告是公关书面语言艺术中的重要形式之一。

一、调查报告与公关调查报告

调查报告就是对某项工作、某种情况、某件事情、某个问题或某一方面的经验进行调查研究后所写的书面报告。它的作用在于披露事实真相、揭示客观规律、总结经验、树立典型、检查工作中某项政策的实施情况，推动下一步的工作。

公关主体向内外公众调查本组织的形象、声誉、产品质量以及某项措施实施的情况、存在的问题而写的书面报告，就叫公关调查报告。公关调查报告不同于其他调查报告的地方是：就公众对本组织形象的评价进行统计分析，用数据和文字的形式显示出公众的整体意见，或者就某一具体公关活动的条件与环境进行实际考察而形成的书面报告，它一般是供组织内部看，特殊情况下才会公诸全社会。

公关调查报告的主要功用是：使组织了解自己在公众中的形象地位，加强公关策划的目的性；及时地为组织提供决策依据，并能有效地预测和检验公关决策的正确性；使组织通过与内外公众进行双向沟通，及时把握公众的舆论导向，了解民意并对其迅速作出反应，适时地作出公关决策；提高组织公关活动的成功率；有助于创造组织最佳社会环境和发展的氛围，使本组织与社会同步发展；有助于树立组织自身在公众中的良好形象。

二、公关调查报告的语言要求

（一）简明通俗

公关调查报告要叙述事实真相，使有关人员如实了解组织的环境和运行情况，看到公关活动中存在的问题，吸取经验和教训，首先其内容必须真实，语言必须简明通俗。所谓“信言不美，美言不信”的道理，尤其适用于公关调查报告。

公关调查报告要做到言语简明通俗，可以从以下几个方面努力：

（1）多用常用词、基本词，不用艰涩难懂的词语。若用到一些专门术语，要适当地加以解释。语言中必须坚持以常用词为主体。尤其是一些专业性比较强的调查报告更要注意这一点。

（2）多用短句、口语句，少用长句和书面语色彩特浓的句子。语句晓畅易懂，好读易记，可以使人最大限度地接受信息，而不必在理解句意上费心耗力。

（3）慎用描绘之语。调查报告的生命在于“准”和“真”，不允许撰写、想象、渲染和抒情。与其他语体相比，公关调查报告更要通俗朴实，即使有时需要稍加描写，也一定要慎用描绘词句和辞格，切忌大量堆砌华丽的词句和运用渲染性、含蓄性的修辞方法，因为那样的文辞会使人感到所传信息不真实，不利于实现公关目标。请看：

白云山制药厂原来是“农”字头的国营小厂，产品无人问津。但是，白云山人以大胆开拓的精神，自行推销产品，发展横向联系。经几次努力探索，药厂发展成独立的生产经营型企业。在新的形势下，白云山人愈来愈认识到公共关系在营销中的作用。在重视市场和技术信息的同时，注重发展社会主义的公共关系事业。1984年在全国工业企业中首先设立公共关系部，开展各式各样的公共关系活动。

（梁颂《运用公共关系促营销——白云山制药厂调查》）

1990年以来，新密市实验小学坚持艺术教育，促进学生五育和谐、全面发展，取得了显著成绩。现在，低年级学生人人会一种乐器；中年级学生，人人会两种乐器；高年级学生，人人会三种乐器；艺术实验班的学生，人人会五种乐器。人人都可以在不同的场合，用不同的形式演唱歌曲，进行表演，每个学生都有自己的小制作、儿童画。

这两段论述虽然都有专业性词语，但仍以常用词语、基本词语为主体，而且句子都很短，口语色彩明显，没有丝毫的雕琢痕迹，也没有什么描绘性语词，显得朴实自然、清晰流畅，使公众读不拗口、解不费力，最大限度地接受其言语信息。

（二）准确鲜明

公关调查报告的价值在于站在客观立场上，揭示事物的真实面目，使公众了解组织实现预定的公关目标的程度和质量，本组织与公众关系存在的问题，为制订新的公关决策方案提供事实依据。再者，公关调查报告既要报告事情的真相，同时也要报告调查后的结论。撰写者的观点必须鲜明，绝不能态度暧昧，观点含糊。因此，公关调查报告的语言必须做到准确鲜明。

公关调查报告要做到语言准确鲜明，应该从以下几方面去努力：

（1）运用统计数字。精确的统计数字，可以准确反映事物由量变到质变的科学价值，使公众对事物的现状有清晰的了解。揭示事物真相的精确数据，能使人对所反映的事物置信无疑，增强公关调查报告的说服力。例如：

大多数职工需求层次较高，把“发挥才能”视为工作中的最大乐趣。

调查中我们设计了这样一个题目：“您工作中最大的乐趣是什么？”结果发现，49.05%的职工认为是“发挥才能”，34.87%的职工认为是“愉快和谐”，10.85%的职工则认为是得到领导的重用，3.95%的职工认为是提级加薪，3.28%的职工认为是多拿奖金，只有1%的职工表示无所谓。

心理学认为，人类的需要具有层次性，在获得生理的、安全的、归属和爱的需要之后，就是尊重的需要和自我价值的实现。这就需要我们在工作中尊重职工的上进心，注意保护职工的积极性，充分发挥人的聪明才智。同时还要注意协调人际关系，尽可能地创造轻松和谐的工作环境。

（敬素秋：《对银行职工心理素质的调查》，《农村金融》，1987年第9期）

这段话通过具体的数据得出了“大多数职工需求层次较高”等结论，并引述心理学关于人类需求层次高低之说，佐证以上结论，得出有关对策；有理有据，颇有说服力。

(2) 运用对比手法。对比，能清楚地显示预定公关目标实现的程度和质量，有利于把观点说得透彻深刻，令人信服，给人留下深刻的印象。例如：

过去在“左”的农村政策下，农民“共同贫穷”。党的十一届三中全会以后，农民生活得到了改善。河南农民的两首民谣说：过去是“泥巴房，泥巴床，泥巴囤里没有粮，光棍汉子排成行”；现在是“住瓦房，穿涤良，一天三顿吃细粮，凤凰落进光棍堂”。灵宝县过去最穷的山区乡——张村乡，那里两年前还是“吃粮难”，现在却是奇迹般变成了“卖粮难”……

（中共河南省委政策研究室：《冲破精神枷锁，开拓农村商品经济新局面——关于河南农村“两户一体”的调查》，《农业经济》，1984 年第 9 期）

这里将十一届三中全会前后的农民生活情况作对比，穷富对照，十分鲜明，充分反映了实行党的农村经济政策以后广大农村的巨大变化，显示出党的农村经济政策的巨大威力和无比的正确性，为河南省进一步发展完善农村经济政策、制定新的措施提供了可靠的依据。

(3) 运用引用手法。公关调查报告为了客观揭示现状，还应该恰当地引用调查对象一些典型的言语，更好地说明观点，使表达有理有据，准确鲜明。如上例所引对比一例中就成功地运用了引用手法。又如：

各系同学都希望团委多组织一些丰富多彩的活动。一位中文系的同学说：“我们需要活力，想走别人未走过的路，做具有时代意义的事情。‘学雷锋，为人民服务’活动很好，它使我们开阔了眼界，接触了社会，认识了自己，感受到了自己的社会责任和生存的价值，享受到了生活的欢乐。”

（某大学团委《关于学生思想状况的调查报告》）

这段话里的引用句真实反映了广大青年学生热烈追求进步、树立共产主义人生观的思想，使调查报告令人可信，既准确鲜明，又富有情趣。

（三）结构有一定的程式

公关调查报告旨在帮助公关主体了解公关目标的实施条件和环境气氛，公关目标的实现程度以及质量存在的问题和原因，以便制定今后的策略和措施。要把这诸多内容传递给读者，并使之晓畅易懂，不仅需要具体的语言技巧，而且需要结构合理、层次清楚、段落分明。

公关调查报告根据内容和撰写目的的不同，行文有一定的灵活性，但总的来说，结构上的格式较为统一，一般都由标题、前言、正文和结语四部分组成。

标题是公关调查报告的眼睛，要力求写得恰切精练、鲜明醒目。标题一般可由正题和副题组成。正题揭示主题，副题指明调查的地点、对象或内容。这样可以一语点明事情实质，揭示出全文主旨，激起读者的阅读欲望，收到“立片言以居要，显一篇之警策”之效。例如：

创世界名牌　扬民族正气（正题）

——江苏康维集团调查（副题）

前言一般说明情况，直接写出调查的原因、对象、时间、地点和内容，它统摄全文，先给读者一个总的印象。前言要写得简短精练、干脆利落，切忌冗长芜杂。请看下面的用例。

提高广大科技人员的素质，不仅是建设社会主义精神文明的重要内容，而且是全面深化改革，发展社会主义商品经济的迫切需要。为了摸清我市科技人员素质的现状以及存在的问题，结合我市实际，制定出一套行之有效的实施办法，调动我市广大科技人员的积极性，充分发挥主力军作用，发展我市生产力，振兴开封经济，最近，我局按照市委和市政府的部署，对河南大学、空分厂等13家企事业单位科技人员的素质情况进行了调查。

（开封市科技干部局《关于开封市科技人员素质现状的调查报告》）

这段前言说清了调查的原因、目的、对象等问题，不蔓不枝，简明利落，为正文作了很好的铺垫。

正文是公关调查报告的主体，要安排丰富的典型事例。为确保层次清楚，必须按一定的顺序来写。常用的顺序有逻辑顺序和时间顺序两种。最好将提炼好的小观点，用简洁鲜明的小标题概括出来。例如，《成教“龙头”——天津静海县成人中专办学情况调查》一文的正文，分别用以下小标题冠领各层：

完善自我　胜者之道……

面向市场　耳聪目明……

搞好辐射　成为龙头……

这是按时间顺序构织正文，全文显得纲目分明、条理清楚，使人一目了然，便于阅读和抽样查寻。又如：

一、基本情况……

二、问题与分析……

综合上述调查资料与数据，充分说明我校多数教师在一些重大政治问题和理论原则问题上的认识与态度是正确的。如：

（一）对国内外重大政治问题的态度和认识……

（二）对一些重大理论、原则问题的观点与看法……

（三）对工作和生活中的某些问题的要求……

三、对策与建议

（《暨南大学教师思想政治情况滚动调查报告》）

这是按逻辑顺序构织正文，由现状、问题、根源到对策与建议，显得思路清晰、纲目分明，便于理解和接受。

在观点与材料的组织上，可以先写出观点，以观点统率材料；也可以先摆出材料，然后总结出观点。在公关调查报告中，两种情况应根据不同的情形和不同的言语环境择定。例如，《关于学生思想状况的调查报告》的正文是这样安排的：

他们中间，层次有别，思想各异：有的胸怀远大理想，勇于探索，善于思考，勤奋刻苦，求实创新；有的满足现状，不求进取，洁身自好，甘居中游；有的在遇到挫折后则感情脆弱，意志消沉，这是目前我校学生思想状况的总体情况。其具体表现如下：

…………

这样先总说后分述，以观点统领具体材料，让读者能很快把握全文，留下深刻印象。

结语是公关调查报告的结尾，是深化主题、强化信息不可缺少的部分。好的结语会增强调查报告对读者的感染和启示，使读者回味深思，经久难忘。一般来说，结语多是总结全文，提出规律性的东西，或者对发展远景作出展望，鼓励人们探索前进。例如，《关于学生思想状况的调查报告》的结语是这样写的：

我们培养的师范大学生是未来的人民教师，毕业后不是一张文凭，而是一份沉甸甸的责任。他们的政治素质，直接关系到党和社会主义祖国的前途。我们认为这次调查结果会引起学校领导和老师们的沉思和关注，也希望各单位在校党委领导下，多方位、多层次对学生进行正面的思想教育。

这个结语写得比较精当。在概括全文的基础上，着重强调了对前景的展望，提出了校团委的殷切期望，论述深刻，很能发人深省。

第三节 公关新闻稿

公关实施，是公关实务中的一个重要环节。公关实施根据公关策划的各项具体措施步步推进，组织开展各种活动。在这些活动中，最能有效地进行传播沟通，扩大自身的知名度和美誉度，树立自身良好形象的形式，莫过于公关新闻稿。它反映公关实施动态信息最迅速、最简易，可信度最高。因此，公关新闻稿是公关书面语言体式中的“轻骑”。

一、新闻稿与公关新闻稿

新闻稿是利用简明的文字报道新近发生、发现、变动或将要变动的广大听、读者普遍关心的具有社会价值的事实的语文体式。新闻稿必须具备三个要素：报道的消息是客观事实，这些客观事实是新的，这些新的事实又是广大听、读者所关心、欲知、应知而未知的。新闻稿的主要作用是向社会公民及时报道国内外政治、军事、经济、文化、教育、科技、生活等领域的最新信息。

公关新闻稿是公关主体把本组织新近发生、发现、变动或将要变动的、为公众所普遍关心的事实及时报道给公众的一种语文体式。公关主体借助报纸、刊物、广播、电视和自办传播媒介向公众报道公关信息，目的是建立和发展与公众的良好关系，提高自身的知名度，以争取公众的理解、合作与支持，创造最佳环境，树立组织自身在公众中的良好形象。

公关新闻稿一般应由公关主体的专职或兼职公关人员撰写，也可以由本组织提供材料，由报刊或广播、电视等媒介单位的记者撰写。

任何社会组织都希望自己所传递的信息能在影响、引导公众方面产生最佳效果。公关新闻稿传播效果的优劣，主要看公众是否注意、阅读并记住了所报道的信息。要使公众注意、阅读并记住所报道的信息，首先要使信息与公众的观念和要求相吻合，其次还要求撰写时选择恰当的语言形式，以增强信息刺激的强度。

二、公关新闻稿的语言要求

（一）简明扼要

简明扼要，就是用最简约的文字表达最丰富的信息。

公关新闻首先强调的是“新”，时效性是新闻的生命。新则要求快，快是保证新的条件。公关人员撰写新闻务必迅速及时，最好能在事情发生的当天写好并送达新闻机构或自己印制出来。有条件时，则在事件发生后的几十分钟内播出。其次，社会变革日新月异，新生事物层出不穷，广大公众所关心的事物越来越多，需要报道的消息难尽其数，而报刊的版面和广播电视的时间都是有限的，为了更大限度地满足公关主体和客体的需要，公关新闻必须受篇幅的制约。最后，社会公众听读新闻，大都是利用短暂的业余时间去了解自己感兴趣的信息，而不是为了细细欣赏艺术境界。综上原因，公关新闻稿必须重其“纲”而略其“目”，不允许过于详繁，必须切实做到简明扼要。

公关新闻稿语言简明扼要，首先要力求做到“言中无余字”，那些不能给公众传递有用信息的字，一个也不能要。

为了做到语言的简明扼要，公关新闻稿还要注意句子和段落都要短。简短的句子和段落好读易懂，能使公众一目了然。请看第三军医大学所发的消息《留学尚未回，职称已晋升》：

> **本报讯（通讯员程平、记者孟繁林）** 最近，第三军医大学又推出一项吸引国外留学人员回校工作的新举措：5 名正在国外学习的留学生，分别被提前或破格晋升专业技术职务，获得正、副教授任职资格。

改革开放以来，该校先后向美、英、德、日、意等十几个国家派出110名留学生。为吸引留学生学成后按期归国返校，去年10月，校长李荟元应邀赴美参加学术交流时，20天里跑了14个城市，看望了43名留学生。

学校还明文规定：凡公派出国留学人员，均与校内相同职级人员享受同等待遇。对学成后按期返校工作的，在科研经费、仪器配置、实验室建设上实行倾斜政策，给予重点保障；对作出成绩者大胆提拔使用并委以重任。全军第一位女留学博士蔡文琴，谢绝国外高薪挽留毅然回国返校后，不久就被晋升为研究室主任。

栽好梧桐树，引得凤凰来。5年间，该校已有50多名留学人员先后按期回校工作，一批优秀人士成了学科带头人。这批新秀以老专家作后盾，在教学科研领域大展雄姿，仅最近两年就取得军队二等奖以上重大科研成果14项，并连续荣膺国家科技进步“金盾”奖。

（《光明日报》）

这篇公关新闻稿报道了第三军医大在吸引人才方面所做的一系列新的举措和取得的可喜的成绩，在国内外公众中树立了自身的良好形象。全文共分四段，每段行文都比较短。句子结构都不复杂，即使有个别长句，也都用标点隔开。读来顺口，好懂易记。

为了做到简明扼要，公关新闻稿还要力求全篇短小精悍。例如：

【新华社北京6月22日电】

全国人民代表大会常务委员会公告

【十三届】第一号

贵州省第十三届人大常委会第三次会议补选史耀斌为第十三届全国人民代表大会代表。第十三届全国人民代表大会常务委员会第三次会议根据代表资格审查委员会提出的报告，确认史耀斌的代表资格有效。

截至目前，第十三届全国人民代表大会实有代表29 841人。

特此公告。

全国人民代表大会常务委员会

2018年6月22日

这则重要消息内容简单，文字精练，全文连标题和标点还不足200个字，读者不用半分钟即可看完，可算简明扼要的典范。

（二）新颖生动

新闻稿是时代的“晴雨表”，客观世界的运动和变化是公关新闻的原型。社会的发展，各社会组织在改革中的综合动态、新的发现、新的发明、新的创造、新的前进，首先要在公关新闻稿中反映出来。公关新闻要迅速报道出人们感兴趣的、新近发生的真实信息，就要求语言必须创新。

公关新闻稿语言创新的方法主要有两种：

一是创造新词。词语是最敏感、最活跃的语言因素，新生事物的诞生、新的改革措施的出台、新观念新意识的反映，都要用新的词语反映出来。公关人员必须善于把这些新词恰当地运用到公关新闻稿当中。例如，“全方位”“下海”“劳务市场”“智力投资”“代沟”“太空水”“千年虫”“杀虫软件”“富婆”“网民”“和谐社会”“一带一路”“神舟五号”“中国梦”“新常态”“零就业家庭”等。这些新词语的运用，可以突出公关新闻内容和语言的新意，增强报道的吸引力。

二是旧句翻新。就是用仿拟手法将公众熟知的语言材料（如警语、名句）更换个别词语，赋予新意，予以创造性地运用。例如：

同是英伦人，相煎何太急。

（《参考消息》，2018 年 6 月 18 日）

28 年前阿根廷队也是小组赛命悬一线，结果杀入决赛。

上届亚军：大难不死，可有后福。

（《广州日报》，2018 年 6 月 28 日）

两例都是公关新闻稿的标题。这些根据古诗词名句、警语仿拟而来的语言形式显得新颖别致、情趣盎然、耐人寻味，有很强的表现力。

公关新闻稿除了要求新颖之外，还要求生动。胡乔木曾经说过：新闻稿的生动性要求，色香味，呼之欲出，人证物证，一应俱全。[①] 这是因为：新闻稿不是公文，不能强制广大公众去听、去看。只有生动形象的语言才能最有效地增加公关新闻稿传递信息的刺激强度，收到最佳的听读效果。

公关新闻稿言语生动的手段有以下几种：

多用动词，少用形容词。动词是语句中最生动、最活跃、最富表现力的因素。准确地用来描述人物和事物的动作、行为和变化，可以让文章变得有“立体感”。优秀的新闻稿大都精心使用动词，把新闻事件、新闻人物写活。例如：

在大黑汀水库前，清澈的滦河水如离弦之箭，通过 540 米长的渠道，射向分水枢纽闸门，激起巨大的浪花；水头在闸门口卷起无数漩涡，转眼间奔入 12.30 千米的隧洞。

转瞬间，奔腾的滦河水翻着浪花从隧洞中泻出；扑进了宽阔的黎河。一位年过六旬的老大爷捧起滦河水就喝，连说：“甜、甜！”干部、战士纷纷跳入水中，合影留念。

（《滦河水向天津奔来》，《天津日报》，1983 年 8 月 16 日）

这里借助“射向”“激起”“卷起”“奔入”“翻着”“泻出”“扑进”“捧起”“跳入”等一系列动词的使用，把这些场面写得具体逼真、栩栩如生，使人

① 乔木：《人人要学会写新闻》，《人民日报》，1946 年 9 月 8 日。

有身临其境之感。

运用白描手法。就是抓住典型的事件动态、情景气氛或人物活动，作适当描写，由点及面，以增强所报道信息的现场感。请看下面用例：

1989 年 7 月 21 日，报上刊登了征集“李宁”牌运动服装商标设计的广告。广告正中是李宁的近照，多么英俊潇洒、凝重而含笑的表情，充满了对事业的自信心。

出于对“李宁”牌运动服装的兴趣，在一个盛夏的周末，我走访了这位驰誉体坛十八载的“体操王子”。在三水健力宝公司聚贤阁招待所一间普通的客房里，我们促膝倾谈。“你的广告做得很特别、很成功，一下子就把人们吸引到你的服装事业上来。”我开门见山地说。

“那可不是，要创咱们国家一流的运动服，不拿点儿气魄，设计个像样的商标，怎么到国际上去竞争呀！”李宁也挺直率。

…………

李宁谈锋正健。我仿佛看到我国体育健儿穿着新颖洒脱的“李宁”牌服装，高举熊熊燃烧的火炬，跑进十一届亚运会庄严的赛场。当我问起李宁是否担任服装厂经理时，他笑着说：“经理要聘请国外名师担任，再说，集团公司除了办服装厂，还有工艺厂、塑料瓶厂、宾馆、酒楼等。我是李总经理的助理，我的责任是协助总经理根据健力宝事业发展的需要，开拓新的企业。”听到这里，我脑际浮现出了香港曾播放过的电视连续剧《再向虎山行》。啊，虎山之旅，艰辛，雄奇！只有不畏艰辛，勇于攀登的强者，才能达到那雄奇的境界。眼前这位昔日的体坛骁将，不正是敢于再向虎山行的企业新秀吗？

（《再向虎山行》，《健力宝报》）

这是公关通讯（人物专访）中的一段话。它没有大量的铺陈描摹，而是在平实的语言中，对人物对话等作适当的描写和议论，以突出人物崇高的思想境界，从而塑造了健力宝集团的良好形象。

适当引用新闻人物有个性的话语，也可以增加新闻稿的生动性。上面的例子在这方面做得就比较好。

运用其他一些积极修辞手段，也是使新闻语言生动形象的有效方法。这常常体现在公关新闻稿标题的设计上。标题是新闻稿的眼睛，人们阅读新闻，总是要先泛览整版的标题，寻觅可读的信息。公关新闻必须精心设计标题，才能引人入胜，更好地激起公众的注意和兴趣。例如：

深茂铁路江茂段即将通车，拥抱电车时代，茂名准备好了。（拟人）

（《广州日报》，2018 年 6 月 21 日）

百年一遇八八八八，选择去开张发发发发（对偶、谐音）

（《新闻晚报》新闻标题，1988 年 8 月 8 日）

外地朋友一讲到上海男人，就想到气（妻）管炎（严）三个字。（双关）

（《新民晚报》，2004 年 4 月 19 日）

天宫请开门　有你的快递（比拟）

（《广州日报》，2017 年 4 月 21 日）

中国军团昨晚首战告捷，奥运圣火今早长城传递

东方巨龙待舞激情夜（比喻兼拟人）

（《羊城晚报》，2008 年 8 月 7 日）

（三）结构程式化

公关新闻稿根据报道的内容和目的，写法可以灵活多样，但不管是什么样的新闻，都必须交代清楚时间、地点、人物，以及事件发生的起因、经过和结果。其结构有一个大概的模式。其中消息一般由标题、电头、导语、主体和结尾等部分组成。

（1）标题。公关新闻稿的标题设计非常重要。许多读者往往是只通过扫描新闻标题而获取信息，因此标题设计得好，就能增强信息的刺激强度。新闻的标题又有突显主信息的作用，为了增大标题的信息量，新闻标题可以写成以下几种形式：单句（行）（正题）、双句（行）（正题或副题），或三句（行）（引题、正题和副题）。例如：

习近平会见林郑月娥（正题）

（《广州日报》，2017 年 4 月 12 日）

穗开展“乐龄光明行动”（正题）

全市 4 名困难长者可获免费白内障手术（副题）

（《老人报》，2017 年 4 月 12 日）

粤港澳警方连续追缉五十二小时（引题）

“东星”大劫案昨天告破（正题）

两名主犯及六名疑犯已落网（副题）

（《羊城晚报》，2008 年 12 月 16 日）

（2）电头。电头是指新闻开头那几个以不同字体或加括号区别于内文的字。它表明发布新闻的单位名称，交代发布新闻的时间和地点等。电头的形式主要有“讯”和“电”两大类。“讯”主要指通过邮寄或书面递交的形式向报社传递新闻报道，凡是报社通过自身的新闻渠道所获的本埠消息，一般都要标明“本报讯”，如果新闻报道是从外埠寄来的，还应该写明发布新闻的时间和地点，如“本报湛江 8 月 10 日讯”。“电”主要是指通过电报、电话、电传、电子邮件等形式向报社传递的新闻报道，如“报新华社联合国电”“报新华社墨西哥电”“新华社广州 11 月 15 日电”“本报北京 8 月 12 日专电”。电头一般由几个要素

组成，主要有单位名报、发布消息的地点和时间，有的还标明手写新闻的记者姓名和本报讯（本报记者从）“据新华社××地×月×日电”。

（3）导语。导语是新闻的开头，要“立片言以居要”，以最简练的语言，把最主要、最新鲜、最精彩动人的内容写进去，以求开篇引人注目。新闻不像公文那样，不强制公众去听、去读。广大公众听、读与否，完全凭听、读者自己的兴趣去选择。根据听、读者这种心理要求，公关新闻稿常常采用“倒金字塔”写法，重心前移，把最重要、最精彩的信息放在标题和导语中去体现。请比较一篇公关新闻稿见报前后的标题和导语。

作者原文：

北京市卫生局亚运会医务部
迎亚运卫生工作会议在京召开

北京市卫生局亚运会医务部迎亚运卫生工作会议今天在京召开。医务部负责人和卫生局有关处负责人就亚运会医务问题作了部署，全市各级医疗卫生单位都参加了会议。

改写后见报稿：

亚运会期间卫生防疫有保障

新华社北京4月2日电“北京有能力在亚运会召开期间防止各种传染病的流行及食物中毒。”这是北京市联疫站部长张殿锋在今天召开的北京亚运会医务部迎亚运卫生工作会议上对记者说的。

（《新闻与写作》）

这则新闻报道的主信息是亚运会召开期间卫生防疫工作有保障。这是一个在亚运会即将到来之际国内外普遍关心的大问题，尤其是亚洲各国更为关注。我国政府在这个问题上作出的重大防护措施，确实很有报道价值。作者原稿的标题和导语，虽然也交代了时间、地点、人物和事件，但只是报道了一般的会议情况，主信息被淹没了。改后的报道，标题画龙点睛，一语道出要点，导语又把最重要、最精彩的主信息告诉国内外公众，而且又加上了电头，增强了所报道信息的可信度。这就大大增加了信息的吸引力和刺激的强度。

（4）主体。主体是公关新闻稿的主要部分，它在导语后边，需要用充分的、典型的材料对导语所披露的新闻要素作进一步的解释、补充和阐述，从而鲜明突出表达或深化主题。主体要按时间顺序或逻辑顺序或导语所提出的问题的顺序写出新闻事实、经过，还要注意穿插背景材料。条理要清楚，层次要分明，文字越简练越好。例如：《河南日报》9月28日《中国队获女乒团体冠军——我省选手邓亚萍斗智斗勇撼人心魄》这则新闻的主体部分是按时间顺序写的。各层分别以“今晚7时开始”“接着”“第三场”“第四盘”“第五局”等词语领头，叙述了邓亚萍等女乒队员战胜韩国队的事实经过。又如，《广交会期间　出行有技巧——市交委发布“广交会出行指引”：开通小巴专线　地铁运行到凌晨》的主体部分：

地铁：运行到次日凌晨

地铁八号线新港东站首班车：往凤凰新村6:03，往万胜围6:25；尾班车：往凤凰新村22:58，往万胜围次日0:00。

地铁八号线琶洲站首班车：往凤凰新村6:02，往万胜围6:26；尾班车：往凤凰新村22:56，往万胜围次日0:02。

水上巴士：住沿江路搭水巴最快

本届广交会，水上巴士在第一期每天闭馆后开行2趟，开行时间18:15、18:30（最后1天停开）；第二、三期闭馆后开行1趟，开行时间18:15（每期最后1天停开）；路线为：会展中心码头—海心沙码头—广州塔码头—天字码头—西堤码头。

公交：开设专线直达琶洲

开设2条公交临时专线（一是“广交会展馆—环市中路”，途经阅江东路、琶洲大桥、科韵路、中山大道、天河路、环市路；二是“广交会展馆—流花路”，途经新港东路、阅江西路、猎德大桥、花城大道、金穗路、广州大道、东风路、解放北路、流花路）。

出租车：设置临时上落客点

本届广交会，市交通部门将继续在展场中路和C馆会展南三路设置出租车临时上落客点。

记者昨天从广州交通集团出租车公司获悉，广交会期间每天都有5 000多辆出租车前往琶洲附近服务市民、客商。

机场快线：直达广交会现场

本届广交会继续开行1条从广交会展馆至白云国际机场的机场专线。该专线上客点位于展场中路与展场南路交界处。开行时间为广交会举办期间（换展期间除外）每天12:00～18:00，每30分钟一班。

（《广州日报》，2017年4月15日）

这则新闻的主体按“广交会期间　出行有技巧”的导语所提出的问题的顺序去写。各段冠以小标题围绕报道的主题，层层展开，穿插了大量的具体材料，每段内容都是具体阐释导语所提出的问题，为说明新闻稿的主题服务。国内外广大公众读后有了一个深刻的印象：广州市委在非常时期采取非常措施，动用各种交通工具，确保广大公众出行方便。

（5）结尾。公关新闻稿的结尾，要用最简单的语言收束全文。可根据主题需要分别用“小结式”“展望式”“评论式”“分析式”“号召式”等不同形式去写，如果有的主体部分已经把意思说得很圆满，结尾就可省略。

第四节　公关信函和柬帖

公关实务活动中，交流沟通的形式是多种多样的。例如，在未能面陈或无须面陈的情况下，还常常用到信函这种体式。有时，因受时地环境限制，或者为表示对所照知信息的重视，或者为表示对被照知者的尊重，也常用柬帖这种体式。

一、公关信函

（一）书信和公关信函

书信，是人们商洽问题、交流思想、互通信息所使用的一种书面体式。这种语体不受时间和空间的限制，使用起来方便、经济，为有一定文化水平的社会成员所普遍运用。

公关信函，是社会组织与公众交流思想、互通信息、商洽联络的书面体式。其主要功能是沟通组织与公众之间的感情，交流意见和建议，建立、协调和发展组织与公众之间的关系，树立本组织的良好形象，争取公众的理解、信赖、支持和合作。

公关信函有别于一般书信的主要地方是，公关信函代表本组织说话，带有一定的公关目的，而不代表个人办私事。例如：

尊敬的何景贤主任委员及各位专家学者：

欣闻两岸汉语语汇文字研讨会将于三月六日在台北举行。值此开幕之庆，我谨向会议的召开表示热烈的祝贺。

中国是世界上四大文明古国之一，中华民族曾经创造过灿烂的古代文明。我们的先辈，在同大自然进行斗争和推动社会进步的进程中，创造了汉语这一博大精深的语言文化体系。作为中华文化的基本载体之一的汉字，不仅经受了现代科技的挑战，并且成为全世界公认的最能适应信息科学发展的文字之一。

我高兴地看到，两岸专家学者济济一堂，以继承光大中华文化为己任，对汉语语汇、文字进行研讨，这无疑会对教育我们民族的后代、推动祖国和平统一起到积极作用。

祝

研讨会圆满成功

海峡两岸关系协会

会长：汪道涵

一九九四年二月二十一日

这是一封祝贺信，信中对两岸汉语语汇文字研讨会的召开表示热烈的祝贺和殷切的祝愿与期望，蕴含着炽热的爱国激情，充溢着浓烈的公关意识，对海峡两岸关系协会沟通公众关系起到了良好作用，是很好的公关信函。

典型的公关信函还有祝词、慰问信、商洽信、带有公关目的的邀请信、公开信、答复信和答谢词等。

（二）公关信函的语言要求

（1）文明礼貌。公关信函的写作目的是交流思想、传情达意和互通信息。而公关主客体双方，不管组织单位大小，地位都一律平等。从一定的意义上说，没有绝对的隶属和服从关系。公关行为不是权势和武力下的交易，公关活动是文明礼貌之举。文明礼貌的语言是人际关系的润滑剂，是维系和强化公关主客体之间友谊的纽带，是沟通组织与公众的桥梁。另外，从某种意义上讲，文明礼貌语言还体现着一个组织工作人员的道德素养，体现着组织的精神面貌。同时，公关信函的语言是纯书面的形式，态势、声调、语境等其他辅助因素难以体现，语言信息和感情的传播交流在反馈上很不迅捷，综上几方面的原因，公关信函也就特别讲求语言的文明礼貌性。

公关信函语言讲求文明礼貌性，主要体现在文明的语言内容和得体的语言形式（如谦辞、敬辞和委婉语）上。请看下面的用例：

介石先生台鉴：

去年八月以来，共产党苏维埃与红军曾屡次向先生要求，停止内战，一致抗日。此主张发表后，全国各界不分党派，一致响应。而先生始终孤行己意，先则下令“围剿”，是以有去冬直罗镇之役……何去何从，愿先生熟察之。寇深祸亟，言重心危，立马陈词，伫候明教。

毛泽东　朱德

率中国工农红军同上

一九三六年十二月一日

尊敬的住客：

一个充满温暖的月份——六月，花园酒店创办“花园慈善月，万众献爱心”活动，将六月份酒店餐饮收入总额的10%捐赠给广州四间慈善机构，因而阁下惠顾酒店餐厅的同时，用餐费中的一部分将自动计入善款数额。直至本月底的“花园国际美食节”将继续推出缤纷美食，阁下依然可把握这个机会赢取一次免费香港游。品名菜做善事获大奖，一举三得，何乐而不为？愿阁下与我们一起为老弱病残者奉献一份爱心。

在六月十七日的父亲节，为让阁下与慈父共度佳节，各中西餐厅特设丰盛的父亲节精选套餐，菜式精华，制作新款。为表敬意，十五日到十七日晚，每一张餐桌上都摆设一份精致的小礼物，而在父亲节惠顾西餐厅名仕阁的每位父亲更可获赠名贵雪茄一支。优雅舒适的凌璇阁在十六、十七日也将供应新鲜美味的海鲜自助晚餐，以飨宾客。

…………

我们期待阁下加入“花园慈善月”的行列，哪怕只是一次微小的捐赠，也能体现阁下最真诚的善意。

广州花园酒店总经理：×××

××××年×月

前例是政党领导人之间的洽谈信，是中国共产党和工农红军为了争取敌对者变为合作者，实现国共两党合作，团结抗日而写的，属于政党公关信函。信中措辞坦率而真诚，用了不少文明礼貌词语，如敬辞“先生”“台鉴”“同上”等，谦辞“伫候明教”等，表现了中国共产党和红军以民族利益为重的精神和气概，塑造了党和红军的光辉形象。后例属于公关信函。为了配合大型公关活动“花园慈善月”的进行，公关主体的最高领导亲自向住客致信，阐明此次活动的意义、做法，争取他们的理解和支持。信中措辞热情诚恳，其中“尊敬”“爱心”“惠顾”“阁下”“善事”“奉献”“慈父”“敬意”等词语的运用大大增强了信函的文明礼貌性。

公关信函中常用的敬辞有：称呼词，如先生、阁下、女士等；祝颂词，如恭请金安、顺盼旅祺、敬颂夏安、专颂俪安等；赞誉词，如光临、莅临、惠顾、高见、大作等。常用的谦辞有：敬请、敬盼、请多关照、请原谅等；赔礼词，如对不起、很遗憾、很抱歉等；致谢词，如谢谢大家、多谢合作等。对这些文明礼貌用语，要根据受信人身份及其与本组织、发信人的关系而恰当选用。

（2）庄重文雅。庄重文雅就是文辞优美文雅而不粗俗，文意严肃认真而不轻浮。公关信函洽议的不是私事，而是有关双方组织利益的大事，有明确的公关目的。所以，行文时既要注意文明礼貌，又要注意严肃庄重，语辞优美文雅，文笔流畅，句式缜密，还可根据受信人的文化层次，恰当运用文言形式。例如：

致广大网民朋友们的新春贺信

网民朋友们：

在这辞旧迎新的时刻，我们谨代表中共广东省委、广东省人民政府，向你们致以新春的祝福，祝大家新年好！

2016年，我省在以习近平同志为核心的党中央坚强领导下，高举中国特色社会主义伟大旗帜，全面贯彻党的十八大和十八届三中、四中、五中、六中全会精神，深入学习贯彻习近平总书记系列重要讲话精神，统筹推进“五位一体”总体布局和协调推进“四个全面”战略布局，围绕“三个定位、两个率先”目标，坚持以新发展理念引领经济发展新常态，切实把经济工作重心转到供给侧，加大稳增长、促改革、调结构、惠民生、防风险工作力度，深入推进全面从严治党，经济社会各项事业取得新进展，实现

"十三五"良好开局。

…………

不忘初心，追梦前行。我们热忱欢迎广大网民朋友和我们一起"撸起袖子加油干"，使出"洪荒之力"，以勇攀高峰的志气、开拓进取的锐气、攻坚克难的勇气，推动经济社会发展迈上新台阶，以优异成绩喜迎党的十九大胜利召开！

恭祝网民朋友们新春快乐，身体健康，事业进步，家庭幸福！

中共广东省委书记　胡春华

广东省人民政府省长 马兴瑞

（《羊城晚报》，2017 年 1 月 24 日）

例子中的书卷词语、政治术语"辞旧迎新""谨""致""祝福""统筹推进""战略布局""从严治党""理念""新常态""恭祝""网民""广东省委""中国特色社会主义""五位一体""四个全面""十三五"等，常义组合、结构缜密。表意畅达的长句和复句，"在这辞旧迎新的时刻……祝大家新年好""2016 年……良好开局"等。对仗整齐的四字格和排比，"不忘初心，追梦前行""勇攀高峰的志气、开拓进取的锐气、攻坚克难的勇气"等，优雅的引用，"撸起袖子加油干""洪荒之力"等，都具有庄重文雅的色彩。它们组合成话语，便体现出庄重文雅的格调。

（3）富有感情。公关信函有着明显的双向性，双向性的语言，不仅需要文明礼貌、庄重文雅，而且需要富有情感性。

撰写公关信函是为了组织间的交流和沟通，在交流沟通中，真挚诚恳的感情交流十分重要。感情是改变公众认知、激发公众心理上的共鸣，增强相互理解、信任与合作的微妙因素。因此，公关信函特别需要富有感情。

公关信函的情感性主要体现在语言的感情基调和富有感情色彩的词语运用等方面。前文所引各例均有所见。又如：

庆龄先生：

重庆违教，忽已四年。仰望之诚，与日俱积。兹者全国革命胜利在即，建设大计，亟待商筹，特派邓颖超同志趋前致候，专诚欢迎先生北上。敬希命驾莅平，以便就近请教，至祈勿却为盼！专此。

敬颂

大安

毛泽东

一九四九年六月十九日

这是一则带有公关目的的邀请信，属于典型的公关信函。信文以真挚、诚恳和热情为基调，邀请宋庆龄先生作为国民党左派代表赴北京参政议政。字里行间洋溢着中国共产党对宋庆龄先生的敬仰和热爱。“仰望之诚，与日俱积”“趋前致候”“专诚欢迎”“敬希命驾莅平”“就近请教”“至祈勿却”“专此”“敬颂”等词感情色彩尤其浓烈，充分体现了公关信函语言的感情性。

（4）程式化。公关信函应用广泛，又要经过一定部门的传递。为了便于书写、阅读、传递，更好地传情达意，在长期实践中，逐渐形成了一套程式。这主要体现在两个方面：

一是信文结构和信封都有一定的格式。信文开头的称呼要顶格写，问候语要从第二行空两格起。中间要分清层次。结尾的祝颂语一般分为两行，上一行空两格或写在中间，下一行顶格写。信封横写从上至下，竖写从右至左，依次是：收信者地址、收信者姓名、寄信者地址、寄信者姓名。寄往国外的信函，寄信者的姓名地址写在左上角，收信者的姓名地址写在右下角。寄信者和收信者都按姓名、门牌、街名、城市名、寄达国名的顺序写。我国实行邮政编码以后，信封的顶头与末尾都要按照标准格式写上收信人与寄信人的邮政编码。

二是公关信函正文中有一套习惯用语。例如：

起始用语：欣悉来信，不胜欣慰等；

结束用语：专此奉复，敬候回谕等；

感谢用语：承蒙教诲，不胜感谢等；

邀约用语：若蒙光临，不胜荣幸等；

商讨用语：相见以诚，请恕不谦等；

请教用语：倘蒙见教，感激之至等；

催促用语：翘首以盼，恭候佳音等；

抱歉用语：惠书早到，迟复为歉等；

请托用语：麻烦之处，日后面谢等；

思念用语：相离多日，别来无恙等。

这些用语经长期相沿习用，形成一种惯用的趋势。加之它们多为书面词语和文言词语，语意简明，典雅庄重，富有某种感情，于公关信函有较大的适应性，可以根据对象和题旨情境不同适当选择运用。

二、公关柬帖

（一）柬帖与公关柬帖

柬帖，是人们在社会活动和相互交往中用来知照对方的一种书面体式。人类社会活动的重要内容之一，是人们互相之间的交际和往来。交往就需要有恰当的联系手段，如口头告知、电话电报告知、写信告知、广告告知等，这些告知形式在一定的条件下都简单快捷。但有时候因时空环境所限，或者是为了表示对所告知事宜的重视和对被告知对象的尊重，不能使用上述方式，而需要运用柬帖这种形式。

公关柬帖，就是社会组织在与公众的相互交往中，为了达到某种公关目的，用来告知特定公众的书面分语体。其主要作用是协调和密切主客体组织之间的友谊关系，促进双方的理解与合作，提高本组织的知名度和声誉度。公关柬帖可以很大限度地体现组织对特定公众的尊重，因此，也可以换来公众对组织的理解和喜欢，有助于树立组织的良好形象。

（二）公关柬帖的种类和格式

公关柬帖主要包括请柬、邀请书、聘书和带有某种公关目的的非纯工作性质的通知书等。它通常用来郑重邀请有关单位和个人出席一些重大活动、重要聚会、重要招待以及聘请有关人员担任职务等。

恭　请

×××同志：

今年11月5日是本社成立三十周年纪念日。三十年来，您与本社真诚合作，助益良多，全社同仁感怀至深。为表谢意，并共叙发展我们的教育、出版事业之大计，兹定于11月6日下午2时40分在本社社长、总编辑室召开庆祝××××出版社成立一周年茶话会。敬请光临。

此致

敬礼

××××出版社

××××年×月×日

请　柬

×××先生（小姐）：

谨定于1998年12月9日（星期三）下午4时30分假座上海市南京西南路1235号上海锦论文华大酒店三楼文华宴会厅举行“HELLO香港！”时装表演及酒会。

敬请

光临

敬请穿着整齐雅观

祈请赐复（请柬附上回条）

电话：021－3264156

请携柬出席，请在嘉宾席入座

香港贸易发展商会

中国贸易促进委员会上海分会

上海市纺织工业商会

聘　书

兹聘请×××先生为我校客座教授。

天津师范大学（盖章）

校长：×××

××××年×月

公关柬帖，一般都由标题和正文组成。标题一般只写“请柬”（或“请帖”）、“聘书”、“邀请书”、“通知书”等字样。要写在正文上面的中间，或单独占一页。有封面的，要在封面上印制成鎏金艺术字样，以示醒目、庄重和美观。正文一般由称呼、内容、署名等组成。称呼，第一行顶格书写被邀请者，个人姓名加称呼，单位名称应写全称。内容包括邀请缘由、活动或招待内容、出席的时间地点，或聘请担任职务的内容，以及其他应告知的事项和约请语，如“敬请光临”“恭请莅临指导”“恭候光临”之类。署名要写上单位（全称），加盖公章或邀请人的姓名、日期、附项，提供咨询或联系人姓名、电话号码等。

（三）公关柬帖的语言要求

1. 准确平实

公关柬帖属公文事务语体。它的目的就是邀请受帖者参加庆典、聚会、宴会、任职等。这个目的决定它的语言必须十分准确平实，以利于付诸实施。所谓准确就是要求措辞慎重，准确地使用每一个词的概念，不允许发生任何歧义，不能有丝毫含糊的说法，涉及的时间、地点、人名、职称以及应告知的事项等方面的表述都要十分准确、无误。所谓平实，就是不用形象色彩和描绘性的词语，不用变式句和带形容性修饰的语句，不用比喻、比拟、夸张等形象描绘类和反语、双关等含蓄类的修辞方式，而用质朴、平实的语言传递公关信息。

2. 礼貌典雅

从某种意义上看，公关柬帖跟公关信函有同样的作用，只是公关柬帖的形式更凝练，感情更浓郁。因此，公关柬帖的语言要像公关信函那样真诚有礼，尤其需要写得庄重典雅，给人一种神圣感。用语礼貌典雅的原因和作用，前面公关信函部分已经论及，这里再看公关柬帖的一些语料，例如，礼貌称呼“教授”“先生（女士）”“同志”，礼貌的祈请语“恭请”“敬请光临”“祈请赐复”“聘请”和礼仪语“顺致敬礼”等都体现了公关主体的虔敬有礼；再加“谨定于”“助益良多”等文言词语、句式的运用，更显得庄重典雅，从而恰切地表达了公关主体对特定公众的尊重和举止的郑重，对加强主体与特定公众之间的协作关系起到了良好的作用。

3. 简明精练

公关柬帖内容一般比较简单，而且发文单位与受文单位之间原有的已知信息比较充分，文中所传递的信息，受帖者一看便知，或原在自己意料之中，不需要过于详繁地叙说。再者，要发出的柬帖又往往不止一个，而所发信息的语言形式，又有雷同之处，为了节省填写时间和精力，柬帖大都需要复制为半成品，然后给不同的公众填发。鉴于上述原因，公关柬帖的语言必须高度简明精练。如聘书除了标题和落款，正文只用了一句话，句中又用了“兹”“为”等文言词语，比起拈用“现在”“担任”来，更显得典雅庄重、简明精练。

第五节　公关说明书

要让公众喜欢自己，就需要先向公众进行客观的自我介绍。公关说明书有助于公众对组织及其产品等的了解，建立良好的第一印象。

一、说明书与公关说明书

说明书是一种用说明性的语言介绍某个组织、某种产品、某种读物、某部影剧、某一建筑或古迹等的语体。说明书与其他语体的主要不同点在于：它主要运用说明的手法对事物进行解释、介绍，而不是运用记叙、描写、议论和抒情等手法。说明书的主要功用是通过对组织的情况、产品的性能和使用方法、技术革新的新成果、读物和影剧的特色与价值，以及古迹、建筑物概况的介绍，使公众对它们有一个清晰准确的了解。

公关说明书，是指公关主体用来向内外公众说明、介绍本组织各种情况的说明性文字。这些说明性文字，可以介绍本组织的历史情况或现状、能力，也可以介绍产品的优缺点或者使用、保养、保修和退换等事宜，通过说明介绍使公众准确清楚地了解、认识本组织的历史和现状，了解自己产品的性能和优缺点，赢得公众的理解、信任、支持与合作。

公关说明书与一般说明书相比，有更重要的社会意义。一般说明书大都采用第三人称来写，旨在通过对事物的介绍说明，使公众对该事物有所了解，但不一定是让公众去喜欢它。而公关说明书大都采用第一人称来写（也可以用第三人称），旨在通过事物的介绍说明，使公众对公关主体——社会组织有一定的了解，赢得公众的理解、喜爱和信赖。

二、公关说明书的语言要求

（一）结构层次要清楚

张寿康先生在谈到说明方法时曾说过：“应分层说明事物、事理主与次的各个方面，给人以清楚的了解。”条理清楚、层次分明，使公众一目了然，好懂易记，是公关说明书迅速高效传达信息的有效语言手段。

公关说明书结构层次清楚，其主要手段有以下几种：

第一，按事物或事件本身的发展顺序来写。例如：

全国最大的汽水生产企业

亚洲汽水厂是全国规模最大的汽水生产企业，它坐落在广州市天河区的天河路6号，自1945年建厂到现在，已有40多年的历史。

早年的亚洲汽水厂，采用半手工、半机械化操作的作坊式生产，设备落后，年产汽水只有几百万瓶。

1966年在现在厂址建立新厂时，汽水年产能力为2 500万瓶。

党的十一届三中全会以来，亚洲汽水厂发展很快，四幢生产、仓库大楼陆续落成，四条引进的生产线及其配套设备相继投产，逐步实现了主要生产设备的更新换代。到1985年，全厂已拥有固定资产2 000多万元，职工1 000多名，汽水年产能力达2.5亿瓶。1985年汽水生产量为1978年的2.8倍，达到1.95亿瓶，成为全国规模最大的汽水生产厂家。

近年来，亚洲汽水厂还发挥自身的技术优势，积极开展横向经济联合，在全国各地陆续建立17家分厂，使亚洲汽水出现在北到新疆、南到海南岛的广大地区。新疆乌鲁木齐分厂投产不到一年就一鸣惊人，所产的橙汁汽水在全国第二次软饮料评比中获低糖类果味型汽水第一名。横向经济联合收到了比较好的经济效益和社会效益，“亚洲汽水，够气够味”的美誉，正从广东逐渐传至全国各地。

（电视片《开拓进取的亚洲汽水厂》解说词）

这段解说词分五个自然段，按时间发展顺序简介亚洲汽水厂规模由小到大，生产能力由弱到强，迄今已誉满全国的发展史况。条理清楚，层次井然，能给公众以清晰的印象，在公众面前展现出一个良好的企业形象。

第二，按事物由上到下、由外到内、由前到后、由左到右、由整体到局部等空间方位顺序，介绍事物的状貌，使公众能对事物有个清晰的印象，例如《毛主席纪念堂简介》中的两段话：

整个纪念堂为两条以苍松翠柏为主的绿化带所簇拥。北门、南门外两侧各有一组群雕，反映了中国人民在中国共产党领导下进行英勇斗争、夺取革命胜利、建设社会主义的史诗和继承革命先烈遗志、实现四个现代化的决心。纪念堂主体由44根福建的黄色花岗石柱高高擎起，通体是山东青岛的花岗石贴面。屋顶是两层光华夺目的琉璃飞檐，两檐间镶着古朴大方的葵花浮雕。基座有两层高低错落的平台，台帮全部用四川的枣红色花岗石砌成，四周环以房山汉白玉万年青花饰栏杆，南、北门台阶中间又各有两条汉白玉垂带，精心雕刻着葵花、万年青、蜡梅、青松图案，象征着老一辈无产阶级革命家创建的社会主义江山坚如磐石，万年长青。

从北门进入宏伟壮丽的北大厅，迎面是一座用汉白玉雕成的毛泽东同志坐像，背倚气势磅礴的《祖国大地》，这里是举行纪念活动的场所。从两侧步入庄严肃穆的瞻仰厅，毛泽东同志的遗体安卧在明澈的水晶棺中，人们怀着崇敬的心情缓步走过他老人家身旁。东西各厅是新设立的毛泽东、周恩来、刘少奇、朱德革命业绩纪念室，50多个金属玻璃展柜中，陈列着四位老一辈无产阶级革命家的珍贵文物、文献和照片，生动地反映了他们为中国人民革命事业所立下的丰功伟绩。南大厅是人们瞻仰、参观后的出口大厅，洁白无瑕的大理石墙面上镌刻着银胎鎏金毛主席诗词《满江红·和郭沫若同志》手迹。

这两段说明文字，从宏观上看，是由外到内、先整体后局部介绍了毛主席纪念堂的状貌。写内部时，又以从北到南的顺序逐层介绍其内部景况，使人对毛主席纪念堂的外观内构有一个十分清晰的了解，激起公众对毛主席的无限怀念和敬佩之情。

第三，分列条目或加小标题。这种结构方法适用于内容复杂、篇幅较长的公关说明书。用这种方法可以使层次更加清楚明白，使人瞬间便可把握全文大意，而且又便于查询重读。例如，《一座民族式的工商古建筑》一文是这样写的：

坐落在杭州吴山东北麓的"胡庆余堂"，不仅以"采办务真""修制务精"的经营方针而蜚声中外，且其独特的建筑风格也吸引着众多的游客。它创建于一八七四年，一百多年来几经风霜侵蚀，最近经国家拨款重修，成为我国在晚清时期保存完整而少见的工商古建筑。

这段概况之后，文章分六个部分来介绍这座工商古建筑的外貌特征和内部陈设，每部分分别冠以小标题：

"仙鹤飞来"

"鹤颈"长廊

"鹤身"大厅

小型博物馆

特大的汉字

古建筑的启示

(二)力求简明扼要

撰写公关说明书是信息传播的第一步，旨在使公众在具体审视、验证和接触介绍对象之前，先初步了解一下该事物，不需过繁过细去写。加之节省公众的阅读时间和篇幅版面的需要，公关说明书刊号言语必须写得简明扼要。

要做到简明扼要，首先要注意篇幅短小，句子简短明快。请看下面用例：

新、实、深、美。《现代交际》的追求。

知识性、趣味性、实用性、可读性、欣赏性。《现代交际》的形象。

人间盛开“交际花”！《现代交际》的心愿。

（《1993年的〈现代交际〉》）

上面这段话是介绍新一年《现代交际》的新面貌的。句子短小，或一字一顿，或三字成句，不枝不蔓，字无虚设，句句顶用，可谓简短明快之典范。又如：

居身竹园中，其乐趣无穷

竹园宾馆坐落在翠竹掩映之中，160余间客房拥有现代化设备，下榻其间，令你感受到最清新之环境及得到最舒适之享受。

馆内附设餐厅，正宗粤菜，广州风味；音乐茶座，佳音绕梁；电子游戏，妙趣横生；气枪射击，日夜开放；干湿洗衣，质量兼优；购物商场，新货琳琅。火车站至宾馆设有直达小巴、的士接送，快捷妥当。

（深圳竹园宾馆说明书）

这篇说明书只有130余字，却全面介绍了竹园宾馆的环境、设备、菜肴、娱乐、购物、交通等多方面的情况，主题集中突出；更兼运句简短，整散多姿，音律和谐，好读易记，给人印象颇深。

简明扼要也体现在用词务必简洁凝练方面。请看《黄山导游手册》中关于北海风景区的介绍：

排云亭……沿亭后新辟山径，可攀松林峰。此峰古松成海，一片蓊郁。在此瞭望西海群峰和九龙峰，另有一番情趣。

这段说明文字中，如果将“沿”写成“沿着”，“新辟山径”写成“新近开辟的山间小路”，“此峰”写成“这座山峰”，“在此”写成“在这里”，“情趣”写成“情致趣味”，那就不简洁凝练了。来此旅游的公众，主要急于观览实景，介绍文字只起辅助指导作用，写得过于繁杂，则会影响他们观览的兴趣。

（三）务必高度准确

在公关书面表达当中，各种语体的语言都要求准确。相比之下，公关说明书的语言要求的准确度更高。因为公关说明书旨在通过对事物的介绍说明，来指导公众的行为活动，有很强的实践性，因此要求行文时必须实事求是，有一说一，有二说二，要做到最大限度的准确，切不可为了营利或其他目的而随意夸大或缩小，否则会失信于公众，有损本组织的信誉和形象，或者贻误于人，导致不良后果。撰写公关说明书时，必须确立对公众高度负责的思想，客观介绍事物，做到表达高度准确。为此，撰写公关说明书就需要从以下几个方面作出努力：

一是认真锤炼词语，注意选择最佳同义形式来表达。遣用句子成分中心语的词语一定要分寸得当、轻重相宜；对充当附加成分表示某种修饰意义和限制意义的词语，尤其要格外谨慎。请看下面的用例：

雨衣淋湿，须挂阴凉通风处阴干，忌在烈日下曝晒，如有皱纹折印，不可用熨烫。

（上海塑料一厂《塑料雨衣的使用和保管》）

肝炎病患者慎服，有严重肾功能不全、少年糖尿病、酮体糖尿、妊娠期糖尿病、糖尿性昏迷等症者不宜服用。服用本品时，严禁加服格列本脲制剂。

（广州中药一厂《消渴丸使用说明》）

前例中的"阴干"和"曝晒"等动词中心语用得十分准确得当，对公众使用该产品有很好的指导作用。后例是一则药物说明书中的"注意事项"，这类文字尤其需要准确。因为同一种药物对不同病况有着不同的适应性，患病公众服用时都会特别谨慎地参照说明书行事。这里的"慎""不宜"和"严禁"等附加成分非常准确地修饰限制了中心动词："慎服"即并非绝对不能服用，而是说酌情谨慎服用才好；"不宜服用"就是说一般也不能用；"严禁加服"则是绝对禁止的意思。这三个状语大意相近，分寸有别，从不同程度上对服用消渴丸的注意事项作了说明，对患者服用该药有十分准确的指导作用。

二是运用准确的数据。准确的数据可以确切地说明介绍对象的性质特征或状貌，给公众一个准确明晰的印象。公关人员在撰写公关说明书时，一定要掌握有关的数字统计，对所用数据，还须经过精密考证、严格核实，这样才能使公关说明书给公众传递明确的信息，有效地指导公众的活动。例如，药品的用法与用量、工业品的规格、建筑物的状貌、社会组织的某种现状等，都需要有精确的数据。请看下例：

中国翰园碑林坐落在风光如画的龙亭湖西畔，占地面积132亩，分为园林和碑廊两大景观区。主体建筑22座，3 500块书画碑刻瑰宝镶嵌在十大碑廊之中。这座古朴典雅、雄伟壮观的翰园碑林，以书法艺术为主，集诗、书、画、印之大成，把宋元明清以及现代文化精粹荟于一园，是一座融书画碑刻艺术与古典园林建筑艺术为一体的，具有多功能、多层次旅游观赏价值的大型艺术宝库。

（中国翰园碑林简介）

这里运用数据，分别对中国翰园碑林的占地面积、景区、主体建筑、碑刻、碑廊等作了说明，使公众对宏伟壮观的中国翰园碑林有了清晰的印象，在公众心目中树立了碑林的良好形象。

（四）通俗而不失生动

公关说明书面向广大社会公众，关乎千家万户，语言必须通俗易懂，不求文字的浮华美艳，忌讳表述上的艰深晦涩。即使是专业性很强的说明书，也应该注意这一点，以便保证说明书所传递信息的有效性。例如：

本厂为国家二级企业；一级计量单位；部级质量管理先进单位；资信

AAA（三 A）企业；并获得全国思想政治工作优秀企业光荣称号。

本厂是“黄河电子企业集团”主体厂。

本厂拥有：

职工 27 000 多名，其中专业工程师 1 946 名，高级工程师 152 名。

各种机械加工设备 1 200 多台，电子仪器设备 2 000 多台。

彩色、黑白电视机生产线，单班年产 50 万台。

电冰箱、冷藏柜生产线，单班年产 13 万台。

电子元器件生产线 5 条，单班年产 300 万件。

…………

（《国营黄河机器制造厂概况》）

为了避免刻板枯燥，说明书的语言表达在坚持准确通俗的前提下，也应适当地在生动上下一些功夫。叶圣陶先生曾说过：“说明文不一定就是板起面孔来说话，说明文未尝不可以带一点儿风趣。”“说明文如果带一点儿风趣，对于读者的吸引力就比较大——也就是它的效率就比较大。”① 这话是有道理的。当然，说明书中追求语言生动的手段是有别于其他语体的。它可以用一些积极修辞手段，但只是为了勾勒事物的状貌或性质，帮助公众了解该事物，而不可随意渲染描绘，影响信息传播的真实性。公关说明书言语的生动通常用白描手段来实现。例如，前面所引的“深圳竹园宾馆说明书”中就有少量的白描文字。

在介绍事物的概况状貌时适当运用一些积极修辞手段，更能增强公关说明书语言的生动性。例如：

白堤横亘湖上，平舒坦荡。堤上两边，各有一行杨柳、碧桃。每逢春季，翩翩柳丝泛绿，树树桃颜带笑，犹如湖中的一条锦带。“飘絮飞英撩眼乱”“间株杨柳间株桃”，描绘这里的春景最为贴切。

（《杭州游览手册·白堤》）

这段说明书中不但有白描，而且连用了对偶、拟人、比喻和引用等修辞手法，使语言增添了文采，也给荡舟游览的公众插上了联想的翅膀，激发了他们对祖国美好山河的热爱之情，为塑造公关主体的良好形象起到了很好的作用。

思考与练习

1. 广告的功用是什么？谈谈个人体会。
2. 广告语的基本要求有哪些？为什么？
3. 广告语的艺术手法除本书讲的以外还有哪些？试举例说明。
4. 搜集五则最新广告语，并分析它们在语言上有何特点。

① 叶圣陶：《文章例话》，开明书店 1937 年版。

5. 试设计一则招聘广告、庆典广告或商品广告，并说明为什么这样设计。

6. 什么是公关调查报告？它与一般调查报告有什么不同？

7. 公关调查报告有哪些言语要求？

8. 什么是公关新闻稿？它与一般新闻稿有什么不同？

9. 公关新闻稿与公关广告有哪些不同？

10. 公关新闻的语言为什么要特别注意简明扼要？

11. 联系本单位实际写一篇公关新闻稿。

12. 什么是公关信函？

13. 假如你是编辑，请以编辑部的名义写一篇退稿信。

14. 假如你单位代表团赴深圳某公司考察，受到盛情接待，请写一封感谢信。

15. 请以本单位工会的名义在九月十日教师节来临之际，给某校教师写一封慰问信。

16. 假如你单位拟举办一次周年庆典活动，请拟写一份邀请本单位特殊公众出席的柬帖。

17. 公关说明书的语言要求是什么？

18. 拟写一份介绍本单位环境概况的公关说明书。

19. 假如你单位要举办年度科研成果展览，请拟写前言，字数在500字以内。

第十三章 公关语言书面表达艺术（二）

社会组织利用传播媒介将自己的公关信息向社会公众宣传，求得公众的认识、理解和接受，从而树立良好的组织形象，实现公关目标，这是其公关实务活动中的一项具有重大意义的工作。因为其重要性，所以要广泛运用各种书面表达形式。上一章探讨了公关应用语体中几种常用体式的表达艺术，本章专门论述公关标语、口号，公关楹联，企业招牌的命名，产品、商标的命名，公关题词赠言和名片等的语言要求与艺术。

第一节 公关标语、口号

标语是用简短文字写出的有宣传鼓动作用的语句，如“再创辉煌”“澳门的明天更美好”。口号是供口头呼喊、有纲领性和鼓动作用的简短语句，如“伟大的祖国万岁”“全国各族人民团结起来，为实现四个现代化而努力奋斗”。标语是书面语言，口号虽是口头语言，但也很规范，具有一定的书面色彩，两者都是使用范围广泛、人民群众喜闻乐见、富有宣传鼓动作用的语言成品。这种语言成品在公关实务活动中有着十分重要的作用。

一、标语、口号与公关

标语、口号广泛使用于公关实务活动之中，用以将自身组织的方针、宗旨、目标告知公众，求得公众的理解、支持和执行，例如，“以经济建设为中心，坚持四项基本原则，坚持改革开放”、“建设和谐的社会主义社会”、“同一个世界，同一个梦想”、“迅速、准确、安全、方便”（广州邮政局服务方针）、“质量第一、信誉第一、用户第一”（国营黄河机器制造厂宗旨）、“办一流的企业、出一流的产品、创一流的效益”（中山洗衣机厂办厂目标）；或者用以对公众进行政治思想教育、净化社会风气，例如，“加强精神文明建设，全民动手扫七害”“反对封建陋习，提倡社会文明”“吸烟危害健康，请爱惜生命”“司机一滴酒，亲人千行泪”等；或者用以将自身组织的精神和作风告知公众，以联系、团结、鼓动公众，为实现自身组织目标而积极作贡献，例如，“顽强拼搏为国争光”（中华体育精神）、“更快、更高、更强”（奥林匹克精神）、“勤劳、勇敢、团结、奉献”（知蜂堂公司经营理念）、“团结、友爱、求实、进取”（广州市市风）、“艰苦创业、勇于开拓、团结协作、不断拼搏”（广东玻璃厂厂风）、“从严治局、全网协作、优质服务、信誉第一”（广州市邮政局局风）、“忠信笃敬”（暨南大学校训）、“尊师、勤学、求实、创新”（广州市第二中学校训）。

许多社会组织由于善用公关标语、口号进行宣传鼓动，取得了精神文明和物质文明建设的丰硕成果。例如，广东健力宝集团为了激励全体员工树立做健力宝人的自豪感和干健力宝事业的责任感，将“爱企业、讲效益、重信誉、求发展”的“健力宝精神”概括为“团结、奋斗、开拓、进取”八字口号，并进行广泛的宣传活动。这个口号简洁明了、要求明确，充分体现出该公司的拼搏精神和向上意志，极大地增强了公司的群体意识和企业的凝聚力，成为健力宝事业不断朝着新的高度腾飞之本。① 共青团广东玻璃厂委员会为了引导青年“努力实现立志、达标、建功、成才一体化”的目标，从1985年4月向全厂青年提出了“三年立志达目标”的口号，这个口号在青年中产生了强大的凝聚力和感召力，极大地鼓动、激发了青年的热情和斗志，有效地促使全厂青年员工自觉地系个人命运于整体之中，并循着立体多维的现代结构发展。②

二、公关标语、口号拟定的依据

首先，公关标语、口号的拟定必须以国家或上级主管组织制定的基本方针、政策为依据。背离了这条原则，标语、口号就没有生命，就会导致本组织事业的失败。大凡能使本组织取得良好效益的标语、口号，其内涵都是符合国家或上级组织的路线、方针、政策的基本精神的。例如，“发扬万宝精神，做合格万宝人”，就是广州市万宝电器工业公司党委“根据党中央提出建设‘有理想、有道德、有文化、有纪律’职工队伍的要求在本企业的具体化、经常化、制度化”③。杭州胡庆余堂制药厂也是根据党中央“各行各业，都要大力加强职业道德建设”的精神，于1987年制定了“庆余精神”和“庆余职业道德规范”。④

其次，拟定公关标语、口号必须从本组织的实际出发，符合本组织的特点。其内涵既要为本组织的利益服务，又不能违背公众的利益。公关宣传的目的在于通过传播信息，使自身组织和公众之间相互沟通、适应，建立和谐的互益关系，从而求得自身的生存和发展。因此，公关标语、口号必须体现自身组织的特点，体现组织与公众的互益关系，才能打动公众、感召公众，赢得公众的理解、信任

① 《健力宝报》创刊号，1989年8月28日。
② 共青团广州市委：《活力》，1987年第11、12期。
③ 广州市万宝电器工业公司：《万宝电器》，1987年。
④ 杭州胡庆余堂制药厂：《职业道德规范》，1987年。

和支持。前面说到的“发扬万宝精神，做合格万宝人”，就是万宝公司“在发展万宝系列产品生产过程中的经验总结，是全体干部、工人智慧的结晶”[①]。广州一商贸职中的校训“爱商”，广州旅游职中的校训“多能、识礼、健美”，广州邮政局局风“从严治局，全网协作，优质服务，信誉第一”等无不根据自身的特点，体现其办学、办企业的方向和追求的目标。

此外，公关标语、口号要有时代精神。例如，杭州胡庆余堂制药厂具有恪守职业道德的悠久历史。胡雪岩早于1878年就为该厂制定了《戒欺篇》：“凡为贸易均着不得‘欺’字，药业关系性命，尤为万不可欺。余存心济世，誓不以劣品弋取厚利。唯愿诸君心余之心，采办务真，修制务精，不致欺予以欺世人，是则造福冥冥，谓诸君之善为余谋也可，谓诸君之善自为谋也可。”而该厂于1987年制定的“庆余精神：求实、戒欺、团结、创新”和“庆余职业道德规范：忠诚本职爱庆余，求实戒欺守信誉，洁净细作争效益，团结协调守法纪”，既继承了《戒欺篇》的精神，又有所进步：更丰富、更完备，带有鲜明的时代色彩。其他标语口号如“开拓、奋发、腾飞”（中山洗衣机厂企业精神）、“坚忍、奉公、力学、爱国”（广州南武中学校训）等都富有时代特色。

三、公关标语、口号的语言要求

（一）语言要简明

公关标语、口号的功用是宣传鼓动，要取得宣传鼓动的良好效果，语言必须简明，力求以最少的语言载体传递最多的信息，做到言简意赅。恩格斯说：“言简意赅的句子，一经了解，就能牢牢记住，变成口号。”[②]语言简明的公关标语、口号用于向内部公众宣传，易于撼人心灵，鼓舞斗志，激发员工为实现自身组织的目标而努力奋斗；用于向外部公众宣传，有利于促进社会对组织的理解、信任与支持，有利于树立组织形象。

简明包括简洁和明白两个方面的含义。要做到简洁和明白，必须注意：

用词精当简省，多用实词，少用虚词。多用通用词语，力避晦涩、艰深、生僻、有歧义的词语。一般用词的本义，少用词的转义或比喻义，力求辞面辞里语意相一致。

尽量使用短语短句，少用长句和修饰成分，避用“虽然……但是……”之类的复合句。一般使用陈述句、肯定句、主动句和常式句。

惜墨如金，长话短说，切忌繁杂、冗长。

---

① 广州市万宝电器工业公司：《万宝电器》，1987年。

② 中共中央马克思恩格斯列宁斯大林著作编译局编：《马克思恩格斯选集》（第二卷），人民出版社1972年版，第265页。

（二）语言要朴实

公关标语、口号所宣传的内容都涉及社会组织的方针、宗旨、目标以及精神、作风，而这些内容都是实实在在的，不宜夸大或缩小，也无须加以形容渲染，只能如实宣传，恰切地反映客观信息，这就决定了它表意要朴实。

使用朴实词语，不用或少用大凡具有象征、比拟等形象色彩和描绘作用的词语，以免失实。

不追求绚丽的句式、新奇的言辞；不使用曲笔，不含弦外之音；少用描绘类修辞格，力求真切自然，切忌单纯追求语言的华美。

（三）语言要谐美

语言谐美的标语、口号，看来醒目，读来顺口，听来悦耳，为公众喜闻乐道，易于留下深刻印象。因此，标语口号要讲求语言谐美。为达此目的，应当注意：

（1）节拍匀称。词语组合单双音节协调匀称，就能获得均衡美。例如，“稻穗鲜花献人民”（广州市市民精神），主语“稻穗鲜花”四个字两节拍，“稻穗”对“鲜花”，内容相关，音节匀称。“贵自学、敦品德、勤琢磨、爱劳动”（九嶷山学院校训）四个短语，“贵”与“敦”“勤”“爱”相应，“自学”与“品德”“琢磨”“劳动”相称，三个字两节拍，既醒目，又优美。

（2）结构整齐。多用四字格和对偶、排比，语言结构就显得整齐，又有节律美。例如，“至善至正”（广州培正中学校训），“尽职尽责、创优守纪、协作为民、文明廉洁”（广州邮电八德），暨南大学出版社的宗旨是：“坚持‘一个中心、两个基本点’，立足本校、立足侨界，面向全国、面向海外、面向港澳，为教学科研服务、为侨务工作服务、为中外文化交流服务。”各句字数相等，结构相同或相似，对仗整齐，看起来鲜明醒目，听起来铿锵悦耳。

（3）韵脚和谐。注意适当安排好韵脚，使句子的末尾同音相应，能给人以协调悦耳的美感。例如，“选好代表当好家，同心协力搞四化”“淫秽录音录像，败坏社会风尚”，“家”和“化”皆属发花韵，“像”和“尚”同押江阳韵，读来朗朗上口，好听易记。

第二节 公关楹联

公关楹联通常书写于大门两旁或大厅的醒目位置，使内外公众对组织的目标一目了然，从一定意义上说，公关楹联比其他语言体式有着更迅速的传播效果。

一、楹联与公关楹联的含义与作用

楹联，俗称对联，是汉语所独有的一种文学语言体式。它利用汉字单音独体和四声分明的特点，构成上下音节、字数对等，词性对称，声调平仄相对的两句联语，显得既精悍，又富有表现力，似并蒂莲花，像戏水鸳鸯，有着很高的实用价值和审美价值，是中华民族灿烂文化宝库中珍贵的宝石。

楹联有春联、喜联、寿联、挽联、会场联、名胜联、行业联、文学联等之分，其中用于公关实务者，即为公关楹联。

公关楹联能用来托物言志，寄意于尺幅之中，寓情于片言之外，蕴含哲理，点染世情，在社会交际中有着很好的作用。它有时像号角，鼓舞人们的斗志，勉励人们前进，如下面的例①、③；有时似匕首，抨击时弊，讽刺丑恶，如下面的例⑤；有时如晨笛，寄情抒怀，给人以启示，如下面的例⑧a。此外，有些对联，如上联“好邻居人家住房窗前堆垃圾”，下联“讲卫生居民前往百米扔杂物”，横批“值得点赞”，这是街坊点赞“公益广告”。《广州日报》（2017 年 2 月 3 日）的头版新闻《一副春联劝退垃圾》说：“花都一小区街角的对联劝阻乱丢垃圾行为，让垃圾堆变整洁”，它这样的对联可称良药，医治顽疾、药到病除。又如下面的例⑫，实质是广告，它以优雅的语言塑造了公关主体的良好形象。再如“花城看花　行花街揽蛮腰粤来粤美　广州过年　叹美食饮靓汤粤品粤香”（《广州日报》，2017 年 1 月 27 日）既赞美了花城的美景美食，又突现了广州过年的风俗文化，还能给人以美的鉴赏。它形式简短，表现力却很强，因此公关楹联的语言有着鲜明的特色。

二、公关楹联的语言要求

（一）对仗工稳

公关楹联常常贴挂在最引人注目的地方，例如大门、门厅、会场，并且为了好读易记，特别讲求文字形式的对仗工稳。对仗工稳是指上联与下联字数相等，音节相称，词性相同，结构一致。对仗工稳，可以形成形式上的整齐美，令人看着赏心悦目，便于理解和记忆。例如，澳大利亚悉尼市一家华人商店贴过这样一副对联：

①德业维新，万国衣冠行大道

信孚卓著，中华文物贯全球

这副对联传闻开去，不仅旅澳华商争相书写，而且传回国内后各报刊都争相转载。究其原因，一方面是宣扬了国威，分寸合度，不卑不亢，既赞颂了侨居国的文明，又宣扬了祖国的礼仪，使澳国人看了高兴，让中国人看了自豪，长志气；另一方面形式上对仗工稳，字数、词性、结构互相对应，富有格式美，好读易记，使人过目难忘。

（二）音律和谐

公关楹联还要写得具有音律美感，使人读起来朗朗上口、娓娓动听。使楹联富有音律美的主要手段有两个：一是音节和谐，二是声调抑扬。音节和谐是指同句之中单双音节调配得当，上下句间音节形式对照稳密。声调抑扬则指联语的每句之内平仄相间，上下句间力求平仄相对。例如，香港有一条热闹的街市，人称“宋城”，街市建筑都是古色古香的宋代建筑风格，店铺的工作人员都身着宋代衣饰，接待顾客打躬作揖、彬彬有礼、雍容大方。人们走进这条街道，便有走进时间隧道的感觉，别有一番风趣。入街处要写一副有意义的楹联，街道主人就举办了一次规模盛大的征联活动，入选的即是现在入街处的联语：

②大宋汉山河，气势长存威海内
富豪王府第，声名远播震城中

这则联语表意恰切，气度恢宏，写出了中华民族的声威和讲文明、讲信誉的经商之道，使人赞叹诚服。它之所以受人喜爱，还因为其具有很强的音律美。从单双音节调配来看，上下对称为：

大宋/汉/山河，气势长存/威/海内
富豪/王/府第，声名远播/震/城中

一句之中音节调配得当，节奏感强，上下句间音节对照稳密。从声调上看，上下相对为：

仄仄仄平平，仄仄平平平仄仄
仄平平仄仄，平平仄平仄平平

同句之中平仄相间，上下句间平仄基本相对。音节和平仄调配有致，读来朗朗上口，抑扬顿挫，悦耳动听，富有音乐美感。

（三）语意完美

公关楹联要达到公关目的，催人奋进，发人深省，使人在不知不觉的一瞬间深有所悟，不仅要短小精悍，对仗工稳，音律和谐，还要言简意赅，以精美的形式表现缜密完美的意旨。为了表现完美的语意，公关楹联一般采用如下几种方法处理上下联间的意义关系：

1. 正对

上下联语各有其完整的意思，联系起来，又能互为补充，从不同的侧面说明同一意旨。请看下面两副联语：

③激励中华浩然正气
奉献神州赤子之心

④金鸡报曙　曙临天地千帆发
紫燕衔春　春到寻常百姓家

例③是广东神州公司为迎亚运举办征联活动的获奖联语。上下联语互为补充，体现中华儿女办好亚运为国争光的主旨，很能振奋人心。例④是《羊城晚报》2017 年 1 月 28 日（丁酉年正月初一）的头版联语，上下句相辅相成，点染世情，很能激人奋进。

2. 反对

上下联相反相成，互相对比，从不同的侧面阐析，以形成鲜明的对照，加深主题意旨。请看下面两副联语：

⑤升官发财，请走别路
贪生怕死，莫入此门

⑥勤奋是点燃智慧的火花
懒惰是埋葬天才的坟墓

例⑤是国民革命时期黄埔军校开办之初的校门联语。这则楹联写得尖锐鲜明，显示了孙中山先生的办校宗旨，表达了革命志士不求升官发财，甘愿为国捐躯的崇高精神，鼓舞了千万有志之士献身革命。例⑥是××职工大学一次读书报告会会场用联，基本体现了会议的宗旨，从正反两方面说明了天才出于勤奋的道理。

3. 串对

上联未尽之意，下联迂回说出，上下联语构成某种偏正关系。请看下面两副联语：

⑦a. 亲人倚门望
盼您平安回

b. 千方容易得
一效最难求

例⑦a 是一处汽车加油站的公关联语，上下联语构成目的关系，似向顾客诉告无限关切之意，微妙表白了本组织商品（汽油）质量上乘，短短 10 字，树立了组织的良好形象，对顾客有着很强的感染力和吸引力。例⑦b 是一家正骨诊所的门联。联语上下呈转折关系，充满豪气，强调自己诊所的医疗效果。用字不多，但蕴意深刻，有较强的宣传效力，有助于塑造本组织的良好形象。

三、公关楹联的表现手法

（一）描绘

描绘是撰写公关楹联常用的语言手段，它能用最少的语言材料把事象写得活灵活现，把事理说得明晰透彻。请看某长途汽车站和某药店的大门联语：

⑧a. 车窗似荧屏，摄进满眼诗情画意
公路如玉带，牵来万里秀水青山

b. 白头翁持大戟跨海马，与木贼草寇战百合，旋复回朝，不愧将军国老

红娘子插金簪戴银花，比牡丹芍药胜五倍，从容出阁，宛如云母天仙

例⑧a联语运用比喻兼拟人的手法，描绘出一幅幅充满诗情的动态画面，使人赏心悦目、心旷神怡，给候车和乘车的旅客以极大的愉悦感和幸福感。例⑧b联嵌入20味中药，联语自然流畅，形象栩栩如生，让人叫绝。

（二）夸饰

夸饰即对事物的特点极大地渲染，使事物由生活的真实上升到艺术中的真实，从而使该特点得到充分的突出和强调。当然，运用夸饰撰写公关楹联必须使生活的真实和艺术的真实能够完美地结合。一个组织，只有它的某个方面的特点是广大公众所公认的，经过渲染的艺术真实才会令人信服。请看山西杏花村汾酒厂的门联：

⑨酒气冲天，飞鸟闻香化凤

粕糟落地，游鱼得味成龙

这则联语书于闻名中外的历史名酒酿制胜地杏花村酒厂门口，它极言酒味香醇四溢，能使飞鸟化凤，游鱼成龙，虽有极度渲染之嫌，但当你忆及唐人杜牧的名诗“清明时节雨纷纷，路上行人欲断魂。借问酒家何处有，牧童遥指杏花村”时，也就绝对相信这艺术的真实了。

（三）反复

反复可以突出意旨，强调感情，给人传送很强的信息，公关楹联也常常用到这种手段。例如：

⑩山好好，水好好，开门一笑无烦恼

来匆匆，去匆匆，饮茶几杯各西东

⑪心美言美环境美宏图更美

人新事新年代新伟业常新

例⑩中运用“好好”和“匆匆”的反复，构成回环反复的声律美，突出了人们饮茶时谈笑风生的欢乐情景，寓意风趣，耐人寻味。例⑪中“美”和“新”字各反复出现四次，强调了“五讲四美”促使四化建设面貌增新的盛况，充分表现了精神文明建设的巨大作用和意义。

（四）镶嵌

镶嵌就是把词拆开有规则地分别嵌进语句之中。用这种手段撰写楹联能加强语意，显得别致，富有情趣。公关楹联常常将组织名称嵌入上下联语之中。例如：

⑫翠阁我迎宾，数不尽，甘脆肥浓，色香清雅

园庭花胜锦，祝一杯，富强康乐，山海腾欢

⑬韩愈送穷，刘伶醉酒

江淹作赋，王粲登楼

例⑫是位于广州市晓港公园对面的翠园酒家的楹联。翠园是一家由港澳同胞家属和新滘乡农民合资经营的别具园庭风格的酒店，上下联语的第一字，正好是酒家的名字，接着以对仗的语句写出优美的园庭环境、高超的烹饪技艺和席间欢乐的气氛，突出了翠园酒家的良好形象，提高了知名度和美誉度。例⑬是潮州市韩江酒楼的楹联，此联套用了韩愈、刘伶、江淹、王粲四位文学家的典故，描绘出一幅栩栩如生的动态画面，而且首嵌“韩江”二字，尾嵌“酒楼”二字，十分妥帖自然，天衣无缝，真是匠心独运之笔。

（五）集句

集句就是引用名人富有哲理的警语成联，这种手法可以使联语活泼潇洒而又不失优美典雅。请看1983年重修岳阳楼征联活动中获选的一则楹联：

⑭气蒸云梦泽，波撼岳阳城，风景这边独好

月涌大江流，星垂平野阔，江山如此多娇

岳阳楼是天下名胜，前有君山浮秀，后有古城倚背，左临洞庭烟波，右挹长江玉带，气象甚为壮观，素有“洞庭天下水，岳阳天下楼”之盛誉。这则联语的上联，前两个分句出自孟浩然《望洞庭湖赠张丞相》，后一分句出自毛泽东《清平乐·会昌》；下联的前两个分句出自杜甫的《旅夜书怀》，后一分句出自毛泽东的《沁园春·雪》。全联寄景生情，情景交融，再绘岳阳楼重修后的壮景。名句荟萃，熔古铸今，貌似荒诞不经，实则潇洒新颖，读来令人不禁怀古思今，顿生无限热爱祖国山河之情。

（六）用典

公关楹联寄意于尺幅之中，寓情于片言之外，既要言简意赅，又要含蓄典雅，耐人寻味。恰当运用典故，是营造楹联语言含蓄典雅的重要手段。请看：

⑮欣当月老牵红线

乐作红娘搭鹊桥

⑯五湖四海皆宾客

高山流水有知音

例⑮是某家婚姻介绍所的门联。上下联语分别用精美的比喻，道出了组织的宗旨，似一股春风，吹进求偶者的心扉，而且连用了三个典故：“天仙配”“西厢记”和“天河配”，发人幽思，颇具雅趣。例⑯是某家旅行社的门联，上联集句，来自唐代吕岩《绝句》：“斗笠为帆扇作舟，五湖四海任遨游”，下联用了《列子·汤问》所载俞伯牙与钟子期鼓琴交友的典故。全联言简意不陋，意胜情亦深，盛赞友谊，不失高雅，使旅客到店便感到温暖如春，主客双方在无声无息中进行了感情交流。

（七）仿词

公共关系主要是为了在原来的基础上进一步提高自己组织的知名度和美誉度，运用仿词的手法撰写公关楹联，也有较好的效果。因为仿词中仿作的原句，多是警世之句，这类句子无论是思想哲理，还是语言艺术，都是精湛之至的，往往留给公众很深的印象。用这种手段写成的公关楹联，能使人抚今忆昔，印象殊深。请看下面的用例：

⑰书山有路读为径
学海无涯报作舟

⑱安得广厦千万间
中原人民俱欢颜

例⑰是某大学学生阅览室的门联，由名句“书山有路勤为径，学海无涯苦作舟”仿作而来，“读”和“报”二字的嵌入，给原作增添了新意，很好体现了公关主体的服务宗旨。例⑱是郑州市金水花园住宅区的大门联语。由杜甫的名诗《茅屋为秋风所破歌》中的“安得广厦千万间，大庇天下寒士俱欢颜”仿作而来。杜甫这位伟大的现实主义诗人，是唐代巩县人。巩县（今巩义市）现属郑州市，杜甫也算是郑州人。原作体现了诗圣对美好生活的向往，但这在封建社会是不可能成为现实的。而今天，在改革开放的时代大潮中，诗圣的家乡的的确确建起了“广厦千万间”，花园式的别墅楼群鳞次栉比，先人的愿望已经成为现实。此时此际用这样一则联语，将历史隧道中相距千余年的两个景点联系在一起，激发人们更加热爱新生活之情，令人回味无穷。

第三节　企业招牌的命名

命名，就是赋物以名，物是客观存在的现象，命名是反映客观事物本质和特征的一种艺术性的语言创造。客观事物多彩多姿，令人目不暇接，事物的命名丰富多样，其中，招牌命名的艺术手法更是五彩缤纷、姿态万千。

一、企业招牌命名的重要性

命名历来都极为人们所重视。据《左传》记载，春秋时就有了“命名之道”，即“名有五：有信，有义，有象，有假，有类”。“以名生为信，以德命为义，以类名为象，取于物为假，取于父为类。”尹文字曾说过：“形式定句，名以定事，事以验名。”其意为：观察辨别事物、人物，必先定名而后才可以成事。而事物的成败得失，又可以验证其名。这都说明我们的祖先早已懂得事物、人物命名的重要性，非常重视和讲究命名。

招牌原指店名，它是挂在商店门前作为标志的牌子。北宋著名画家张择端在《清明上河图》上画了当时汴京（今河南开封）大街上近百家商店各有特色的招牌，证明招牌在那时已经盛行。生意人向来重视招牌，俗语说："招牌好，招财又进宝。"因此，在店铺开业之前，就得花费心思选取一个意头好，又能吸引顾客的招牌名字。公关企业的招牌名字比店名有更丰富的内涵。公关企业概指营利性的组织实体，企业招牌命名来源于公关实务领域的语言艺术创造，公关语言艺术创造无不服务于公关目标的实现。企业招牌的名字不仅是一个实体的标志，同时，更是企业形象的重要组成部分。一个好的招牌名字，往往是民族文化的结晶，具有巨大的宣传效力，可以在公众心目中自然地产生深刻的影响，可以极大地促进企业的发展。招牌命名不讲究、不注意语言技巧，就不利于企业的生存和发展。

杭州华东制药厂对于命名、改名、征集新名有过深刻的体会。该厂在1990年企业公共关系国际研究会上提交的论文《企业发展与公共关系》中说：

> 我厂原名"杭州第二制药厂"，虽然我厂一直生产大量的高质量的治疗药品，并有大量的出口外销，在国际市场有很好的声誉，给国家作出了贡献，创造了良好的社会效益。但是，长期默默无闻，不被公众所了解。究其主要原因是过去杭州有两个第二药厂，厂名只有一字之差。这就给企业树立自身形象，提高知名度，以至于生产经营带来了不少麻烦和困扰。因此，我们决定运用公共关系，为企业更改厂名，提高知名度。在浙江省公关协会和新闻界的关心支持下，我们制定了从更改厂名起步，开展企业公关的策略。在1988年4月至10月的半年时间里，我们多次召开新闻发布会，由多种新闻媒介刊登或播出向社会公开征集新厂名的公告……1988年10月15日，我厂正式启用"杭州华东制药厂"新厂名，由此企业跨上了一个新台阶。

由此可见企业招牌命名的重要性。如今，为了自强于当今世界，愈来愈多的企业对门口悬挂的招牌名字披金镶银，刻意雕琢，有的企业为了获得一个出色响亮、独具魅力的名字，不惜重金以求，务求达到"语不惊人誓不休"的目的。

二、企业招牌命名的语言要求

企业招牌命名语言应符合简明性的原则。所谓简明，就是用简洁凝练的词语，把企业的地点、性质、职能、特色交代清楚。例如，"广东省轻工进出口集团公司"与"广州市轻工工业股份有限公司"，从名称可以看出：前者是全省性的、主要面向国际市场的，既经营一体化的轻工产品，又从事综合性经营，既有实力强大有投资中心功能的集团核心，又由若干子企业和外围企业所组成的经济组织；而后者则是广州市内的，主要面向国内市场、产品经营系列化的股份制的经济实体。又如“广州鲁班建筑防水补强专业公司”，这一名称告诉我们，这不是一家普通的建筑公司，而是以鲁班的攻关精神为企业文化，“专治”建筑物各种“病症”，对建筑物进行“防水补强”的“建筑物医院”，从而使人明白这家公司的高科技的性质特征。

招牌语言要做到简明，其形体必须简短。如“花园酒店”仅仅四字，不仅交代了经营范围，而且突出该酒店花园式的优美环境，达到招徕顾客的目的。又如“添美食快餐店”，亦简短明晰，该名称既突出了其经营特色是“快餐”，又以“添美食”三字达到了自我颂扬、诱人光顾的目的。

要使语言形体简短，可运用简称。如“上海二纺机股份有限公司”“深圳国贸大厦”等，使人一看便知其意。

三、企业招牌命名的艺术手法

（一）写实法

写实法就是用意义明晰的词语，直截了当地赋物以名，辞表辞里意义一致。例如，“暨大生活服务中心”“上海金属材料公司”“爱民西药店”“养生堂甜品店”等，这类命名，辞明意显，用不着揣摩意会，是使用较广泛的一种命名方式。

（二）写意法

写意法就是用含蓄的语言手段赋物以名，实体的本意不从招牌词语面上直接表露出来，而是蕴含在词语里，让人去联想，去琢磨意会。例如，广州有家调味食品店，取名“致美斋”，已闻名遐迩，久享盛誉。“致美斋”即意在表示使用该店出售的调味品，能使菜肴增添美味。此外如以“蓬莱阁”“一处春”“又一村”“小桃源”“陶陶居”“醉八仙”等为酒肆饭庄命名，亦富有诗情画意与招徕顾客的吸引力。

（三）意实兼表法

意实兼表法就是一部分写意，一部分写实。这也是为数较多的一种命名方式。如“桃花岛夜总会”“浪之夜卡拉 OK 厅”，两例中，前部分写意，后部分写实。意实兼表的命名，写意写实应作具体分析。如“深圳东方明珠大酒店”，其中“深圳”“大酒店”是写实，而“东方明珠”既写实，又写意，写实即表明该酒店所经营的项目汇集了东方各大城市之特色，写意则在自我颂扬，表明本酒店是最好的酒店之一，是东方酒店中的一颗明珠。

（四）神兽仙禽花卉命名法

神兽仙禽花卉命名法就是用吉祥的动物、植物命名。不同的民族，以不同的鸟兽为吉祥的象征，因而，不少企业以神兽仙禽命名，如广州的“白天鹅宾馆”、北京的“麒麟饭店”等；花草能给人以美感，象征蓬勃向上，因而，也有不少企业乐于用花草命名，如上海的“杏花酒楼”、广州的“万年青钢铁技术开发公司”等。

（五）姓名命名法

姓名命名法就是以历史名人或现代人的姓氏或名字命名。以古代名人命名，如北京的“东坡居”“文君酒家”，广东的“蔡伦造纸科技开发公司”等。以现代名人命名，如上海的“兰生公司”，即以全国和上海市人大代表、全国著名劳动模范、有40年外贸工作经验的上海文教体育用品进出口公司的总经理张兰生的名字命名；在雷锋的故乡，以“雷锋”命名的企业不少，如“雷锋照相馆”“雷锋商场”等，这里，用“雷锋”名字命名，意在表明该企业以雷锋精神服务顾客，达到用雷锋形象招徕生意的目的。

姓名命名法也有仅取姓氏命名的。例如，广州有一家几百年历史的药厂，它的命名是因为其创始人一位姓陈，一位姓李，他们决心救世济人，因而在两位姓氏后面加上一个“济”字，故名“陈李济药厂”，该名沿用至今，名扬中外。

（六）地名命名法

地名命名法就是以地名或名山大川命名，这也是招牌命名的常用方法。用地名构成企业名有两类：一类是以非所在地名命名的，这类企业名主要着眼于经营品种的地方风味或地方特色。如在北京开设的“潮州酒家”，在广州开设的“上海时装店”等；另一类就是以所在地地名命名的，这类企业名主要着眼于该企业所在地点。这地点有大的，如“上海大厦”“北京饭店”；也有小的，如“东山酒家”“六榕美容中心”等。以名山大川命名的，如上海的“闽江饭店”、北京的“昆仑饭店”、广州的“眉山影都”等。

（七）商标名称命名法

商标有文字商标、图形商标、文字图形商标三类。由于商标具有名字的性质，一般都有可供称呼的名称，所以，不少企业亦乐于用本企业的名牌或主要产品的文字商标来命名。如“广东健力宝饮料集团公司”“上海凤凰自行车公司”“杭州娃哈哈食品集团公司”“万家乐燃具工业集团公司”等，其中“健力宝”“凤凰”“娃哈哈”“万家乐”，皆为其公司的名牌产品的文字商标。用商标来命名企业实体的名称，可以强化企业及其产品的形象，收到一箭双雕之功效。

（八）外译法

外译法即以外语译音或音意兼译的方式命名。如“佐丹奴”“麦当劳”是纯音译命名，而像北京的“香格里拉饭店”、宁波的“雅戈尔制衣有限公司”、南京的“丽莎精品屋”则是音意兼译命名。其中“香格里拉”含“世外桃源”之意，“雅戈尔”含“更年轻”的意思，“丽莎”取意于名画“蒙娜丽莎”；而“饭店”和“制衣有限公司”“精品屋”则是意译。这类命名多见于外资企业或中外合资企业。

（九）数词命名法

数词命名法即加上数词或序数词为实体命名。如广州至九江的途中，有家“168 饭店”，广州中山二路也有家“28 时装店”，显然，“168”与“一路发”谐音，“28”在广州话中有“易发”之意。这里，店主用吉祥的数词命名，达到招徕顾客、祝福自己的目的。

也有的企业用数词或序数词来命名，表示在同类行业中的排列顺序，如“上海自行车三厂”“广州第二运输公司”等。

四、企业招牌命名应注意的问题

（一）避复

避复，即避免重复雷同或大同小异的命名。招牌命名重复会影响市场秩序，在消费公众中造成混乱，广州有两家“华达装饰公司”，一家在惠福路，一家在五羊新城，相距十余千米，常使与之联系的客户一头雾水。又如《广州日报》转载《经济晚报》的消息，某报曾批评杭州灵隐寺外的饭店“斩客”。第二天，另一家“灵隐饭店”的经理来到报社，申诉他们并没有“斩客”，就是因为他们饭店与被曝光的饭店同名，所以也受到了上级的批评和消费者的冷落，造成东家挨批西家受累的可怕局面。大同小异的命名也容易使人混淆。例如，杭州庆春路有一家“美丽华大酒楼”，体育路则有一家“美丽华大酒店”。一次，某单位在庆春路“美丽华大酒楼”宴客，但出租车拉了不少客人到体育路的“美丽华大酒店”去。又如广州东山区有两家宾馆：珠江宾馆和珠岛宾馆，一字之差，稍不留意，就使人产生错觉，走错方向入错门。

（二）避俗

企业招牌命名，要新颖、别致、得体、不落俗套。一些企业希望能富裕起来，以及迎合公众求吉心理，招牌命名一味在“发”“利”之类的字眼儿上考虑，于是乎，“易发电器城”“大发家私商场”“鸿发装潢部”“永利广告公司”“保利工商贸易行”“多利俱乐部”之类的招牌比比皆是。不管“发”也好，未“发”也好，“利”也好，无“利”也好，你“发”，我“发”，你“利”，我“利”，大家都“发”，大家都“利”，这样的招牌名字也就毫无特色，不仅显得呆板浅俗，且会使人产生信息麻木感。

（三）避讳

招牌语言中要注意避免使用汉民族所忌讳的词语命名。如“死”“无”“祸”“丧”之类的词语绝对不能出现在招牌语言中。即使是上述这类词的谐音词，也应尽量避免，否则，就收不到好的效果。如某市新成立一家“宾仪服务公司”，即专门提供礼仪小姐、礼仪先生的服务公司，可开张三月来，门可罗雀，究其原因，原来是“宾仪”与“殡仪”同音，公众自然地将“宾仪”与

“殡仪”联系在一起，因此望而却步，唯恐避之不及。广州还有一家“通世床上用品专卖店”，生意亦十分冷清，也因其招牌中的“世”与“死”谐音，既然是“通死床上用品专卖店”，又有谁愿意光顾呢？

（四）贴切规范

企业招牌语言必须贴切。如“真面目彩色冲印中心”“百草凉茶屋”，看似寻常，却做到命名贴切。而有的面积不过十来平方米的小小商店不顾自身实体的斤两，却命名为“世界购物广场”“环宇电器总汇”“太平洋服装城”等，真使人感到虚张声势、名实相忤。还有的招牌乍一看去似觉可以，但经不起推敲琢磨。

企业招牌的语言必须规范。即用字用词规范，招牌上不能出现别字、不规范的简化字。有的招牌将“建材”写成“建才”，将“金凤凰”写成“金凤王”等，都不符合规范要求。招牌用词讲究规范，即要求运用大众所能理解的词语命名，应尽量避免运用生僻词、生造词语。

第四节　产品、商标的命名

产品名称是一个企业生产出来的物品的代号，如抽纱台布、追风透骨丸、露芬芳、八珍粥、空气净化机、热水器等；菜式的名字也属于产品的名称，如炒牛奶、茄汁煎牛柳、党参田鸡汤、白雪鲜虾仁、宏图窝面、芋头糕、奶黄包、扬州炒饭等；商标的名称是商品的牌号，如威灭（杀蟑药饵）、春兰（空调器）、声宝（录像机）、星牌（华佗再造丸）、金利来（领带）、熊猫牌（衬衫）等。

一、产品、商标命名的重要性

产品名称，并非仅仅是一个单纯的产品的代号，商标名称也不仅仅是一个单纯的商品的牌号。它们既是一种经济行为，又是一种文化现象。优秀的产品、商标名称都是公关目的、民族文化、民族艺术等多种因素的结晶。它们对提高商品的知名度、增加商品的销售量、促进企业的发展都有着不可忽视的作用；一个高度概括产品特质的名称，如“电子捕虫器”，能加深公众对它的认识与了解；一个富于艺术魅力的商品代码，如“养颜液”，能激发公众的购买欲；一个充满诗情画意的菜式雅名，如“江南百花鸡”，既可引起公众的食欲，又能让人大饱口福之后回味无穷；一个饶有魅力的产品商标名称，如家长们青睐、孩子们喜爱的“娃哈哈”，具有巨大的宣传效力，成为生产企业的无形资产。

俗语说：“秤砣虽小压千斤。”有一个日本企业家说：“有了一个好的名称，新产品便打开了销路。”说得很有道理。美国“可口可乐”能够风行世界，与其流畅、飘逸、读来顺口易记的雅名不无关系；广东“健力宝”能够名扬天下，与它的“健身之宝”“力量之泉”的芳名会意也不会无缘。正因为名称重要，所以懂得公关的企业往往不惜重资开展征名活动。美孚石油公司为了把其汽油商标的名称“埃索”改为“埃克索”，曾利用包括语言学家在内的有关方面专家，调查了55个国家的语言情况，编写出一万多个名称，历时6年，耗资140多万美元。我国不少大型企业如中国抽纱汕头进出口公司等，为了进一步扩大国内外贸易、提高商品知名度，也曾不惜重金向社会公开征集商品商标名称。有些企业不懂得产品名称的重要性，对取名不讲究、不严肃，甚至故弄玄虚，欺骗公众，造成很坏的影响。《广州日报》2008年1月25日王纳在《吃年夜饭点菜，别被稀奇菜名“忽悠”了——深圳市消委会昨日提醒消费者　吃年夜饭时要提高维权意识》一文中有这样的报道：

很多菜名让人一头雾水

记者昨日采访时还发现，很多酒楼为了迎合年夜饭的喜兴气氛，把一些菜名都改得喜气洋洋，常见的如“金玉满堂”“福禄双全”“横财就手”等，还有一些“别出心裁”的菜名，让人感觉就像猜谜一样。比如“母子相会”竟是黄豆炒豆芽，“火山下雪”是凉拌西红柿上面洒上白糖，“棒打猪八戒”是豆芽炒猪头肉……

在一家餐馆，记者看见菜单上写着赠送的小吃叫“一国两制”，觉得好奇怪，赶忙找点菜的部长打听。部长却笑呵呵地说：“是煮花生米和炸花生米。”

…………

再看《广州日报》2008年2月26日肖复兴《名字花哨的时代》中的两个语段：

如今，是一个乱起花哨名字的时代，走在大街上，无论店铺楼盘，还是酒吧咖啡屋，或是商品上挂的商标牌号，花里胡哨的名字争奇斗艳，应接不暇，令人莫衷一是。北京有一家餐馆竟然把自己的招牌菜取名为“鸦片鱼头”，被城管叫拆。餐馆老板一脸无辜一个劲儿地打躬唱喏辩称：哪敢用鸦片做菜，只是想以此吸引人，意思是此菜如鸦片一样越吃越上瘾。显然，“鸦片”二字，不是名词，而是动词或形容词，不过是店家在店前故意撩人的幌子而已。

我国早有古训：必正名乎。意即名不正则言不顺。如今，不仅有些店家早已经弃之不顾了，在店名和菜名上费尽心思，剑走偏锋，或故弄玄虚，或耸人听闻；而且，不少地方也在名字上搞一些华而不实的花头，风头正劲，无人监管而大行其道。别的不说，只看开发商新建的楼盘的名字，大多要叫个欧郡豪庭、罗马花园、北欧小镇、奥古斯邦城堡之类，虽然离我们这里远而又远，见都没见过，却一下子好像亲戚一样，就站立在咱自家的门口了。在全世界，恐怕再没有我们这里如此热衷于起古怪花哨名字的了。究其心理，不是崇洋，就是趋俗，甚至媚富，我们北京朝阳区就有一处叫“财满地”，如此土老财一样的名字竟然出现在号称CBD的附近，真是令人哭笑不得。

这样的产品名称徒有虚名，欺人又自欺，君子不齿，既有损企业的形象和声誉，更不利于企业的生存和发展。命名重要，但名为表，实为里，应表里一致，且名与实相比较，实为本，质优为上。

二、产品、商标命名的语言要求

为了使产品、商标的代码有助于树立组织形象，实现公关目的，给它们取名必须做到以下几点：

（一）名实相符

被命名的对象是客观存在着的事物，而名字是对它所标志的客观事物的概括化了的代号，因此，虽然名字本身不是事物本身，但名字和它所标志的事物却有密切的联系。唯因它与它所标志的事物有密切的联系，名字才有价值。因此，产品、商标的命名要命得确切，要能向公众揭示所标志事物的特点、形象及其含义，做到名实相符，以便公众在听到、看到名字后，能大体知道它所替代事物的基本情况。优秀的命名，如新疆“哈密瓜”产自新疆哈密附近，瓜质爽甜，具有西瓜、黄金瓜、雪梨瓜、白兰瓜、木瓜等其他瓜种所没有的独特风味；“速效救心丸”告知人们吃了这种药能很快“救心”；“橘红咳嗽药膏”主要以橘红入药，主治咳嗽，它们名实相符，能使人顾名思义。又如“万家乐热水器”“弹力丝袜”“连衣裙”“甜橙香油精”“鸡粒烩燕窝”等，都能指示所代事物的物质、性能、功用，便于公众认识与选购。

（二）易认、易读、易记

产品、商标命名还要求易认、易读、易记。易认，就是要通俗易懂，不艰深晦涩；易读，就是要语感好，读来顺口；易记，就是要有冲击力，有一定的感情色彩，使人听后、读后难以忘怀。只有这样，才能便于公众理解，为公众喜欢，给公众留下难忘的印象。优秀的产品、商标名称无不如此。例如“可口可乐”，两个双音节词并用，节奏明快，顺口悦耳，便于记忆；“娃哈哈”三个音节的叠韵词富于音乐美，更带喜爱、愉快的感情色彩，容易引起儿童和父母的兴趣和喜爱；“万宝”，名简意丰，不仅使人易读、易记，而且可以顾名思义，联想到“万户千家必备，现代生活之宝”，收到自我颂扬、诱人购买的效果。

为了易认、易读、易记，名字不宜过长，一般以二、三音节为宜，以六、七音节为限，否则，不便于称呼和记忆；但也不要过于简略。如有的商标上只有拼音缩写，如“XLD”“td”，虽简不明；还要避免使用方言或生僻字词，如商标“妮妮”（山东广饶儿童服装厂）、“鹰唛”（广东中山油脂食品厂），均是以其所在地方言命名，令外地人费解。

（三）新颖、独特

产品、商标名字，特别是新产品的名字，必须新颖、独特，这也是公众的心态所要求的。人们大抵都有好奇心，见到一种新鲜奇异玩意往往感到兴奋，乐于知晓其来龙去脉，甚至产生追求行为。因此，商品、商标名字新颖独特，更能引起公众的兴趣与思考，产生对它了解、接近的欲望，进而采取接近它的行动。

名称既要戒平庸，也要戒雷同、避近似，还要不落俗套，若看来似曾相识，就容易令人生厌。群众脱口而出的打油诗“‘红棉’随地开，‘珠江’到处流，‘五羊’遍地跑，‘熊猫’全国走”，就是对商标命名泛滥俗套的讽刺。

（四）符合民族特点

不同的民族具有不同的特点，表现在地域环境、性格爱好、心理状态、道德风尚、风俗习惯、文化传统等各个方面。命名跟民族特点很有关系，北京有三大老药铺：同仁堂、鹤年堂和千芝堂。同仁堂，其中的“同仁”二字取自《易经》，意为无论亲疏远近一视同仁，讲究济世的医德；鹤年堂取《淮南子》中“鹤寿千年，以极其游”之句，祈福意境高远；千芝堂取“世有千芝，天下共登仁寿”之句，来自千芝堂留存下的老药目中的话，一样道出了对生命与道德的尊崇。其古风悠悠，文化与道义同在，经时间、风雨淘洗而常新，魅力依然。梅、兰、菊、竹和松、柏等为汉民族传统中入诗入画的典雅之物，并带有象征意义，因而汉族人民喜欢用之来取意命名，如“红梅香槟酒”“菊花牌背心”等。中国的菜名很多也与汉民族的风情习俗、历史文化有关，例如，“龙虎会”“凤爪”“哪吒童鸡”“宫保鸡丁”“纯神仙鸭”等。

公关人员给产品、商标命名必须考虑到民族特点，出口国外产品、商标则要注意吻合销往国的风俗人情，如果不符合其民族特点，则应更改名字。在这方面，中外不少企业都有过教训。例如，风靡男人世界的金利来领带，名叫 gold lion，当初译成中文名“金狮”。投放市场后，尽管产品质量很好，却销量不高，究其原因，原来“金狮”和“尽失”谐音，这对于很注意有个好彩头的人来说实在太不吉利了，所以很多人退避三舍。于是厂家立即改名，英文名仍为 gold lion，但中文名按其英文音译为“金利来”。这样，好产品加上一个好名字，销路大开。

三、产品、商标命名的艺术手法

产品、商标名称的语言风格多种多样，从不同的角度着眼，它可以是朴素平实的，也可以是华美奇巧的；可以是显豁明快的，也可以是含蓄蕴藉的；可以是俚俗风趣的，也可以是高雅庄重的。构成这种种风格的命名艺术手法也多姿多彩，常见的概括说来有如下数种。

（一）效用命名式

效用命名式，即以产品的作用、功能或使用后的效果来给产品或商标定名。例如，“安神补脑液”、“光明一洗黑”（染发香波）、“君得丽”（高级时装）、“帅达尔”（皮袋）、“血栓心脉宁”等。

（二）质地命名式

质地命名式，即以产品的质地或结构成分来定名。例如，“虫草鸡精”、“巴戟酒”、“天然纯白奶”（洗面奶）、“首乌人参洗发精”、“鲜笋牛肉”（菜）等。

（三）制法命名式

制法命名式，即以产品的制作方法来定名。例如，“九制陈皮梅”“双蒸酒”“二锅头”等；又如，“乐华电视”，该名称即表示该产品是采用日本乐声电视机的技术、原件，由中国组织装配而成，同样的还有“中意冰箱”“华菱冰箱”等。

（四）企业命名式

企业命名式，即以企业的招牌名称为产品、商标定名。例如，“健力宝”（即为广东健力宝饮料集团公司的产品）、“万家乐”（即为广东万家乐燃具工业集团公司的产品）、“太阳神”（即为广东太阳神集团有限公司之产品），此外，如“万宝冰箱”“声乐鞋”“沈飞汽车”等皆属此类命名式。

（五）意兆命名式

意兆命名式，即以祝福的方式给产品的受用者以好兆头的定名方式。例如，“金利来”（领带）、“吉百利”（朱古力）、“利是”（糖果）、“福寿仙”（口服液）、“英雄”（金笔）、“金杯”（足球）等。

（六）自颂命名式

自颂命名式，即以自我颂扬的方式定名。例如，“美的”（风扇）、“多多妙”（面条）、“益乐多”（饮料）等。

（七）叠音命名式

叠音命名式，即以音节相叠的方式定名，并以单音节相叠的方式为常见。例如，“杉杉牌西服”、“鸭鸭羽绒衣”、“胖胖”（儿童文娱用品）、“珊珊”（旅游用品）等。叠音名称作为产品的一种昵称方式而产生，并日益受到人们的喜爱。

（八）数字命名式

数字命名式，即以吉祥的数字为产品、商标定名。例如，“999 感冒灵”，三个“9”相连，一方面蕴含着厂家活力长久之意，另一方面也蕴含着患者服用该药后便“健康长寿”的意思。又如，“505 神功元气袋”，在中国传统文化中，“5”是金、木、水、火、土“五行说”中“土”的代表，是万物生长之本，因此，“5”是生数、吉祥之数。此外还有“838 计算机”“851 口服液”等。

（九）典故命名式

典故命名式，即以历史典故、神话、传说等来给产品、商标定名。例如，“嫦娥牌电扇”、“盲公饼”、“太爷鸡”、“龙飞凤舞”（海鲜鸡片）、“鸿门宴”（蟹黄燕窝）等。

（十）人物命名式

人物命名式，即以创始人、制作人或古今名人的姓名来定名。例如，“张小泉剪刀”“杜康酒”“华佗再造丸”“李宁牌运动服”等。

（十一）地点命名式

地点命名式，即以产品产地或名山大川来定名。例如，“茅台酒”“龙井茶”“天府花生”“涪陵榨菜”，即以产地定名；“黄河汽车”“昆仑电视”“庐山瓜子”等则借名山大川来定名，并达到借名扬名的目的。

（十二）动植物命名式

动植物命名式，即以神兽仙禽或吉祥的花草等植物为产品、商标定名。例如，“凤凰”（自行车）、“大白兔奶糖”、“熊猫牌衬衫”、“蝴蝶牌缝纫机”、“荷花蚊帐”、“牡丹电视”、“竹叶青”（酒）等。

（十三）注情命名式

注情命名式，即在产品、商标的名称中倾注人情，以达动人感人之效的命名方式。例如，“红豆”（衬衫），以红豆为商标，既表达了厂家把件件衬衫看作奉献给消费者的爱心，以情召客；又能唤起消费者“此物最相思”的心理共鸣，从而使其成为人们相互馈赠的佳品。又如，“爱妻牌洗衣机”“女士心酒”亦属此类命名。

此外，还有以色泽命名（如“玫瑰红唇膏”）、形态命名（如“玉立电器”）、联想命名（如“席梦思床垫”）、译音命名（如“雅戈尔”）等。最后要提醒注意的是，不少产品、商标的命名手法并不是单一的，如“周林频谱仪”“圣达牌中华鳖精”“孔府家酒”“人参胎素美容膏”等皆是两种或多种命名艺术手法的结合。

第五节　公关题词赠言

题词赠言，也叫题词留言。一般是指为留作纪念而亲笔书写的文字。这种文字，或写于留言簿、纪念册、日记本、书刊扉页，或书于纸素专幅、锦旗、标语牌、纪念碑上。它形体短小，字字珠玑，甚至片言只字，亦可自成一体。文辞优美，意境浑雄，气势贯通，有很高的审美价值，堪称书面语言体式中的精品。

随着社会文明进步的快速发展，个人或社会组织之间交际日益频繁，题词赠言也越来越广泛地运用于公关实务之中，很有研究之必要。

一、题词赠言与公关

题词赠言，可分为人与人之间和社会组织之间两种。其中用于公关实务，公诸社会者，即为公关题词赠言。

公关题词赠言，有的表示评论赞美，有的表示号召勉励，有的表示纪念，有的表示祈请，有的表示誓愿。这些内容大都有着健康高尚的思想境界，洋溢着炽热的真挚感情，对广大社会公众有着很强的感召力和鼓励作用。事实证明，领袖伟人的一则题词赠言，往往能成为一个历史时期的舆论导向，可以造就一代或几代新人，树立起一种良好的社会风尚，加快社会前进的步伐。社会组织间的一则题词赠言，可以振奋一个集体奋发向上、开拓进取的精神，可以加强相互间的理解、友谊与合作。因此，公关题词赠言形式虽然短小，意义和作用却非常重大。可以说，它是文明的标志、时代的记录、历史的文献。

二、公关题词赠言的语言要求

（一）言简意赅

清人刘大櫆在《论文偶记》中曾说："文贵简，神远而含藏不尽则简，故简为文章尽境。"这是就一般文章而言。与其他体式相比，公关题词赠言有以下几个鲜明的特点：有久远的纪念价值，宜于保存；有强大的鼓动性，朗朗上口，好懂易记；多须公诸社会，而书写、印刷或镌刻的语言内容，只能限于一定的版面或尺幅，而且务必做到醒目。因此公关题词赠言更需要言辞简明、寓意深刻。请看下面几则用例：

毛泽东1960年为中央办公厅的题词：

　　艰苦朴素

毛泽东1962年为全国人民题词：

　　向雷锋同志学习

江泽民1991年为延安革命纪念馆题词：

　　延安精神永放光芒

这几则出自领袖之手的政府公关题词，是中国革命不同历史时期的精神结晶，是时代的强音。它们对于感召全党全军和全国人民，树立良好的社会风尚和造就一代代社会新人，在过去、现代和将来都起着巨大的作用。各例都是几字成篇，片言居要，蕴含哲理，好懂易记，令人过目难忘，堪为言简意赅之典范。

（二）情真词切，富有个性

从语言作用上说，公关题词赠言是时代的记录、历史的文献，也是人际心灵的沟通与呼唤。一则精美的题词赠言，或是惊天哲理的评说，或是时代强音的激荡，或是感情浪潮的奔涌，或是友谊蓓蕾的怒放，其语言都必须以意为先，以情为主，晓之以理，动之以情，做到意、理、情完美结合，真、善、美高度统一。

从题写者的创作环境上看，公关题词赠言大都是作者在大喜大悲、心潮澎湃之际所为，而且又大都是作者亲临热烈的公关现场，在亲切的气氛中展卷挥毫。此情此景，真挚的感情最易油然而生，迸发出智慧的火花，谱写出闪光的语言。

由上可见，公关题词赠言必须做到情真意切、富有个性。那些平淡索味、千人一面的语言是不能打动人心的。下面分类举例说明。

（1）表评论赞美的，例如：

毛泽东为刘胡兰烈士题词：

生的伟大，死的光荣

邓小平为深圳经济特区题词：

深圳的发展和经验证明，我们建立经济特区的政策是正确的。

李岚清题贺暨南大学百年校庆：

百年侨校　人才辈出

刘人怀题贺黎运汉七十华诞：

修辞立诚数十载　枫叶含霜别样红

前三则是政府公关题词。毛泽东主席为刘胡兰烈士的题词，高度赞美了一个伟大的灵魂，为求翻身解放的亿万革命群众，树立了光辉的形象。八个闪光的大字，字字饱含崇高的赞美之情；一题惊雷般的语言，声声洋溢炽热的革命之爱。邓小平总书记为深圳特区的题词，是对真理的评说，用朴实的语言指出并肯定了我国在探索中，终于找出一条通过改革开放建设有中国特色的社会主义的成功之路。李岚清副总理题词以简约的语言对暨南大学作了名实相符的高度赞美。最后一例是教育公关题词。中国工程院院士、暨南大学校长、博导刘人怀教授对本校中文系黎运汉教授七十华诞的贺词，以优美的语辞，诚挚地赞美了黎运汉教授的治学品德和业绩。

（2）表号召勉励的，例如：

孙中山先生为近代著名教育家、社会活动家、资产阶级民主革命家刘青霞的题词：

①天下为公　巾帼英雄

江泽民主席于1994年，在“六一”国际儿童节到来之际为“跨世纪中国少年雏鹰行动”的题词：

②自学自理自护自强自律做社会主义事业的合格建设者和接班人。

朱镕基总理1999年10月7日为中央电视台《焦点访谈》题词：

③舆论监督，群众喉舌，政府镜鉴，改革尖兵。

钱学森副总理2006年为暨南大学题词：

④百年侨校，再创辉煌

广东省文联主席、广东画院院长许钦松2017年1月29日为《广州日报》题写新年寄语：

⑤广州日报惠存　新媒体新年发新声

例①赞扬她散尽资财为革命的爱国之举。例②指出了跨世纪中国少年的努力方向，勉励他们要"五自"，努力做社会主义事业的建设者和接班人。例③勉励电视台向新的目标开拓奋进。例④勉励暨南大学发扬百年创业的优良传统，为国家的华侨事业和教育科学事业作出更大的贡献。例⑤看好《广州日报》新媒体的发展。

（3）表纪念启示的，例如：

由毛泽东主席起草、周恩来总理书写的人民英雄纪念碑碑文：

三年以来，在人民解放战争和人民革命中牺牲的人民英雄们永垂不朽！

三十年以来，在人民解放战争和人民革命中牺牲的人民英雄们永垂不朽！

由此上溯到一千八百四十年，从那时起，为了反对内外敌人，争取民族独立和人民自由幸福，在历次斗争中牺牲的人民英雄们永垂不朽！

李鹏总理1994年7月为甲午战争博物馆的题词：

以史为鉴

前例缅怀千百年来为民族解放的人民革命事业献身的人民英雄，塑造了光辉的英雄群像，树立了高大的历史丰碑。三段话各自独立，连起来浑然天成，一气呵成，气势贯通。文辞意境雄浑，感情庄重肃穆，充分表现了对人民英雄的无限敬仰和无限怀念之情，激发广大公众以先烈为榜样，继承先烈的遗志，发扬先烈的精神，把先烈未竟的事业进行到底。后例借纪念甲午战争100周年之际，怀念英雄壮举，回顾历史教训，痛定思痛，充满了忧国忧民的真挚感情。

（4）表祈请的，例如：

中国奥申委1983年春的题词：

开放的中国盼奥运！

中国奥申委1993年9月的题词：

给中国一次机会，还世界一个奇迹！

这两则公关题词，气度恢宏，富有个性，感情炽热，表现了中国顶天立地大无畏的英雄气概，展现了中国人民敢于参与、敢于竞争、敢于展现自我、敢领风骚的大智大勇，树立了国家的良好形象，对中国人民和世界人民都有着巨大的感染力和鼓动性。

（5）表誓愿的。这类公关题词是把自己组织的愿望或誓言公诸社会，以期得到公众监督，感动社会广大公众。例如，中国翰园碑林创建人李公涛先生将家训刻于碑上，树于园中：

家　训

为继承和发扬祖国传统文化，振兴民族精神，誓在七朝古都开封兴建一座与山东曲阜碑林相媲美的具有旅游价值的碑林，把现代书法精粹流传后世，以愚公移山精神世世代代刻碑不止。我倒下了，由弟弟、子孙接着干。只许投入，不许索取，迎难而上，百折不回。直至碑林建成，无偿交给国家为止。碑林有了收入，李家子子孙孙不能从碑林牟取一分钱利益。特作家训，镌刻于石，嘱儿孙共遵之。

丁卯年冬　李公涛　书于古都开封

这是一则惊天地泣鬼神的文字。1985 年，当代“文化愚公”李公涛为弘扬中华民族传统文化，倾全部家资，率全家 10 口人，广收天下书法墨宝，刻石成碑，在市政府无偿提供的百余亩土地上，建起了一座拥有 3 500 块碑刻的民办碑林。并立碑训为志，“世世代代刻碑不止”，“只许投入，不许索取”。公涛先生无私奉献的精神，感动了海内外广大人士，大家纷纷慷慨解囊，鼎力相助，开创了一代新风。所刻写的训词，掷地有声，意真词切，情系天地，催人泪下。

再如，平顶山矿务局××矿曾为平顶山师范专科学校捐资建起了一幢五层学生宿舍楼，在高达 15 米的山墙上镶塑了一幅醒目的题词：

永不后悔的投资

××矿全体职工

这是出自工人之手的留言式题词。为发展人民教育，培养下一代捐资助力，无怨无悔，体现了劳动者的正气、豪气，酣畅淋漓，个性鲜明，亦真亦善亦美，合事合理合情。言辞虽不见高雅，意境却极为灿烂，颇能发人深省，给人启迪，对下一代有很好的教育作用，同时也展现了自身组织的良好形象。

（三）古朴典雅

古朴典雅的文辞，庄重沉稳，义正词严，感情浓烈，能给人以高雅文明的气氛。公关题词赠言为了适应题赠特定的需要，必须使用规范的文学语言，选用具有庄重高雅色彩的词语和书面语句式，使语言显得古朴、典雅，蕴含深沉的感情以及高远的意境。例如：

毛泽东主席在 1961 年 10 月 7 日接见日本朋友时曾录鲁迅诗相赠：

万家墨面没蒿莱，
敢有歌吟动地哀。
心事浩茫连广宇，
于无声处听惊雷。

当时在座的都是日本文化艺术界的朋友，文化素质高，笔录名人诗相赠，显得高雅庄重、得体相宜。中日两国一衣带水，隔海相望，有上千年的友好历史，后由于日本军国主义的疯狂侵华，造成两国关系中断，直至1961年尚未恢复正常邦交。但中日两国人民需要早日从僵局中解脱出来，发展友好往来，为人类社会作出贡献。此时此际，毛泽东同志书录鲁迅这首诗赠送日本文艺界朋友，表达中国人民的美好意愿，寄意于尺幅之外，寓情于笔墨之中，点染世情，发人深省，留下了悠长的弦外之音。

又如：

采桑子·神游翰园

小桥流水龙亭柳，不是江南，疑是江南，一缕清风酒半酣。

琳琅满目千家字，当代精尖，世代精尖，点点清辉耀墨坛。

这是中央统战部给中国翰园碑林的题词。言辞优美，古色古香，意境高远。赞美之情，透于行间。这种体式，题写在墨宝琳琅、阁榭掩翠的中国翰园碑林，显得意蕴高雅、气氛和谐，堪为上乘之作。

三、公关题词赠言的语言艺术手法

公关题词赠言常用的语言艺术手法，主要是：

（一）对偶

公关题词赠言，常以楹联形式出现。这样可以使幅面整齐、笔墨有致，读起来朗朗上口，好听好记，便于传诵。例如：

毛泽东1955年5月12日给肃反工作的题词：

提高警惕，肃清一切特务分子，

防止偏差，不要冤枉一个好人。

这则题词幅面上字迹潇洒，左右蝉联，可以从酣畅的笔墨中，想象到题者当时那种成竹在胸、笔挟风云的豪情。

（二）排比

排比可以“壮气势、广文义”。公关题词赠言要表达奔放炽热的感情和广阔的内容，尤其适用排比的手段。例如：

邓小平总书记1983年为景山学校的题词：

教育要面向现代化，面向世界，面向未来。

谷牧同志1989年为青岛电视机厂的题词：

更新技术，提高质量，争雄世界。

（三）反复

公关题词赠言为了强化感情渲染，突出重点语意，或者抒发强烈的感情和深切的情意，经常用反复手法。例如：

清洁人，清洁心，清清洁洁清世界，

光明地，光明路，光光明明光新天。

这是河北省省长李尔重同志于1981年春节前夕书赠石家庄清洁工人的题词。言辞虽不见华丽，达意却甚为晓畅，更兼“清洁”“光明”等词的反复运用，高度赞扬了清洁工人的高尚情操。

（四）镶嵌

公关题词赠言，常用诗词或对仗的形式。有时将单位名字拆开，分别嵌在上下句中的相同位置，更见高雅别致。请看杭州梦湖山庄标语牌上的语言：

梦里寻它千百度

湖光山色见吾家

杭州西湖，名扬天下，早为古人魂牵梦萦的人间天堂，更是现代人们向往憧憬的理想宿地。建筑在杭州西湖之滨国家旅游假区内的高级别墅——梦湖山庄将人们梦寐以求的夙愿变为现实。这则题词仿照辛弃疾“众里寻他千百度”的名句，写成对仗形式，并巧妙地将山庄的名字“梦湖”拆开嵌于上下句句首，颇见高雅别致，使人怀古幽思，钟爱之情，油然而生。

（五）顶针

顶针可以表现事物间的连锁关系，揭示事物的发展过程，而且能使句式整齐、语势畅达。公关题词赠言中也常用顶针手法。例如“军爱民，民拥军，军民一家亲”“人民齐心办教育，办好教育为人民”之类，比比皆是。又如开封市首届宋都文化节时市政府的题词：

让开封走向世界，让世界了解开封

这是顶针回环套用手法，它指出了开封的发展与走向世界的有机联系，表达了开封人民改革开放走向世界的强烈愿望。

（六）引用

引用诗文佳句、名人睿语或广为流传的警语，可以使文章含蓄，富于启发性，可以使语言精警、典雅，酿出传神之笔，增强表现力。公关题词和赠言也常用这种手法。例如：

田纪云同志1993年9月8日为青岛电冰箱总厂的题词：

欲穷千里目，

更上一层楼

这里引录脍炙人口的唐诗名句赠予青岛电冰箱总厂，语辞高雅，蕴意无穷，富有哲理，表现了国家对企业的殷切期望，对企业公众有着很大的鼓舞作用。

此外还有比喻、拟人等，如高杞云为暨南大学建校百年志庆：

育栽桃李春风化雨

英才贤俊五洲飘香

第六节　名　片

名片是社会交往中用来自我介绍的沟通媒介，它是交际生活中的一种文化现象，这种文化现象在我国古代就已出现。据文献记载，名片的使用始于汉代，当时，把通报姓名的单片叫作“刺”，后来，把名片叫作“名纸”，宋代孔仲平的《孔氏谈苑·名刺门状》载：“古者未有纸，削竹以书姓名，故谓之刺；后以纸书，故谓之名纸。”还有把名片叫作“名帖”的，清代赵翼的《陔余丛考·名帖》曰：“后世以纸书，谓之名帖。”由上观之，名片是在古代的刺、名纸、名帖的基础上发展而来的。

随着科学的进步，现在人们制作名片的材料不再是竹，也不限于纸张了。在名片的家族中，增添了“贵族”成员，如不锈钢名片、光导纤维名片，甚至还有黄金名片。可见，名片也在随着社会的发展而发展，从古代“削竹以书姓名”的“刺”，到现代黄金名片的出现，无不折射出时代发展、经济腾飞的光辉。

一、名片的类型

（一）交际型

这类名片仅为自我介绍服务，因此，名片的正面一般只需说明本人的姓名、职业、职务、通信方式即可，还可在名片的左上角印上自己所在组织的徽标，标志自己是该组织中的一员；名片的背面可空白，亦可用英文书写与名片正面同样的内容，便于与外国朋友交往。交际型名片的主要功能是作为人际交往中的介绍信。陌生人见面，彼此只要互递名片，双方便可迅速从名片上了解彼此的情况，避免了不便启齿的自我介绍或询问，省却了握笔书写之烦，既节省了时间，显得高雅大方、彬彬有礼，又能迅速缩短双方的心理距离，方便交际。例如：

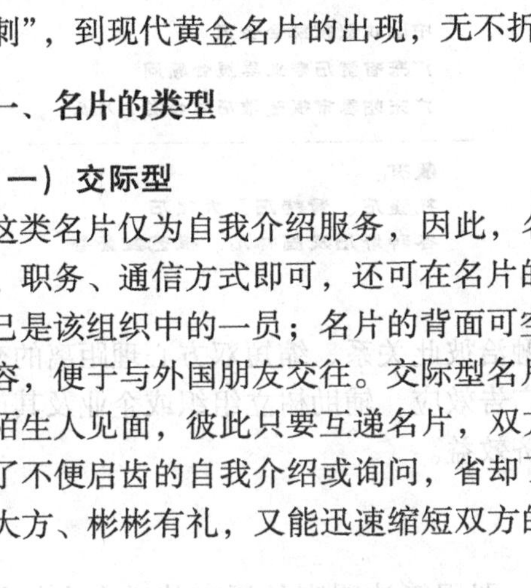

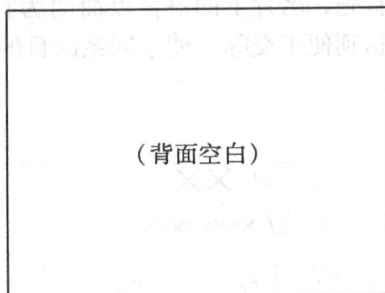

（背面空白）

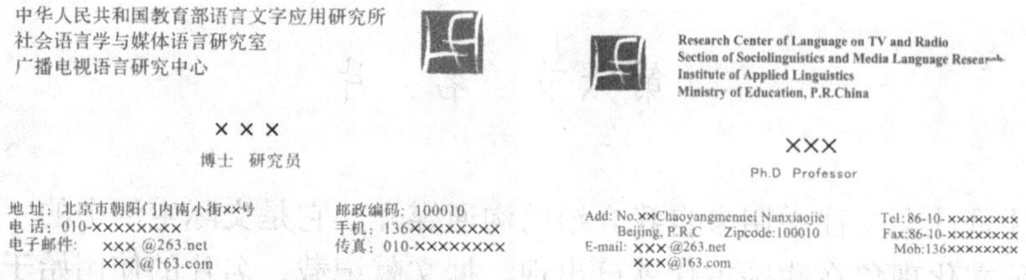
中华人民共和国教育部语言文字应用研究所
社会语言学与媒体语言研究室
广播电视语言研究中心
×××
博士 研究员
地址：北京市朝阳门内南小街××号
电话：010-××××××××
电子邮件：×××@263.net
×××@163.com
邮政编码：100010
手机：136××××××××
传真：010-××××××××
Research Center of Language on TV and Radio
Section of Sociolinguistics and Media Language Research
Institute of Applied Linguistics
Ministry of Education, P.R.China
×××
Ph.D Professor
Add: No.××Chaoyangmennei Nanxiaojie
Beijing, P.R.C Zipcode:100010
E-mail: ×××@263.net
×××@163.com
Tel:86-10-××××××××
Fax:86-10-××××××××
Mob:136××××××××

（二）公关型

这类名片与交际型名片有共同之处，那就是名片的正面介绍自己，同样写清楚本人的姓名、职业、职务、通信方式，不同的是，在推销自己之余，还兼顾推销自己所在组织及产品，因而，这类名片的正面或背面，有的还会宣传组织宗旨或企业经营服务范围，例如：

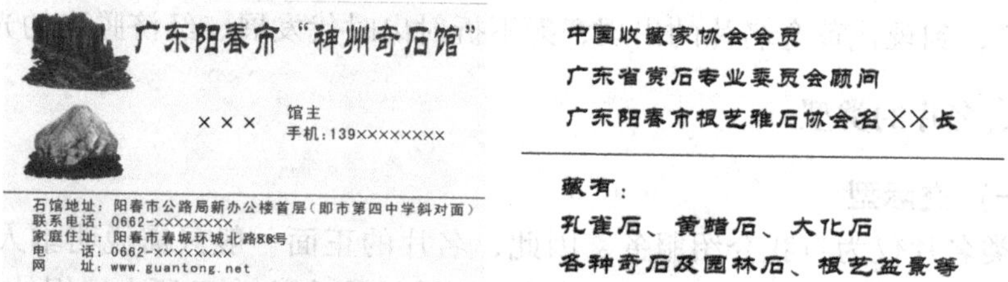

公关型名片除了具有方便交际、融洽彼此关系、缩短双方心理距离的交际功能外，还有较强的公关意识，能产生广告效应，辅助树立组织或企业及其产品的良好形象，收到更大的社会效益和经济效益。

二、名片的语言设计

首先，名片上的语言以简明为宜，即用简洁明晰的语言传递个人的基本信息，达到便于交际、便于联系的目的即可。例如：

①

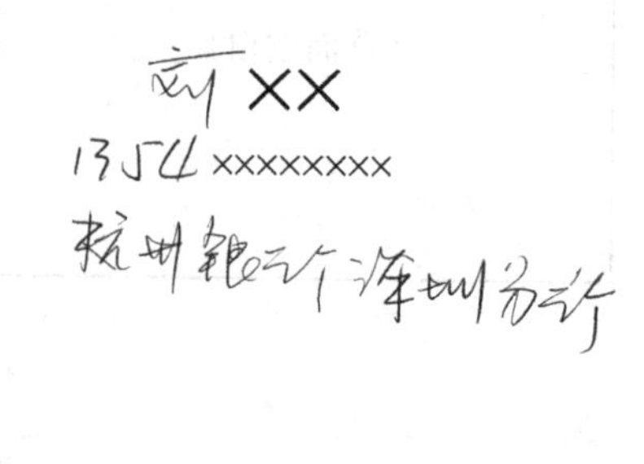

②

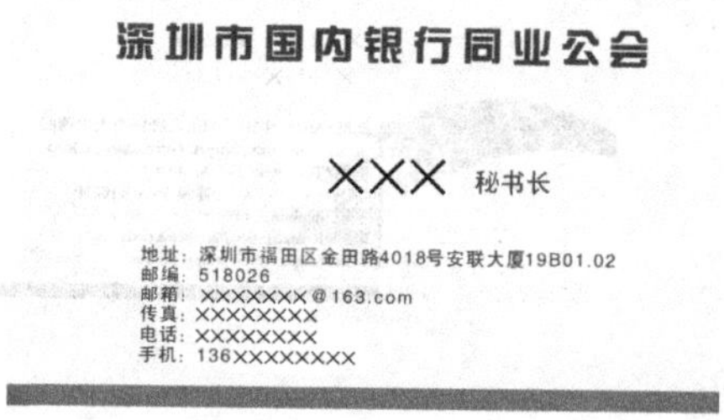

③

ZHIPINGSHENG
× × ×
首席顧問
監事會主席
高級工商管理碩士
智平勝國際投資管理集團
智平勝(中国)管理顧問機構
中國廣州市五山路五山科技廣場XXXX室
電 話:+86-20-XXXXXXXX 郵 編:510640
傳 真:+86-20-XXXXXXXX
手 電:+86-139 XXXXXXXX
電 郵:XXX @zhipingsheng. com
網 址:www. zhipingsheng. com
ZHIPINGSHENG
XXX
Principal Consultant
Chairman of the Supervisory Board
EMBA
ZPS INTERNATIONAL INVESTMENT AND MANAGEMENT GROUP
ZPS (CHINA) MANAGEMENT CONSULTING SERVICES
Room XXXXXX
Wushan Science and Technology Square, Wushan Rd.
Guangzhou,China.
Tel: +86-20-XXXXXXXX PC: 510640
Fax: +86-20-XXXXXXXX
Mobile: +86-139 XXXXXXXX
E-mail: XXX@zhipingsheng.com
Website: www.zhipingsheng.com

④

北美特許財務規劃師
北美特許財務管理經理
英國財務管理專業學院院士
廣東兩陽王氏宗親會名譽會長
中國財富管理專才網戰略顧問
美國協和大學南中國案例中心主任
比利時聯合商學院南中國遠程分院院長
美國北美財務及管理協會標準委員會委員
美國智平勝(中國)國際企管案例中心主任
CONCORDIA UNIVERSITY WISCONSIN
CWME
North America Chartered Financial Planner (NACFP)
North America Chartered Financial Manager (NACFM)
Institute of Professional Financial Managers was established, UK
Dean South China Case Center, Concordia University, USA
Dean of School of Distance Education, South China, United Business Institutes
Strategy Consultant China Wealth Management Experts Network
Member of North America Financial services and Management Association (NAFSMA), USA
Dean ZPS (China) International Business Administration Management Case Centre USA
Honorary President Wang Clansmen Association, Y&Y,Guangdong, China

上面三张名片，例①内容很简洁，但不明晰，刘××，何许人氏？职业、职务、联系地址等情况一概不详，这样的名片，起不到介绍的作用，仍为交际带来许多不便。例④过于繁杂，将所有头衔不分主次地罗列在一起，令人眼花缭乱。例②③传递的信息正适中，这样的名片能为交谈引出话题，为交际与今后的联系提供方便，能起到名片应有的作用。

其次，名片语言还要注意谦虚、真实。介绍自己的职务完全是为了方便工作，因此，头衔的介绍要抓住重点，繁简适中。例如，有一位县长的名片上面的头衔有一大串，其中有主衔“县长”，兼任的旁衔很多，如该县的“文联主席”“作协主席”“美协主席”“书协主席”“钓协主席”“鸽协主席”“邮协主席”等，难免给人以炫耀之感。因此，即使是任职较多的人，名片上的头衔也应突出重点，一般应控制在五个以内为宜。此外，名片上的语言还要真实，既然名片是个人身份的介绍信，因此，就应该有一说一，实事求是，不应夸大，更不能弄虚作假。据说，有一个小饭店的老板在名片上写的头衔是：海陆空酒家总经理。其实那“酒家”只是一家小小的夫妻饭店，职工二人（即一夫一妻），桌子两张，实在是太名不副实了。

再次，名片上的语言不必千篇一律，可设计一些新颖的言语。如电影明星李雪健的名片不是罗列其头上的桂冠，而是写着："您的朋友——李雪健"，后面写上联系地址、电话等。这张名片的语言既简洁又新鲜，使人感到名片主人那平易近人、亲切待人的质朴品德，从而缩短了交际双方的心理距离，为交际打下了良好的基础。莱英达集团的分公司——新世纪饮水科技有限公司谢经理的名片背面，为了宣传公司的经营范围，不是罗列大堆产品名称，而是写着："饮水思源、饮水思净、饮水思纯"，亦超凡脱俗，令人耳目一新，具有广告的宣传鼓动魅力。

名片上的语言，有时还可加入幽默元素，如自嘲或自我调侃，著名剧作家沙叶新的名片上有一幅自己的漫画像，并配有这样一段文字：

我，沙叶新，
上海人民艺术剧院院长——暂时的；
上海人民艺术剧院作家——永久的；
某某委员、某某理事、某某顾问、某某教授——都是挂名的。

这张名片的语言就很新奇有趣，它既传递了应该传递的基本信息，又使名片主人那谦逊、幽默、风趣的性格跃然纸上，令人对其了解更加深刻。

最后，在设计名片时，还要适当借助图画、符号、表格等非语言手段辅助传情，如上面几例中出现的图画、符号都能起到点缀作用。

思考与练习

1. 公关标语、口号有什么作用？
2. 公关标语、口号拟定的原则是什么？
3. 公关标语、口号的基本语言要求是什么？为什么？
4. 请拟定5条公关标语、口号。
5. 你认为下列这些标语、口号符合公关标语、口号的语言要求吗？

①普查人口，人人有责。
②讲究卫生，除害防疾，人人有责，人人有益。
③学雷锋，九折大酬宾。
④严禁小孩在此尿尿，否则罚款100元！
⑤《环境保护法》是保卫环境促进经济发展的重要武器。

6. 公关楹联在语言艺术上有哪些特点？试就下面三则用联加以说明。

送佳音飞骑连万户
报喜讯银线达九州

（某邮政局用联）

宋都御街搭鹊桥
四海宾客会古城

（开封宋都御街开放仪式用联）

十五良宵观灯猜谜玩美景
中秋吉日赏月品酒选寿星

（某商场中秋之夜与顾客联欢会用联）

7. 某单位举办为希望工程捐款的大会，请拟写一副会场用联。

8. 举例说明公关楹联都有哪些表现手法。

9. 招牌、产品、商标命名时应注意些什么？

10. 招牌命名的艺术手法有哪些？

11. 产品、商标命名的艺术手法有哪些？与招牌命名比较，其艺术手法有哪些异同之处？

12. 试举三个注情式命名产品或商标的例子，并作具体分析。

13. 公关题词赠言的语言要求有哪些？

14. 公关题词赠言为什么要情真词切、富有个性？

15. 请你为当地的“希望小学”或“预备役学校”题写一则公关题词赠言。

16. 请举例说明公关名片的作用。

17. 设计名片言语要注意些什么？

第四编　公关语言领会艺术

第十四章　公关语言网络表达艺术

随着计算机的普及和互联网优势的进一步凸显，借助于网络开展公关活动已经成为一种常态。公关实务交往活动除了主要运用口头语言和书面语言来开展，还常常借助网络语言来开展，因此，公关主体为顺利有效地实现公关目的，除了要掌握公关语言口头表达和书面表达，还必须讲究公关语言网络表达艺术。

第一节　网络语言内涵与成因

网络语言作为语言在网络语境下的一种社会变体，具有丰富而又特定的内涵，其形成原因更是多种多样。

一、网络语言与公关网络语言的内涵

（一）网络语言属性

网络语言是在互联网背景下借助于计算机条件所形成并被广泛使用的用以传播信息、表达语意、交流情感的语言符号及其表达方式，是语言在网络语境交往中的一种社会变体。网络语言有广义和狭义之分。广义的网络语言涵盖所有与网络有关的语言符号及其表达方式。如 E－mail、硬盘、菜鸟、菌男（俊男）、见光死等专业术语和网络聊天用语。狭义的网络语言是指网民在网络聊天室、微博、微信、BBS、QQ、电子邮箱等平台所使用的以传播信息、交流思想、沟通情感为目的的语言符号及其表达方式。如“KKKS”（谢谢。例句：“KKKS，请你吃饭。”）、“14”（意思，为谐音。例句：“不好 14。”）、“:)”（微笑的样子。例句：“甲：晚安！乙：你也早点睡！:)”①）、“白骨精”（公司中优秀的白领、骨干、精英）等网络文字符号及其所形成的语言符号系列。

网络语言的特征主要体现为：其一，从所指范围看，网络语言所指范围宽广，既包括网络专业化用语、网络交际（聊天等）用语，也包括公关网络语言。其二，从使用主体来看，理论上说所有的人和社会组织都可以利用网络语言开展

---

① 引自周建民、熊一民主编：《最新网络交际用语辞典》，中国社会科学出版社 2008 年版。

交流活动。例如，当校长以私人化角色和其他人交际时所使用和创造的网络语言符号及其表达方式，即为宽泛意义上的网络语言。其三，从使用范围来看，网络语言使用范围广，可以广泛应用于所有言语交际领域。其四，从所凭借的媒介来看，网络语言以QQ、微信、聊天室、微博、公众号等互联网平台为常态。其五，从语言表现特征来看，网络语言作为经网民改造过的一套混杂的符号系统，主要由网络缩略语、汉语新词汇、数字代语与网络形符构成，并且具有混杂化、视觉化、时尚化与个性化等特点。①

（二）公关网络语言属性

当下，互联网被广泛应用于公关实务活动中，公关主体在线上、线下都可以利用基于互联网而创造的网络语言表达手段和传统语言表达手段，来表情达意并塑造组织、单位、企业等机构形象。因此，所谓公关网络语言是在线上和线下开展公关实务活动时，出于特定公关目的，并为取得更好公关效果、塑造良好机构形象，而创造和使用的网络语言符号及其表达方式。简单地说，就是把网络语言应用于公关实务活动之中而形成的语言表达艺术。

与网络语言相较而言，公关网络语言既然用“公关”一词加以限定，其特征就必然在“公关”二字上有突出的反应：其一，从所指范围来看，公关网络语言只是网络语言的一种表现形式，并不涵盖所有网络语言。换句话说，只有当网络语言应用于公关实务领域的时候，才发生功能变异而转化为公关网络语言。其二，从使用主体来看，使用者必须是以处理公关实务角色出现的公关主体，包括公关人员和社会组织。比如，校长作为公关主体代表学校开展公关活动时所使用和创造的网络语言符号及其表达方式，即为公关网络语言。其三，从使用范围来看，公关网络语言使用范围小，仅限于公关实务交际领域。其四，从所凭借的媒介来看，公关网络语言既可以借助于微信、QQ、订阅号、公众号、电子邮件等互联网公关平台，也可以依赖于信函、电话、报纸、电视、杂志等传统公关平台。其五，从语言表现特征来看，公关网络语言其实就是网络语言在公关实务领域的具体应用，因此同样具有网络语言所表现出的系列性特征。

二、网络语言成因

网络语言的形成有多种因素，其中文化因素即语言文化、物质文化、制度文化和心理文化是主要成因。

（一）语言文化

语言文化为网络语言形成打下了语言基础。语言系统的语音、词汇、语法等语言要素以及由此而生成的辞格、辞趣等超语言要素，加上与语言相关的文字、

① 周日安：《简论网络语言》，《语言科学》，2003年第4期，第95－100页。

公式、图标、图画、标点、数字、字体、字号、字符、副语言、象形符号、空格、空行等要素都为网络语言的产生提供了语言或类语言方面的条件。网络语境中人与人之间采用的是面对面的"人—机—人"交际模式，实际上就是突破了物理世界时空条件的局限性而实现了人与符号间的直接互动。因此，只要能够有效交流语意信息，能够顺畅传情达意，那么一切图文字符等都可能会被利用而成为网络语言的一种存在形式。

（二）物质文化

物质文化在这里主要体现为网络技术条件，也就是指电脑技术、硬件设备、配套软件、互联网等物质文化因素。自1987年北京某计算机研究中心向世界发出第一封电子邮件，再到1994年中国接入国际公用互联网，直至21世纪初互联网真正进入中国寻常百姓家，网络语言便真正拥有了赖以产生并生存的土壤。上网费用大幅降低，宽带速率迅速提高，QQ、微信、BBS、微博、论坛、公众号、订阅号等虚拟交流平台的大量出现，为网络语言的生成与发展提供了软硬件科学技术支持，使得网络语言依靠先进的互联网技术，并通过传统媒体和新媒体而在社交中得以广泛使用和快速传播。

（三）制度文化

制度文化反映的是人与人之间、群体与群体之间、组织与组织之间的关系。这种关系包括政治关系、人际关系、伦理关系、角色关系、个体与个体之间的关系、个体与群体之间的关系、群体与群体之间的关系等。同时，又表现为各种各样的制度和规则，而且每一种制度和规则中又有各不相同的具体准则。制度文化多样化的表现形式及其属性在不同角度、不同层面制约着网络语言的产生。例如，健康的政治生态规约，为网络语言的产生培植了丰厚肥沃的政治土壤；大众传媒与网络语言的互动规则，促进了彼此间的良性发展与传播；快节奏的现实生活与高效率的工作规约，使网络语言的产生成为历史必然。

（四）心理文化

心理文化催生了网络语言的产生与发展。公关主体在使用网络语言时有不同的心理文化驱动，或为了追求新奇惊异的语言表达效果，或为了求得方便快捷的表达方式和方法，或为了酣畅淋漓地宣泄内心复杂的情绪与情感，或为了达到特定的语用目的，或为了反映某种社会热点问题，或基于从众心理等。这些不同的心理文化都成为网络语言产生的动力源泉。

第二节　网络语言的普遍性与语用作用

网络语言带着强劲的势头扑面而来并逐渐渗透到各相关领域，在人际交往与公关事务中起着不可低估的作用。

一、网络语言的普遍性

网络语言自产生以来被广泛使用，具有相当程度的普遍性。普遍性意味着网络语言具有相当强的渗透力。主要表现为：

（一）使用主体的普遍性

使用主体是指网络语言的使用者，包括信息传播者个人以及机构群体。网络语言的使用者是多种多样的。每一个自然人，比如教师、学生、公务员、农民、经理等；每一个党政机构、社会团体、群体组织，如政党、政府、学校、学术团体、公司、企业、工会等，只要开展交际活动，只要进入交际状态，就可能会把网络语言作为交际工具。尤其是年青一代网民（包括中小学生）的全力推崇，愈加使其如滔滔江水奔流直下，来势汹汹。据《中国互联网络发展状况统计报告》，截至 2015 年 12 月底中国网民规模约 6.9 亿，互联网普及率为 50.3%；手机网民规模约达 6.2 亿，占比提升至 90.1%；无线网络 WiFi 覆盖范围明显扩大，网民 WiFi 使用率达到 91.8%，而且大有继续增长的势头。由此可见其使用主体的广泛性和普遍性。

（二）使用领域的普遍性

网络语言使用范围由原来主要限制在网络聊天交往活动，而逐渐渗透到几乎所有的交际领域。无论是在日常交往领域，还是在社会交往领域，抑或在艺术交往领域，都可以看到网络语言的存在。比如在政治、商贸、公务、公益、新闻传播、职业交际等领域都在广泛使用网络语言，使得网络语言越来越受使用者的青睐。网络语言产生和使用初期，主要运用于日常交往领域，适合于 QQ 聊天、短信祝福与问候、通知相关事宜等话题内容。近几年来，在内容方面远远超出了这些范围，在述说日常聊天话题、社会交际话题、艺术交际话题等的时候都有对网络语言的充分而又恰当的利用。比如在公关实务活动、演讲与辩论、公务信函、文学创作等中都有对网络语言艺术的应用。

（三）使用平台的普遍性

网络语言使用的平台越来越多，越来越具有普遍性。随着科技的发展，新软件不断被开发利用，微信、微博、博客、短信、QQ、公众号、订阅号、聊天室、网络直播间、电子邮箱等都成为网络语言使用的最好平台。即便是在电视、电台、报纸、杂志等平台，也都有对网络语言的得体应用。

二、网络语言的用语价值

网络语言在日常、社会和艺术交往乃至政治、经济交往等领域都具有不可忽视的语用价值。公关网络语言的语用价值主要体现在公关上。

（一）有助于公关主体形象的完美化

公关主体通过对网络语言的得体利用，有助于更好地打造自身公关形象。在公关活动中，适度利用网络语言自身的幽默机理和网络符号含义的趣味性，可以消除包括个人、团队、政府、国家等在内的公关主体既有的刻板印象。以往公关活动中，公关语言常常是规规矩矩、一本正经的，严肃有余而活泼不足；给受众留下的印象就是语言的官方化，循规蹈矩而不敢越雷池一步。由此塑造出来的公关主体形象往往是一脸威严，高不可攀，拒人于千里之外。公关网络语言的使用突破了人们的观感定式，借助于网络语言的优势使受众看到了公关主体清新、活泼、多元、诙谐、可感、亲切的一面，使得公关主体以崭新的更趋真实完美的面貌出现在受众面前。例如：

亲，快车道很危险哦！

亲，红灯伤不起哦！

（郑州市交通安全宣传用语，2011 年 8 月 10 日）

这两例交通安全宣传口号都采用了淘宝体表达方式，语言简洁，语意明确，有很好的公关效果。“亲”“快车道很危险哦”“红灯伤不起哦”这类网络词语和言说方式的恰当应用，不仅具有呼唤行人和司机等公关客体，促使其集中注意力的作用，而且给公关客体以强烈的亲切感。这类公关网络语言平易近人、活泼有趣，容易为公关客体所接受。毫无疑问，更容易给公众留下良好的印象。

（二）有助于公关信息传播的快捷化

互联网技术大幅度提高了公关网络语言语意信息传递的速度。大量缩略语、表情符号、象形符号、语音留言等网络特殊表意符号以及特殊方式的应用，使得公关网络语言表达更倾向于简洁化、符号化、混杂化、立体化。这无形中也促使公关客体努力提高听读速度和反馈效率，以此来加快公关信息传播的高效率运转，从而助推公关实务活动的高效化。例如：

“暑”你“惠”玩儿

（中国国际航空公司国航官网，2017 年 7 月 9 日）

国航作为公关主体借助于网络优势，利用音同音近条件，把在暑假期间乘坐国航出行的优惠信息，以大众传播的方式，仅仅用一句话，以最快的速度传播了出去。“暑”是“暑假”的缩略，又与“属”谐音；“惠”是“优惠”的缩略，又与“会”同音。字面上看是“暑假时你游玩有优惠”，字里的意思则是“就属你会玩儿”。这种表达方式正是利用了受众对网络语言的基本认知而采用的公关网络语言表达手段。由于是在国航官网上发布的，所以公关信息传播的速度快、用时少、效率高。

（三）有助于公关主客体双方情感的沟通

由于网络语境的虚拟性，公关主体可以隐名埋姓、忘掉自我角色和地位，甚至甩掉现实中的各种羁绊与约束，撕开用以保留面子的层层面纱，在遵循相关交往原则的前提下自由地挥发自我心灵感受，而不受现实语境的种种制约。还可以借助于虚拟语境，面对虚拟交往对象，把公关主体的喜怒哀乐酣畅淋漓地表达出来。还可以用网络语言符号来消解在现实中觉得无趣的情感和事情。比如一个图标就可以化解网络语境中的不愉快和尴尬；而图标可以用来表示拜托、请求、敬意、感谢等不同情感等。这些图标符号带来的正面交际效果远远大于现实交往中体态语所附加的情感信息。在公关实务中，适度利用公关网络语言，将会有助于公关主体情绪、情感的表达，也便于公关主客体双方情感的沟通并构建良好的公共关系。例如，某电脑公司总经理助理代表公司在客户 QQ 群中向公关客体——群内客户发送的新春问候语：

各位童鞋、各位盆友：值此新春到来之际，愿您：删除昨天的烦恼；确定今天的快乐；设置明天的幸福；存储永远的爱心；取消时间的仇恨；粘贴美丽的心情；复制醉人的风景；打印你的笑容。祝您新春快乐！事业蒸蒸日上！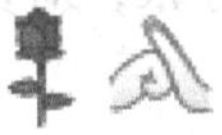

（引用时有删减）

该例中，总经理助理以公关主体身份出现，代表公司开展公关活动。公关语言表达把“删除”“确定”“设置”“存储”“取消”“粘贴”“复制”“打印”等电脑术语融入其中；创拟了拈连、对比、移就等修辞格式；恰当应用了颇具俏皮意味的网络词语“童鞋”“盆友”；实时使用了网络形符。这些网络语言符号及其表达方式的应用，清新自然，富有情趣，既传递了公关主体的真诚祝愿，也拉近了与公关客体之间的心理距离。

第三节　公关网络语言的语用原则与表达艺术

公关活动中对网络语言的使用必须坚持一定的语用原则，并做出最大努力优化选择表达技巧和方法。

一、公关网络语言的语用原则

公关网络语言要坚持“得体性”这一根本原则，并在这一总原则指导之下根据具体公关情境选择相应语用原则。

（一）要真诚向善

无论是在虚拟环境中还是在现实语境中，公关主体都必须做到真诚向善。真诚是发自内心的，是对合作原则中"质"准则的具体化。说话要实事求是，做到语意真实，合情合理，不说谎话。公关活动中仅仅做到真诚是不够的，还必须要向善。话语要充满善意，不恶语相向，不说伤害对方情感的话题内容，不说有损于机构形象的话语。把真诚和向善结合起来，坚持真善美的统一，以此来打造公关网络语言的完美形象。例如：

但很快，"粉丝"们开始大"抢沙发"，评论第一条多是问候，接下来则提出了各种问题，也有"拍砖"。

（李蒙、田加刚：《广东肇庆：中国公安微博第一家》，《民主与法制》，2011年第4期）

该例是对国内第一家公安微博"平安肇庆"的推介性文字，属于公关实务范畴。句子仅有36个字，结构并不复杂，但接连使用了"粉丝""抢沙发""拍砖"这三个网络词语。例中不仅传递了正面信息，极言开通"平安肇庆"微博所带来的公关效应之大，而且没有刻意忽略被"拍砖"这一现实。公关主体遵循了真诚向善的语用原则，一切从实际出发，对正面反应不夸张，对负面反应也不隐瞒。再如：

贾君鹏，你妈妈喊你回家吃饭！

（世界网络游戏公关用语，2009年7月16日魔兽）

该游戏营销商以不可告人的营销目的，利用网络平台在百度贴吧——魔兽世界吧以网民身份发表了一个名为"贾君鹏，你妈妈喊你回家吃饭"的帖子，由此来实施公关行为。该帖故意虚构了一个虚假人物"贾君鹏"，编造了一个毫无事实根据的故事，引起全社会的极大关注。仅仅两天网上回复量高达300 621条，点击量达到760万。该公关网络语言表达仅仅是公关主体为了销售该款游戏而精心策划的营销策略，所表达的内容欺骗了众多公关客体，严重伤害到了受众的情感。这显然背离了真诚向善的公关语用原则。

（二）要健康文明

网络语言中，诸如"TMD（他妈的）""WBD（王八蛋）""NQS（你去死）""我靠""TNND（他奶奶的）"等低俗化说法，必然会污染人们的视听，危害语言文明建设，在公关活动中必须要予以拒绝与抵制。网络虚拟语境不是生成不文明语言现象的温床。从塑造公关主体形象、提高公关事务效率、有效传递情感信息等多个角度看，公关网络语言必须要以健康文明的整体面貌出现在公众视野之中；必须要遵守社会公德，遵循一般的人伦秩序与规范。无论是在虚拟环境还是在现实语境中，公关主体都有责任和义务带头遏制并坚决拒绝歧视、脏话、暴力等不文明语言现象；要以社会道德规范来规约自己的话语，要把公关网络语言置于社会公德的监督评价框架中，努力做到公关网络语言的纯洁化、文明化，从而营造良好的公关环境。例如：

这部电影，一半剧情都是姐妹撕逼！

（某电影公关广告用语）

“撕逼”是网络语言“4B”的书面谐音表达形式，意思是女人与女人之间的斗争，多指彼此相互攻击揭短、骂战的现象。作为电影公关广告，主要目的自然是为了吸引更多观众走进电影院，以获取高票房效益。但是，该公关网络语言带有低俗化、暴力化倾向，所以该公关网络语言是不文明不健康的，不利于营造健康文明的公关环境。

（三）要善用语境

语境是影响和制约修辞的各种环境及其相关因素。① 开展公关活动时，公关主体不仅要依赖虚拟的网络语境，还要考虑所依存的现实语境。对语境条件的利用就包括了对现实和网络两类语境条件的恰当应用。既要考虑现实语境中公关主体所在的情境场合、心理状况、社会背景，还要考虑公关主体对虚拟网络语境条件的研判和认知。要把网络内外语境条件作为创造和使用网络语言不可或缺的重要参考，以形成适宜得体而又高效的公关网络语言。

亲，你大学本科毕业不？办公软件使用熟不？英语交流顺溜不？驾照有木有？快来看，中日韩三国合作秘书处招人啦！这是个国际组织，……有意咨询65962175，不包邮。

（外交部微博招聘广告）

该例是外交部官方微博公关网络用语。该公关招聘广告利用了网络因素、现实情况、时代环境、大学毕业生就业心理等语境条件。该广告表达方式、语气、网络词语（如“有木有”“亲”）基本上都是采用了网络语言表达制式，很接地气，以其特有的网络语言魅力吸引着众多的公关客体。

（四）要适切恰当

适切恰当是公关网络语言得体性的根本体现。王希杰说：“得体性指的是语言材料对语言环境的适应程度”，是“一种社会群体的文化心理的价值评价”。② 公关过程中，公关网络语言包括语言要素、非语言要素（符号、图标、形符等）、表达方式、说话语气与格调等的使用，必须要与公关内容、公关主体、公关客体、公关环境、公关目的、时代环境、文化背景、社会群体心理等相适应。这是对适切恰当原则的具体落实。例如：

蜀黍给力，这样防盗应该很有效［哈哈］！#最炫防盗风#

来源：杭州市公安局　发布时间：2013年8月19日

来啦！来啦！来啦！伴随着“尤特”台风的离去，此时此刻，万众期

---

① 黎运汉、盛永生主编：《汉语修辞学》，广东教育出版社2006年版，第51页。

② 王希杰：《修辞学通论》，南京大学出版社1996年版，第342－345页。

待的“最炫防盗风”马上就要刮到你身边啦。各位童鞋，请千万不要手下留情啊，赶紧猛戳吧。就让我们一起来感受“防盗风”的魅力！准备好了吗？开始！http：//t. cn/zQmOhug。

（平安富阳公众号）

该例中，杭州市公安局富阳区分局作为公关主体，试图用最大众化、最亲民、最易接受的说法，来敦促受众要提高防范意识。正是在这一特定公关目的支配之下来推介《最炫防盗风》（番禺公安仿拟《最炫民族风》曲调创制的公关歌曲）。该歌曲名称显然是仿造风靡全国的流行歌曲《最炫民族风》而创造的时尚说法，能给人耳熟能详、全民互动的感觉。“最炫防盗风”之“风”与台风之“风”形成谐音，这又是基于刚刚离去的“尤特”台风这一现实。连续创造“来啦！来啦！来啦!”三个双音节的反复短句，完全符合网络语言表达的话语格调；语气急促，节奏快，造成一种紧张急迫之感；话语喻指“最炫防盗风”的到来，犹如刚刚离去的“尤特”台风一样，必然会带来风势凶猛、撼山震地的宣传效果。在短小的公关文本中，接连使用了“蜀黍”“给力”“哈哈”“童鞋”“猛戳”等网络词语，使语言表达具有浓重的时代气息和网络化色彩。该例中，公关网络语言的使用与现实语境（如“尤特”台风、“最炫民族风”流行态势、民众防范意识差等）、心理语境（如公关主体的公关目的等）、网络语境、职业特色等相适应，遵循了适切恰当原则。

二、公关网络语言的表达艺术

公关网络语言表达分为人际传播和大众传播两种，其语言表达艺术异常丰富。这里主要举例分析以下几种。

（一）采用语体交叉表达方式

交叉使用不同语体要素和语文体式。公关主体在使用网络语言表达时，常常利用网络语体包容性比较强的优势，交叉使用或移植不同的语体要素和语文体式，从而创造使用了时尚流行的言说方式。李嘉耀、李熙宗认为，语体交叉存在两种情况：一种是语体要素以个别交流方式进行的渗透，一种是以语言体式融合方式进行的交叉。① 公关网络语言中，时常会移植散文体、诗歌体、剧文体、天气预报体、说明文体、通知体、演讲体、相声体、档案体、函电体等体式，同时又会借用网络上流行的所谓淘宝体、甄嬛体、梨花体、咆哮体等言说方式，以造成多种语体交叉现象，由此来提高公关网络语言的表达效果。例如：

① 李嘉耀、李熙宗：《实用语法修辞教程》，复旦大学出版社1989年版。

亲，祝贺你哦！你被我们学校录取了哦！亲，9月2号报到哦！录取通知书明天发“货”哦！亲，全5分哦！给好评哦！

（2011年7月南京理工大学向新生群发的录取短信）

告知性短信属于公关类事务语体。该例中，考学录取短信属于告知性短信，自然应该属于公关类事务语体。但是，该例中南京理工大学作为公关主体，向新生发送的录取短信则移植了时下网络上流行的淘宝体。“亲”用了3次，“哦”用了5次；“亲”“哦”“发‘货’”“全5分”“给好评”也都是淘宝体常用的网络词语；整个短信文本由6个感叹性短句构成，而且从语气上看带有更多随意性、口语化色彩。这些完全符合淘宝体说话方式。这种公关网络语言的使用，不仅会改变莘莘学子对大学既有的偏误性认知，并从中捕捉到大学清新、时尚的气息，而且还能促使刚被录取的新生对未来大学生活产生无限的想象空间。

（二）利用语音条件创造新颖独特的表达方式

利用语音条件创造新颖独特的表达方式，主要表现为谐音表达、叠音表达和缩略表达等方式。其一，谐音表达。汉语谐音现象很多，公关网络语言表达擅长利用谐音条件创造相对无限的崭新表达方式，以追求简洁、含蓄、风趣等效果。这种表达方式主要体现为：利用普通话音同音近关系构成谐音，例如“杯具”谐音“悲剧”、“餐具”谐音“惨剧”、“童鞋”谐音“同学”、“菌男”谐音“俊男”；利用方言音同音近关系构成谐音，例如“偶”谐音“我”；利用汉语谐音外来语，例如“瘟都死”谐音“windows”；利用数字谐音汉字，例如“54”谐音“无视”（表示漠视、不屑之意）；利用新兴合音式来谐音，例如“表”谐音“不要”、“酱紫”谐音“这样子”等。其二，叠音表达。公关主体在具体语境中“返老还童”，回归到孩童时代的表达心态，利用带有童趣的叠音形式来开展公关活动。这种叠音形式消解了非叠音表达式的严肃性，从而使情感和语意表达带有更多的趣味性、玩笑性和诙谐性，由此来拉近公关主客体之间的心理距离。例如用“东东”指代“东西”。其三，缩略表达。为了追求公关网络语言的经济化、简洁性，提高公关语言效率，公关主体对汉语拼音、英文单词进行缩略，[①] 从而创造多姿多彩的网络缩略语。这些表达式具有概括性和固定的语意模式，往往适合于网络公关。如通过对汉语拼音的缩略构成谐音表达，用KK、JJ、XX分别表示“快快”“姐姐”“嘻嘻”的意思。例如：

面对骗子新招数该怎么破？警察蜀黍推出防骗指南，见招拆招，为你详细分析几类诈骗界流行的新型电话和网络诈骗，学习完本指南，升级防骗技能。

（人民微管家，南通公安公众号，2016年10月29日）

① 刘凤玲、戴仲平：《社会语用艺术》，暨南大学出版社2002年版，第215页。

作为公安系统的公关警示语讲究严肃性，但是该例却借助于同音关系，用“警察蜀黍”这一新颖的网络表达式代替了“警察叔叔”这一传统的表达式，由此缓化了这种严肃性，让受众觉得，警察并不总是板着面孔说教，让人敬而远之的。他们既有威严的一面，又有和蔼可亲的一面。正是由于“警察蜀黍”这一谐音表达方式的适切运用，促使受众乐意接受警察的善意提醒。显然，该例的公关效果会更好。

（三）混合使用多样化表达方式

图标、公式、图画、标点、数字、字体、字号、字符、象形符号等都属于常用的网络文字符号。它们或是抽象可释的，或是形象可感的，或是牵强附会的，或是妙趣横生的，或是直言不讳的，或是委婉含蓄的。正是由于公关主体抓住了网络文字符号的特征，就会在特定公关目的支配之下，混合使用这些多样化的文字符号，并利用网络技术和互联网环境对之加以艺术化处理，从而顺畅有效地实现公关的目的。例如主要混合使用：“：-）”（表示“笑脸”）、“：-D”（表示非常高兴）、“：->：>”（表示笑声“嘿嘿”）、“1-）”（表示眯着眼睛笑）等会意符号；混合使用“18禁”（意思是“未满18岁不能观看”）、“L公”或“LG”（意思是“老公”）、“晕s”（意思是“晕死”）等字母、数字、汉字、特定符号，由此来传递公关语意信息和公关情感。再如：

各位亲们好！

欢庆端午节　正常接单

应宝宝们的要求　活动价走起　零售　公司标满300立减20

时尚爆款　百搭

仅剩今日　活动价得

不为赚钱　只为赚人气　只为回馈大家　一样的高质量

35-40　现货供应　128

该例属于QQ群内网络公关广告，并直接植入了淘宝体。这是对广告体与淘宝体的交叉使用，并据此混合使用了众多常用网络文字符号。微商借助于QQ群平台，采用大众传播方式来撰制网络广告语言文本，在广告语体规制管控之下，交叉使用了淘宝体和广告体言说体式和要素。例中，开篇使用称呼语并施以问候，这体现了淘宝体语言表达的基本要求。利用网络条件较多使用了网络词语要素（如“亲”“宝宝”“爆款”）、网络符号要素（如“”“”“”“”“”“”），同时采用空格（如有空1字格、2字格、3字格不等）等手段来宣传所卖商品（成衣），这又属于网络体语言应用的基本特征。该例糅合了广告体和淘宝体语言应用艺术，使得语言形式更加多彩有趣，语意输出更加直观明晰，收到了较好的公关效果。

思考与练习

1. 怎么理解公关网络语言的内涵？请举例分析其主要特征。

2. 公关网络语言有哪些常见的表达方式？请举例加以分析。

3. 请以公关主体身份为某电脑销售公司代拟招聘广告。要求：招聘对象为公司财会人员，采用混合式表达方式，不超过300字。

4. 请以公关主体身份为某中学构拟告知性公关信函。要求：话题为暑假须知，公关客体为学生及家长，尽量较多采用公关网络词语和言说方式，不超过500字。

第十五章　公关语言听解艺术

俗话说："会说的，不如会听的。"还有句老话告诉人们："人长着两只耳朵，却只有一张嘴巴，就是为了少说多听。"口头交际，说和听相辅相成，互相促进。口头交际的才能包括口才和耳才，既善于说，又善于听，才能取得最佳效果。公关口语活动包括述说和听解，公关实务人员既要善说，又要善听，才能保证口语交际和信息沟通任务的顺利完成。

第一节　听解的重要性及其作用

通常人们研究口头语言交际大都重表达，轻接受，对听解的重要性及其作用缺乏认识，因此，探讨听解艺术，有必要首先研究听解的重要性及其作用。

一、听和说同等重要

公关口语交际是公关主体和公众客体双方以口头语言为工具，在共同的时空背景里，面对面地（或通过声频电子通信器材）进行信息、思想、情感交流的语言活动，这种语言活动，每一次都少不了表达者、接收者、语言内容、语言的声音形式等因素。整个语言活动是表达者和接收者互动的过程，表达者说，接收者听，双方相互配合，交际才能得以进行，才可能取得预期的效果。在交际活动中，交际参与者双方的交际身份有三种情况：一是交际的双方比较均衡地轮流充当表达者和接收者，例如，商谈、对话、谈判、辩论等，这些交际双方的地位是相等的，都有表达和接收的需要，所以双方的述说和聆听同等重要；二是双方的交际身份存在着差异性，其中一方为主要表达者，而另一方主要充当接收者，例如，领导干部和管理人员对内部公众的教育性、指示性谈话，公关员工向领导干部和管理人员提出意见、建议或转达公众的意见和要求的谈话，教员对学生的教育性谈话，答记者问，商业柜台和推销人员向顾客介绍和推销商品的谈话，调查人员与被调查人员的谈话等，这些交际都是一方以说为主，但也要听，而另一方以听为主，但也要说，双方对述说和聆听虽有侧重面，但哪一面都必不可少；三是双方的交际身份固定，例如，演讲、致辞、报告、讲话、会议发言等，这些交际一方总是表达者，另一方总是接收者，前者积极地述说，后者积极地聆听。无论是哪种情况，口语交际都离不开表达者的述说和接收者的聆听。述说和聆听共存于一个口语交际回合之中，二者构成一个相互作用、相互影响的统一体。唯物辩证法告诉我们："矛盾着的各方面，不能孤立地存在，假如没有和它对立的矛盾的一方，它自己这一方就失去了存在的条件。"[①] 表达和接收、说和听，作为矛盾统一体的两个方面也是如此，两者既互相对立，又互相依存、互相影响，共同构成一个交际整体，它们在口语交际中的地位和作用同等重要，忽视任何一面都可能导致交际的中断或失败。对听和说的同等重要性，台湾著名作家余光中在《说话的艺术》中有一段精辟的论述："每一个健谈的人都需要一个善听的朋友，没有灵耳，巧舌拿来做什么呢？英国散文家海斯立德说：'交谈之道不但在会说，也在会听。'在公平的原则下，一个人要说得尽兴，必须有另一个人听得入神。如果说话是权利，听话就是义务，而义务应该轮流负担。同时，仔细听人说话，轮到自己说时，才能充分切题。我有一些朋友，迄今未养成善听人言的美德，所以跟人交谈，往往像在自言自语。凡是音乐家，一定先能听音辨声，先能收，才能发。仔细听人说话，是表示尊敬与关心。善言，能赢得听众。善听，才赢得朋友。"[②]

朱镕基总理在公关语言交际中既巧于表达，又善于聆听，因而取得非常理想的交际效果。1999 年 4 月 6—14 日，朱总理在美国进行了 9 天的访问，《纽约时报》在评论中说："中国的朱总理颇具魅力的风度、幽默诙谐的谈吐、全神贯注地聆听别人讲话的神情、坦荡练达的风采和卓越的外交公关才华，终于使此次访美取得了化对抗为对话的成就。"

在一次白宫记者招待会上，许多记者连连向朱总理发炮，还提出了诸如"中国威胁论"等谬论，但朱总理并不与他们正面交锋，只是仔细聆听。当一名记者发问结束后，朱总理以"还有吗""请讲""讲完后，我一起回答"等语作为插入语，等长达 20 分钟的"连珠炮弹"发完后，朱总理才心平气和地回答："你们美国是世界上最强大的发达国家，你们拥有的核武器是我们中国的几百倍，武器装备是世界上最精良的，高科技是世界上最发达的，你们还担心什么呀？"短短几句话，驳得那些寻衅的记者哑口无言了。世界上真正威胁和平的国家到底是谁呢？朱总理一针见血的简短回答不就是最清楚的答案吗？

朱总理此次访美，以幽默机智的谈吐、耐心的倾听，以自己的雄才大略，力排险阻，踏平坎坷，在波澜壮阔的外交公关风云中谱写了浓墨重彩的华章。朱总理之所以能对寻衅记者的发炮作一针见血的回应，使他哑口无言，很重要的原因是善于聆听，能听出对方话语的实质，表达有根有据、矢矢中的。可见，听和说

① 毛泽东：《矛盾论》，《毛泽东选集》（第一卷），人民出版社 1964 年版，第 616 页。

② 余光中：《说话的艺术》，《广州日报》，2018 年 7 月 7 日。

同等重要，而且善听往往是语言表达取得良好效果的前提。

二、听解是建立良好关系的有效途径

公关人员进行语言交际的目的，在于使自己的组织与公众实现沟通，建立和维系和谐、友好的互益关系，从而求得自己组织的生存和发展。要达到这一目的，他们在语言交际中，除了“出言吐语自当力求适当，使双方愉快舒服”（叶圣陶语），还必须善于听解。公关人员在与公众的语言交际中表现出对公众的尊重是至关重要的，是赢得公众的好感与友谊，从而建立起良好关系的润滑剂。据美国现代心理学家马斯洛研究，获得尊重的需要是人的五种基本需要中的一种——心理需要①，而在语言交际中恭敬地聆听对方的讲话就是对对方的这种心理需要的一种满足。因为恭敬地聆听是褒奖对方话语的一种方式，它无声却实际上是向对方传递了一个信息：你是一个值得我聆听你讲话的人。这样，无形中就显示了对对方的尊重。古人说：“敬人者，人恒敬之；爱人者，人恒爱之。”对方得到你的尊重，就会对你产生好感，乐意与你合作。在语言口头交往中，如果对表达者的讲话漫不经心，毫无反应，有来无往，这是不礼貌的行为，是对表达者的极不尊重，甚至可以说是对表达者的侮辱。这样的人是不可能得到对方的好感、不可能与对方建立起良好关系的。美国著名企业家玛丽·凯·阿什说过这样一件事：“有一次，我同一位销售经理共进午餐。每当一位漂亮的女服务员走过我们桌子旁边，他总是盯着她。我对此感到气愤。我感到自己受到了侮辱，心里暗想，在他看来，女服务员的两条腿比我要对他讲的话重要得多。他并不是在听我讲话，他简直不把我放在眼里。”试想，玛丽·凯·阿什会与这种使她气愤的销售经理建立起和谐的合作关系吗？著名幽默大师马克·吐温“有一次教人‘获得知己朋友的方法’。这方法就是：给予人适当的颂扬，并尽量聆听别人嘴里说得最多的话，而不加辩驳”②。马克·吐温的话很有见地。张岩松《公关交际艺术》中引用的一个例子可以佐证：美国柯达公司要为其所捐建的音乐厅大剧院采购大量的座椅，消息一传出，各大制造商纷至沓来，争取订单，而公司总裁伊斯曼以高标准和严要求著称，一般商人都被拒绝了。那一天，一个名不见经传的公司经理上门求见，一番寒暄后，经理亚当森诚恳地对伊斯曼说：“总裁先生，尽管像我们这样的小公司是无法和柯达公司谈生意的，可我还是请您给我一个机会，我想当面聆听你对座椅的设计建议。”伊斯曼很欣赏这位年轻人的坦诚和勇气，兴致勃勃地讲了很多有新意、有参考价值的建议和意见。亚当森聚精会神地倾听，不时轻轻地点头。

---

① 黄仁发：《心理学漫话》，科学普及出版社1986年版。
② 转引自马鸣：《应酬术》，大夏出版社1986年版，第99页。

“总裁先生，我认为您的建议是符合时代精神的创新设计理念，这正是我梦寐以求的，没有什么比我得到您的当面教诲更宝贵的了。”亚当森流露出无限满足的神情。“顺便说一句，我曾经长期从事室内装修，可我从没见到过有如您的办公室那样精致的。”伊斯曼哈哈大笑，得意地说：“这间办公室是我亲自设计的，我太喜欢了。你看，墙上的橡木地板是专程去英国订的货。”

“我注意到了这一点。意大利橡木的质地确实不如它。”

伊斯曼高兴地站起来，竟撇下亟待处理的公务，带着亚当森仔细参观起办公室来，结果，他们从上午谈到中午，从柯达公司捐巨资建造音乐厅到宏大的投资规划，从伊斯曼爱好的手工劳动，谈到坎坷的人生道路，亚当森全神贯注地倾听，不时用真诚的话语由衷地表示敬意。容光焕发的柯达公司总裁伊斯曼邀请年轻的亚当森共进午餐，谈话始终在轻松和谐的气氛下进行。两人虽然是初次见面，却已是相见恨晚了。不多几日，亚当森接到了柯达公司的大量订单。亚当森以出色的聆听艺术，赚取了百万金钱，并且和伊斯曼结下了终生友谊。

一个社会组织加强内部各成员之间的友好合作、和睦相处是决定公关事业成败的关键。要协调内部关系，使各成员友好合作，组织的领导、管理人员和内部成员之间建立正常的、通畅的对话渠道是有效的方法之一。通过相互对话的沟通形式，不仅领导、管理人员可以很好地向内部成员传递公关信息，争取全体成员更好地配合领导、管理机构努力工作，而且各成员也可以向领导、管理人员反馈意见，提出建议和要求。这样就会不断增进领导、管理人员和各成员之间的相互了解，有助于建立和维系良好和谐的合作关系，调动起员工的工作积极性。而在对话中，各成员无论是提意见和建议，还是提个人要求，甚至是闲谈，组织的领导、管理人员都要认真倾听，以示对对方的尊重。姚亚平《公共关系语言艺术》中引用了这样一个例子：在美国玛丽·凯化妆品公司，常常有人找到总经理说：“玛丽·凯，我得同你谈一个重要问题。”碰到这种情况，玛丽·凯就会专门约一个时间同他谈。双方的交谈就会有如下情景：

> 那人进屋后通常第一句话就是道歉：“你看，玛丽·凯，占用你的时间真不好意思，但是你知道……”
>
> “请告诉我是什么事使你苦恼。”玛丽·凯说。她坐在那里，一边听那人讲，一边频频点头。往往有这样的情况，她并没有帮助那人解决任何问题，而那人最后却说：“玛丽·凯，你拿出宝贵的时间帮助我，我真是感激不尽。从今以后，你就在成绩最佳的名单里寻找我的名字吧……”

显然，那人并没有什么问题需要解决，只是想拉近双方的关系，玛丽·凯也持有这种动机，于是耐心地倾听他说话，从而建立起良好关系，调动起他的积极性。但是在一些组织里，有些领导、管理人员对内部成员的讲话不是漫不经心，就是听了一两句后就充耳不闻。有位在某厂从事技术工作的朋友讲了这样一件事："有一次我去找负责行政工作的副厂长，我刚进门他就问：'有什么事呀?'我说：'关于我的房子的事……''哦，这次分房没你的份儿，不用说了。'说完他就打电话去了。真是岂有此理！"身为组织的领导人，对内部员工的要求，既不倾听，又不准说，真可谓官气十足、目中无人。这样的人是不会在公众中留下良好的印象的，既得不到公众的好感，更得不到公众的理解、支持，从而不能与之建立良好的关系。有人称善于倾听是"纯洁的魔术"，优秀的公关人员都是善于运用这种魔术的，因为它是建立良好关系的有效途径。

三、听解是获取信息的重要手段

科学技术的发展，社会的进步，导致人类进入了信息时代。在信息时代里，"信息就是战略资源，就是生产力，就是竞争力及经济成就的关键性因素"，"现代社会组织的生存发展离不开信息，信息成为组织机体运动存续的血液"。① 因此，现代社会组织的公关活动必须把信息的收集放在工作的首位。收集信息的渠道很多，获得信息的手段也多种多样，但最常用的渠道是人与人、团体与团体之间的口头交往，而听解正是口语交往中获取信息的重要手段。俗话说："听君一席话，胜读十年书。"这话是对听解的褒扬，也说明了听解对于获取信息的作用。

听解的渠道很多，只要广开"耳路"，做有心人，时时处处都可以听到很多有用的信息。"处处无心处处空，处处有意处处灵。"即使在茶馆、街头或者与朋友闲聊都可能有意外收获。香港《文汇报》中的一篇短文有这样一个信息：一天，在意大利某地一间咖啡店里，一位太太嚷着要丈夫给她买一顶假发，丈夫说托几个朋友到外地买都买不到，太太很不高兴。这时，有位中年人正在旁边认真地听，听后，他大有所悟：怎么不经营假发生意呢！于是，经过调查筹划，他创办了一家假发公司，专营各式各样的假发，生意兴旺，赚了大钱。

如果带着问题有目的地向公众请教，认真倾听更能获得有用的信息。广州市的领导就经常通过各种渠道聆听和收集来自公众的意见和建议，用于社会主义精神文明建设和物质文明建设，例如，市委负责人张汉青、黎子流等和市依法治市领导小组全体成员以及21个行政执法机关的负责人于1990年10月23日，"举办实施行政诉讼法咨询服务活动，倾听群众意见，推动依法治市"②。张德江、黄华华于2003年12月16日"召开各民主党派、工商联、无党派代表人士座谈会，听取对省委工作的意见和建议"③，都是诸多公关实务中的一项听解活动。

---

① 王乐夫等：《公共关系学》，辽宁人民出版社1986年版，第66页。
② 《羊城晚报》，1990年10月24日。
③ 《羊城晚报》，2003年12月17日。

日本首屈一指的大经营家松下幸之助在创业初始制造了一种商品，但不知卖多少钱好，于是他把商品拿到寄售商店向老板请教："这种商品能卖得出去吗?"老板说："很有意思。""能卖多少钱?""成本是多少?""一角五。"最后，老板说："那么，就卖二角。"就是这样，松下幸之助在广泛聆听各方人员的设想和意见的基础上确定了下一步的经营目标，并在以后的经营中始终如一地乐于听取别人的建议和意见，从而使他的事业蒸蒸日上。松下幸之助深谙聆听的妙用，所以当别人请求他用一句话来概括他的经营诀窍时，他说："首先要细心倾听他人的意见。"显然，他经营诀窍首先是善于广泛听取公众的意见。

善于倾听，可集思广益，使人耳聪目明。美国一位全国一流的汽车设计师说过，为了在汽车制造业中取得成功，必须把手指按在公众的脉搏上，必须尽可能广泛而专注地洗耳恭听他们的要求。他又说："实际上并不是我们设计的，而是由公众设计出来的，我们所能做到的只有一件事，广泛吸取公众的意见，我们便全力以赴地来提供这种东西。"可见聆听确实能使人富有信息、富有知识，有助于创造、有助于事业成功。

第二节　听解的特点和要求

公关语言听解是指公关人员对公众所表达的信息的接收，它有不同于述说的特点和要求，正确理解听解的特点和要求，对于提高听解水平具有重要意义。

一、听解的特点

听解有两个基本特点：一是受制性，二是能动性。

（一）受制性

唯物辩证法认为："无论什么矛盾，矛盾的诸方面，其发展是不平衡的……矛盾的两方面中，必有一方面是主要的，他方面是次要的。"① 在信息的表达和信息的接收这一矛盾统一体中，表达是矛盾的主要方面，处于主导地位；接收是矛盾的次要方面，它受制于表达。简单地说，这是因为听解要以述说为依据，先有述说，然后才可能有听解；先有信息的发出，然后才可以有信息的接收。进一步分析，这种受制性表现为听解受表达的语言特点制约、受交际环境制约。

（1）受制于表达的语言特点。交际的目的是为了分享信息。语言表达者是因为要表情达意才使用语言的。出于提高交际效果的需要，表达者固然要根据接收者的理解水平选择恰当的语言形式，但在充分表意与迁就接受者的理解水平之

① 毛泽东：《矛盾论》，《毛泽东选集》（第一卷），第310页。

间，一般来说，前者显得更为重要。就人类语言的起源看，语言本身就是因为"正在形成中的人，已经到了彼此间有些什么非说不可的地步了"① 才产生的。《礼记·乐记》中说："说之，故言之；言之不足，故长言之；长言之不足，故嗟叹之；嗟叹之不足，故不知手之舞之，足之蹈之也。"可以认为，人们运用语言的第一需要是表达，然后才谈得上传达。表达的第一性决定了语言运用不可能完全迁就接收者的理解水平，而只能在写意的前提下尽可能地为接收者提供方便。因而，在口头言语交际的矛盾统一中，表达的语言特点制约着听解。

毫无疑问，语言是人类交际的最重要的工具。传达信息的需要决定了语言具有社会性特征，即它的语音、语汇、语法体系具有规约性，为社会公众所共同理解和遵守。另外，语言行为又具有个人特征。拿公关语言行为来说，公关人员听解的是公众话语，而公众是各式各样的，不同的公众由于身份、经历、职业、文化素养、个性爱好、思想感情和表达意图等自我因素的不同，在语言表达上便会有不同的特点。这不同的特点就制约着公关人员对信息的接收。同时，不管是一人说，还是众人说；是男的说，还是女的说；是年长的说，还是年少的说；是外国公众说，还是本国公众说；是同族公众说，还是异族公众说等，这些也会对公关人员的聆听产生不同程度的制约作用。聆听的受制性特点，要求聆听者必须具有很高的听解能力，而且要善于根据不同公众的表达特点运用不同的听解技巧。

（2）受制于交际环境。口头交际是一种说与听同时参与的活动，这种活动是在一定的交际环境中进行的。构成公关口语交际环境的因素是多方面的，其中时间、地点、场合等因素都会对公关语言运用产生一定的影响。这种影响表现在两个方面，一方面是对说话起干预、制约作用；另一方面说话者可以主动地、有意识地利用交际环境所提供的有利条件，自觉地创造良好的交际氛围，使语言信息的传递量得到补充，使信息渠道更为畅通。这样，听解也就会受到说话的环境和说话者所利用与创造的环境因素的制约。拿举行记者招待会答记者问和接受记者采访来说，举行记者招待会的场合庄重，面对的是众多记者，不同的记者有不同的提问范围，而且提问往往带有突发性和跳跃性，常常会提出一些出乎答者意料的问题。在这样的场合，听解的思路就常受提问者左右。接受记者采访时，如果在办公室，或在家里面对一个或两个记者，一问一答，气氛比较轻松，听解就不会那么紧张。听解受交际环境制约这一特点，要求公关人员听解公众说话必须结合交际环境，利用公众说话的环境所提供的线索去理解话语真正的信息，而且要注意排除不良环境的干扰。

此外，听解还受制于听者与说者的人际关系。

---

① 恩格斯：《自然辩证法》，中共中央马克思恩格斯列宁斯大林著作编译局编：《马克思恩格斯选集》（第四卷），人民出版社 1972 年版，第511 页。

（二）能动性

听解具有受制性特点，但这并不意味着听解是一种完全消极被动的信息接收行为。听觉功能完全等值的接收者接纳同样的话语信息，效果却往往不一样，这与接收者的志趣爱好、理解力、记忆力等个性因素密切相关。事实上，听解在表达制约下也具有一定的能动性。在一定意义上，听对于说而言是一种积极的认知和协同活动。在口语交际中，能动性与受制性是既矛盾又互相关联地共存于听解的全过程中。

1. 聆听对话语信息的选择

国外的传播学研究者曾经对受传效果作深入的研究。美国学者雷蒙德·鲍尔提出的“顽固的受传者”理论否定了早期学者提出的“靶子说”（“靶子说”认为，受传者像一个固定的靶子处于消极被动状态，媒介传递信息犹如子弹击中靶子和注射液注入人体那样神奇、有效）。他认为：在可以获得的大量（传播）内容中，受传者中的每个成员特别注意选择那些同他的兴趣有关、同他的立场一致、同他的信仰吻合，并且支持他的价值观念的信息。他对信息的反应受到他的心理构成的制约……现在可以看到，传播媒介的效果在广大受传者中远不是一样的，而是千差万别的。这是因为每个人在心理结构上是千差万别的①。在口语交际中，听解作为一种受传方式，听解者心理构成上的差异也同样影响到受传效果，因而通过适当的自我心理调控可以对受传效果产生影响，从而使听解带有一定程度上的主观能动性，这种能动性表现为三种选择性因素。

一是选择性接收。听解者总是愿意接收那些与自己固有观念一致的，或自己需要、关心的信息，回避那些与自己固有观念相龃龉的或自己不感兴趣的信息。

二是选择性理解。对于同样一个信息，不同的人可能有不同的理解，这种理解为人们所固有的态度和信仰所制约，即所谓“仁者见仁，智者见智”。

三是选择性记忆。人们容易记住自己愿意记住的事情，而容易忘记自己不喜欢的事情。对于这三个方面的随意选择都取决于聆听者的主观能动性。②

在一般口头交际中，听人说话对于以上三个方面的选择随意性很大，取舍都取决于听话人的兴趣或需要。在公关口语交际中，公关人员对于公众话语信息的接收完全服从于公关目的，不像平常听人说话那样有那么大的随意性，他们必须全方位听解，努力把握公众话语的全部含义。同时，对于所听到的信息要结合公关目的进行分析研究，“优选、凝固、核实”。这些对信息的接收和处理的自觉

① 中国社会科学院新闻研究所世界新闻研究院编：《传播学（简介）》，人民日报出版社 1983 年版，第 19 页。

② 中国社会科学院新闻研究所世界新闻研究院编：《传播学（简介）》，人民日报出版社 1983 年版，第 20 页。

努力、积极活动就是公关语言听解的能动性特点的基本表现。

2. 聆听是对语言交际的主动参与

交际总是一种双边或者多边的活动，口语交际是一个说者与听者互动的过程，缺少任何一方都不行。成功的语言交际，其交际各方应该遵循合作原则。积极聆听是协同交际的一种方式，这可以从三个方面加以说明：第一，聆听是对表达的一种褒奖。表达效果的客观检验标准是听者的接收状态，全神贯注地聆听是对说者表达能力的一种肯定。第二，聆听为说者提供了反馈信息，聪明的表达者总是善于从听者自然流露的表情中捕捉信息，适时地调控表达行为。同时，听者也可以通过主动反馈信息，对语言活动进程施加影响。第三，表达往往只是部分地展示信息，带有省略或潜藏性质，听者能够利用自己的理解和知识经验来填充话语省略的"缺口"或发掘潜藏信息，因而，听又是对表达的一种补充和完善。

3. 认知策略的运用是能动性的又一表现

有声语言按语流线性顺序作用于听觉，但对话语信息的整体感知理解则可以有不同的方式或步骤，即聆听者对话语信息的总体把握可以运用一定的认知策略。研究表明："人们理解话语总是先找它的大纲线索，然后根据这些线索把可能有的信息重构出来。"① 人类对语言的理解有其普遍运用的认知策略，对不同的语言也可运用特定的认知策略。聆听中认知策略的可选择性是其能动性的又一表现。

二、听解的要求

在公关口语交际活动中，公关人员准确无误地接收信息，将表达信息量与接收信息量之差减少到最低限度是听解的基本要求，这是由公关语言听解的目的所决定的。公关语言听解的主要目的是获取公关信息，服务于社会组织，信息的真实可靠是组织决策正确的基本保证。就语言交际本身而言，准确听解话语，也是保证交际双方活动顺利进行的前提条件。例如，在谈判、协商、答记者问和对话等交际活动中，听解直接服务于对答，要对答得好，首先要听解好，准确把握对方话语的真正含义，有的放矢，才能取得好的效果。如果不理解话语或者片面理解，以致答非所问，牛头不对马嘴，不但会造成笑话，还会损害组织的形象。在商业口语交际中，售货员聆听顾客讲话，这是为顾客服务的前提，听错了或者未听出顾客话语中的含义，不仅不能很好地为顾客服务，还可能造成经济上的损失。从前有个故事，说的是有间画铺出售一张《引马过桥图》，画上画着一个人吃力地牵着一匹马在桥上行走。一位顾客看了很是喜欢，立即付了一百两银子订购。临走时，他回过头又看了一下那张画说："马缰，好！"店老板不知其意，

① 艾奇逊著，方文惠、郭谷兮译注：《现代语言学导论》，福建人民出版社1986年版，第174页。

一看才发现画上未画马缰，连忙添上一笔。第二天买主来取画时，见画上有了马缰，便提出退货。他说："我买的正是这根看不见的马缰。人和马已笔笔传神，此中有缰，牵之欲出，加上一笔，韵味全无了。"这位店老板就因为未听出买主的话意而丢了一笔买卖。

准确把握信息，首先要求充分发挥听觉功能，准确接纳语言信息，掌握句子的重音、停顿、句调等物理属性。有声语言传递的信息包括句子层面的显性信息，也包括言外之意的隐性信息，这些信息都要靠理解去发掘。此外，还要准确接收非自然语言系统下的体态语传递的信息。一家饭店的公关先生因为某个误会向客人道歉并加以解释。刚开始客人认真听着，当公关先生继续喋喋不休时，客人摘下了眼镜。这一动作暗示对方不必再往下说，公关先生却并未领会，仍一个劲儿地解释，客人便不耐烦地交叉起双臂。这一姿势是一种无声抗议：你为什么还不闭嘴呢？最后，客人拿起茶几上的报纸随便翻阅起来，这动作已是一道逐客令了。如果那位公关先生不仅能说会道，而且能懂得这些体态语的意义，那谈话结果就不至于如此糟糕。可见，听解虽是以听觉为主，但也不能忽略视觉、触觉等其他感觉的参与，听解是一种全方位的感知行为。

公关听解必须保持接收公众话语信息的客观性，无论是对自身组织有利的还是不利的信息，都要冷静地听，切勿感情用事；反馈给组织领导或管理人员时也要准确真实，不要添枝加叶或附上自己的主观色彩，也不要扩大或缩小，更不能报喜不报忧。

第三节　听解的一般技巧

听解是一种交际艺术。公关语言听解要做到准确无误，取得好的效果，并不容易，除了遵循第三章第二节论述的"公关语言领会原则"外，还要讲究具体的听解技巧。

一、运用有意注意

人们常有这样的体会，在语言交际中，听别人讲往往比自己讲要吃力得多，聆听时"走神"是常有的现象，这与人的生理、心理特点有一定的联系。研究表明，一个正常人每分钟的聆听能力是600个单词，而表达的极限是200个单词，[①] 信息传递的慢速度与信息分析的高速度造成了一个思维空白带。当表达的

① 黄全愈、陈彤：《交际口才——采访口才技巧运用》，广西人民出版社1989年版，第145、396页。

话题不足以吸引聆听者时，便容易产生注意力的转移。因此，聆听时要自觉保持心理活动的指向和集中，加强有意注意，专心静听。那么，怎样加强有意注意，做到专心静听呢？

（一）全神贯注

专心静听，不仅仅是用耳朵，而且要用心；不仅是接收声音，而且要理解。所以，听解必须时刻保持认真的态度、专注的精神，把全部心神完全贯注在对方身上，像雷达一样紧紧捕捉对方的话题，直至完全了解对方话语的全部意思。如果三心二意、心猿意马、想东想西，就不能准确获取对方的话语信息。

（二）积极参与

专心静听，不但指专心致志，还包括积极主动地参与，这种参与表现在：①对对方讲话作出积极的反应。例如，当对方讲到要点时，点头表示赞同、肯定，也可伴以“嗯”“对”等有声回应，但这要配合对方讲话的内容，而不是应付对方。②适当插话。例如，听到对方讲得有道理时，可说：“对，你这样讲有道理。”在对方讲到你不理解的地方时，你可插话：“对不起，这里我没听明白，您是否能解释一下？”这些动作既是听讲艺术，也令对方形成一种愉快心情，促使对方认真地继续讲下去。③边听边想边筛选。一边聚精会神地倾听，一边积极思索对方讲话的目的、意图和要点，一边作去粗取精的筛选、提炼和归纳，并作相关性联想，预测还会说些什么内容。这样，既有助于准确理解对方的话意，又可以发现问题，作有的放矢的提问，使交谈深入。

（三）排除扰乱

在倾听的时候，必须自觉排除影响精神集中的一切干扰因素，这些干扰因素包括：①听者自身精神烦恼、心绪不安，或者情绪激动；②说者的服饰奇异、音调特别、字音刺耳、态度不恭、举止粗野；③周围环境嘈杂。这些干扰因素都会扰乱听者的正常思维，导致注意力分散，影响听解效果，熟谙于聆听技巧的人都善于保持始终专心静听，排除或忽略这些干扰因素。

二、揣摩言外之意

通常由话语辞面直接表露的信息较易接受，而言外之意则不易揣摩。聆听者必须具备“听话听音”的本领，才能敏锐地发掘话语的潜藏信息。

言外之意产生的客观原因在于事物之间的相互联系。“当语言载体载运了甲事物时，同甲事物有着密切关系的乙事物虽然没有被语言载体载运，但是由于甲乙两种事物内在的联系，也等于被暗中点了出来，使人们由甲事物联想和推断出乙事物来。”① 事物之间这种潜在的联系是言外之意产生的前提，但一事物与他事物的联系是多方面的，处于普遍联系之网中的甲事物的相关事物多种多样，要把握表达者的意图所在，还必须引出约束机制，这个约束机制就是特定的语境。聆听者通过分析对语言产生直接影响的语境因素，借助逻辑的推理力量，是能够确定与辞面所指相关的事物的。

例如，1961 年 4 月刘少奇主席到湖南农村一个生产队去调查，向社员征求对公共食堂的意见。由于当时“抓辫子”“戴帽子”风气严重，社员不敢直言，只是一个劲儿地夸 1957 年时生活如何如何好，猪喂得肥，鸡鸭养得多，自留地出产多，油水重，肚子吃得饱。在这一片对 1957 年的赞扬声中，刘少奇同志听出了言外之意，摸清了群众的真正心声：现在的食堂办糟了。

这里从对话要求话题相互衔接方面看，社员本该直接表明对公共食堂的意见，却避而不谈，怀念起 1957 年未办食堂时的种种好处来，社员的回答表面是赞扬 1957 年，其中潜藏着的信息则是对公共食堂的否定。联系当时不敢说真话的社会背景，这一潜藏信息便不难推断出来了。

言外之意的产生依赖于特定的语境，同时也不能脱离言辞而存在，它总是附在一定的语言形式之上，双关、反语、婉曲、衬托等修辞方式都是表达言外之意的常见形式。听解时着眼于语言形式，联系具体语境，运用逻辑分析方法是可以听出言外之意的。例如：

周颖：“我们都从香港到内地工作了一年了，你没得到一点儿什么吗?”

咪咪心怀叵测地一笑：“当然，我收获很大，是从你那里得来的!”

周颖感到谈话很难进行下去，她皱起眉头：“咪咪，虽然我们之间一直无法沟通，但毕竟还是同事，我希望你在酒店工作期间发生过的事情，能成为一种有益的人生体验。”

咪咪：“谢谢你的指教，还有什么事吗?”

（邝健人《公关小姐》，第 20 集）

咪咪说的“收获很大，是从你那里得来的”是双关语，承上文听来是工作上收获很大，暗义则是指从周颖那里抢走了她的未婚夫——李志鹏；“谢谢你的指教”是反语，带有讥讽的意味。

言外之意还常常从幽默讽刺的语言方式中表现出来。例如，一天晚上，某工厂党委书记来到单身宿舍，青年小杜从床上爬起来微笑着说：“陈书记，您来得正好，快作个报告吧!”书记不解地问：“为什么?”小杜说：“您一个报告，我们就睡着了。”小杜的话意是讽刺这位书记平时作报告枯燥无味，但没有直说。

① 张炼强：《“言外之意”探微》，中国修辞学会编：《修辞学论文集》（第四集），福建人民出版社 1987 年版，第 48 页。

而书记揣摩其中的潜台词，联想到自己平时作报告的情景，恍然大悟，感叹地说："你很会说话啊！"

言外之意有时也从语调、口气和神态中表现出来，听话时要听音辨调，并根据对方表情、神态去判断。某领导在对话会上征求群众对某方案的意见，群众碍于领导之面，不愿直接表露其意。有人说："我说呀，这个方案嘛，自然是可以的啰！"整句用的语调，这位领导听出了言外之意，便抓住这一信息耐心启发，最终了解了对方的真意。有一房地产公司推销员向顾客提出某幢房子的出售价格时，顾客说："哪怕琼楼玉宇也没什么了不起！"但是，口气有些犹豫，笑容亦勉强。善听的推销员意识到对方嫌贵了，立即转口说："在您决定之前，不妨多看几幢。"经过对比、协商，生意最终成交了。

言外之意的构成方式多种多样，这类话语"辞面子和辞里子之间……常常有相当的离异"①，因此，要听出言外之意需有一定的分析能力，注意结合对方的话语信息、语调和神态等方面的情况作出假设，多设想几个"为什么"，分析可能性，然后作出判断。如果对情况不是很了解，可以作试探性发问，以进一步了解对方的内心世界。

三、释读体态语

在公关口语交际中，公关主体和公众都会借助体态语来传情达意。体态语在口语交往，特别是在情感的表达、态度、意向和风度的表现方面很能显示出它独有的特性和作用。由于种种原因，人们说话有真有假，不易鉴别。而体态语是大脑活动的外露和显示，有时，某些体态语甚至是无意中发出来的人体信号，所以，它不仅能传递出一般的信息，还常常会显露出动作者内心真实的情感。心理学研究表明，一些人出于别有目的而口是心非，是可以从体态语中看出来的。例如，一边说"时间这么晚了，吃了饭再走吧"，一边起身做出送客的手势；又如，当别人递过礼物时，口说谢绝，却伸手去接……诸多事实表明，体态语发出的真实信号往往很自然地会否定口语的信息，因为人的身体是不会撒谎的。心理学家弗洛伊德说："凡人皆无法隐藏私情，他的嘴可保持缄默，他的手却会'多嘴多舌'。"狄德罗也说过："一个人的心灵的每一个活动都表现在他的脸上，刻画得很清晰、很明显。"体态语是承载和传递情感、态度和意向的重要媒介，它不但有传递信息的功用，而且有让人借以把握信息的价值。因此，人们常借释读体态语来验证言辞信息的真伪。

韩信原是项羽手下的一个小官，在萧何的推荐下，被刘邦提拔为将军。他在未成为将军之前，曾借着第一次与刘邦交谈的机会仔细观察了刘邦的为人，他一

① 陈望道：《修辞学发凡》，上海教育出版社1979年版。

见到刘邦就说："目前，群雄四起，个个打算平定天下，成为帝王。大王的竞争对手，虽然很多，但足以跟大王匹敌的，大概只有项羽。他勇猛果断、恭敬爱人，大王您看您哪一点能占上风？"刘邦心想，这新上任的将军怎么这么怪？但他想归想，还是把自己的看法说了出来："我不如项羽。"韩信听到刘邦如此回答，心中不禁产生了敬意，因为他觉得刘邦有自知之明。但听其言还是不够的，韩信还要进一步观其色。于是他老老实实地把自己的看法说了出来："臣也觉得大王不及项羽。"说完，他就十分注意观察刘邦脸上的表情，心想：如果刘邦勃然大怒，那就表示修养不够，我就只有脚底抹油溜之大吉了。但刘邦听了韩信的话，似乎认为理所当然，脸上没有一丝愠色。经过听言观色，韩信认为刘邦贵有自知之明，定能平定天下，因此，他决定投靠刘邦。这个故事中韩信听言结合观色的理会艺术，对于语言听解很有启迪：要准确领会说话人的真实意向，不仅要全神贯注地恭听对方说话和认真揣摩话语的言外之意，而且要洞察和理会讲话人的体态语信号。

那么，在公关实务活动中，听解语言如何释读体态语，以准确捕捉其所蕴含的信息呢？下面介绍几种基本的技巧：

（一）结合言辞去释读

体态语虽然有时也被单独用来传递信息，但通常是伴随自然语言出现的。它伴随自然语言出现时，既有相辅相成的现象，如前面说的韩信考察刘邦的例子；也有相逆相忤的现象，如前面谈到的口是心非的用例。因此，聆听时如果光听自然语言，而不注意体态语，有时就无法准确把握对方话语的内涵；相反，如果撇开自然语言，只从体态语本身着眼，也不能理解对方传递的全部信息内容。因此，听解中释读体态语必须结合自然语言进行。善于听解的人都是这样的。例如：

黄主任："关键的问题是，老虎突然改变生活环境，再加上春节围观的人过多，距离又近，万一受了惊吓……"

张佩玉："老虎还这么胆小？我不相信！动物园天天不也有人围着看吗？"

黄主任望了她一眼："这是不同的。对不起，你们的要求我们实在无法满足！"站了起来，以示送客。

周颖也笑吟吟地说："黄主任，打搅了，再见。"

（邝健人《公关小姐》，第3集）

周颖看到黄主任"站了起来，以示送客"的动作神态，结合他"对不起，你们的要求我们实在无法满足"的话意，意识到再谈下去也达不到借老虎的目的，于是自觉告辞，显得得体识趣。

（二）综合释读

在口头交际中，有时自然语言只配合单一的体态语，便可表达完整的话语意义，更多的时候，是自然语言同时结合多种体态语来传递一个共同的信息。对体态语的综合运用，张萍先生有过切身体会，他在《我参加四种演讲比赛的体会》一文中说：

我有一次演讲的最后一句话是："朋友们，祝你们成功！"我配这样一个动作：右手紧握成拳头，举起与肩相平并持续较短时间，眼睛注视整个会场，向观众投以热情与信任的微笑。如果发挥得好，这个结尾有点儿"戛然而止"的韵味儿，同时通过声音、手势、眼神、面部表情等，向听众显示了为成功而奋斗的希望、决心和力量。

这是一个言辞的内容、感情与多种体态语完美结合的语用范例。像这样汇合多种体态语表达一个完整意义的语用现象，尼伦伯格·卡莱罗的《怎样洞察别人》称之为"姿态簇"。对"姿态簇"应如何释读，该书说得很清楚：

"一个姿态只代表一种意义，如果不了解个人的姿态簇（一连串配合的姿态），没有把他前后的动作加以融会贯通，只单凭某个表情就骤下结论，难免会犯下断章取义的错误，造成误解的后果。"

"所以，不能只观察一些个别的姿态，必须注意言辞与个别姿态在表达上的一致性，以及个别姿态与一连串姿态的不矛盾性。"①

尼伦伯格·卡莱罗这两段话对我们释读体态语很有启发：既要理解每个体态语的含义，更要把握各个部分体态动作融合在一起构成一个群体所传递出来的信息。只有这样，才能准确全面捕捉到体态语所暗示的信息，深入地了解对方心理。心理学家珍·登布列顿的一段话是很好的佐证，他在《推销员如何了解顾客的心理》一文中说：

假如一个顾客的眼睛向下看，而脸转向旁边，表示你被拒绝了；如果他的嘴是放松的，没有机械式的微笑，下颚向前，他可能会考虑你的提议；假如他注视达几秒钟，嘴角乃至鼻子部位带着浅浅的笑意，笑容放松，而且看起来很热心，这个买卖便做成了。

（三）结合文化背景和具体语境释读

体态语表意具有一定的约定俗成性，其中如前文所说浸透着民族文化传统。同一体态动作，在不同民族、国家的人看来可能表达不同的意思，例如跺脚，在中国人看来是生气的表示，法国人则表示叫好；同一意思，不同的民族、国家用以表达的体态语形式往往不同，例如，中国汉族人一般用右手前伸，掌心向外，由上而下向着被召唤的人招手，英国人、美国人招手唤人则是掌心向里或者向里

① 转引自孙莲芬、李熙宗：《公关语言艺术》，东方出版中心 1989 年版，第 132、133 页。

勾动十指。

体态语所表示的意义还常常因具体语境而异。例如笑声语，在推销活动中，推销者在滔滔不绝地介绍自己的商品时，如果顾客故作笑容满面，那么这次推销八成是不成功的，因为推销的语言并未在顾客心中引起共鸣，他不过是用笑声语表示礼貌而已；而在交际或协商中，如果对方听话后的反应是边微笑边摇头，则意味着对话语的信息无法接受，以笑声语来表示委婉的谢绝，不让说者感到难堪。

由上可见，体态语的释读不能忽视表达者的文化背景，不能脱离具体语境。否则，就会产生信息误差，给公关工作带来影响甚至损失。例如，1941 年日本特使与美国国务卿赫尔举行最后一次资助会谈之后，面带笑容，告辞离去，参加会议的美方人员看到日本特使的愉悦神情，都认为未来的美日关系是乐观的。不料没过多久，就发生了举世震惊的日机偷袭珍珠港事件，一些研究体态语的学者认为，如果当年的美国官员对日本特使的“微笑”有深入的了解，就不会对珍珠港事件的发生感到太突然。因为，“微笑”在日本不仅具有友好之意，有时也表示尴尬或哀戚，甚至可用来掩饰愤怒和厌恶。

思考与练习

1. 请结合自己的实践，谈谈听解的重要性及其作用。
2. 请分析一下听解的受制性特点。
3. 听解怎样才能做到准确无误？
4. 听解有哪些基本技巧？

第十六章　公关语言读解艺术

公关实务的基本内容之一是了解内外公众的意愿，监测社会环境，获得可靠的公关信息，以便据以确定本组织的公关现状，制定或修改自己的行动方略。了解民意、监测环境可以通过直接交谈、听讲的办法，也可以通过间接阅读的办法。随着组织社会化程度的日益提高和信息量的普遍增加，通过阅读以实现组织与公众的沟通，获取必要的社会信息的方法显得越来越重要。例如，一个组织需要阅读党、政府和上级主管部门的法规和文件，以明确上级公众的方针、政策和具体意旨；需要阅读内部公众、消费者公众或合作者公众的来信来函或民意测验答卷，以洞察这些最基本公众的意向、意见、建议、要求和呼声；需要阅读竞争者公众的有关资料，以便借鉴其管理、经营方面的经验教训，窥测其发展动向；需要阅读各种印刷传媒上的消息和其他文章、阅读新的书籍，以便及时获取对本组织有直接或间接作用的各种信息，把握社会发展脉搏，预测环境发展变化的方向。在信息化程度日益提高的今天，及时捕捉信息，准确读解语言作品，对于一个组织具有重大的作用。公关人员为了获取必要的社会信息、做好公关实务，必须具备良好的阅读理解能力，掌握熟练的索解书面语言作品的技艺。

第一节　阅读理解的特点和过程

阅读就是看书面语言作品并领会其内容的过程。阅读的对象是文章（包括著作），阅读的目的就是把文章的形式（文字）转换成写作者所欲表达的思想意义，以达到对原作的理解。因此，光用眼睛不行，还必须用大脑，光有看不行，还必须看清楚、看懂，必须思索原作的思想内涵，而不是流于形式，也不能歪曲事实。阅读理解有不同于听解的特点和过程。

一、阅读理解的特点

与听解相比较，阅读理解具有如下一些特点：从理解对象看，听解的对象是以声音形式包装意义的语言作品，读解的对象则是以文字形式记录有声语言、包装意义的语言成品。从理解主体的生理器官看，听解主要运用听觉接收、感知对象，从而达到对话语理解的目的，读解则主要通过视觉接收、感知对象，从而达到对文章理解的目的。从接受理解的具体过程看，听解由于所感知的对象是稍纵即逝的声音，领会者必须跟着表达者的语流顺序听解，不能慢于它，也不能快于它，更不能反复，即使有录音装备辅助，也不同于阅读书面语言作品那样可以自由往返，特别快或特别慢，或者只看头尾纲目而略去细节。由于读解所感知的对象是记录到纸张上的固定的字形，因此，领会者可以相当自由地决定自己的取舍、阅读方式和阅读速度，可顺序读，也可倒序读；可连续读，也可跳着读；可只读一次，也可反复读。听解由于有比较具体的体态语和语言环境，听观结合，有容易理解的一面，但由于话语是即时随口说出，比较粗疏含混，不易保存，因而又有难以理解的一面；读解则相反，由于缺乏具体的体态语和语言环境的帮助，只能凭唯一的依据——文字来索解作者的思想感情，有难以理解的一面，但由于文章是经过较多斟酌而写成的，比较规范明晰，又比较固定，利于徐徐研读，反复索解，因而又有易于理解的一面。

听解由于对象是容易变异的声音，具有很多的变异性和地方特点，加上有一些同音词语的干扰，容易出现难解或误解的情形。读解由于对象是隐藏了声音的文字形式，很多具体微妙的语音停顿和变化无法记录下来，因此有难解和易误解的一面。例如，“他一天就看一本书”。这句话，如果是听解，只能听为一个意思：①“他一天才看一本书”，说明看书太少，重音在“一本书”上；②“他一天就能看一本书”，说明看书速度很快，重音在“一天”上；但这句话如果是读解，没有进一步的语境辅助就无法决断究竟是哪一种意思。总的说来，对口语的听解比对书面语的读解要容易，因为口语所表达的内容相对来说短于书面语、浅于书面语，同时，因为人的听解能力一般不需要专门教授训练，只要具备正常语言能力的人，一般都可以至少听懂一种语言；而书面语所表达的内容相对来说长于口语，成片段，长至鸿篇巨制，并且深于口语，可以记录复杂深奥的思想和丰富细腻的感情，不像口头语言（尤其双向会话）那样你来我往，只言片语，直白浅显，且阅读书面语的能力必须通过专门学习训练才能获得，因此阅读理解总的来说难于听话理解。

二、阅读理解的过程

阅读理解的过程就是接收并消解文章思想内容的过程，也即披形式（文字）以见意义、还原索解原文思想内容的过程。这个过程从对文章的感觉知觉开始，到对它的意义得以理解为止，中间经过感觉、知觉、分析、综合等一系列复杂的心理活动。

阅读理解首先接触到的是一个个由一定笔画组成的字形或由一定的字母组成的词形，以及由这些字形、词形所组成的线性排列，读者可凭借自己大脑字词库的记忆对这些字形、词形进行辨认，这就是阅读的感觉和知觉阶段。其次，读者根据自己的语言知识（主要是句法构造知识和修辞技巧知识）和关于自然、社会、人的相关知识经验对这些成串的字词进行切分归并，辨析它们的指称意义和语法关系，从而达到对文章意义的理解，完成由语言到言语的转化，这就是阅读的理解阶段。阅读理解的过程实质上是读者根据自己的文字词汇记忆库以及特定的认知结构、知识结构对文章形式的一种辨认、再认，并据以作出合理的分析、判断和逻辑推理的复杂心理过程，没有语言文字的基本知识及其运用经验，即使清楚地感觉到了字形、词形的存在，也不能从它看出任何的意义，而是与任意涂画的线条不无两样；没有足够的背景知识和思维能力，也会出现断章取义、囫囵吞枣或者百思不得其解的僵局。

下面借助一个口头语言听解的例子来说明听解、读解共同的心理活动过程。原话是：

老师教学生读书。

听者听解时首先感知到“lǎo”这个音节，随即在大脑语词库中搜寻，找出一个汉语中的常用词素“老”或常用形容词“老”，于是出现了两方面的预感：

a. 老张、老施、老师、老汉、老婆、老大……

b. 老大爷、老大娘、老青菜……

当输入第二个音节时，立即被概括为一个词“lǎoshī”，注意范围大大缩小；但究竟是“老施”还是“老师”，还不能准确判断（有特定语言环境会帮助判断）。接下去感知到一个音节“jiāo”，大体上可以帮助判断是“教”或“交”：假如是教，可能是教学的教，假如是交，则可能是交付一样什么东西。再下去听出“学生”这个词，一下子使前面“jiāo”和再前面的“lǎoshī”都得到了比较确切的判断：“老师教学生”。根据汉语语言知识，听话人会预感到句子还不全，下面可能还有内容：另一个宾语或者以“学生”为兼语的另一个动词谓语乃至它的宾语：

a. 老师教学生数学（化学、英语……）。

b. 老师教学生读书（写字、做文章……）。

直到听到“dúshū”两个音节后，才完成了整句话的最后理解。①

由此可见，领会话语文章的过程是一个不断接收、不断选择排除、不断预测、不断证实和否定、不断分析和综合的复杂心理过程。书面语言的接受理解原理与口头语言接受理解基本相同。由于书面语言隐埋了一些多音多义字的读音，略去了一些必不可少的语音停顿，因而它的接收理解有时比口头语言要难很多。请看下面例子：

我国少数民族使用和尚保存的乐器四百种。

① 王德春：《现代语言学研究》，福建人民出版社 1983 年版，第 181、182 页。

运用语言的特定条件与修辞。

前例可理解为两种意思，一种是我国少数民族所使用的由和尚保存的乐器有四百种，“和尚”是一个名词；另一种是我国少数民族使用和尚且保存、尚未失传、不再使用的乐器有四百种，“和”“尚”是两个词，“和”是连词，连接“使用”与“保存”两个动词，“尚”是副词，修饰“保存”。这个例子之所以难断易误，既有“尚”字多音、多义的原因（作为“和尚”一词的词素，读轻声；作为副词，读去声），也有停顿界限不明的原因（在“和尚”之间停顿还是在“尚”与“保存”之间停顿）。后例词语之间的连断及深层语义关系更难确定，它至少具有如下五种理解的可能性：

a. 运用语言的特定条件与修辞

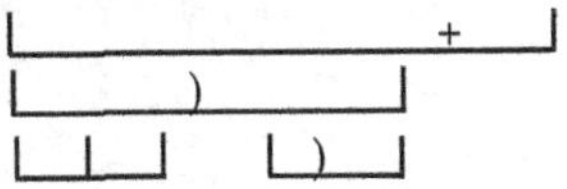

b. 运用语言的特定条件与修辞

c. 运用语言的特定条件与修辞

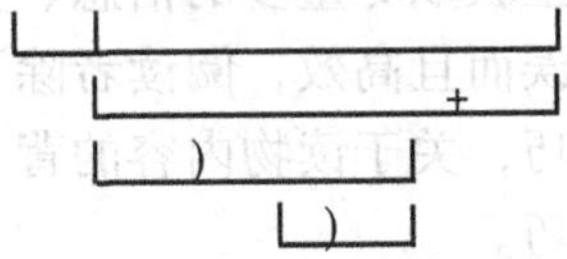

d. 运用语言的特定条件与修辞

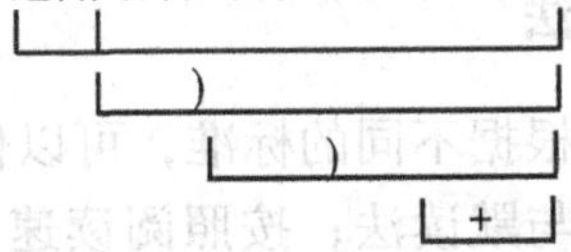

e. 运用语言的特定条件与修辞

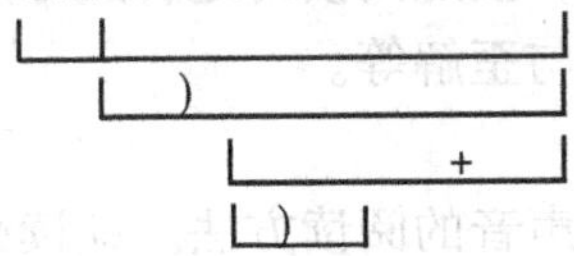

这种情况的存在，一方面有书面停顿不明的缘故，同时也与汉语的缺乏形态性密不可分。像这个例子中的“语言”，词性不明，与其他词的关系也不定，既可以是作宾语的名词（直接受“运用”支配），也可以是作修饰语的所有格代词，作所有格代词时，既可能修饰“条件”，也可能修饰“修辞”；“运用”一

词也一样，既可能支配“语言”，也可能支配“条件”或“修辞”，还可能同时支配“条件”和“修辞”等。这给书面读解尤其是标题性语段的读解带来了很大困难。至于种种灵活、变异的表达手法，种种包含隐喻意义的文章、作品，其理解之难就更不用说了。

总而言之，阅读理解的过程就是披文章形式以见文章内容、不断接收、不断识别判断、不断预测、不断证明和否定、不断分析综合的复杂心理过程。一般情况下的阅读理解是顺流而下，边看边理解的过程，眼睛不断地走，大脑不断地思索、破解，至过目完毕，理解也将完成。但多数阅读理解并不如此简单顺利。有的文章著作十分艰深难懂，即使是比较好懂的文章著作，也并不都是字字很容易懂。不管阅读难文还是易文，不管是索解难词涩句还是迎读易词易句，所有的阅读理解过程都是一种由感知到理解、由已知到未知这样反复推求文意的求索过程。

第二节　阅读理解的基本方法与技巧

任何行为都有一定的目的，都要追求一定的效果标准。良好的阅读理解的标准是什么呢？首先是保证正确率，要准确领会原作意义，避免误解；其次是高效，要读得快，在单位时间里获取尽量多的信息、美感。

要保证阅读理解正确无误而且高效，阅读者除了必须具有充分的关于读物语言的语言知识、语言表达技巧，关于读物内容的背景知识、生活经验，还必须掌握阅读理解的基本方法与技巧。

一、阅读理解的基本方法

阅读理解有多种方法，根据不同的标准，可以作不同的分类。按照阅读时是否出声，可以区分为朗读法与默读法；按照阅读速度的快慢和理解程度的深浅，可以区分为精读法与略读法；按照阅读时是否遵守规范及其遵守程度，可以区分为规范性读解、利己性读解与歪解等。

（一）朗读法与默读法

朗读法就是读出读物的声音的阅读方法。朗读必须逐字读，这在一定程度上保证了阅读的细致性和理解的精密性。加之朗读是对有声语言的复原再现，须对读物字词间的停连、切分归并，对读物中的多音、多义以及读物所隐含的语气、语调作出合乎表达者原意的判断，因此有利于正确体会读物的准确含义和微妙效果。朗读调动了读者眼、脑、口、耳四个器官的协同动作，加深了对读物的理解、体验，有利于产生较持久的记忆效果。朗读常用于语文能力的教学活动中，在实际应用中也发挥着不小的作用。对于声情并茂和文艺性读物，尤其是散文、诗歌、戏剧台词等文体片段，朗读是获得和增强原作形式美感（尤其是声音美感）的重要方法。

默读法就是略去读出读物声音的阅读方法。它只依靠视觉接受信息，不出声，不动唇，不心诵，由眼睛直接把文字符号反映到大脑中去，省略了“文字—声音—意义”的中间环节，因此，一方面，它失去了一些仔细理解读物内容、体验其形式美感的机会，阅读效果和记忆效果会稍逊于朗读；另一方面，它又赢得了大量的时间。由于朗读需要经过较长的发声阶段，而默读则省去了这一道程序，因此，它在读解速度方面远远胜于朗读。抑制阅读时的嘴唇翕动、避免出声阅读是提高阅读速度的重要方法。

朗读法与默读法各有短长，但总的来说，默读法具有更大的用场。公关阅读以默读法为常用，因为公关阅读资料多为实用性而不是欣赏性的，无须过多地体验其形式美感，而是要迅速及时地获取其基本信息。

（二）精读法与略读法

英国哲学家培根说过，有的书只需浅尝，有的书需要吞食，有的书则须咀嚼消化。浅尝与吞食属于略读，咀嚼消化属于精读。

精读是一种旨在深入领会读物思想意义的细嚼慢咽的阅读方法。精读一般用于对一些典范性文章著作或者优秀文学作品的研读、赏读。它要求全面感知读物形式，仔细探究出其所包含的深刻底蕴和丰富内涵。为此，精读必须从查考读物的字词、明确句法关系入手，逐步弄清其句意、段意、篇意，由局部到整体、由整体到局部，在不断分析综合的过程中去皮见肉、去肉见骨、去骨见髓，达到对读物内容的真正掌握：不但明字句，而且明精神；不但深究确领其思想内容，而且探究、体验其意义——它的表义特点、它的功效、它所给予读者的丰富美感。

精读离不开反复阅读，反复阅读有利于洞幽显微，透彻理解，钩沉补缺，纠偏匡谬。初读时不明白的地方，多读几遍，或换个角度加以思考，就可豁然开朗。“书读百遍，其义自见”，就是关于精读法的经验之谈。

略读是一种浏览式的阅读方式，常常表现为鲁迅所说的“随便翻翻”。拿到书刊、报纸粗略地翻一遍，了解个大概，目的在于选择和寻找与读者学习、工作有关的资料，或摸清某领域当前的动态，同时也有休息、消遣的用意。

略读的目标就是求快、求多，在较短的时间内把一本书、一份报纸或一篇文章读完，走马观花，一目十行，只求了解其纲领、大意，掌握其要点，不求深究其细节。但是求快、求多仍要有所得、有所获，不能白读。为此就必须特别讲究阅读技巧，采取浏览、跳读、扫读等手段，保证用尽量少的时间获得尽量多的信息，首先获得最基本、最主要的信息。所谓浏览，就是随便翻翻，大致看一下内容提要、凡例、目录、标题、前言、后记；所谓跳读，就是不逐字读，甚至不每段看，不每页看，而挑重点，挑有用的章节，挑关键词、首尾句，略去不大有用的内容、章节；有用就读，无大用就舍。所谓扫读，就是要一扫而过，一目十行；但基本的内容须扫及。扫读是英文动名词“scanning”一词的翻译，其动词原形“scan”就是我们所说的“扫描”，它的一个意思是“粗略地浏览”，另一个意思是“仔细地审视”，正反两义正好说明扫读法既要求速度，又要求挑读出重要的信息。没有粗而快，就不称其为扫读，没有仔细挑选，连阅读也称不上。

一般来说，精读属于慢读，略读属于快读。但这并不是说，精读就不用快读，略读就一定是快读。在具体的阅读实践中，精读、略读的区分并不是截然的，而是互相渗透的；慢读法和速读法常常配合运用，缺一不可。

公关阅读中博览占有很大的比重。搜集公众意见、市场情报、国内外社会环境信息，要靠大量的略读来完成。同时，由于公关人员需要接触公众的广泛性，其具体工作又要求很高的创造性，因此，广泛涉猎就具有了更重要的意义。鲁迅先生曾经提倡博采：“必须像蜜蜂那样，采过许多花，这才能酿出蜜来，倘叮在一处，所得就非常有限、枯燥了。”他还说：“爱看书的青年，大可以看看本分以外的书……即使和本业不相干的，也要泛览。譬如学理科的，偏要看文学的书，学文学的，偏要看科学书，看看别人在那里研究的究竟是怎么一回事。这样子，对于别人、别事，可能有更深的了解。”如果说这些话对于每一个组织成员都有指导意义的话，其对于公关专员的指导意义更大。试想，如果电视剧《公关小姐》的主角周颖没有涉猎到关于大熊猫方面的学术论文，她怎么能构思出“拯救大熊猫”的大型公关活动？因此，公关人员要在获取与本组织工作有直接关系的信息的基础上，广泛涉猎社会科学和自然科学知识，上至天文，下至地理，远及世界，近到乡土人情，以及花鸟虫鱼、名胜古迹、文学艺术、数理化生、三教九流、七十二行，略读、泛读，无所不收。

公关阅读也需要进行适当的精读。对于有关本组织切身利益的上级法规条文，对于一些与本行业工作有直接关系的文章著作，对于包含重要意义的公众来信、意见（比如公众就住房和“菜篮子”工程等重大社会问题向某政府公关部门提出的方案）都要精读细研、反复推敲，力求准确了解其内涵。为了寻找新的市场、公众，需要研读这一市场、公众的有关文献，为了实施某一具体公关方案，必须对它进行仔细琢磨，反复论证。这些都离不开精读法。

（三）规范性读解、利己性读解与歪解

阅读理解都应遵守读物语言的规范，进行规范性读解；但当读物中存在着多义、歧义的时候，读者可以作出符合自己利益、愿望的理解、解释，这种读解可以叫作利己性读解。有时读者出于游戏娱乐或者斗争的目的，故意不遵守一般的语言规范来理解读物，这就是歪曲性读解，也即歪解。

规范性读解有两种情况，一种是根据读物语言的规范对表达正确的读物进行正确读解，一种是根据语言的规范对表达不正确的字词句进行“矫形”理解，即在判明其为表达不合规范的前提下，根据语言规范和具体的语言上下文对之进行补正性的理解。例如：

广东玻璃厂专门生产各类饮料、食品包装玻璃瓶罐，品种多式多样，可根据用户需要和要求进行生产和设计及印花商标。

（广东玻璃厂广告）

我演唱的歌曲集在编者和出版社的支持帮助下和大家见面了。

（海涛、卢深编：《蒋大为独唱歌曲选》，漓江出版社1984年版）

根据语感，我们会觉得前例后半句有些别扭，语法不通，表义含混，“进行”什么？“进行生产和设计”可通，“进行印花商标”就不通。根据语法知识和事理我们可以推知，它想说的是“可根据用户需要和要求生产或设计玻璃瓶，或为玻璃瓶印制商标图案”。“设计”“生产”“印制商标图案”三项内容可能单项进行，也可能合并进行，比如从设计到生产到印花。原文不但没有交代清楚这些复杂意义及其层次，而且有语法错误：“印花商标”应改为“印制商标”或“印刷商标、花纹”之类。下例主语语法不通，作者想说的是“我演唱的歌曲的选集（全集）”，却说成了“我演唱的歌曲集”（“演唱”的宾语本来是“歌曲”，现在却成了“歌曲集”）。

利己领会指对读物中具有多义、歧义的词句作对自己的一方有利的理解。例如：

鉴于该犯年岁较大，并患有老年性疾病，监狱在饮食、医疗上对她给予照顾。

（《羊城晚报》，1988年6月13日）

该犯得的什么病？既可以理解为老年性疾病，也可以理解为“性疾病”。老年时得性疾病，这多种义（歧义）并存的情况是难以避免读者作利己性理解的。

歪解指不遵守语言规范，故意曲解原意。例如：

庄子与惠子游于濠梁之上。庄子曰：“儵鱼出游从容，是鱼之乐也。”惠子曰：“子非鱼，安知鱼之乐？”……庄子曰：“请循其本。子曰‘汝安知鱼乐’云者，既已知吾知之而问我，我知之濠上也。”

（《庄子》）

例子中的问话“子非鱼，安知鱼之乐”意思是“你怎么知道鱼的乐趣呢？”答者后来答说：“我从濠上知道的”，这一答话表明他将问话中表“怎么”的“安”故意理解为表“从何处”的“安”了，否则答问就会接不上茬。

歪解指的是明知故犯，故意作错误理解。歪解的目的在于造成轻松幽默的气氛，或者达到嬉笑怒骂的效果。因此，读解者不以实现歪解为满足，而是同时要把这种歪解反馈给作者或者其他读者。从某种意义上说，它已不是“索解”“理解”，而是一种“解释”，是以赋予读物内容以歪曲性的解释来达到自己交际、论战、斗争的目的的语言行为。

公关读解一般用规范性读解，但有时也用到利己性读解，甚至用到歪解。运用哪一种读解，要根据公众性质和公关实务的任务来决定。一般来说，歪解只用于跟敌对公众的斗争中，因为它违犯了语言交际的礼貌原则，用于普通公众会破坏公共关系，影响本组织声誉。

二、阅读理解的基本技巧

（一）不同语言单位的读解技巧

1. 词语的读解

词语读解是阅读理解中最基本层次的读解，其基本任务就是辨认出一个个组成文章的字、词在特定上下文中的确定意义，为理解句子意义乃至全文意义铺平道路。汉语的词是由汉字构成的，有的由一个字构成，比如“人”“好”等；有的由两个或两个以上的字构成，例如“葡萄”“人民”“谢幕”“英特耐雄纳尔”等。

从字的角度看，有的字就是一个词，例如“人”；有的字只记录一个音节，与别的字合起来才组成一个词素，例如“葡”“萄”；有的字是一个词素，例如“民”有的字有时只是一个音节的记录，有时是一个词素，有时是一个词，比如“纳”在“英特耐雄纳尔”中只是一个音节的记录，在“纳税”中是一个词素，“幕”在“谢幕”中是一个词素，在“幕开了”这个句子中是一个独立的词。因此，词语的理解首先要从认字、识词开始，既要辨认出一个个汉字是什么字，又要判别它们在特定的语言环境中是作为音节的记录、词素，还是作为独立的词出现、被运用的，有的字词是多音、多义的，同时要辨别出它在此时此地该有的读音和意义。

理解词语，既要借助对构成词语的汉字、词素的意义的识别，也要借助词语所在的上下文以及其他语言环境。下面举例谈谈词语读解中的基本技巧。

罗定不再吃“三行”饭了

广东人识罗定者，多数会说“哦，那是个出‘三行老’之地……”三行老也者，为泥水匠、木匠、铁匠之俗称。

TQC——亚洲汽水厂的立足之本

TQC，即全面质量管理，对于竞争日益激烈的市场角逐来说，应成为企业的立足之本。

前例标题中“行”字是什么意思、怎么读，不熟悉粤方言的人也许一下子不容易判定，即使参考了其前后的“吃……饭”，也还是不能确定。往下看，到了“三行老也者，为泥水匠、木匠、铁匠之俗称”才可以肯定其意为“行业”，当读为“háng”。后例“TQC”是外来词的缩写，词形构造没有告诉我们关于词义的足够信息，词的前后也缺乏足够的参考因素，好在文章的第一句为我们作了明确的解释。由此可见，对于词语的理解离不开对文字的单位及其与前后文字的关系的确定。

东莞轻出大厦

（广东省东莞市大厦字标）

请将收信人的邮政编码按照封舌上的标准字体书写。

（广州市邮政局信封说明）

前例的“轻出”也是个缩略语，根据上下文及其他语境因素可以猜出是“轻工业产品出口”之略。后例的“封舌”一词也许我们从未见过，但无论是其词语的内部构造，还是外在的上下文以及这段文字所在的信封等，都给我们提供了充足的根据，使我们可以准确地判断出它的含义是“信封上用于封口的部分，形状似舌”。很多新词由于构词规范，加上一定的上语下文，即使从未见过也可以做到准确理解。

以上例析说明，词语的读解既要识字，也要辨词；既要参考词的内部构造，也要借助词语所在的上下语境和其他环境因素。日常读物中的多数难识词语都可以通过这些办法加以识解。

当然，内部索解法与外部索解法都不是万应灵药。有的词语用内、外部索解法均不能奏效，这时只有依靠查考或者口头询问、请教来解决，别无他法。例如：

①欧美名人谈“黑色星期一”

②广州3个门外汉苦钻3载设计了先进软件系统

电脑出单证　喜有新行尊

国际贸易中人工制作信用证单据繁难易错问题迎刃而解

例①的“黑色星期一”是什么意思？从词语的内部构造看，它是个偏正词组，“黑色”修饰“星期一”，两词搭配不太符合事理，看来“黑色”有转义，但究竟其转义是什么，从正文无法寻找答案。例②的“单证”从词语本身看很不明确，“单”与“证”是并列关系还是修饰关系也不明了。“新行尊”合起来又是什么意思，从内部构造及外部环境均无法确定。

2. 句子的读解

句子的读解在原理上与词语的读解一样，也需要通过辨识内部构件借助更大的语言环境确定意义。上文所分析的一些词语读解的例子，也都反映了句子读解的基本规律。例如：

①斑鸠与古代的“尚齿敬老”

②“横向热”中，一场税利大转移正悄悄地从国库流向集体、流向消费市场，甚至流向个人腰包……某省工业局副局长透露，去年该局有4.5亿元产值被“横向”了，以13%利润计，至少有0.58亿元从国家转移到了集体。

例①的“尚齿”也许不太容易理解，但从下文的“敬老”（动宾短语，“尊敬老者”）可以推测出它的结构和意义与后者相似，从而完成了对全句语意的大体理解。若再读全文，还会看见“在先秦先民中，对70岁以上的齿长者，民有敬老之情，官有敬鸠养老之礼”这样的句子，从而更确定了“齿”的语意为“年龄”，“尚齿、敬老”互相说明了结构，互相补足了语意。例②中的“被‘横向’了”怎么理解？根据一般的语言常识，“横向”是个名词性词语，又不代表有生物，不具有施事性，因此，它不具有发出其他动作的能力，不能作介词“被”字的支配对象，构成被动句。同时，名词性词语本身一般也不能作谓语，而它现在所处的恰恰不是谓语的位置，由于“被”字的出现，前面主语位置上“产值”具有明显的受事性，也就是说，这是一个被动句，“产值”是“横向”的受事。从而可以推断出“横向”在这里被活用作动词了，而且是及物动词，在逻辑上支配受事主语“产值”，它的意思是，该局有4.5亿元产值被（有关人员）搞横向联合“转移”掉了，即挥霍掉了。

①白发不用染，刷牙可变黑。

②市长同志：您卖房找错了对象。

③你要老当学生是瞎子，那你本身就是个瞎子。

（河北大学关于学生思想政治工作民意测验问卷答案）

例①的“刷牙可变黑”是什么意思？是头发变黑了还是牙齿变黑了？颇使人易误解为后者，加之原标题竖写，“白发”句在左，“刷牙”句在右，更增大了迷惑性。稍微扫视正文，我们会发现“星际乌发牙粉”字样，疑团顿释。例②是写给公关主体的，除了基本意义外还附加有礼貌意义。例③是民意调查问卷中对“请你对思想政治工作者说几句话”一问的回答，也可以看作是直接写给公关主体的。这句话没有礼貌的附加意义，措辞比较直接、尖锐。对这些句子的理解，尤其不能忽视上下文及其他语言环境的因素。

3. 修辞性语句的读解

对词语和句子的理解都会碰到修辞手法的读解问题，但是，由于修辞手法具有特定的表意功能，尤其是一些特定的修辞手法能使词句的字面意义与实际意义发生很大差异，因此有必要专作探讨。

常见而又特别需要注意索解的修辞手法主要有形象化的表达法、比喻、借代、拟人、双关、用典等几种。如：

①心与心的撞击必发出耀眼的火花。

（河北大学关于学生思想政治工作问卷答案）

②但有些政要人物，不管好自己的舌头，胡说八道，祸害可就大啰！

（《经不起“筛一筛”的陈水扁：管好舌头好处多多》，网易，2004年3月3日）

③顶尖科技　来穗“相亲”

斯坦福国际研究院 Mobileye 等携高科技项目寻求合作

（《广州日报》，2018 年 6 月 25 日）

④送礼待客表心情，名牌出自五羊城。嫦娥不恋桂花酒，却羡广州麦乳精。

（广州乳制品厂广告）

例①用了形象表示法，意思是说思想政治工作要与学生进行心灵上的沟通。例②为借代，是借说话表达要使用的重要器官“舌头”来代指“讲话”。例③的“相亲”是拟人，指的是顶尖科技项目来穗寻求合作。例④为用典，是化用《楚辞·九歌·东皇太一》的“奠桂酒兮椒浆”和李商隐《嫦娥》的“嫦娥应悔偷灵药，碧海青天夜夜心”，或毛泽东《蝶恋花·答李淑一》中的“问讯吴刚何所有，吴刚捧出桂花酒。寂寞嫦娥舒广袖，万里长空且为忠魂舞”，这样的广告语言积淀了丰富的民族文化内蕴，体现出鲜明的民族风格。

（二）不同语体文章的读解技巧

大于句子的基本语言单位是句群、自然段、全文等，其中全文是读解的最大单位，读解全文意义才是语言理解的最终目的。全文是由一个个句子组成的，但全文的意义并不就是一个个句子意义的简单相加，有的文章即使每句话都能读懂，全文的意义仍然无法确解。可见读解全文还需要专门的知识。

现实的文章都是某种特定语体的文章，要准确而迅速地读懂其意义，首先要具备一定的语体知识。语体是为适应不同的交际领域、目的、对象和方式的需要，运用全民语言而形成的语言特点的综合体。语体不同，文章表情达意的基本方法也就不同。只有具备了足够的语体知识，能够判别出文章的语体属性，并按照其所属语体的读解方法阅读索解，才能获得对全文意义的确切理解。

阅读理解离不开辨体，不知道辨体，阅读就带有很大盲目性。因此，读解全文首先要辨体，也就是确定读物的语体属性。辨体可以从文章的思想内容、表达方式和外在形式标志着眼。以客观事理为反映对象的书面语言一般是实用性文章，属实用性语体；以主观认识、情感为反映对象的书面语言一般是审美性的文章，属文学语体。实用语体中为应付日常工作、生活而写的文章大体上属于应用语体，比如公文、新闻、广告、书信；为了对较重大的社会、现实问题进行评议、论证而写的文章大体上属于政论语体；以一切客观对象为表现内容，重在客观地探讨其内在规律或者释说这些规律的文章大体上属于科学语体。文学语体中以比较自由、平实的形式反映主观认识、情感的文章大体上属于散文体；以塑造人物形象、刻画典型环境、构造完整情节而形象化地反映作者对社会生活的认识的文章大体属于小说体或戏剧体，以夸张变形的表达手段抒发情感的文章大体上属于诗歌体。

文章的外在形式标志也是辨认文体的重要依据。形式标志主要包括标题、行款韵律和篇幅等。标题中带有"启事""通知""请示""章程""报告"等字样的文章，基本上都是应用语体，其分体名称已在标题中点出；标题是"论……""从……说起""……辨析""……之我见""驳……"之类的文章，一般属于政论语体；标题是"访……""记……"之类的文章，一般属于应用语体中的通讯或者文艺语体中的叙事散文；标题是"……学""……原理""……概论""……史""……常识""……趣话""怎样……"之类的文章，一般属于专门科学体或者说明科学体等。当然，有的文章标题不用本意，而用比拟义或者比喻义，又当别论。比如《六六六"退休"的报告》就不是应用语体中的报告或者调查报告，而是艺术性说明文，属于交叉语体；《创业史》《钢铁是怎样炼成的》并非专门科学体或者说明科学体，而是文艺语体中的小说。行款指书写或排印文字的行列款式，具有呼语式开头和具名落款的文章主要是信函、请示、批复之类语体；分行书写，每行字数大体相同，具有明显韵律特点的文章一般属于诗歌。此外，篇幅等也是辨体的基本依据。比如，消息一般篇幅短小，不分小标题，通讯则相反。

不同语体的文章具有不同的表情达意特点，应当采取不同的读解对策。

1．应用语体文章的读解

应用语体主要包括公文、新闻、广告、信函等，这些文章都有直接传递信息的特点。它们一般一事一文，单纯集中，运用叙述和说明等表达方式，表义直截了当；而且具有一些形式上的标志，从标题、行款等方面即可看出语体属性乃至基本语意。试看实例：

广州经济技术开发区条例

…………

第四条　开发区应当按照广州市社会经济发展长远规划，进行经济开发和技术开发，遵循外引和内联相结合、引进先进的技术、设备和引进先进的管理经验相结合的原则，兴办生产性企业和科研事业，有计划、有步骤地发展新兴产业，重点开发高科技产品，为广州市产业结构调整和技术改造服务，为国内技术进步和经济发展服务。

…………

大陆通货膨胀直接冲击香港

据1988年12月17日日本共同社的报道说，大陆通货膨胀，已直接冲击香港，香港物价9月份上升了44.3%。

香港的菜、肉、大米等食品，30%从大陆进口，价格上涨很快，威胁到了居民生活。

11月中旬，大陆谷物业界向香港进口业者通告说，11月和12月订货的大米数量将是往年的一半，为1万吨。为此，香港决定投放4 500吨储蓄米，从泰国紧急进口大米。

在刚过去的1988年，香港通货膨胀率为7%，预计1989年将轻而易举超过10%，为12%～15%。

从标题和"第四条"等要素可以看出，前例是一篇法规性事务文书。法规性事务文书用以规定或调整国家、地区内部政治、经济、科技、文化等方面的方针、政策和实施方案，规定某一部门工作人员的任务和职责范围，具有法律效力，应当仔细阅读，深刻领会。它分章分条陈述，表义清晰，措辞严谨，为阅读提供了方便。上面的例文正是这样。它具体规定了开发区的任务、行为依据、原则和目的——任务：经济开发和技术开发；兴办生产性企业和科研事业；发展新兴产业，重点开发高科技产品。行为依据、原则：按照广州市社会经济发展长远规划；遵循外引和内联相结合，引进先进技术、设备和引进先进的管理经验相结合。目的：为广州市产业结构调整和技术改造服务；为国内技术进步和经济发展服务。从标题、第一句话以及全文篇幅等可以看出，下例是一则消息。标题已经传达了它的基本信息：大陆通货膨胀直接冲击香港；正文用倒金字塔结构安排内容：导语先点出信息来源，陈述完核心信息后又给出更确切的数据；主体部分具体地报道了通货膨胀的后果、港府的对策以及香港通货膨胀率的逐年递增数据。公关主体可以根据自己的需要决定读解策略：或只看标题，或再读导语，或泛览全文，或仔细研究全部细节。

2. 政论语体文章的读解

属于政论语体的文章叫作政论文。政论文是议事说理的文章，它或者针对某人某事发表议论。专论、社论、时评等都属于政论文的范畴。政论文反映的内容侧重于逻辑事理，它主要通过概念、判断和推理的形式，运用分析、综合的方法进行说理，具有很强的逻辑性。对政论文的读解，可以采取抓标题、抓主题段落、抓关键段落和抓段落主句等办法，由干到枝，由枝到叶，整体把握，层层深入。试看《南方周末》刊登的一篇文章：

对某些"严肃处理"的质疑

惩治腐败，声势浩大；查处贪官，战果辉煌；从严治党、从严治政……我国廉政建设的主旋律振奋人心。

这主旋律无疑很强劲，而混杂在其中的"不和谐音"却还时有所闻。某些光怪陆离的"严肃处理"，就属这"不和谐音"的怪诞音符。虽说这相对主旋律而言不过是一种"杂音"，但听起来毕竟刺耳，忍不住要求评说一番。

"奸污少女罚款五百元"！这不是街头文学家的杜撰，而是一宗有案可查的"严肃处理"的案件。某县人民银行行长晚上因看淫秽录像而兽性大发，在值班室将一少女奸污了，被公安机关查获，因说情者纷至，最后以罚款五百元了事。天呀！如此荒谬绝伦的“严肃处理”，简直就是对法律尊严的公开挑战，要不是颇具权威的某省党报披露，着实令人不敢相信。

某些案件的“严肃处理”，说尖锐些无异于鼓励当事人继续违法乱纪。笔者从手头资料中择出“精彩”的两例，供读者“品味”。例一：某市机关管理科科长倒卖高级轿车，中饱私囊上万元，案件在报纸“曝光”后，受到的“严肃处理”是：“罚款1 000元，轿车放行。”更叫人目瞪口呆的是，就连这1 000元罚款，竟然也由领导批示堂而皇之记在公账上！例二：某公司采用变相涨价手段非法牟利22万元，其主管局给予“严肃处理”：“没收11万元，罚款6 000元。”人们不禁要问：这不都是天下最划算的买卖吗？这样的“严肃处理”，对当事人有何惩戒作用！

还有一类“严肃处理”，颇似隔靴搔痒，不触皮肉。说是“处理”了倒也不假，就是在“严肃”二字上大大打了折扣，于是难平公愤。某受灾地区的民政局局长，置灾民死活于不顾，把上级拨发和各地群众捐赠的几十万斤救灾粮票全部截流卖掉，得款全部被吃喝挥霍和挪作他用，没有一分钱用于救灾。虽有舆论干预和民愤压力，该局长大人也仅仅换了个“行政记过”和“党内警告”处分。这样的处理，你说“严肃”何在？还是“一群离休党员”在给有关部门的信中说得一针见血：“这样的共产党员白给都不要，还警告什么？”

惩腐肃贪，严明执法，端正党风政风，推进廉政建设，既是人民群众的强烈要求所在，也是党和政府的决心所在。对违法乱纪者，“严肃处理”必须真正严肃。这，想必不会有多少异议吧？

这是一篇议事说理的政论文，其属性从标题就可以看出。全文共6个自然段。第1、2自然段简述写作缘起，说明当前廉政建设的主旋律振奋人心，但其中混杂着一些不和谐的杂音，忍不住要评说。第3、4、5自然段分三层驳析了一些事件的所谓“严肃处理”，其中第一层引述了一个奸污案的“严肃处理”，指出其处理的荒谬绝伦；第二层举两个经济案的实例说有些案件的处理无异于鼓励当事人继续违法乱纪；第三层又举例说还有一类案件的处理不触皮肉。最末一段正面提出论点：“对违法乱纪者，‘严肃处理’必须真正严肃。”全文评论我国当前政治生活中的大事，见解犀利，说理透彻，行文活泼而纲目不乱：第1、2自然段是引论段，第6自然段是结论段，主体三段的段落主句分别在段尾、段首。抓住了这些地方，也就抓住了全文的基本内容和中心论点。

3. 科学语体文章的读解

科学语体分为两类，一类是以浅显易懂的语言解释、介绍科学知识的，叫作说明科学体；另一类是以专深的术语、严密的语句论证科学结论的，叫作专门科学体。公关实务中阅读说明科学体文章的机会多于阅读专门科学体文章，因此这里只将前者的读解方法略作陈说。

说明科学体文章的功用在于介绍、普及科学知识，它通过定义、分类、诠释、比较、举例、举数字、制图表以及打比方等方法向非专业人员解说科学原理，表义直白，通俗易懂。公关人员经常通过说明科学体文章的读解来获取对本组织有用的知识、信息。请看高鸿昌一文：

缤纷的色彩

缤纷的色彩，并非只供人观赏，它们都具有神奇的力量。观察一下周围的事物吧，处处都有它们用武的地方。

颜色会布下高低、轻重、冷暖的“骗局”。外国有个工厂，原来的产品是装在黑色箱子里，箱子很沉重，搬运工人劳累不堪。后来把箱子改为淡绿色，搬运时感到轻松多了……

然而，有利也有弊。绿色曾经给美国一家饭店的老板带来了麻烦。他那间矮小的饭店刷上淡绿色之后，使人顿觉房间变高大了，显得幽雅舒适，招徕了不少顾客。可是，正因为这颜色的魅力，使顾客进餐后很久不愿离去，这样，餐桌的利用率就降低了。老板为此伤透脑筋，最后还是颜色帮了忙，他把店内改刷为红、橙两种暖色，果然“立竿见影”：橙色能刺激人的食欲，但顾客又不想在刺激性强的颜色气氛中久留，吃饱喝足，立即离开。于是，来客川流不息，生意兴隆。

…………

说明色彩具有广泛的用途，用了叙述、描写的方法，笔调活泼，富于魅力，增加了读解的方便。

4. 文学语体文章——文学作品的读解

文学是以语言文字为工具，形象地反映社会生活的艺术。文学作品与一般文章——实用性语体文章相比具有很多的不同之处。一般文章直接反映生活，其内容都是现实中实有的，文学作品通过塑造形象间接地反映生活，其中的人和事可以是虚构的；一般文章以反映客观事理为主，文学作品却常常反映主观感情；一般文章是单义的，其语义结构通常是逻辑的、分解的，具有递归性，文学作品常常是多义的，其语义结构多为隐喻的、整体的，不具有递归性；一般文章以记叙、议论、说明为主要表达方式，文学作品都以描写、抒情为主要表达方式；一般文章不刻意追求文章的形式美，文学作品都以追求形式美为基本任务。因此，对文学作品的读解应当采取有别于阅读一般文章的读解方法。例如，要运用形象思维；要充分发挥想象能力，去填补作品所故意留下的空白，完成对作品的“再创造”；要从整体上把握作品，结合语言环境揣摩作品的隐喻意义；再捕捉作品的情感信息，并调动视觉、听觉、触觉等感觉器官感知、享受作品所提供的美感，并强化之，产生共鸣。

文学语体文章又细分为散文、小说、诗歌、戏剧等体裁。相对而言，散文是最接近实用语体的文学样式，诗歌是语言艺术的极致，小说与戏剧都是叙事文学，后者除了语言文字外还调动了其他表现手段，光靠读剧本难以深刻领略其全部思想与艺术真谛。公关阅读以实用性语体为主，文学语体的阅读只有散文占有较大的比重，其余都处于相对次要的地位，兹不细述。

思考与练习

1. 试述读解与听解的异同。
2. 概述读解的基本技巧。
3. 运用规范性读解、利己性读解和歪解的原理分析下面的公关读解实例：

××省××公司苏经理与广州一进口贸易公司的靳经理签订了一项4 000万元的购销合同，规定半年内交货。用货款5%即200万元作为定金。事过半年，广州方面未能履行合同发货。这位外省的苏经理到广州要求对方赔偿双倍的定金，即400万元。广州方面不答应，结果被告上了法庭。法庭经调查后裁定，合同书上写的200万元是预付款性质的订金，并非起担保作用的定金，广州方面无法履行合同，只能如数退还订金。